REFORMAS
DO CÓDIGO DAS SOCIEDADES

Patrocinadores do Congresso:

SEMAPA – Sociedade de Investimento e Gestão, SGPS, S. A., Sociedade Aberta
SVP Auto – Sociedade de Venda de Peças, Lda.

REFORMAS
DO CÓDIGO DAS SOCIEDADES

J. M. Coutinho de Abreu
Ricardo Costa
Paulo de Tarso Domingues
Albino Matos
Cassiano dos Santos
Pedro Maia
Paulo Câmara
Alexandre Soveral Martins
Gabriela Figueiredo Dias

ALMEDINA

REFORMAS DO CÓDIGO DAS SOCIEDADES

AUTORES
J. M. COUTINHO DE ABREU, RICARDO COSTA,
PAULO DE TARSO DOMINGUES, ALBINO MATOS, CASSIANO DOS SANTOS,
PEDRO MAIA, PAULO CÂMARA, A. SOVERAL MARTINS, GABRIELA F. DIAS

EDITOR
EDIÇÕES ALMEDINA, SA
Avenida Fernão de Magalhães, n.º 584, 5.º Andar
3000-174 Coimbra
Tel.: 239 851 904
Fax: 239 851 901
www.almedina.net
editora@almedina.net

PRÉ-IMPRESSÃO • IMPRESSÃO • ACABAMENTO
G.C. – GRÁFICA DE COIMBRA, LDA.
Palheira – Assafarge
3001-453 Coimbra
producao@graficadecoimbra.pt

Março, 2007

DEPÓSITO LEGAL
256682/07

Os dados e as opiniões inseridos na presente publicação
são da exclusiva responsabilidade do(s) seu(s) autor(es).

Toda a reprodução desta obra, por fotocópia ou outro qualquer processo,
sem prévia autorização escrita do Editor,
é ilícita e passível de procedimento judicial contra o infractor.

NOTA DE APRESENTAÇÃO

Nos dias 14 e 15 de Dezembro de 2006 decorreu no Auditório da Faculdade de Direito da Universidade de Coimbra o congresso "Reformas do Código das Sociedades", organizado pelo IDET – Instituto de Direito das Empresas e do Trabalho.

Publicam-se agora todos os textos correspondentes às conferências então proferidas. São escritos – facilmente se percebe pelos títulos – que abordam pontos nucleares da reforma de 2006 do CSC. Reforma extensa e por vezes intensa. Que precisa de ser analisada, discutida, conhecida...

Embora jovem, o IDET vem-se esforçando por estar na primeira linha do labor de investigação e difusão das disciplinas jurídicas de que se ocupa. Esperamos que a presente publicação (a décima primeira) dê bom testemunho disso mesmo.

Coimbra, Março de 2007.

J. M. COUTINHO DE ABREU

ABERTURA DO CONGRESSO

Senhor Vice-Presidente do Conselho Directivo da Faculdade de Direito da Universidade de Coimbra
Senhor Presidente do Conselho Distrital de Coimbra da Ordem dos Advogados
Caras colegas e caros colegas
Caras alunas e caros alunos
Minhas senhoras e meus senhores

Cabe-me a grata tarefa de dar a todos as boas vindas em nome do IDET.

Este Congresso tem por tema as Reformas do Código das Sociedades Comerciais.

As reformas que vamos aqui analisar surgiram em Março de 2006. Passaram já, portanto, nove meses.

Mas este Congresso só surge agora de propósito. Não é, certamente, por sermos mais lentos do que os outros. A razão foi outra.

O IDET quis fazer este Congresso apenas depois de deixar decorrer um tempo que permitisse pensar as novas soluções e que permitisse conhecer um pouco do que está a ser a aplicação das reformas.

Por isso, este não é apenas mais um Congresso.

Isso vê-se, penso eu, no modelo utilizado.

Teremos intervenções de colegas de outras Faculdades.

Teremos intervenções de quem lida com a aplicação do Código.

Teremos comentários dos moderadores.

Tudo, estou certo, num diálogo que a todos enriquecerá.

Não lhes tomo mais tempo.

Bom proveito e, em nome do IDET, muito obrigado.

Alexandre Soveral Martins
(Membro da Direcção do IDET)

ABREVIATURAS USADAS

AA. VV.	– Autores vários
ABA	– American Bar Association
AG	– Die Aktiengesellschft
AktG	– Lei alemã sobre as sociedades anónimas e em comandita por acções, de 6 de Setembro de 1965
ALI	– American Law Institute
Aufl.	– Auflage
BFD	– Boletim da Faculdad de Direito da Universidade de Coimbra
BGB	– Bundesgesetzbuch
BMJ	– Boletim do Ministério da Justiça
Bus. Law.	– Business Lawyer
CC ou CCiv.	– Código civil
CCit	– Codigo civil italiano, de 16 de Março de 1942
CI	– Contratto e impresa
CMVM	– Comissão do Mercado de Valores Mobiliários
CódVM	– Código dos Valores Mobiliários
CSC	– Código das sociedades comerciais (aprovado pelo Decreo-Lei n.º 262/86, de 2 de Setembro)
CVM	– Código dos Valores Mobiliários (aprovado pelo DL n.º 486/99, de 13 de Novembro)
DB	– Der Betrieb
DL	– Decreto-Lei
DR	– Diário da República
ECGI	– European Corporate Governance Institute
EIRL	– Estabelecimento Individual de Responsabilidade Limitada
GC	– Giurisprudenza Commerciale

GmbHG	– Gesetz betreffend die Gesellschaften mit beschänkter Haftung
HGB	– Handelsgesetzbuch
IDET	– Instituto de Direito das Empresas e do Trabalho
IPCG	– Instituto Português de Corporate Governance
JOUE	– Jornal oficial da União Europeia
Lief.	– Lieferung
LSA	– Ley de sociedades anónimas
NYSE	– New York Stock Exchange
NZG	– Neue Zeitschrift für Gesellschaftsrecht
OCDE	– Organização para a Cooperação e Desenvolvimento Económico
RDM	– Revista de Derecho Mercantil
RdS	– Revista de Derecho de Sociedades
RevSoc	– Revue des Sociétés
RIDE	– Revue Internationale de Droit Économique
Riv. Soc. ou RS	– Rivista delle Società
RLJ	– Revista de Legislação e de Jurisprudência
RNPC	– Registo Nacional de Pessoas Colectivas
ROA	– Revista da Ordem dos Advogados
SA	– Sociedade anónima
SC	– Sociedade em comandita
SEC	– Securities and Exchange Comission
SENC	– Sociedade em nome colectivo
SQ	– Sociedade por quotas
TCI	– Tecnologias da comunicação e informação
TLR	– Tulane Law Review
TRSA	– Lei espanhola sobre sociedades anónimas (texto refundido aprovado pelo Real Decreto Legislativo 1564/ 1989, de 22 de Dezembro)
ZGR	– Zeitschrift für Unternehmens- und Gesellschaftsrecht
ZHR	– Zeitschrift für das gesamte Handelsrecht und Wirtschaftsrecht
ZIP	– Zeitschrift für Wirstschaftsrecht

REFORMAS DO CÓDIGO DAS SOCIEDADES

14 e 15 de Dezembro 2006

Auditório da Faculdade de Dirito da Universidade de Coimbra

15 de Dezembro
9h15 – Abertura

9h30 – Módulo I – Actuação dos Órgãos Sociais

9h30-11h30
    Deveres de Cuidado e de Lealdade dos Administradores e Interesse Social
        Doutor J. M. COUTINHO DE ABREU (FDUC)

    Responsabilidade dos Administradores e *Business Judgement Rule*
        Mestre RICARDO COSTA (FDUC)

    Os Meios Telemáticos no Funcionamento dos Órgãos Sociais
        Mestre PAULO DE TARSO DOMINGUES (FDUP)

11h30-12h00 – Comentário do Moderador
    Doutor MANUEL ANTÓNIO CARNEIRO DA FRADa (FDUP)
12h00-12h45 – Debate

14h30 – Módulo II – "Desformalização" e Registo

14h30-16h30
    Documento Particular *versus* Documento Autêntico no Nascimento, Vida e Morte das Sociedades
        Dr. ALBINO MATOS (Advogado, Notário Aposentado)

    Dissolução e Liquidação Administrativa das Sociedades
        Doutor CASSIANO DOS SANTOS (FDUC)

    Registo e Transmissão das Quotas
        Mestre PEDRO MAIA (FDUC)

16h30-17h00 – Comentário do Moderador
   Dr. Luís António Pereira Figueiredo (Director Geral dos Registos e Notariado)
17h00-17h45 – Debate

15 de Dezembro
9h30 – Módulo III – Orgânica das Sociedades
9h30-11h30
   Três Estruturas de Administração e Fiscalização (Aparente Diversificação e Real Convergência?)
   Mestre Paulo Câmara (CMVM)

   Comissão Executiva, Comissão de Auditoria e Outras Comissões na Administração
   Doutor Alexandre Soveral Martins (FDUC)

   A Fiscalização Societária Redesenhada
   Mestra Gabriela Figueiredo Dias (FDUC)

11h30-12h00 – Comentário do Moderador
   Doutor Rui Pinto Duarte (FDUNL)
12h00-12h45 – Debate

MÓDULO I
ACTUAÇÃO DOS ÓRGÃOS SOCIAIS

DEVERES DE CUIDADO E DE LEALDADE DOS ADMINISTRADORES E INTERESSE SOCIAL

J. M. COUTINHO DE ABREU
(Professor da Faculdade de Direito de Coimbra)

I – DEVERES DE CUIDADO E DE LEALDADE

1. Deveres legais gerais

Os deveres de que falaremos (deveres de cuidado e de lealdade) são deveres legais gerais – contrapostos aos deveres legais específicos (que resultam imediata e especificadamente da lei, com numerosos exemplos no CSC e fora dele).

Os deveres que os administradores hão-de observar no exercício das suas funções *não podem ser especificados em elenco legal fechado*. São tantas e tão variadas as situações com que os administradores se deparam, são tantos e tão diversos os actos que têm de realizar, que um tal elenco é, manifestamente, impossível.

Não admira, por isso, que desde há muito tempo venham sendo firmados deveres gerais dos administradores. Primeiro no *common law*[1], depois (e um tanto mais imprecisamente) na lei (em forma de cláusulas gerais) dos países de direito romano-germânico.[2]

Exemplo legal importante (também por ter influenciado a lei portuguesa) é a primeira parte do § 93 (1) da AktG alemã vigente (idêntica à 1.ª parte do § 84 (1) da AktG de 1937): "Os membros da direcção têm de empregar na sua gestão o cuidado [ou diligência] de um gerente de

---

[1] V., p. ex., GOWER AND DAVIES' *Principles of modern company law,* 7th ed. (by PAUL L. DAVIES), Sweet & Maxwell, London, 2003, pp. 370, ss., JAMES D. COX / T. LEE HAZEN, *On corporations,* 2nd ed., vol. I, Aspen, New York, 2003, pp. 476, ss..

[2] Modernamente, também nos países de *common law* os deveres gerais têm tido consagração legal – especialmente nas leis societárias de muitos estados dos EUA (e bem assim em documentos tão importantes como o *Model Business Corporation Act,* da ABA, e os *Principles of Corporate Governance* do ALI): cfr. COX/HAZEN, *ob. cit.*, pp. 489, ss., 517, ss..

negócios ordenado e consciencioso"[3]. Semelhantemente, dizia o n.º 1 do art. 17.º do DL 49381: "Os administradores da sociedade são obrigados a empregar a diligência de um gestor criterioso e ordenado". Sob a epígrafe "dever de diligência", o art. 64.º do CSC retomou, com um acrescento, prescrição similar: "Os gerentes, administradores ou directores de uma sociedade devem actuar com a diligência de um gestor criterioso e ordenado, no interesse da sociedade, tendo em conta os interesses dos sócios e dos trabalhadores".[4]

Preceitos deste tipo, de tão grande generalidade, exigem esforços de precisão por parte da jurisprudência e da doutrina para uma mais segura aplicação aos casos concretos. Mas, poderá dizer-se, só nos últimos tempos, por influência clara dos direitos anglo-saxónicos, se generalizou a análise das obrigações de conduta decorrentes de tais preceitos em dois deveres: o dever de cuidado (*duty of care*) e o dever de lealdade (*duty of loyalty*)[5].

Também parecia conveniente e não difícil desdobrar o "dever de diligência" (em sentido amplo) do art. 64.º do CSC, antes de mais, nos dois deveres: de cuidado (ou diligência em sentido estrito) e de lealdade. A própria letra da lei facilitava esta análise: "gestor criterioso e ordenado" referir-se-ia especialmente ao dever de cuidado; "no interesse da

---

[3] "Die Vorstandsmitglieder haben bei ihrer Geschäftsführung die Sorgfalt eines ordentlichen und gewissenhaften Geschäftsleiters anzuwenden".

[4] O art. 64.º foi recentemente alterado; lá iremos.

[5] Cfr. HOLGER FLEISCHER, La *"business judgment rule" a la luz de la comparación jurídica y de la economía del derecho,* trad., RDM, 2002, p. 1728. Também nos *Principes de gouvernement d'entreprise de l'OCDE,* 2004 (aprovados em 1999 e revistos em 2004) se afirma (p. 65) que os dois elementos essenciais das obrigações fiduciárias dos administradores são o dever de diligência e o dever de lealdade [a caracterização como fiduciária (embora *sui generis*) da relação entre os administradores e a sociedade é comum nos EUA – v., p. ex., ROBERT HAMILTON, *The law of corporations in a nutshell,* West Group, 2000, pp. 444-445; mas está difundida também em outras paragens – v., p. ex., MARCUS LUTTER, em RINGLEB/KREMER/ LUTTER/v. WERDER, *Kommentar zum Deutschen Corporate Governance Kodex,* Beck, München, 2003, p. 115 (cita na n. (548) jurisprudência alemã dos anos 90), e J. QUIJANO GONZÁLEZ / V. MAMBRILLA RIVERA, *Los deberes fiduciarios de diligencia y lealtad. En particular, los conflictos de interés y las operaciones vinculadas,* em AA.VV., *Derecho de sociedades anónimas cotizadas (Estructura de gobierno y mercados),* t. II, Aranzadi, Cizur Menor, 2005, pp. 946-947].

sociedade..." referir-se-ia especialmente ao dever de lealdade.[6] Porém, muito poucos deram conta disso mesmo[7].

Entretanto, o art. 64.º do CSC foi alterado pelo DL 76-A/2006. Ele discrimina agora, nas duas alíneas do n.º 1, "deveres de cuidado" e "deveres de lealdade". E concretiza em alguma medida tais deveres. Vejamos melhor...

2. Deveres de cuidado

O dever geral de cuidado poderá ser assim formulado: os administradores hão-de aplicar nas actividades de organização, decisão e controlo societários o tempo, esforço e conhecimento requeridos pela natureza das funções, as competências específicas e as circunstâncias.

Uma melhor compreensão do dever, para aplicação mais operativa, exige concretizações ou precisões. Os "deveres de cuidado" que por esta

---

[6] Mais claros nesta linha, deve notar-se, têm sido os correspondentes preceitos da legislação espanhola sobre sociedades anónimas. Já o art. 79 da LSA de 1951 falava da "diligencia de un ordenado comerciante y de un representante leal". Na LSA de 1989, o art. 127 (epigrafado "ejercicio del cargo", primeiro, e "deber de diligente administración" depois da Ley 26/2003, de 17 de Julho) mantém no n.º 1 formulação equivalente: "Los administradores desempeñarán su cargo con la diligencia de un ordenado empresario y de un representante leal".

[7] J. SOARES DA SILVA, *Responsabilidade civil dos administradores de sociedades: os deveres gerais e os princípios da corporate governance*, ROA, 1997, p. 616, interroga-se sobre se o dever geral de diligência individualizado no art. 64.º não englobaria outros deveres gerais, como o dever de lealdade e o dever de vigilância. J. D. HORTA OSÓRIO, *Da tomada do controlo de sociedades (takeovers) por leveraged buy-out e sua harmonização com o direito português*, Almedina, Coimbra, 2001, pp. 238-239, recorrendo especialmente à "teoria da relação obrigacional complexa", refere-se sincreticamente aos "deveres laterais e secundários" em que o dever geral de diligência (vertido no art. 64.º) se desdobra: "de cuidado, de prudência, de inexistência de conflito de interesses, de informação, de vigilância, de administração criteriosa, de boa fé, de lealdade". P. CAETANO NUNES, *Responsabilidade civil dos administradores perante os accionistas*, Almedina, Coimbra, 2001, p. 84, n. (78), entendia ser "difícil" encontrar no art. 64.º base para afirmar a consagração de um dever de lealdade dos administradores; posteriormente, em *Corporate governance*, Almedina, Coimbra, 2006, p. 37, n. (49), escreveu: "A consagração do dever de lealdade reside no art. 762.º/2 CC e nos arts. 64.º, 397.º e 398.º CSC". No ensino, eu vinha assinalando a distinção referida no texto (dever de cuidado ou diligência em sentido estrito, dever de lealdade); cfr., p. ex., *Direito das sociedades II (Sumários)*, IDET, 2004-2005.

via se desprendem do dever geral de cuidado são ainda – embora menos – gerais. E não perdem em flexibilidade. Saber se um administrador foi cuidadoso em certa situação requer a consideração de várias circunstâncias: *v. g.*, o tipo de sociedade, seu objecto e dimensão, a importância e o tempo disponível para a operação em causa, as funções do administrador (executivas ou não) e a sua especialidade (economia, engenharia, contabilidade, direito, etc.)[8].

O art. 64.º diz agora, na al. a) do n.º 1, que os administradores observarão "deveres de cuidado, revelando a disponibilidade, a competência técnica e o conhecimento da actividade da sociedade adequados às suas funções e empregando nesse âmbito a diligência de um gestor criterioso e ordenado". Este elenco de manifestações do dever de cuidado aparece algo imperfeito. Quer porque existem outras manifestações, tão ou mais importantes do que as mencionadas, quer porque a norma, após algumas precisões, acaba por remeter para "a diligência de um gestor criterioso e ordenado", que é formulação das mais genéricas do dever de cuidado e abrangente daquelas precisões.

Prefiro, por isso, uma outra nomenclatura, que compreende (a) o dever de controlo ou vigilância organizativo-funcional, (b) o dever de actuação procedimentalmente correcta (para a tomada de decisões) e (c) o dever de tomar decisões (substancialmente) razoáveis[9].

a) O dever em primeiro lugar indicado (*dever de controlo*) significa que é obrigação dos administradores prestarem *atenção à evolução económico-financeira da sociedade e ao desempenho de quem gere* (administradores e outros sujeitos, designadamente trabalhadores de direcção). Isto implica que os administradores hão-de aceder à *informação* correspondente. Produzindo-a eles mesmos ou solicitando-a – *v. g.*, a trabalhadores encarregados da escrituração. Quando o órgão administrativo seja colegial, as respectivas reuniões são oportunidade importante para o acesso a tal informação. E, já se vê, é dever dos administradores prepararem e participarem nessas reuniões.

---

[8] Cfr. Cox/Hazen, *ob. cit.*, p. 492, Franco Bonelli, *Gli amministratori di s.p.a. dopo la riforma delle società*, Giuffrè, Milano, 2004, p. 181. O art. 64.º, 1, a), do CSC alude também à referida flexibilidade ("adequados às suas funções").

[9] Esta nomenclatura está próxima da que aparece frequentemente nos EUA – v., p. ex., Melvin A. Eisenberg, *Obblighi e responsabilità degli amministratori e dei funzionari delle società nel diritto americano*, GC, 1992, pp. 618, ss., e Cox/Hazen, *ob. cit.*, pp. 493, ss..

Atendendo à exemplificação do art. 64.º, 1, a), relevam aqui especialmente a "disponibilidade" e o "conhecimento da actividade da sociedade". Disponibilidade que não tem de ser total (o administrador pode, em princípio, exercer outras actividades, profissionais ou não), mas há-de ser suficiente para uma eficaz vigilância sobre a organização e a actividade da sociedade (não interessa apenas, portanto, o "conhecimento da actividade").

b) Em maior ou menor medida (consoante as funções desempenhadas), todo o administrador (só ou com outros) toma decisões de gestão da actividade societária.

Ora, é dever (procedimental) dos administradores *preparar adequadamente as decisões*. Mormente recolher e tratar a *informação razoavelmente disponível* em que assentará a decisão. A razoabilidade depende também aqui das circunstâncias: *v. g.*, a importância da decisão, o tempo de que se dispõe para decidir, o custo da informação (em confronto com os benefícios esperados da execução do decidido), o enquadramento da decisão na gestão corrente ou na gestão extraordinária.

c) Os administradores, tendo de empregar no exercício das suas funções a "diligência de um gestor *criterioso* e ordenado", têm ainda o dever de *tomar decisões (substancialmente) razoáveis*.

Nalguns casos, tendo em consideração os ensinamentos da economia, da gestão, ou da (boa) prática consolidada, as alternativas de decisão são poucas e/ou é fácil a escolha – sabe-se (ou deve saber-se) ao menos o que não fazer.

Não assim em muitos outros casos. A conjuntura é incerta, numerosas variáveis existem, há diversas alternativas, umas mais arriscadas (e potencialmente mais lucrativas) do que outras, não há ensinamentos seguros, a escolha é complexa. É para casos destes que mais se afirma a "discricionaridade empresarial" dos administradores. Que possuem, pois, poder de escolha entre várias alternativas de decisão. Várias alternativas razoáveis. O administrador não viola o dever de tomar decisões razoáveis se escolhe, não a melhor solução, mas uma das soluções compatíveis com o interesse da sociedade. O administrador viola aquele dever se ultrapassar o âmbito da discricionaridade empresarial, se optar por alternativa que não integra o conjunto das decisões razoáveis.

Tentando precisar mais os critérios, diremos que os administradores estão obrigados a: (a) *não dissipar (ou esbanjar) o património social*; (b) *evitar riscos desmedidos*.

No primeiro grupo entra a obrigação de os administradores, por exemplo, não adquirirem (onerosamente) para a sociedade uma patente inútil ou participações sociais sem valor[10]. O segundo grupo traduz-se neste princípio: a sociedade não deve poder perecer por causa de uma só decisão falhada; antes de decisão importante, é preciso prever a possibilidade do pior desenlace – se este (o afundamento da sociedade) for possível, deve ser evitada a decisão correspondente[11]. Assim, por exemplo, viola o dever de tomar decisões razoáveis o administrador que emprega 4/5 do património social na compra de acções altamente especulativas[12], ou concede a outra sociedade crédito em tal montante que, se o beneficiário não cumprir, colocará a credora em insolvência.

Atendendo à exemplificação do art. 64.º, 1, a), releva especialmente aqui (com referência ao dever de tomar decisões razoáveis) a "competência técnica". Para gerir razoavelmente, deve o administrador possuir conhecimentos adequados (tendo em conta o objecto e a dimensão da sociedade, as funções e a especialidade do gestor) e ser capaz de os aplicar oportunamente. Em princípio, um administrador competente não dissipa o património social e evita riscos desmedidos.

3. Deveres de lealdade

O dever (geral) de lealdade é definível como dever de os administradores exclusivamente terem em vista os interesses da sociedade e procurarem satisfazê-los, abstendo-se portanto de promover o seu próprio benefício ou interesses alheios.[13]

---

[10] Cfr. KLAUS J. HOPT, em *AktG – Großkommentar*, 4. Aufl., 11. Lief. (§§ 92-94), de Gruyter, Berlin, New York, 1999, p. 102.

[11] LUTTER, *ob. cit.*, p. 116.

[12] V. FLEISCHER, *La "business judgment rule"*..., p. 1740, n. (58), citando jurisprudência suíça.

[13] Salienta-se deste modo a dimensão positiva do dever (visar, promover). Ao invés do que se verifica (em meu entender) no dever de lealdade dos sócios, de conteúdo mais negativo do que positivo (v. J. M. COUTINHO DE ABREU, *Curso de direito comercial*, vol.II – *Das sociedades*, Almedina, Coimbra, 2002, pp. 303, ss.). Os sócios têm o direito de, na sociedade, intentar satisfazer os seus próprios interesses – devendo porém fazê-lo dentro dos limites demarcados pelo interesse social; os administradores têm "poderes-função", poderes-deveres, gerem no interesse da sociedade, têm os poderes necessários para promover este interesse.

O dever (ou "deveres", mas ainda em grande medida indeterminados) tem (têm) agora consagração expressa no art. 64.º, 1, b): "Deveres de lealdade, no interesse da sociedade, atendendo aos interesses de longo prazo dos sócios e ponderando os interesses dos outros sujeitos relevantes para a sustentabilidade da sociedade, tais como os seus trabalhadores, clientes e credores".[14]

Leis estrangeiras modernas também prevêem expressamente o dever de lealdade. É o caso da LSA brasileira (de 1976), especialmente no art. 155, e da LSA espanhola (de 1989), especialmente nos arts. 127*bis* a 127*quáter* (introduzidos por lei de 2003)[15]. No entanto, a afirmação geral do dever e concretizações várias do mesmo têm berço mais que secular na jurisprudência estado-unidense[16].

O art. 64.º, 1, b), refere muito genericamente os "deveres de lealdade". Há que proceder a alguma concretização. Diz-se então (em primeira linha nos EUA) que os administradores devem comportar-se com correcção (*fairness*) quando contratam com a sociedade, não concorrer com ela, não aproveitar em benefício próprio oportunidades de negócio societárias, assim como bens e informações da sociedade, não abusar do estatuto ou posição de administrador [17].

---

[14] Mas a versão anterior do art. 64.º continha já consagração implícita do dever (cfr. *supra*, n.º 1 e n.(7)).

[15] O *Codice Civile*, no art. 2391, 5.º parágrafo (introduzido em 2003), refere algumas manifestações típicas do dever.

[16] V., p. ex., G. GUERRA MARTÍN, *El gobierno de las sociedades cotizadas estadounidenses – Su influencia en el movimiento de reforma del Derecho europeo*, Aranzadi, Cizur Menor, 2003, pp. 443, ss.. Salientando o largo adiantamento, neste domínio, do direito dos EUA em face do direito alemão, v. THOMAS E. ABELTSHAUSER, *Leitungshaftung im Kapitalgesellschaftsrecht*, Heymanns, Köln, Berlin, Bonn, München, 1998, p. 271. Na Alemanha, apesar de a lei não consagrar em termos genéricos o dever de lealdade dos administradores (embora preveja algumas manifestações particulares), ele vem sendo reconhecido francamente na jurisprudência e na doutrina. A justificação objectiva do dever está essencialmente no facto de os administradores lidarem com valores patrimoniais e oportunidades de negócio alheios; é um dever que, na extensão e intensidade dos deveres específicos em que ele se traduz, excede o padrão do § 242 do BGB (boa fé) – cfr. HÜFFER, *ob. cit.*, pp. 423, 473, HANS-JOACHIM MERTENS, em *Kölner Kommentar zum Aktiengesetz*, B.2, 1.Lief., 2.Aufl., Heymanns, Köln, Berlin, Bonn, München, 1989, p. 308, HOPT, *ob. cit.*, p. 114 (não é, pois, exacto o que afirma CAETANO NUNES, *Corporate governance* cit., p. 73).

[17] V. por todos EISENBERG, *ob. cit.*, pp. 627, ss..

Os dois deveres primeiro assinalados têm disciplina no CSC; são, nessa medida, deveres legais específicos.

a) Nas sociedades anónimas, há certos *negócios* que, sob pena de nulidade, não podem realizar-se *entre a sociedade e os respectivos administradores*. "É proibido à sociedade conceder empréstimos ou crédito a administradores, efectuar pagamentos por conta deles, prestar garantias a obrigações por eles contraídas e facultar-lhes adiantamentos de remunerações superiores a um mês" (arts. 397.º, 1, 428.º).

Os demais contratos celebrados entre a sociedade e os seus administradores, "directamente ou por pessoa interposta"[18], para serem válidos, precisam em princípio de ser autorizados previamente (por deliberação do conselho de administração, na qual o interessado não pode votar, ou do conselho geral e de supervisão) e, havendo conselho fiscal (ou fiscal único), de parecer favorável deste órgão (v. os arts. 397.º, 2, 428.º, 278.º, 1, 413.º, 1, a), 6)[19]. Não será assim, porém, "quando se trate de acto compreendido no próprio comércio da sociedade e nenhuma vantagem especial seja concedida ao contraente administrador" (art. 397.º, 5). Por exemplo, um administrador de sociedade de comércio por grosso compra a esta um dos objectos que ela costuma comerciar e em condições (de preço, tempo de pagamento, garantias, etc.) idênticas às ordinariamente aplicadas pela sociedade nas vendas a retalhistas[20] [21].

---

[18] Nas pessoas interpostas incluir-se-ão não apenas as referidas no art. 579.º, 2, do CCiv. mas ainda outros sujeitos, singulares ou colectivos, próximos dos administradores em causa – todos os sujeitos que os administradores podem influenciar directamente (cfr. RINGLEB, em RINGLEB/KREMER/LUTTER/v. WERDER, *ob. cit.*, p. 169).

[19] Se a sociedade (com estrutura organizatória tradicional) tiver um só administrador (art. 390.º, 2), parece ser exigível, além do parecer favorável do órgão fiscalizador, deliberação dos sócios autorizando o negócio.

[20] Ou, se assim estiver regulamentado internamente, nas condições mais favoráveis aplicáveis a todos os que trabalham na sociedade.

[21] O regime do art. 397.º será aplicável analogicamente, *mutatis mutandis,* nas sociedades de outros tipos. Diferentemente (para as sociedades por quotas), v. I. DUARTE RODRIGUES, *A administração das sociedades por quotas e anónimas – Organização e estatuto dos administradores,* Petrony, Lisboa, 1990, pp. 195-196, e RAÚL VENTURA, *Sociedades por quotas,* vol. III, Almedina, Coimbra, 1991, pp. 176-177 [que advoga a aplicação do art. 261.º, 1, do CCiv.. Mas, além de a sanção prevista nesta norma ser diferente, os negócios entre gerente e sociedade não têm de ser "negócios consigo mesmo". Quando a gerência seja plural, o gerente contraente não tem de aparecer (ou aparecer sozinho) a representar a sociedade. Por sua vez, nos casos de gerência singular,

b) É dever dos administradores não exercerem, por conta própria ou alheia, *actividade concorrente* com a das respectivas sociedades, salvo consentimento (arts. 254.º, 1 – para os gerentes de sociedades por quotas –, 398.º, 3, 428.º – para os administradores de sociedades anónimas)[22].

"Entende-se como concorrente com a da sociedade qualquer actividade abrangida no objecto desta, desde que esteja a ser exercida por ela ou o seu exercício tenha sido deliberado pelos sócios" (art. 254.º, 2, para que remete o art. 398.º, 5). Os *actos isolados de concorrência* praticados pelos administradores não desrespeitam o dever em análise (relativo ao exercício de "actividade" concorrente)[23]. Mas desrespeitam o dever de lealdade quando signifiquem aproveitamento indevido de oportunidades de negócios da sociedade[24]. De outra banda, se a sociedade exercer de facto actividade não abrangida no seu objecto, deve entender-se que impende sobre os administradores o dever (de lealdade) de não exercerem actividade concorrente com aquela, nem praticarem actos singulares de concorrência – apesar de o n.º 2 do art. 254.º não dar guarida àquela hipótese[25].

Exerce *actividade concorrente "por conta própria"* o administrador que actua (mediante empresa, normalmente) em nome próprio – pessoalmente ou por representante – e no próprio interesse. Bem como o administrador que actua por interposta pessoa[26]. Acrescenta o n.º 3 do art. 254.º (que em parte se aproxima do que acaba de ser dito): "No exercício por conta própria inclui-se a participação, por si ou por interposta pessoa,

---

salvaguardado o disposto no n.º 5 do art. 397.º e a proibição absoluta do n.º 1, devem os negócios consigo mesmo ser autorizados por deliberação dos sócios e merecer parecer favorável do órgão de fiscalização (se existir) – sob pena de nulidade.].

[22] A lei não prescreve dever idêntico para os gerentes das sociedades em nome colectivo e em comandita. Talvez porque proíbe a concorrência dos sócios de responsabilidade ilimitada (arts. 180.º, 477.º) – são em regra estes sócios os gerentes (arts. 191.º, 470.º). Contudo, aplicar-se-á por analogia o art. 254.º aos gerentes não sócios de sociedades em nome colectivo e em comandita simples; aos gerentes das sociedades em comandita por acções aplicar-se-á o art. 398.º, 3 a 5, por força do art. 478.º.

[23] V. A. Soveral Martins, *O exercício de actividades concorrentes pelos gerentes de sociedades por quotas*, BFD, 1996, p. 332.

[24] V., neste sentido, Caetano Nunes, *últ. ob. cit.*, p. 94.

[25] Convergentemente, v. Raúl Ventura, *ob. cit.*, p. 59, Caetano Nunes, *ob. e loc. cits.*; tendendo para outra solução, v. Soveral Martins, *ob. cit.*, p. 329, n. (25).

[26] V. tb. Raúl Ventura, *ob. cit.*, p. 57. Mas o critério de "interposta pessoa" deve ser o referido *supra*, n. (18).

em sociedade que implique assunção de responsabilidade ilimitada pelo gerente [sócio de sociedade em nome colectivo ou sócio comanditado de sociedade em comandita], bem como a participação de, pelo menos, 20% no capital ou nos lucros de sociedade em que ele assuma responsabilidade limitada". Curiosamente, o n.º 5 do art. 398.º, introduzido pelo DL 76-A/2006, não remete para o n.º 3 do art. 254.º – ao invés do que fez até então o n.º 4 daquele art. 398.º. De todo o modo, mantém-se a ideia da concorrência por interposta pessoa (também) quando o administrador controla sociedade concorrente – e a citada participação social de 20% possibilita muitas vezes, mormente em sociedades anónimas abertas, o controlo.

Exerce *actividade concorrente "por conta alheia"* o administrador que actua no interesse de um outro sujeito, quer em nome próprio (*v. g.*, como comissário de comércio: arts. 266.º, ss. do CCom.), quer em representação desse sujeito (*v. g.*, como gerente de comércio: arts. 248.º, ss. do CCom.). Aqui se incluem também os casos em que o administrador da sociedade beneficiária da obrigação de não concorrência é simultaneamente membro do órgão de administração de entidade colectiva (*v. g.*, sociedade) concorrente[27]. A parte final do n.º 3 do art. 398.º (acrescentada pelo DL 76-A/2006) confirma isto mesmo.

Contudo, relembre-se, a proibição de concorrência não é absoluta. Pode ser afastada por deliberação dos sócios (arts. 254.º, 1, 398.º, 3) ou do conselho geral e de supervisão (art. 428.º)[28].

c) Devem os administradores aproveitar as *oportunidades de negócio da sociedade em benefício dela*, não em seu próprio benefício ou no de outros sujeitos[29], salvo consentimento da sociedade.

Uma oportunidade ou possibilidade negocial pertence à sociedade, é oportunidade societária quando se insere no *domínio de actividade da sociedade,* ou *esta tem interesse* (objectivamente) relevante nela (*v. g.*, compra de um prédio ajustado à projectada ampliação da empresa

---

[27] No mesmo sentido, v. RAÚL VENTURA, *ob. cit.*, pp. 57-58, SOVERAL MARTINS, *ob. cit.*, pp. 335, ss., A. PEREIRA DE ALMEIDA, *Sociedades comerciais,* 4.ª ed., Coimbra Editora, Coimbra, 2006, p. 226.

[28] Presume-se o consentimento dos sócios nos casos previstos no n.º 4 do art. 254.º. O n.º 5 do art. 398.º deixou de remeter para aquele n.º 4.

[29] Com uma lista de pessoas para este efeito consideradas "vinculadas" aos administradores, v. o n.º 5 do art. 127*ter* da LSA espanhola.

social)[30]; ou quando a sociedade *manifestou já interesse* no negócio em causa, ou *recebeu proposta* contratual, ou *está em negociações* para conclusão do contrato[31].

Pouco importará como e quando o administrador toma conhecimento da oportunidade de negócio. Ela é seguramente societária quando o administrador a conhece no exercício das suas funções, de modo imediato (*v. g.*, um terceiro comunica ao administrador, na sede social, pretender negociar com a sociedade) ou mediato (*v. g.*, acedendo a informações colhidas em documentos da sociedade ou comunicadas por outros administradores ou por trabalhadores da sociedade)[32]; a conclusão é a mesma quando o administrador, apesar de não estar no exercício das suas funções, é contactado por mor da sua qualidade de administrador da sociedade (*v. g.*, em usual partida de golfe, um terceiro propõe oportunidade negocial ao administrador no pressuposto de que este a oferecerá à sociedade)[33]. Só *não serão societárias as oportunidades* oferecidas exclusivamente ao administrador – não enquanto administrador de determinada sociedade, mas enquanto pessoa; o proponente do negócio não quer negociar com a sociedade (sem que para essa vontade tenha contribuído o administrador), quer negociar com o gestor, porque este, por exemplo, é seu familiar ou amigo[34].

O aproveitamento indevido de oportunidades de negócio societárias significa nalguns casos também a violação do dever de não concorrência com a sociedade: o negócio aproveitado implica actividade abrangida no objecto da sociedade. Mas não é assim muitas vezes. A oportunidade de negócio societária não tem de implicar actividade idêntica ao da sociedade; os actos isolados de concorrência são (ou podem ser) aproveitamento indevido de oportunidades de negócios societárias, mas não desrespeitadoras da proibição de não concorrência; um administrador que, tendo decidido aproveitar uma oportunidade da sociedade, renuncia ao

---

[30] V. MERTENS, *ob. cit.*, p. 311, HOPT, *ob. cit.*, p. 122, UWE SCHNEIDER, em *SCHOLZ Kommentar zum GmbH-Gesetz*, I. Band, 9. Aufl., O. Schmidt, Köln, 2000, p. 1885.

[31] V. últs. AA. e obs. cits., pp. 311, 123, 1885, respectivamente.

[32] V. EISENBERG, *ob. cit.*, pp. 631-632, e *Principles of corporate governance* cit., § 5.05, (b), (1), (A) e (B).

[33] V. EISENBERG, *ob. cit.*, p. 632, *Principles...*, § 5.05, (b), (1), (A).

[34] V. SCHNEIDER, *ob. cit.*, p. 1886, e GUERRA MARTÍN, *ob. cit.*, p. 465 e n. (132).

cargo, não desrespeitará a obrigação de não concorrência, mas terá violado o dever de não aproveitamento das oportunidades de negócio societárias[35].

É lícito o aproveitamento de oportunidades de negócio societárias pelo administrador se a sociedade (validamente) o consentir. Será aplicável por analogia o regime do consentimento social para o exercício de actividade concorrente (arts. 254.º, 398.º, 3, 428.º)[36].

d) É dever de todo o administrador *não utilizar em benefício próprio meios ou informações da sociedade*.

Por exemplo, não pode o administrador usar em prédio seu máquinas ou a força de trabalho de pessoal da sociedade – excepto se houver retribuição (estaremos então perante hipótese de negócio entre a sociedade e o administrador: *supra*, sob a))[37]. Nem pode o administrador utilizar informação reservada da sociedade (respeitante a processos de produção, projectos de investimento, clientes, etc.) para, por exemplo, dela "abusar" (v. o art. 449.º do CSC) ou aproveitá-la em empresa que tenciona constituir[38].

Quanto às informações reservadas da sociedade, o administrador tem ainda o *dever de segredo:* não pode comunicá-las a terceiros ou dar-lhes publicidade (não se exige aqui, portanto, a utilização das informações em proveito do administrador)[39].

e) Com o dever de o administrador *não abusar da sua posição* ou estatuto queremos significar que não lhe é permitido receber *vantagens patrimoniais* ("comissões", "luvas", etc.) *de terceiros ligadas à celebração de negócios entre a sociedade e esses terceiros*. Normalmente, as atribuições patrimoniais feitas aos administradores repercutem-se negativamente no património da sociedade (*v. g.*, o preço da coisa vendida à sociedade foi aumentado para cobrir as "luvas" oferecidas ao administrador)[40]. Nem sempre assim é, porém[41]. Também nestes casos poderá o

---

[35] EISENBERG, *ob. cit.*, p. 633 (para esta última hipótese).
[36] Também com este entendimento, CAETANO NUNES, *ob. cit.*, p. 109.
[37] Cfr. o § 5.04 dos *Principles...* Aí se diz também que a utilização de bens sociais é lícita quando integre a remuneração do administrador (pense-se, p. ex., no uso de viatura automóvel da sociedade para fins profissionais e privados).
[38] Cfr. EISENBERG, *ob. cit.*, p. 630.
[39] Cfr. o art. 127 *quáter* da LSA espanhola.
[40] Para um caso concreto, v. o Ac. da RP de 13/1/2005, CJ, t. I, 2005, p. 165.
[41] V. EISENBERG, *ob. cit.*, p. 632.

administrador ser obrigado a entregar à sociedade o valor do indevidamente recebido[42] – aplicar-se-á por analogia, parece, o art. 1161.º, e), do CCiv..[43] [44]

---

[42] Conclusão idêntica vale em outros ordenamentos – p. ex., nos EUA (v. últ. A., ob. e loc. cits.) e na Alemanha (v. SCHNEIDER, ob. cit., p. 1888).

[43] Uma nota mais acerca dos deveres de cuidado e de lealdade, agora em relação aos administradores de sociedades integradas em grupo (de direito ou de facto). Os administradores de sociedade totalmente dominante ou de sociedade directora têm deveres de cuidado e de lealdade, naturalmente, para com elas. Mas também para com as sociedades totalmente dominadas ou as sociedades subordinadas (v. os arts. 491.º e 504.º, 1 e 2). Já os administradores destas sociedades (dominadas ou subordinadas) têm aqueles deveres somente para com estas. Apesar de poderem ter de actuar às vezes em prejuízo das mesmas: quando executem instruções lícitas mas desvantajosas dadas pela (administração da) sociedade dominante ou directora (arts. 491.º, 503.º, 504.º, 3). Por sua vez, nas sociedades em relação de domínio (art. 486.º), tanto os administradores das sociedades dominantes como os das sociedades dependentes devem, fundamentalmente, cuidado e lealdade às suas próprias sociedades. Designadamente, os administradores de sociedade dependente não podem actuar de modo a favorecerem a sociedade dominante em prejuízo da sociedade que administram, ainda que sob a invocação do "interesse do grupo" (cfr. J. M. COUTINHO DE ABREU, Da empresarialidade – As empresas no direito, Almedina, Coimbra, 1996, reimpr. 1999, pp. 268, ss.); "même lorsqu'une société est contrôlée par une autre société, le devoir de loyauté des administrateurs est en effet un devoir vis-à-vis de la société et de tous ses actionnaires, et non vis-à-vis de la société qui contrôle le groupe" (Principes de gouvernement d'entreprise de l'OCDE cit., pp. 65-66). Contudo, mas já num outro plano, é de afirmar o dever de lealdade da sociedade dominante (dela, directamente, enquanto sócia) para com a sociedade dependente (v. J. M. COUTINHO DE ABREU/ELISABETE RAMOS, Responsabilidade civil de administradores e de sócios controladores, em IDET, Miscelâneas n.º 3, Almedina, Coimbra, 2004, pp. 49, ss., maxime 53).

[44] Ainda uma outra nota. O (novo) art. 64.º do CSC trata dos deveres de cuidado e de lealdade sob a epígrafe "deveres fundamentais". Pelo que ficou escrito nas páginas anteriores, seria preferível epigrafar "deveres gerais". Não creio, contudo, que seja conveniente designar aqueles deveres (como às vezes se faz entre nós) deveres "laterais" ("de protecção" ou não), "secundários", etc. Transpondo para aqui a classificação (civilística) dos deveres em que se analisa a relação obrigacional complexa [deveres principais de prestação, deveres acessórios, deveres secundários, deveres laterais – acerca deles, v. entre nós p. ex. C. A. MOTA PINTO, Cessão da posição contratual, reimpr., Almedina, Coimbra, 1982, pp. 335, ss. e M. CARNEIRO DA FRADA, Contrato e deveres de prestação, BFD (Suplemento XXXVIII), Coimbra, 1993, pp. 186, ss.]. Administrar seria o dever principal de prestação, os deveres de cuidado e de lealdade seriam deveres de um ou mais daqueles tipos. Ora, administrar não é apenas dever dos administradores, é também poder ou direito deles: poder-dever, direito-dever (Pflichtrecht) – v., p. ex., M. ELISABETE RAMOS, Responsabilidade civil dos administradores e directores de sociedades anónimas perante

4. Sanções para a violação dos deveres

As sanções possíveis são, principalmente, a responsabilidade civil dos administradores para com a sociedade e a destituição dos mesmos com justa causa. Deixemos aqui algumas notas[45].

– Verificando-se os respectivos pressupostos (ilicitude, culpa – neste campo presumida –, dano e nexo de causalidade entre o facto ilícito e culposo e o dano), os administradores respondem civilmente perante a sociedade (art. 72.º, 1, do CSC).

Ora, importa sublinhar aqui que o art. 64.º, 1, desempenha no campo da responsabilidade uma dupla função: prevê deveres de cuidado e de lealdade que se traduzem em vários deveres objectivos de conduta cuja violação significa *ilicitude*; e circunscreve o critério da *culpa*: a "diligência de um gestor criterioso e ordenado". Consequentemente, a norma do art. 64.º é *fundamento autónomo de responsabilidade*[46].

Tenha-se presente, porém, que, estando em causa a violação do dever de tomar decisões (substancialmente) razoáveis, não haverá responsabilidade se se verificarem as condições previstas no art. 72.º, 2. Por sua vez, agora a propósito do dever de o administrador não abusar da sua posição, também não haverá responsabilidade – por falta de dano para a sociedade – se as "luvas" não se repercutirem negativamente no património social.

---

os credores sociais, Coimbra Editora, Coimbra, 2002, pp. 77, ss., HOLGER FLEISCHER, *Zur Leitungsaufgabe des Vorstands im Aktienrecht*, ZIP, 2003, p. 2. Do poder-dever de administrar defluem prestações variadas e assaz indeterminadas. Os deveres de cuidado e de lealdade traduzem-se em prestações variadas, mas, porventura, mais determinadas – e não menos importantes para a administração (semelhantemente se diga a respeito dos deveres específicos legais, estatutários ou contratuais). Os deveres de cuidado e de lealdade não jogam bem, parece, num esquema radial de dever principal-deveres acessórios, secundários, laterais, etc....

[45] Notas sumárias. Pois da destituição falei já em *Governação das sociedades comerciais,* Almedina, Coimbra, 2006, pp. 150, ss.; e da responsabilidade civil tratarei em publicação próxima.

[46] O mesmo se deveria dizer para a versão originária do art. 64.º. Apesar de boa parte da doutrina assim não entender – p. ex., A. MENEZES CORDEIRO, *Da responsabilidade civil dos administradores das sociedades comerciais,* Lex, Lisboa, 1997, pp. 496-497, 522 (a norma seria incompleta, insusceptível, só por si, de violação e de originar responsabilidade).

– A violação dos deveres de cuidado ou de lealdade, quando seja "grave" ou (especialmente a respeito do dever de tomar decisões razoáveis) reveladora de incapacidade ou inaptidão para o exercício normal das funções de administração, é fundamento de destituição com justa causa (v. os arts. 257.º, 6, e 403.º, 4).

II – INTERESSE SOCIAL (INTERESSES SOCIAIS)

1. Quadro geral

Na análise da importante e complexa problemática do "interesse social" confrontam-se tradicionalmente as chamadas teorias institucionalistas e contratualistas[47]. No essencial, para o *institucionalismo* (atendendo sobretudo à principal corrente – a da "empresa em si") o interesse social vem a ser um *interesse comum, não apenas aos sócios mas também a outros sujeitos,* nomeadamente os trabalhadores (empregados da sociedade), os credores sociais e até a colectividade nacional. Para o *contratualismo,* no essencial também (e desconsiderando a variante que sublinha os interesses dos "sócios futuros" – próxima da doutrina institucionalista da "pessoa [colectiva] em si"), o interesse da sociedade é o *interesse comum dos sócios enquanto tais* (não enquanto vendedores, mutuantes, assalariados da sociedade, etc.).

Perante evoluções relativamente recentes em domínios jurídico-legislativos e extrajurídicos, defendem alguns autores que as teorias institucionalistas e contratualistas (ou, ao menos, as oposições entre elas) estão hoje superadas[48]. Não me parece. Várias ideias caracterizadoras daquelas teorias continuam a revelar-se úteis para compreender, sistematizar e distinguir as diversas concepções globais (postas e propostas) sobre o interesse social. Claro que há outros (novos, alguns) modos de

---

[47] V., desenvolvidamente e por todos, P. G. JAEGER, *L'interesse sociale,* Giuffrè, Milano, 1964, sobretudo pp. 18-83 (para as teorias institucionalistas) e 85-114 (para as contratualistas).

[48] É o caso do próprio P. G. JAEGER, *L'interesse sociale rivisitado (quarant' anni dopo),* GC, 2000, P. I, p. 812.

dizer ou classificar – mas o quadro problemático continua basicamente o mesmo (podendo variar embora as perspectivas quanto a elementos ou partes desse quadro).

A propósito das concepções económicas e jurídicas dos interesses prosseguíveis nas ou pelas empresas (societárias) ou sociedades fala-se, por exemplo, das teorias *monísticas* (identificando o interesse da empresa com o dos sócios), *dualísticas* (nomeadamente através da co-gestão, também os trabalhadores e seus interesses são introduzidos na sociedade) e *pluralísticas* (tentando fazer entrar na empresa também o interesse público)[49]; ou dos sistemas finalísticos da *maximização do lucro* (a sociedade serve os interesses dos accionistas; a satisfação de interesses de outros grupos de sujeitos, quando exigida, *v. g.* por lei, é vista como meio para alcançar aquele fim), da *adequada consideração dos interesses* (a sociedade deve satisfazer autónomos interesses de vários grupos de sujeitos, ainda que com sacrifício, em certa medida, dos interesses dos accionistas – mas estes interesses pesam mais do que os restantes) e da *consideração igualitária dos interesses* (os interesses dos diversos grupos, nomeadamente dos sócios, trabalhadores e colectividade, são considerados em pé de igualdade)[50].

Nos últimos anos (nos anos 80 e, sobretudo, 90 do século passado), primeiro nos EUA, depois em muitos mais países, entrou na moda a concepção do *shareholder value* (principalmente em relação às sociedades com acções cotadas em bolsa): a sociedade deve ser dirigida de modo a criar valor para os sócios, a aumentar o património dos accionistas[51]. Dir-se-ia que a perspectiva monística (mais renovada do que nova) acabou por triunfar. Tanto mais quanto é certo que os mercados de capitais e a globalização pressionam para a adopção generalizada da concepção do *shareholder value* (*v. g.*, quantas vezes não se verifica que a um anúncio de largos despedimentos de trabalhadores se segue o aumento da cotação das acções da respectiva sociedade?). Mas a verdade é que con-

---

[49] V. por todos TH. E. ABELTSHAUSER, *Unternehmensbegriff und öffentliches Interesse*, P. Lang, Frankfurt a. M., Bern, 1982, *passim* (cfr. tb. COUTINHO DE ABREU, *Da empresarialidade...*, pp. 234-235 e n. (605)).

[50] V. AXEL V. WERDER, *Shareholder Value-Ansatz als (einzige) Richtschnur des Vorstandshandelns?* ZGR, 1998, pp. 77-78.

[51] V., p. ex., WERDER, *ob. cit.*, pp. 68-69, KELLYE Y. TESTY, *Linking progressive corporate law with progressive social movements*, TLR, 2002, p. 1231.

tinuam a ser sustentadas (inclusive com base na lei) outras perspectivas; as concepções dualísticas e pluralísticas continuam actuantes. À concepção do *shareholder value* vem-se contrapondo a do *stakeholder value* (outros interesses, além dos dos accionistas, devem ser tomados em conta)[52]. Quer dizer, o contratualismo e o institucionalismo, sem ou com novas roupagens, continuam visíveis.

2. Inviabilidade de uma concepção unitária de interesse social

Durante muito tempo prevaleceu entre nós (e noutros países) uma concepção unitária de interesse social: a concepção contratualista.

Estou em crer que esta concepção se mantém válida no respeitante ao *relacionamento dos sócios com a sociedade*. O interesse social concebido como interesse comum dos sócios enquanto tais é critério delimitador ou balizador de *situações e comportamentos vários dos sócios* no âmbito societário. Aliás, convém notar que as perspectivas institucionalistas vêm sendo afirmadas e discutidas quase tão-só a respeito do órgão de administração (das sociedades anónimas, principalmente), não dos sócios ou do órgão sócio ou colectividade dos sócios.

Olhe-se para alguns preceitos do CSC que se referem (de modo directo ou indirecto) ao interesse da sociedade e à posição ou actuação dos sócios. O sócio está impedido de votar "quando, relativamente à matéria da deliberação, se encontre em situação de conflito de interesses com a sociedade" (art. 251.º, 1). O estatuto social pode "subordinar a transmissão de acções nominativas e a constituição de penhor ou usufruto sobre elas à existência de determinados requisitos, subjectivos ou objectivos, que estejam de acordo com o interesse social" (art. 328.º, 2, c)). É lícito à assembleia geral recusar o consentimento para transmissão de acções nominativas "com fundamento em qualquer interesse relevante da sociedade" (art. 329.º, 1 e 2). "A assembleia que deliberar o aumento de capital pode, para esse aumento, limitar ou suprimir o direito de preferência dos accionistas, desde que o interesse social o justifique" (art.

---

[52] V. *últs. AA. e obs. cits.*, pp. 74 e 1232, ss., respectivamente; v. tb., entre nós, A. SANTOS SILVA / ANTÓNIO VITORINO / CARLOS F. ALVES / J. ARRIAGA DA CUNHA / M. ALVES MONTEIRO, *Livro branco sobre corporate governance em Portugal,* IPCG, 2006, pp. 18, ss., 141.

460.º, 2). São anuláveis as deliberações dos sócios "apropriadas para satisfazer o propósito de um dos sócios de conseguir, através do exercício do direito de voto, vantagens especiais para si ou para terceiros, em prejuízo da sociedade (...)" – art. 58.º, 1, b). Respondem civilmente para com a sociedade os sócios que utilizem em prejuízo dela informações societárias (arts. 181.º, 5, 214.º, 6, 291.º, 6).[53]

Quanto a todas estas normas, não haverá grandes dúvidas em concluir que os interesses sociais em causa são interesses comuns aos sócios enquanto tais (contratualismo)[54]. Estando em causa situações ou comportamentos dos sócios, deliberativos ou não, eles não têm, naturalmente, de ter em conta senão os seus próprios interesses e (como balizadores) os interesses de que todos eles, numa mesma sociedade, comungam.

Relativamente aos critérios de *comportamentos* (conexionados com o interesses social) *dos administradores*, algo mudou com o aparecimento do CSC (em 1986). Dizia assim, recorde-se, o art. 64.º: "Os gerentes, administradores ou directores de uma sociedade devem actuar com a diligência de um gestor criterioso e ordenado, no interesse da sociedade, tendo em conta os interesses dos sócios e dos trabalhadores".

Este enunciado normativo[55] deu azo a opiniões muito desencontradas[56]. Sempre me pareceu que, perante ele, não se podia continuar tranquilamente a sustentar a concepção contratualista de interesse social como critério de comportamento dos administradores. Não era possível descartar, sem mais, os "interesses dos trabalhadores". Havia, pois, que admitir entre nós certo institucionalismo (moderado) no âmbito dos

---

[53] Importa acrescentar que o interesse social releva também em domínios não abrangidos pelas disposições citadas e por outras que depois se citarão.

[54] A propósito do art. 460.º, 2, defendendo uma concepção "contratualista" do interesse social, v. PEDRO DE ALBUQUERQUE, *Direito de preferência dos sócios em aumentos de capital nas sociedades anónimas e por quotas*, Almedina, Coimbra, 1993, pp. 340, ss.. Mais latamente, apoiando a conclusão quanto à maioria das normas que eu citava em *Da empresarialidade...*, v. MENEZES CORDEIRO, *Da responsabilidade civil ...*, p. 518.

[55] Cuja parte final é praticamente a tradução da 1.ª parte do n.º 2 dos arts. 10 a) e 21 q) da proposta de 5.ª Directiva em matéria de sociedades (versão de 1983): os membros da administração "exercent leurs fonctions dans l'intérêt de la société, compte tenu des intérêts des actionnaires et des travailleurs".

[56] V. COUTINHO DE ABREU, *Da empresarialidade...*, pp. 227, ss., *Curso...*, pp. 294, ss., *Interés social y deber de lealtad de los socios*, RdS n.º 19, 2002, pp. 42, ss..

deveres dos administradores. Uma *concepção unitária* de interesse social *tornava-se inviável*[57].

O DL 76-A/2006 alterou o art. 64.º. Prescreve agora o seu n.º 1, b), relembremos, que os administradores observarão "deveres de lealdade, no interesse da sociedade, atendendo aos interesses de longo prazo dos sócios e ponderando os interesses dos outros sujeitos relevantes para a sustentabilidade da sociedade, tais como os seus trabalhadores, clientes e credores".[58] Continua presente, portanto, o *institucionalismo*. E, se não mais intenso, pelo menos mais extenso (são mais os interesses a ponderar pelos administradores)[59].

3. Interesse social e posição ou comportamento dos sócios

Neste âmbito, o interesse social há-de ser, repita-se, *interesse comum aos sócios (enquanto sócios)*. Numa mesma sociedade, uns sócios (enquanto tais) terão normalmente interesses divergentes dos de outros sócios – *v. g.*, quanto à participação nos órgãos sociais e à manutenção ou aumento das respectivas posições (e correspondente poder) na sociedade. O interesse social não é feito destas divergências de interesses. É feito, sim, da *comunidade de interesses* dos sócios. Mas não de qualquer comunidade. Ela só é qualificável como interesse social quando se ligue à *causa comum do acto constituinte* da sociedade – que é, em regra (sabemos já), o *escopo lucrativo* (todo e qualquer sócio pretende lucrar participando na sociedade)[60]; qualquer outro interesse colectivo ou comum de que sejam titulares os sócios já não merece tal qualificação[61].

---

[57] V. *últ. A. e obs. cits.*, pp. 225, ss., 289 e n. (198), 40 e n. (7), respectivamente.

[58] Segundo o n.º 2 do art. 64.º, "os titulares de órgãos sociais com funções de fiscalização devem observar (...) deveres de lealdade, no interesse da sociedade". Este interesse terá conteúdo idêntico ao que se retira do art. 64.º, 1, b) (conclusão análoga era já defensável antes da introdução do n.º 2 no art. 64.º – v. COUTINHO DE ABREU, *Curso...*, p. 291).

[59] V. *infra*, n.º 4.

[60] Nas sociedades sem fins lucrativos (cfr. o meu *Curso...*, n.º 2. 4. do cap. I), a comunidade de interesses prende-se à comunidade do respectivo escopo (não lucrativo), fixado nos estatutos.

[61] V., p. ex., JAEGER, *L'interesse sociale* cit., pp. 181, ss., A. MAISANO, *L'eccesso di potere nelle deliberazioni assembleari di società per azioni,* Milano, 1968, pp. 70-71, V.

O interesse social é algo predeterminado, invariável e único? Há *um só* interesse social ou *vários*? Quando, por exemplo, num determinado ano uma parte dos sócios vota pela distribuição de todos os lucros distribuíveis e outra parte vota pela afectação dos mesmos a reservas livres, há ou não dois interesses sociais em confronto?[62]

Há vários interesses sociais (vários interesses comuns a todos os sócios). Na verdade, interesse é a relação entre um sujeito, que tem uma necessidade, e o bem ou bens que esse sujeito julga aptos para satisfazer tal necessidade; dizendo elipticamente, é a relação entre uma necessidade e um bem. Ora, no interesse social teremos uma relação entre uma necessidade – (em regra) a obtenção de lucro por parte de todos e cada um dos sócios – e um ou mais bens determinados (sendo o caso) em cada deliberação (no exemplo de que nos servimos, o lucro pode ser alcançado, mais ou menos a curto prazo, tanto pelo bem afectação a reservas como pelo bem distribuição)[63]. Logo, só um dos pólos da relação (a necessidade) é imutável, constante; o outro pólo (o bem jurídico) é variável, pois variadas são as situações com que a sociedade se depara.

Assim sendo, podem nos assuntos objecto de deliberação confrontar-se interesses sociais diversos. A quem cabe escolher? *À maioria (em votos)*. É ela que decide qual o bem, qual o meio mais apto para conseguir o fim social, é ela que determina o interesse social em concreto. *Não se confunda, todavia, o interesse social com o interesse da maioria* ou com uma qualquer definição que dele dê a maioria[64]. Além do mais, tal

---

G. LOBO XAVIER, *Anulação de deliberação social e deliberações conexas*, Atlântida Editora, Coimbra, 1976, p. 242, n. (116).

[62] Com algumas indicações sobre teses divergentes a este respeito, v. J. M. COUTINHO DE ABREU, *Do abuso de direito – Ensaio de um critério em direito civil e nas deliberações sociais*, Almedina, Coimbra, 1983 (reimpr.1999, 2006), pp. 119-120.

[63] Não obstante, note-se já aqui que qualquer destes meios – em abstracto "bens" aptos a satisfazer as legítimas necessidades dos sócios – pode em concreto, em especiais circunstâncias, revelar-se inapto, "abusivo"; isto é, a bondade dos meios é também avaliada pelos critérios do abuso de direito.

[64] Não é infrequente esta identificação – v., entre nós, RAÚL VENTURA / L. BRITO CORREIA, *Responsabilidade civil dos administradores de sociedades anónimas e dos gerentes de sociedades por quotas*, BMJ n.º 192 (1970), p. 102 ("Dentro destes limites, o interesse social define-se, em cada momento, como aquele interesse que for comum aos sócios: a todos ou à maioria dos sócios,"), ANTÓNIO CAEIRO / M. NOGUEIRA SERENS, *Direito aos lucros e direito ao dividendo anual* (anotação ao Ac. da RP de 30 / 6 / 76), RDE, 1979, pp. 373-375 ("... o interesse da corporação e que mais não é, afinal, do que o

confusão levaria a concluir que *todas* as deliberações dos sócios (porque tomadas com a maioria exigida) seriam *necessariamente* conformes ao interesse social[65]; não haveria deliberações abusivas. Cabe à maioria *optar, mas sempre entre interesses comuns a todos os sócios* – tendo sempre o fim social comum como "estrela polar".

Concluindo, pode definir-se o interesse social, neste âmbito, como a *relação entre a necessidade de todo o sócio enquanto tal na consecução de lucro e o meio julgado apto a satisfazê-la*.

4. Interesse social e actuação dos administradores

Regressemos à al. b) do n.º 1 do art. 64.º. Este preceito, mencionando tantos interesses a ter em conta pelos administradores[66], parecerá a muitos estranho ou descabido (como já parecera o do anterior art. 64.º – mais comedido, embora). Mas ele não representa nenhuma originalidade lusa.

Várias leis afinaram por diapasão do mesmo tipo.
"O administrador deve exercer as atribuições que a lei e o estatuto lhe conferem para lograr os fins e no interesse da companhia, satisfeitas as exigências do bem público e da função social da empresa" (art. 154 da LSA brasileira, de 1976)[67].
"Os interesses que os administradores de uma sociedade devem ter em consideração no exercício das suas funções incluem os interesses dos empregados da sociedade em geral, bem como os interesses dos seus membros" (sócios) – sec. 309 do *Companies Act* do RU, de 1985[68].

---

interesse da maioria dos seus membros"), TERESA S. ANSELMO VAZ, *A responsabilidade do accionista controlador,* OD, 1996, p. 365.

[65] V. JAEGER, *últ. ob. cit.*, pp. 96-97.
[66] Para que a lista "institucionalista" ficasse completa, só (?) faltou mencionar o "interesse público". Mas a lista do art. 64.º, 1, b), é exemplificativa ("tais como")...
[67] Com algumas indicações acerca desta norma, v. COUTINHO DE ABREU, *Da empresarialidade...*, p. 241.
[68] V. tb. *últ. A. e ob. cits.*, pp. 235-236. Preceito idêntico estava antes contido na sec. 46 do *Companies Act* de 1980. No recente *Companies Act 2006,* a sec. 172 (epigrafada "duty to promote the success of the company") começa por dizer (n.º 1): "Um administrador de sociedade deve actuar no modo que ele considera, de boa fé, ser o mais apropriado para promover o êxito da sociedade para benefício dos seus membros como um todo, e assim fazendo ter em consideração (entre outros assuntos)". Seguem-se seis

Segundo o § 70(1) da AktG austríaca, os administradores devem actuar tomando em conta os interesses dos sócios e dos trabalhadores e o interesse geral[69].

De acordo com o art. 140 (2) do Código civil holandês, os administradores devem actuar no interesse da sociedade e da empresa a ela ligada – significando isto que estão em causa não somente os interesses dos sócios[70].

Leis societárias de alguns estados dos EUA, além de prescreverem que os administradores devem procurar criar valor para os accionistas, permitem[71] que eles tomem em consideração outros interesses, como os dos trabalhadores, fornecedores, clientes e comunidades locais[72].

Vários códigos de governação das sociedades (não vinculativos) procedem semelhantemente.

Por exemplo, os *Principles of Corporate Governance* da ALI (adoptados em 1992)[73]. Segundo o § 2.01, é objectivo da sociedade o incremento dos lucros da empresa e o ganho dos sócios (a); mas ela "pode dedicar uma quantidade razoável de recursos ao bem-estar geral, e a finalidades humanitárias, educativas e filantrópicas" – (b), (3). Para um caso particular – reacção da administração de sociedade objecto de OPA não solicitada –, o § 6.02 (b), (2), permite que os administradores atendam a grupos (além dos accionistas) com quem a sociedade se relaciona, se isso não significar desfavor relevante dos interesses de longo prazo dos sócios[74].

Em países sem enunciados legais semelhantes ao do nosso art. 64.º, 1, b), a doutrina não deixa de expressar concepções (mais ou menos) institucionalistas do interesse social.

---

alíneas. Na al. b) temos "os interesses dos trabalhadores da sociedade", na al. d) "o impacto das operações da sociedade na comunidade e no ambiente".

[69] Cfr. EDDY WYMEERSCH, *A status report on corporate governance rules and practices in some continental european states,* em K. HOPT /H. KANDA / M. J. ROE / E. WYMEERSCH / S. PRIGGE, *Comparative corporate governance,* Oxford Un. Press, 1998, p. 1085.

[70] V. últ. A. e ob. cits., pp. 1081, ss..

[71] Note-se a mudança de registo...

[72] V. GUERRA MARTÍN, *ob. cit.*, pp. 426 e 426-427, n. (31).

[73] V. THE AMERICAN LAW INSTITUTE, *Principles of corporate governance: Analysis and recommendations,* vols. 1 e 2, ALI Publishers, St. Paul, Minn., 1994.

[74] Não admira que a *stakeholder theory* tenha nascido no *boom* das OPA, nos anos 80 do século passado (cfr. TESTY, *ob. cit.*, pp. 1236-1237)...

Na Alemanha, embora o § 76 da AktG actual (de 1965) não reproduza os dizeres do § 70 da AktG de 1937 (: "A direcção, sob própria responsabilidade, tem de conduzir a sociedade nos termos exigidos pelo bem da empresa e do seu pessoal e pelo interesse comum do povo e do *Reich*"), são muitos os autores que sustentam deverem os administradores atender a interesses vários (dos sócios, dos trabalhadores, da comunidade, etc.) [75]. Predomina hoje na doutrina a tese da "adequada consideração" de interesses vários (recorde-se o escrito *supra*, II, 1.) [76].

Em França está a doutrina muito mais dividida. Uns defendem que o interesse da sociedade coincide com o interesse comum dos sócios [77], outros propugnam concepções institucionalistas [78].

Diz assim o art. 127*bis* da LSA espanhola (introduzido em 2003): "Los administradores deberán cumplir los deberes impuestos por las leyes y los estatutos con fidelidad al interés social, entendido como interés de la sociedad". Este (indefinido) interesse da sociedade é visto por alguns autores em perspectiva contratualista [79], e em perspectiva (neo-)institucionalista por outros [80].

Antes de analisarmos os diversos interesses aludidos na al. b) do n.º 1 do art. 64.º, avance-se já esta ideia: formulações como a que aquela alínea contém são em grande medida, quanto aos interesses dos não sócios, expressão de *retórica normativa balofa e potencialmente desresponsabilizadora* dos administradores.

Na verdade, se os administradores, na sua actuação, não ponderarem os interesses dos trabalhadores, clientes, credores, etc., a que *sanções* ficam sujeitos? E *quem pode requerer* a aplicação de sanções?...

---

[75] Cfr. COUTINHO DE ABREU, *Da empresarialidade...*, pp. 234-235. Mais recentemente, v., entre outros, HÜFFER, *ob.cit.*, pp. 383, ss..

[76] Cfr. AXEL V. WERDER, em RINGLEB / KREMER / LUTTER / V. WERDER, *ob. cit.*, pp. 84-85.

[77] PHILIPPE BISSARA, *Le gouvernement d'entreprise en France: faut-il légiférer encore et de quelle manière?*, RSoc., 2003, p. 64.

[78] V. indicações em ALAIN ALCOUFFE / CHRISTIAN KALWEIT, *Droits à l'information des actionnaires et actions sociales des associés en France et Allemagne. Considérations de droit comparé en relation avec les directives américaines*, RIDE, 2003, pp. 179, ss..

[79] J. SÁNCHEZ-CALERO GUILARTE, *Creación de valor, interés social y responsabilidad social corporativa*, em AA. VV., *Derecho de sociedades anónimas cotizadas* cit., pp. 905-906.

[80] QUIJANO GONZÁLEZ / MAMBRILLA RIVERA, *ob. cit.*, pp. 955, ss., com mais indicações.

Por outro lado, quanto maior o elenco dos interesses a considerar e quanto mais difusos e conflituantes eles forem, *maior será a discricionaridade* dos administradores e *menor a controlabilidade* da sua actuação – torna-se mais fácil justificar (apelando a um ou outro interesse) qualquer decisão[81].

Causa perplexidade a referência (no art. 64.º, 1, b)) aos *interesses dos credores*, enquanto "sujeitos relevantes para a sustentabilidade da sociedade". Os credores, enquanto tais (sujeitos a quem a sociedade deve), são importantes para a manutenção e desenvolvimento da sociedade? E não basta, para a tutela dos credores, o cumprimento pela sociedade dos específicos deveres legais e contratuais – sendo ainda necessária aquela referência em um preceito relativo a deveres geral-indeterminados? Não é certo que o próprio CSC determina que os administradores "respondem para com os credores da sociedade quando, pela inobservância culposa das disposições legais ou contratuais destinadas à protecção destes, o património social se torna insuficiente para a satisfação dos respectivos créditos" (art. 78.º, 1; v. tb. o art. 79.º)?

Bom, poderá retorquir-se que os administradores não devem desenvolver políticas societárias de curto prazo (ganhar depressa para depressa distribuir pelos sócios), pois isso poderia comprometer a satisfação de créditos (*maxime*, de longo prazo). Porém, o estímulo a políticas em prol da rentabilidade duradoura da sociedade não está já na 1.ª parte da al. b) do n.º 1 do art. 64.º?...

As sociedades, para se manterem e desenvolverem, têm, naturalmente, de ganhar e conservar *clientes*. Hão-de elas, por isso, proporcionar produtos que satisfaçam as necessidades dos clientes (ou o que eles pensam ser suas necessidades).

Contudo, o dever de os administradores ponderarem os interesses dos clientes não é instrumental do dever de promoverem a subsistência e desenvolvimento da sociedade e, consequentemente, do dever de satisfazerem, em última instância, os interesses dos sócios? A sociedade é, fundamentalmente, organização-instrumento dos sócios.

---

[81] V., p. ex., HOPT, *ob.cit.*, p. 93, TESTY, *ob. cit.*, p. 1237, C. PAZ-ARES, *La responsabilidad de los administradores como instrumento de gobierno corporativo*, RdS n.º 20, 2003, p. 103.

Uma sociedade vende bem (e com lucro razoável) os produtos que fabrica ao preço de 100. Se vender a 95, venderá um pouco mais, mas terá lucros menores. É dever dos administradores, atendendo aos interesses dos clientes, fixarem o preço em 95? Parece que não... Para maior satisfação dos interesses dos clientes, os produtos poderiam ser melhorados com componentes proporcionando maior segurança na utilização; isso implicaria aumento do preço de custo que, se repercutido no preço de venda, provocaria grande redução no volume de negócios; mas, mantendo-se o preço de venda em 100, os lucros continuariam razoáveis (apesar de menores). É dever dos administradores decidirem aquela melhoria dos produtos? Não parece...

Os *interesses dos trabalhadores* da sociedade, que haviam aparecido inovadoramente na versão originária do art. 64.º, continuam com referência expressa no art. 64.º, 1, b).

Tais interesses serão principalmente os respeitantes *à conservação dos postos de trabalho, a remunerações satisfatórias, às condições de trabalho* (higiene, segurança, organização do processo produtivo). Mas também os ligados a *organizações sociais* (*v. g.*, infantários para os filhos dos trabalhadores), a *gratificações* no final de cada ano e/ou aquando da entrada dos trabalhadores na reforma, etc.[82]

Tendo em vista o nosso sistema jurídico-societário actual – não comportando qualquer relevante participação dos trabalhadores na gestão social – e a inexistência de sanções eficazes, continuo a pensar que a norma do art. 64.º, 1, é, no respeitante aos interesses dos trabalhadores, uma norma de *conteúdo positivo quase nulo*[83].

Contudo, não julgo que ela seja inútil ou despropositada. Seria assim se a tutela dos interesses dos trabalhadores se bastasse com as leis do trabalho (e da segurança social), sendo então suficiente que as sociedades-empregadoras, através dos respectivos órgãos administrativos, cumprissem essas leis (sob pena de incorrerem nas sanções nelas previstas). Mas não é assim. As leis laborais, bem como as convenções colectivas de trabalho, não regulam tudo o que se prende com a prestação de trabalho

---

[82] Cfr. SCHNEIDER, *ob. cit.*, p. 1851.
[83] Cfr. COUTINHO DE ABREU, *Da empresarialidade...*, p. 231. O mesmo (ou mais) se deve dizer quanto à (nova) menção aos interesses dos clientes e dos credores.

subordinado; e muitos dos aspectos regulados são-no em termos de fixação de limites (mínimos ou máximos). Ora, quer nos domínios não regulamentados, quer nos regulamentados (e respeitados os limites), há espaços de discricionaridade. Espaços que os gerentes ou administradores devem preencher, segundo o art. 64.º, 1, tendo também em conta os interesses dos trabalhadores.

Os *interesses dos sócios*, a que o art. 64.º, 1, b), continua naturalmente a fazer referência, *hão-de ser os comuns a todos eles (enquanto sócios);* os administradores devem atender ao "interesse social comum", não beneficiando uns sócios em detrimento dos outros.

No entanto, alguns autores referem antes (às vezes sem explicitações) os interesses pessoais, individuais ou extra-sociais dos sócios[84]. Que significa isto? "Interesses extra-sociais dos sócios" é expressão que tem sido utilizada (ambiguamente) para significar coisas diversas: interesses dos sócios enquanto terceiros (*v. g.*, como vendedores de bens à sociedade) e interesses dos sócios enquanto tais mas não comuns a todos eles (*v. g.*, cada sócio tem interesse em manter a sua posição relativa dentro da sociedade por ocasião de um aumento do capital)[85].

Ora, os membros da administração, na avaliação do "interesse da sociedade", não devem ter em conta os interesses extra-sociais dos sócios da primeira espécie (contraditórios do interesse social comum). Por exemplo, um sócio e um não-sócio propõem, cada um, à sociedade um contrato de fornecimento de matérias-primas; os administradores devem aceitar a proposta do não sócio se for ela a que melhor satisfaz o interesse comum dos sócios enquanto tais. Por sua vez, também os interesses extra-sociais da segunda espécie indicada não devem influenciar os administradores na avaliação do interesse social (eles devem, repito, é escolher a solução que melhor satisfaça o interesse de que todos os sócios comungam). Por exemplo, o CSC tutela nos arts. 266.º e 458.º o interesse de cada sócio manter a sua posição relativa na sociedade (por quotas ou

---

[84] Cfr. indicações em COUTINHO DE ABREU, *últ. ob. cit.*, p. 230 e n. (595).

[85] LOBO XAVIER, *ob. cit.*, pp. 242-243, n. (116), na esteira de autores italianos, aceita estes dois significados. Mas não deixa de citar autores preferindo (como eu) outra terminologia: extra-sociais são os interesses desligáveis da qualidade de sócio (interesses dos sócios enquanto terceiros); dentro dos interesses sociais (incindíveis da participação social) distinguem-se os comuns ou colectivos e os individuais.

anónima) nos aumentos de capital por entradas em dinheiro conferindo a cada um deles um direito de preferência; este direito pode ser suprimido ou limitado por deliberação dos sócios desde que o interesse social o justifique (*v. g.*, para permitir que uma instituição de crédito, capaz de contribuir decisivamente para o saneamento financeiro da sociedade, entre como sócia) – art. 460.º, 2; sendo a proposta de supressão ou limitação do direito de preferência apresentada pelo órgão administrativo (art. 460.º, 5), não deve este – guiado pelo "interesse da sociedade" – ter em conta o citado interesse individual dos sócios, deve sim ter em conta o interesse comum dos sócios (ligado à comunidade do escopo social).

Esta interpretação pode ver-se *agora confirmada* pela referência do art. 64.º, 1, b), aos "interesses *de longo prazo* dos sócios". Estes interesses de longo prazo[86] hão-de ser *dos sócios enquanto tais e comuns a todos eles, não extra-sociais nem conjunturais.*

Posto isto, é possível concluir que o "interesse da sociedade" mencionado no art. 64.º resulta da *conjugação dos interesses dos sócios e de outros sujeitos ligados à sociedade* (designadamente dos trabalhadores). Na determinação do interesse social a prosseguir, devem os administradores atender aos interesses dos sócios e ainda ponderar os interesses de outros sujeitos.

Mas qual a *medida de ponderação dos interesses dos sócios e dos demais sujeitos*? Uns e outros pesam o mesmo? Ou prevalecem os dos sócios?

Por exemplo, se uma maior satisfação dos interesses dos sócios implicar despedimentos ou agravamento das condições de trabalho, como deve decidir a administração? Concretizemos um pouco lançando mão de três hipóteses (com adaptações) avançadas por Werder[87] (em todas elas um maior ganho para os sócios poderá resultar da suspensão ou extinção de determinado sector empresarial explorado pela sociedade – com consequente eliminação de postos de trabalho).

---

[86] O prazo não deve ser longo, longo... Pois, como dizia Keynes, "no longo prazo estamos todos mortos"... Note-se, a talhe de foice, que costumam ser de curto prazo os interesses dos investidores institucionais (nas sociedades anónimas) – rentabilização rápida das acções –, bem como os dos administradores (designados por período breve) que, p. ex., sejam substancialmente remunerados com base em participação nos lucros ou em *stock options*...

[87] *Shareholder-Value-Ansatz...*, pp. 85-86.

1) O sector empresarial origina perdas ou não produz lucros; não há expectativas razoáveis de vir a ser lucrativo, nem da sua relação com outros sectores da empresa social resultam sinergias apreciáveis. Nestes casos, embora a empresa (globalmente considerada) se mantenha lucrativa, a administração optará naturalmente (e em certas circunstâncias internas ou externas à empresa deverá mesmo optar) por satisfazer os interesses dos sócios, eliminando postos de trabalho (na avaliação do "interesse da sociedade" prevalecerão os "interesses dos sócios").

2) O sector empresarial é – mas pouco – lucrativo (a taxa de lucro é mais ou menos equivalente à taxa de juro proporcionada pelos empréstimos obrigacionistas ao Estado) e não há perspectivas de os lucros aumentarem. Também em casos destes, perante o conflito de interesses – uns reclamando a eliminação ou redução dos postos de trabalho, outros a sua manutenção –, os administradores tenderão naturalmente (com o beneplácito da larga maioria dos "especialistas") a dar preferência aos interesses dos sócios.

3) O sector empresarial é consideravelmente lucrativo (a taxa de lucro é de 10 ou 12%), mas uma drástica redução do pessoal faria aumentar a taxa de lucro para 15%. Em face do prescrito no art. 64.º [88], parece que a administração deve manter os postos de trabalho (atender aos interesses dos sócios e ponderar os interesses dos trabalhadores implicará que a harmonização de ambos exija aquela manutenção)[89].

Porque é "natural" nas hipóteses 1) e 2) darem os administradores prioridade aos interesses dos sócios? *Além do que já ficou dito,* importa não olvidar que *os sócios dispõem de suficientes meios de tutela dos seus interesses (e de pressão sobre os administradores).* Com efeito, para lá do facto de em certos tipos de sociedades poderem os sócios *determinar directamente a política de gestão* (cfr., v. g., o art. 259.º, para as sociedades por quotas), são normalmente os sócios que *designam e destituem* os administradores, tal como são eles que podem *responsabilizá-los* por danos causados à sociedade (v. os arts. 72.º, ss.).

---

[88] E abstraindo da disciplina dos despedimentos colectivos – v. os arts. 397.º, ss. do CT.

[89] Apenas nesta terceira hipótese – contra, ainda assim, opiniões adversas – defende WERDER o *dever* de a administração atender positivamente a interesses diversos dos dos accionistas (v. *ob. cit.*, pp. 86, ss., também com justificações económico-empresariais e económico-políticas).

Muito outra é a situação (actual) dos trabalhadores. Suponha-se que, na hipótese 2), "ponderar" razoavelmente os interesses dos trabalhadores aconselharia o despedimento, não dos 200 efectivamente despedidos, mas de 50. Os trabalhadores – ao contrário dos sócios – *não podem evidentemente contrariar decisões dos administradores através de deliberações suas, nem podem destituí-los* (mesmo havendo justa causa), *nem responsabilizá-los* por danos causados à sociedade (quando se considere ter havido danos – por, *v. g.*, a desmotivação dos restantes trabalhadores ter provocado baixas de produtividade). Estes não-poderes dos trabalhadores são também manifestos quando, na hipótese 3), a administração promova despedimentos (lícitos, vamos supor, em face da legislação laboral) ou agrave condições de trabalho.

Depois, os trabalhadores também *não poderão fazer responder civilmente para com eles os administradores* que não ponderaram devidamente os interesses dos mesmos trabalhadores (cfr. o art. 79.º, 1). A norma do art. 64.º, 1, b), não é, parece, norma de protecção dos trabalhadores (ou de outros terceiros) – cfr. o art. 483.º, 1, do CCiv.. Os deveres de lealdade (bem como os deveres de cuidado) referidos no art. 64.º são para com a sociedade, "no interesse da sociedade", não (imediatamente) para com os sócios, trabalhadores, credores, clientes, etc.[90]

Além disso, *a prevalência dos interesses dos sócios parece transparecer da própria letra do art. 64.º, 1, b)*. Com efeito, esses interesses são referidos em primeiro lugar (antecedidos de "atendendo"), seguindo-se a menção a todos os demais interesses (antecedidos de "ponderando").

Não obstante, a referência do art. 64.º aos interesses dos trabalhadores (e outros sujeitos) tem (mais) algum efeito útil: *permitirá, em alguns casos, a exclusão ou limitação da responsabilidade dos administradores perante a sociedade*[91]. Imaginemos que, na hipótese figurada *supra* sob 1), o órgão de administração devia em determinada época encerrar a secção empresarial deficitária e promover o despedimento de 100 traba-

---

[90] E assim se vai assistindo a deslocalizações (para o estrangeiro) de empresas societárias lucrativas sem qualquer responsabilização dos administradores que as determinam...
[91] Convergentemente, v. V. G. LOBO XAVIER, *Relatório sobre o programa, os conteúdos e os métodos do ensino de uma disciplina de direito comercial (Curso complementar)*, sep. do vol. LXII do BFD, Coimbra, 1988, p. 29, n.(26).

lhadores. Mas não o fez – a maioria dos administradores invocou que a grande dedicação dos trabalhadores não poderia permitir uma medida tão drástica. Apesar da ilicitude de tal comportamento (um gestor criterioso e ordenado actuando no interesse da sociedade não devia, na avaliação do interesse social, ter sobrevalorizado nessa medida os interesses dos trabalhadores), de que vieram a resultar perdas para a sociedade, aquela preocupação com os interesses dos trabalhadores poderá, se não excluir a culpa, pelo menos atenuá-la.

Em suma, a concepção institucionalista do interesse social marca presença no art. 64.º, a respeito da actuação dos membros dos órgãos de administração (e de fiscalização). Mas é um *institucionalismo moderado e inconsequente*: os interesses dos sócios pesam muito mais, a falta de (ou deficiente) ponderação dos interesses dos não-sócios praticamente não tem sanção. [92]

5. Interesse social e "responsabilidade social das empresas"

Empresas (sobretudo societárias) "responsáveis socialmente" são as que visam, de modo voluntário, contribuir para a coesão social-geral e o equilíbrio ecológico (para lá da tradicional finalidade egoístico-lucrativa). Isto passa, designadamente, ao nível interno (empresarial), pela melhoria da situação dos trabalhadores e por reduções na exploração de recursos naturais, nas emissões poluentes ou na produção de resíduos, e, ao nível externo, pela (maior) consideração pelos interesses das comunidades locais (onde as empresas operam), dos parceiros comerciais, fornecedores, clientes, etc.[93]

---

[92] O que dissemos neste n.º e no anterior vale também, *mutatis mutandis,* para as sociedades unipessoais (claro que não se fala agora de interesses comuns dos sócios – sendo o interesse da sociedade, consoante os casos, o interesse do sócio enquanto tal ou a conjugação dos interesses do sócio enquanto tal e dos de outros sujeitos; cfr. tb o meu *Curso...,* n.º 2. 1. 2. do cap.V, a propósito do impedimento de voto por conflito de interesses). V. tb. RICARDO COSTA, *A sociedade por quotas unipessoal no direito português – Contributo para o estudo do seu regime jurídico,* Almedina, Coimbra, 2002, pp. 614, ss..

Sobre o pretenso "interesse de grupo" nos grupos de sociedades, v. COUTINHO DE ABREU, *Da empresarialidade...,* pp. 268, ss., e *Curso...,* n.º 3. 3. do cap. IV.

[93] V. por todos Comissão das Comunidades Europeias, *Livro verde – Promover um quadro europeu para a responsabilidade social das empresas,* Bruxelas, 18/7/2001 [COM (2001) 366 final], pp. 4, 8, ss..

Há manifestações remotas do "movimento" da responsabilidade social das empresas. Torna-se mais evidente, porém, a partir do final dos anos 60 do século passado. E aparece renovado na transição da centúria, principalmente por mor dos contributos de organizações não governamentais (ONG) de direitos cívicos e ambientalistas[94].

Repare-se: ao invés do que é típico no contexto (institucionalista) do "interesse social", a "responsabilidade social" *não aparece como dever jurídico* (dos administradores) das sociedades, antes como *compromisso voluntariamente assumido* por elas[95].

Compromisso voluntário assumido, todavia, não tanto de modo espontâneo, mais por *pressão exterior*[96]. E (também) como bom (ou necessário) *investimento*: as sociedades conseguem maior empenhamento dos seus trabalhadores, melhor imagem junto dos consumidores, etc.[97]

Ainda assim, é bom que se promova a "responsabilidade social das empresas". Apesar de, juridicamente, lhe falecer sanção – em medida pouco superior, aliás, à verificável no institucionalista "interesse social".

Mas sem que essa promoção obnubile o carácter essencialmente "individual"-egoístico da empresa capitalista. E de modo que à afirmação da responsabilidade social das empresas não vá correspondendo a desresponsabilização social do Estado (cada vez menos "social")...[98]

---

[94] V., p. ex., Tomás G. Perdiguero, *La responsabilidad social de las empresas en un mundo global,* Anagrama, Barcelona, 2003, pp. 137, ss., 167, ss., e Douglas M. Branson, *Corporate social responsibility redux,* TLR, 2002, pp. 1211, ss..

[95] É mais nesta linha que se situam as disposições estado-unidenses citadas *supra* (n.º 4.).

[96] Por exemplo, empresas gigantescas do "primeiro mundo" que exploram sem remordimento trabalho infantil no "terceiro mundo" (etc.) só passam a "empresas cidadãs" quando o facto é denunciado (sobretudo por ONGs com acesso a modernos meios de informação e comunicação)...

[97] V. tb. o citado *Livro verde,* pp. 3, 7-8, Testy, *ob. cit.,* p. 1239 ("corporate social responsibility will become just another commodity that business sell (...)").

[98] Tema (mais) jurídico afim do da responsabilidade social das empresas é o da função ou vinculação social da propriedade e iniciativa económica privadas. Acerca dele, v., com indicações bibliográficas, Coutinho de Abreu, *Da empresarialidade...,* pp. 240-242.

RESPONSABILIDADE DOS ADMINISTRADORES E *BUSINESS JUDGMENT RULE*

RICARDO COSTA
(Assistente da Faculdade de Direito de Coimbra)

1. A justificação do novo artigo 72.º, n.º 2, do CSC

A ampla reforma de 2006 do CSC trouxe para o domínio normativo da responsabilidade civil dos administradores[1] das sociedades comerciais uma novidade assaz desafiante em sede de *responsabilidade para com a sociedade*. Na realidade, de acordo com o "legislador" responsável por esta inovação – que, neste caso, é susceptível de ser identificado: a Comissão do Mercado de Valores Mobiliários (CMVM)[2] –, uma tomada de posição no âmbito da revisão do CSC sobre a *posição jurídica* do administrador não poderia ignorar, em sede de responsabilidade pelo incumprimento dos deveres dos administradores[3], a consagração da

---

[1] Utilizarei a fórmula "administradores" para abarcar ao mesmo tempo os administradores e os gerentes das sociedades comerciais.

[2] Que, em colaboração com o Ministério das Finanças e da Administração Pública e com o Ministério da Justiça, elaborou um conjunto significativo de alterações do CSC, em documento – *Governo das sociedades anónimas: propostas de alteração ao Código das Sociedades Comerciais*, Processo de Consulta Pública n.º 1/2006, de 30 de Janeiro de 2006 – que veio a ser integrado pelo Governo no DL n.º 76-A/2006, de 29 de Março, depois de submetido a (breve) discussão pública em Janeiro de 2006.

[3] Os deveres impostos aos administradores para o *exercício correcto* da administração, a que diz respeito o art. 72.º, n.º 1, do CSC (a este se referem todas as normas sem menção especial), começam por ser, como actividade, o dever *típico* e *principal* de administrar e representar a sociedade – correspectivo passivo dos poderes típicos, e normativizados, da função de administrador, previstos nos arts. 192.º, n.º 1, 252.º, n.º 1, 405.º, 431.º, n.ᵒˢ 1 e 2: sobre este "poder-dever de desenvolver a actividade genérica de gerir a empresa social", v., na doutrina nacional, ELISABETE RAMOS, *Responsabilidade civil dos administradores e directores de sociedades anónimas perante os credores sociais*, Studia Iuridica 67, Coimbra Editora, Coimbra, 2002, págs. 77 e ss. Este dever genérico, porém, apenas encontra densidade, pela sua indeterminação e amplitude, com a identificação dos deveres *gerais de conduta*, que, ainda que sem conteúdo específico e determinado, concretizam o dever típico nas *escolhas de gestão* e asseguram a sua realização fiduciária no *modo de empreender a gestão*: falamos do dever *de cuidado* e do dever *de lealdade* (agora positivados no art. 64.º, n.º 1). Para além destes, os administradores estão ainda vinculados a deveres *específicos*, de *cumprimento estrito e determinado*, baseados em

business judgment rule (bjr). Receber esta regra de *actuação judicial*, nascida nos primórdios de oitocentos nos tribunais norte-americanos e aqui consolidada, tinha um objectivo: "potenciar (ou não restringir) o sentido empresarial e empreendedor de actuação dos administradores", evitando que os tribunais realizem uma apreciação do "mérito da actuação do administrador"[4].

Descodificando ainda superficialmente essas palavras, a pretendida incorporação da *bjr* no nosso sistema jussocietário daria resposta a uma *suavização* do regime de responsabilidade dos administradores. Os administradores têm reclamado o reconhecimento de um *espaço de imunidade jurídica* dos seus actos, onde a avaliação da qualidade das "decisões empresariais" salvaguardasse a discricionariedade dos administradores no que toca à *franja da sua actividade* marcada pela *autonomia* e pela *incerteza* (dos mercados onde a sociedade actua, desde logo), franja essa que se garantiria não poder ser escrutinada pelos juízes sob o ponto de vista da sua correcção técnica ou adequação[5] [6].

---

fontes que tendem, em princípio, a delimitar com detalhe, imediata e especificadamente, o conteúdo da conduta devida, em conformidade com a *lei* (exemplos: dever de respeitar o objecto social, dever de não praticar negócios que não violem a especialidade do fim social, dever de não distribuir bens aos sócios e de respeitar os outros princípios de "garantia" do capital social, dever de relatar a gestão e apresentar contas, dever de estar presente nas assembleias de sócios, dever de não concorrência, dever de prestar caução, dever de requerer a declaração de insolvência, dever de efectuar pagamentos à administração fiscal e à segurança social, etc.), com os *estatutos*, com *convenções* (em esp., os acordos parassociais, celebrados na qualidade de sócios, e o "contrato de administração", se houver) [também a deveres «contratuais» alude o art. 72.º, n.º 1] e com as *deliberações sociais* a que devem execução (em regra: v. arts. 72.º, n.º 5, *a contrario*, 412.º, n.º 4; 24.º, n.º 3, do CVM). Desenvolvidamente sobre a categoria dos deveres gerais, mas recusando transportar para aqui a classificação dos deveres em que se analisa civilisticamente a "relação obrigacional complexa" e, por isso, desde logo, conceber um "dever principal de prestação" na tarefa de "administrar", v. COUTINHO DE ABREU, "Deveres de cuidado e de lealdade dos administradores e interesse social", publicado neste volume *Reformas do Código das Sociedades*, págs. 17 e ss, em esp. n. (44) – págs. 29-30: entre outra argumentação, "os deveres de cuidado e de lealdade não jogam bem, parece, num esquema radial de dever principal-deveres acessórios, secundários, laterais, etc. ....".

[4] Cfr. CMVM, *Governo das sociedades anónimas...* cit., págs. 17-18.

[5] Desde logo, no nosso direito societário, ao critério de diligência do «gestor criterioso e ordenado», previsto na primitiva formulação do art. 64.º do CSC. Agora, tal critério reitera-se na al. *a)* do n.º 1 do revisto art. 64.º, em alusão à observância dos «deveres de cuidado» do administrador.

[6] A este propósito, cfr., exemplarmente, JAMES D. COX/THOMAS LEE HAZEN, *Cox & Hasen on Corporations*, Volume I, Aspens Publishers, New York, 2003, pág. 484;

Para acolher a influência de tal "regra da decisão empresarial"[7], o artigo 72.º do CSC passou a integrar um novo número 2, que reza assim:

«A responsabilidade é excluída se alguma das pessoas referidas no número anterior [gerentes ou administradores] provar que actuou em termos informados, livre de qualquer interesse pessoal e segundo critérios de racionalidade empresarial.»

2. **A *business judgment rule* como orientação favorável(-permissiva) dos tribunais norte-americanos à actuação dos administradores sociais e a sua expressão nos *Principles of Corporate Governance* (American Law Institute)**

2.1. Com a nova formulação do n.º 2 do art. 72.º, a CMVM (=legislador) foi sensível às *razões* que fundamentaram a adopção da *bjr* no direito norte-americano. Quais?

Evitar a responsabilidade dos administradores que, mais ou menos diligentes, possam tomar boas decisões que, julgadas *a posteriori*, podem parecer negligentes por terem causado prejuízos ao património social.

A assunção de riscos, que se associa à inovação e à criatividade, é um elemento natural e intrínseco das decisões empresariais, que favorecem o interesse social e beneficiam a sociedade e os sócios[8] (as possi-

---

CÁNDIDO PAZ-ARES, "La responsabilidad de los administradores como instrumento de gobierno corporativo", *RdS*, 2003, págs. 86-87, que vê a *bjr* como uma técnica possível para uma "política de indulgência" no desenho do regime jurídico da responsabilidade por *mismanagement*; JUAN FONT GALÁN, "El deber de diligente administración en el nuevo sistema de deberes de los administradores sociales", *RdS*, 2005, pág. 93.

[7] Assim também a denomina COUTINHO DE ABREU, *Responsabilidade civil dos administradores de sociedades*, no número intitulado "Deveres de cuidado, o (novo) art. 72.º, 2, do CSC e a *business judgment rule*", inédito, 2007.

A traço grosso, referimo-nos às deliberações do órgão colegial ou às decisões do administrador único, assim como aos actos e negócios celebrados pelo ou pelos administradores, que afectam a organização e a actividade económico-empresarial da sociedade (para este último lote, v. igualmente CÁNDIDO PAZ-ARES, pág. 87).

[8] A actividade da sociedade envolve um certo *risco económico* e é a esta luz que "os deveres do administrador têm sempre de ser entendidos[,] por isso de modo que não impeçam de correr os riscos normais da empresa, inerentes à sua função": RAÚL VENTURA/ /BRITO CORREIA, "Responsabilidade civil dos administradores de sociedades anónimas e

bilidades de ganho derivadas de uma escolha arriscada são quase sempre mais consideráveis do que as derivadas de uma escolha menos arriscada[9]).

As decisões empresariais são peculiares porque, quase sempre, são tomadas em situação de risco e debaixo de uma grande pressão temporal. Por isso, tomam-se frequentemente sem que seja possível ter em conta todos os factores que importavam para o sucesso da decisão.

Seria prejudicial para a própria sociedade que as decisões tomadas pelos administradores pudessem ser constantemente questionadas pelos sócios em tribunal, o que acabaria por transferir a *autoridade* decisória, típica dos administradores, do órgão de administração para os sócios.

A inexperiência e o desconhecimento empresarial dos juízes (não são gestores) desaconselha que levem a cabo um juízo de oportunidade e adequação em relação às decisões tomadas pelos administradores (*subsequent second-guessing*, na terminologia anglo-americana), que leve a que eles, no processo de determinação da infracção do dever de gestão da sociedade, procedam à reconstituição material das decisões empresariais adoptadas pelos administradores pelas suas próprias opiniões e juízos, funcionando como uma espécie de conselho de administração de "última instância"[10].

---

dos gerentes de sociedades por quotas", *BMJ* n.º 192, 1970, págs. 94-95. Se quisermos, é a ponderação desse risco económico que permitirá, como pretende a *bjr*, diminuir o alcance do chamado *risco de administração*, "que recai sobre quem exerce os poderes de gestão (sócios e/ou não sócios) e se consubstancia num complexo de deveres e correlativas responsabilidades decorrentes do seu incumprimento" (RICARDO COSTA, "Responsabilidade civil societária dos administradores de facto", *Temas societários*, Colóquios n.º 2/IDET, Almedina, Coimbra, 2006, pág. 28).

[9] É uma das razões apreendidas por COUTINHO DE ABREU, *Responsabilidade civil...* cit. No mesmo contexto, CALVÃO DA SILVA, "«Corporate governance» – Responsabilidade civil de administradores não executivos, da comissão de auditoria e do conselho geral e de supervisão", *RLJ* n.º 3940, 2006 (Ano 136.º), pág. 55, sublinha que o teste da *bjr* "não corta as asas da criatividade e da liberdade de assunção responsável de riscos".

[10] Assim, entre nós, COUTINHO DE ABREU, *últ. ob. cit.*: "(...) o tribunal, dadas as dificuldades na reconstituição intelectual das circunstâncias em que a decisão foi tomada e o conhecimento de factos entretanto ocorridos, tenderia a confundir muitas vezes decisões de resultados indesejáveis com decisões irrazoáveis e, consequentemente, a responsabilizar os administradores".

Mas a questão da sindicabilidade das opções de gestão dos administradores não é uma questão nova para a nossa doutrina. Destaco duas ideias de ELISABETE RAMOS,

Ao contrário de outros sujeitos que desenvolvem uma actividade *profissional* ou *técnica*, os administradores não podem contar com modelos de comportamento *consensualmente aceites pela colectividade* – ensinamentos inequívocos, práticas ou *leges artis* generalizadamente aceites, modelos profissionais de competência –, a fim de os poder invocar para proteger as próprias escolhas e demonstrar a razoabilidade das decisões[11] – não há *guide lines*, *cada decisão é única*, na maior parte dos casos há *várias alternativas*, não há *a priori* uma decisão óptima[12].

Se assim é, assume-se a tomada de decisões arriscadas como algo de economicamente salutar, de tal maneira que um controlo judicial *ex post* do mérito das decisões empresariais, influenciada pelas consequências(-resultados) da decisão, inibiria os administradores de tomarem decisões arriscadas. Este interesse torna-se prevalecente em face dos perigos de iniciativas excessivamente arriscadas e pouco ponderadas ou inoportunas, de erros de avaliação e julgamento, do desleixo na prognose dos efeitos da decisão para a subsistência da sociedade[13]. Desta ponderação resulta que um legislador prudente deve permitir que os administradores possam *respirar* em relação à sua responsabilidade e não percam a necessária tendência para a inovação e para a disponibilidade para o risco[14]. E, antes disso, deve estimular-se a aceitação do cargo de administrador por pessoas competentes.

Por sua vez, a estas considerações está subjacente a dificuldade de levar a cabo a reconstrução posterior do âmbito da decisão. Esta está

---

págs. 96 e ss: (i) "um juízo concreto de responsabilidade civil dos administradores que privilegie o resultado danoso subverteria, no crucial momento da aplicação da lei, o sistema jurídico-societário"; (ii) "o mero resultado negativo não é suficiente para determinar a responsabilização de quem administra a sociedade".

[11] Neste sentido, v. COUTINHO DE ABREU, *últ. ob. cit.*

[12] Sobre este assunto, v., entre nós, GABRIELA FIGUEIREDO DIAS, *Fiscalização de sociedades e responsabilidade civil (após a Reforma do Código das Sociedades Comerciais)*, Coimbra Editora, Coimbra, 2006, pág. 76; COUTINHO DE ABREU, "Deveres de cuidado...", *loc. cit.*, pág. 21, a propósito do "dever de *tomar decisões (substancialmente) razoáveis*".

[13] Em parte, v. FRANCO BONELLI, *Gli amministratori di s.p.a. dopo la riforma delle società*, Giuffrè Editore, Milano, 2004, págs. 184-185.

[14] Assim, v. HOLGER FLEISCHER, "La «business judgment rule» a la luz de la comparación jurídica y de la economía del derecho", *RDM*, 2002, pág. 1731, que, a págs. 1741, sublinha que não se trata aqui de "blindar" os administradores em face do exercício de acções de responsabilidade, mas sim "traçar um *limite* entre *meras decisões erróneas* e *violações notórias das suas obrigações*" (sublinhei).

sujeita a diversas variáveis. Os juízes estarão sempre mais propensos a, depois de conhecerem os resultados, sobrestimar a probabilidade com que foram prognosticadas essas consequências e a desmerecerem um juízo *ex ante* dos factos, concentrado no processo (*interim*) da decisão.[15]

2.2. Não obstante apresentar diferentes matizes, é mais ou menos dominante que o *tronco central* da *bjr* aponta a seguinte compartimentação.[16]

Em primeiro lugar, só é aplicada quando haja uma tomada de decisão *consciente*. Se não houver um processo de tomada de decisão, não se aplica. O que não significa que não se aplica a uma decisão de se abster de tomar uma acção; significa que não se aplica quando os administradores deixaram de actuar como administradores, abdicando das suas funções.

Em segundo lugar, só é aplicada se os administradores não tiverem um interesse pessoal (financeiro, patrimonial) quanto ao mérito da decisão tomada – se tiverem (p. ex., comprar um terreno que pertence a um administrador), o comportamento tem que ser avaliado à luz do dever *fiduciário* de lealdade.

---

[15] Sobre todos estes pontos, v., entre outros, MELVIN EISENBERG, "Obblighi e responsabilità degli amministratori e dei funzionari delle società nel diritto americano", *Giur. comm.*, 1992, I, págs. 623-624, JOSÉ LLEBOT MAJÓ, *Los deberes de los administradores de la sociedad anónima*, Editorial Civitas, Madrid, 1996, págs. 74-75, 79-80, FEDERICO GHEZZI, "I «doveri fiduciari» degli amministratori nei «Principles of Corporate Governance»", *Riv. Soc.*, 1996, págs. 499-501, CÁNDIDO PAZ-ARES, pág. 87, HOLGER FLEISCHER, págs. 1731-1733, PETER ULMER, "Haftungsfreistellung bis zur Grenze grober Fahrlässigkeit bei unternehmenrischen Fehlentscheidungen von Vorstand und Aufsichtsrat?", *DB*, 2004, pág. 860, WALTER PAEFGEN, "Dogmatische Grundlagen, Anwendungsbereich und Formulierung einer Business Judgment Rule im künftigen UMAG", *AG*, 2004, págs. 247-248. Em Portugal, v. PEDRO CAETANO NUNES, *Responsabilidade civil dos administradores perante os accionistas*, Almedina, Coimbra, 2001, págs. 92-93.

[16] Para o que aqui se dirá, cfr. RICHARD BUXBAUM, "The duty of care and the business judgment rule in american law", *Die Haftung der Leitungsorgane von Kapitalgesellschaften*, Karl Kreuzer (Hrsg.), Baden-Baden, Nomos Verlagsgesellschaftsrecht, 1991, págs. 95 e ss, MELVIN EISENBERG, págs. 621-623, 624-625, CHARLES HANSEN, "The duty of care, the business judgment rule, and the American Law Institute Corporate Governance Project", *Bus. Law.*, 1994, págs. 1356-1358, FEDERICO GHEZZI, págs. 488, 497-499, 502-503. Aparentemente pioneiro em Portugal, v. JOÃO SOARES DA SILVA, "Responsabilidade civil dos administradores de sociedades: os deveres gerais e os princípios da *corporate governance*", *ROA*, 1997, págs. 624-625.

Em terceiro lugar, só é aplicada se o administrador obteve um *background* suficiente e razoável de informação antes de determinar uma decisão.

Estas três facetas são verdadeiras *condições formais de aplicação* da regra. Se elas se verificarem, a *regra* dispõe que o mérito da decisão não será ajuizado de acordo com o padrão típico da *razoabilidade substancial* (oportunidade, sagacidade, adequação) e segundo a base mais severa do *standard* da *prudent person due care*, mas será submetido a um modelo de avaliação *excepcionalmente limitado* – só haverá responsabilidade dos administradores se, de acordo com a formulação preponderante, a decisão empresarial-negocial, de entre todas as decisões disponíveis, for *irracional* (*egregious managerial misbehaviour*). É justamente aqui que os administradores se poderão abrigar de uma eventual responsabilidade civil, protegidos pelo *safe harbour* proporcionado pela *bjr*.[17]

A formulação mais precisa da *bjr* – e notoriamente influenciadora do novo n.º 2 do art. 72.º – está nos *Principles of Corporate Governance*, um complexo trabalho promovido pelo American Law Institute (promulgados em 1992 e publicados em 1994). No seu § 4.01 – consagrado ao *duty of care of directors and officers* e à *business judgment rule* –, al. *(c)*, determina-se que a decisão empresarial de um administrador *observa o dever de cuidado* se: a) o administrador não tem interesse na matéria a que respeita a decisão; b) está razoavelmente informado em relação à

---

[17] Note-se que, nos EUA, a regra surge para combater o excesso de litigância contra os administradores. Não é reconhecidamente o caso de Portugal. A própria CMVM admitiu "um subaproveitamento dos dispositivos nacionais sobre reparação de danos causados por administradores" (*Governo das sociedades anónimas...* cit., pág. 18; sobre esse facto e suas causas, v. MENEZES CORDEIRO, *Manual de direito das sociedades*, I volume, *Das sociedades em geral*, Almedina, Coimbra, 2004, pág. 767, onde menciona que "o fiel sancionatório desloca-se da responsabilidade civil para a destituição dos administradores"), mas entendeu mais valioso o sinal de incentivo à capacidade de risco e de inovação empresarial, salvaguardando os administradores com uma regra de *exclusão* de responsabilidade. Com pertinência, uma voz doutrinal veio duvidar, em jeito de prognóstico, do intento de protecção dos administradores: "(...) em Portugal, dada a postura da jurisprudência, é possível que o mesmo princípio venha a proporcionar uma mais ampla responsabilização, uma vez que *é mais fácil avaliar o processo da decisão do que o mérito da mesma*" (ANTÓNIO PEREIRA DE ALMEIDA, *Sociedades comerciais*, 4.ª ed., Coimbra Editora, Coimbra, 2006, pág. 242, o sublinhado é meu).

matéria da decisão na medida apropriada às circunstâncias; c) acredita que a decisão é racionalmente a que melhor serve os interesses da sociedade.[18]

Esta formulação opta por um *modelo* objectivo *de sindicação da responsabilidade* (*standard of judicial review*) no que respeita aos aspectos *substanciais* de uma decisão administrativa: em vez de não responsabilizar o administrador se ele actuasse de *boa fé*, adoptando uma decisão *subjectivamente* honesta (que se afigurava como modelo alternativo), ele será responsável na circunstância de *irracionalidade* da decisão – esta deve ter um fundamento e uma explicação que a torne compreensível. Assim, evita-se que os administradores se submetam a responsabilidade só porque as suas decisões *se vieram a tornar más* ainda que *sejam boas decisões*[19].

Por outro lado, trata-se de um modelo *permissivo* quanto à análise das *regras de conduta* impostas pelo *duty of care*: enquanto que o comportamento de um administrador deve conformar-se, em princípio, com o critério geral da *razoabilidade*, em razão da justiça substancial, o exame da licitude de uma decisão do administrador baseia-se no critério mais apertado da *não irracionalidade*.[20]

2.3. Registamos que a *bjr* se envolve na sindicação do cumprimento do *duty of care*.

Este consiste na obrigação de os administradores cumprirem com diligência as obrigações derivadas do seu ofício-função, de acordo com o máximo interesse da sociedade e com o cuidado que se espera de uma

---

[18] Esta parcela é ilustrativa das formulações previstas pelos *Principles*. O *duty of care* aparece como um *model of conduct* que se impõe aos administradores; os *standards of review* colocados à disposição dos tribunais permitem o afastamento do *model of conduct* em sentido mais tolerante.

[19] Segui as palavras do *Chief Reporter* dos *Principles of Corporate Governance*: MELVIN EISENBERG, págs. 624, 625.

[20] Mesmo assim, os adeptos da chamada "escola contratualista", mais liberal e confiante na eficiência do mercado, partidários da desregulamentação e da derrogabilidade do direito societário, viram nesta formulação uma insuficiente tutela da independência e do espírito empresarial, ou empreendedor, dos administradores. Em especial, melhor seria eliminar o pressuposto relativo ao grau razoável de informação que o *manager* deve recolher antes de assumir uma decisão. Sobre a matéria, v. FEDERICO GHEZZI, "I «doveri fiduciari» degli amministratori nei «Principles of Corporate Governance»", *Riv. Soc.*, 1996, págs. 474, 484-485.

pessoa medianamente prudente em circunstâncias e situações similares (assim se consagra no § 4.01, al. *(a)*, dos *Principles*).[21]

No direito norte-americano, ele compõe-se de quatro manifestações – ou subdeveres[22]: o dever de controlar, ou vigiar, a condução da actividade da sociedade, as suas políticas, práticas, etc. (*duty to monitor*); o dever de se informar e de realizar uma investigação sobre a atendibilidade das informações que são adquiridas e que podem ser causa de danos, seja por via dos normais sistemas de vigilância, seja por vias ocasionais (*duty of inquiry*)[23] – estes deveres podem muitas vezes conjugar-se de uma forma muito estrita e até absorverem-se em hipóteses concretas, em especial nas sociedades em que há relação entre administradores não executivos e administradores executivos; o dever de se comportar razoavelmente no *iter* de formação de uma decisão, obtendo a informação suficiente para o habilitar a tomar uma boa decisão (*reasonable decisionmakingprocess*); o dever de tomar decisões razoáveis, dentro de um catálogo mais ou menos discricionário de alternativas possíveis.

Pois bem.

São estes dois últimos subdeveres que atendem à diligência razoável na *tomada da decisão*. São estes dois últimos subdeveres que beneficiam, no seu escrutínio, da *bjr*[24]. Ou, até melhor, beneficia o último, desde que o penúltimo esteja previamente respeitado.[25]

---

[21] Entre nós, COUTINHO DE ABREU, "Deveres de cuidado...", *loc. cit.*, pág. 19, formula o dever geral de cuidado como a aplicação pelos administradores, nas actividades de organização, decisão e controlo societários, do "tempo, esforço e conhecimento requeridos pela natureza das funções, as competências específicas e as circunstâncias".

[22] V. MELVIN EISENBERG, págs. 618 e ss, FEDERICO GHEZZI, págs. 487 e ss, JAMES D. COX/THOMAS LEE HAZEN, págs. 492 e ss; em Portugal, JOÃO SOARES SA SILVA, págs. 623-624. Seguindo uma nomenclatura (tripartida) próxima do direito norte-americano, v. COUTINHO DE ABREU, "Deveres de cuidado...", *loc. cit.*, págs. 20 e ss.

[23] No (1) da al. *(a)* do § 4.01 dos *Principles*, a extensão deste dever depende do próprio juízo de razoabilidade do administrador acerca das circunstâncias que o alertem para a respectiva necessidade. Por outras palavras, solicita-se uma circunstância específica que coloque em alerta um administrador ou gestor razoável para a necessidade de uma investigação aprofundada: cfr. THE AMERICAN LAW INSTITUTE, *Principles of corporate governance: analysis and recommendations*, volume 1, Parts. I-VI, §§ 1.01-6.02, ALI Publishers, St. Paul, Minn., 1994, pág. 163.

[24] V., por todos, MELVIN EISENBERG, pág. 621, CHARLES HANSEN, pág. 1356.

[25] O "dever de se informar" (*duty of inquiry*) não se vincula ao procedimento destinado a tomar uma decisão, ou seja, não se confunde com o terceiro dos subdeveres men-

Em que medida? (E recorrendo à distinção norte-americana entre forma e substância[26].)

Quanto à *forma da decisão*, apenas é admitida a responsabilidade quando se conclui que o dano resultante da decisão foi devido ao facto de os administradores, antes de tomar a decisão, não terem sido suficientemente diligentes na aquisição de informação (razoável *background* de conhecimento) sobre os elementos que determinam a decisão. *Aquilo que é razoável adquirir* constitui o *conteúdo do dever – mínimo*, porque a decisão é simples, ou porque já é repetida, ou porque é urgente e demanda uma acção o mais célere possível, ou porque o custo da informação é desproporcionado em relação ao benefício a retirar da decisão; *denso* ou *máximo*, porque a decisão é muito importante, não é urgente e exige reflexão e ponderação, o custo da informação não é desproporcionado, etc.[27].

Por outro lado, quanto à *substância da decisão*, apenas é admitida a responsabilidade em caso de decisões irracionais. Não será, por isso, o caso de, *no mais ou menos amplo leque de discricionariedade*, ainda que irrazoável, a decisão tiver uma base racional, mesmo que com resultado menos favorável e que até possa ser qualificada como um erro de gestão.

3. Um aceno da jurisprudência: a influência da *business judgment rule* no *Caso Multidifusão*

Num pleito submetido a apreciação na 3.ª Vara Cível de Lisboa, que se traduziu numa acção *social* de responsabilidade, instaurada por um accionista minoritário (v. art. 77.º, n.º 1, em referência ao art. 72.º) contra os administradores de uma sociedade anónima («Multidifusão – Meios e Tecnologias de Comunicação, S.A.») em benefício da sociedade lesada, o julgador recorreu às lições da *bjr* para resolver a pretensão indemnizatória. Fê-lo por decisão proferida em 27 de Outubro de 2003[28].

---

cionados. É mais amplo, não se destinará por natureza a decidir *ex professo* e relaciona-se com a gestão quotidiana da sociedade: v., com detalhe, JAMES D. COX/THOMAS LEE HAZEN, págs. 494 e ss (e ainda THE AMERICAN LAW INSTITUTE, *Principles...* cit., págs. 163-164).

[26] Cfr. MELVIN EISENBERG, pág. 621.

[27] Distinguindo entre "esforço mínimo" e "amplo complexo de informações", cfr. MELVIN EISENBERG, pág. 621.

[28] Tratou-se do Processo n.º 208/99, da 1.ª Secção da referida 3.ª Vara, da responsabilidade de PEDRO CAETANO NUNES e consultável no seu *Corporate governance*, Almedina, Coimbra, 2006, págs. 9 e ss.

O Conselho de Administração dessa sociedade anónima, dedicada, no essencial, à «implementação e/ou exploração de tecnologias de comunicação», delibera – num momento em que a sociedade acumulara prejuízos nos exercícios anteriores, aumento do passivo bancário e perda de capacidade de financiamento externo e evidenciava, objectivamente, degradação do seu "valor económico" – cancelar o avanço da produção de um sistema de informação de cotações bolsistas (Lisboa e mercados internacionais). A sociedade realizara vários investimentos para a adjudicação do projecto pelo cliente interessado (Associação da Bolsa de Valores de Lisboa), em especial a aquisição de um "codificador" de informação. Num dos cenários possíveis, a prestação deste serviço representaria, ao longo de três anos, um proveito líquido próximo dos "50.000 contos". Porém, ficou provado que a implementação do projecto não inverteria a situação económico-financeira da sociedade.

A deliberação fundou-se na contrariedade ao interesse social da assunção de novas obrigações em face de fornecedores e de compromissos em face de novos clientes ou o alargamento do âmbito dos existentes, quando era iminente a impossibilidade de cumprir tais compromissos perante a gravíssima situação económico-financeira da sociedade, e, ademais, uma vez declarada a indisponibilidade do accionista maioritário (51%) para injectar novos capitais na sociedade – suprimentos e/ou subscrição de aumentos de capital social. Os administradores consideraram ser esta a "única atitude prudente, racional e conforme ao interesse da sociedade" – suspender ou mesmo declinar pura e simplesmente a celebração de novos contratos com terceiros, salvo se se tratasse de contratos de muito pequeno significado –, até que os accionistas tomassem de uma forma clara e definitiva uma resolução sobre o futuro da sociedade. Havia, por isso, um "bloqueio da actividade social". A sociedade perdeu, pelo menos, um cliente importante depois dessa deliberação, cliente esse que cessou o contrato de prestação de um outro serviço, e não aceitou outros clientes para o projecto em causa.

O tribunal decidiu que os administradores da «Multidifusão» não poderiam ser responsabilizados, na medida em que: a) não foi provado que os administradores tivessem violado o dever de obtenção de informação no *iter* da decisão, antes demonstrou-se o contrário: a referência à "gravíssima situação financeira da sociedade" e a afirmação de que se vinha chamando a atenção dos accionistas para tal facto "desde há quase um ano" mostram que houve recolha de informação e esta foi examinada e ponderada durante mais de um ano; b) não foi provado que os administradores tivessem violado o dever de não tomar decisões irracionais, pelo contrário, da fundamentação da deliberação resulta a sua *racionalidade*, ancorada na prudência e no interesse da sociedade.

Mais: o tribunal considerou mesmo que existiam fortes indícios que a decisão tinha sido *a adequada*, tanto mais que foi sensível ao argumento de que o incumprimento previsível das obrigações contratuais da Multidifusão poderia acarretar prejuízos a terceiros (no âmbito da gestão das carteiras de valores mobiliários).

Assim, o tribunal *considerou expressamente que estava a consagrar no seu julgamento uma limitação da sindicabilidade do mérito das decisões empresariais, de acordo com as lições da* business judgment rule.

4. O novo artigo 72.º, n.º 2, e a regra da *business judgment*: aproximações e distanciamentos

4.1. Como vimos, assumiu-se que o n.º 2 do art. 72.º pretendeu incorporar no direito português a *bjr*. E este dado é visível.

Desde logo, ao excluir-se a responsabilidade dos administradores por via da nova norma, está a considerar-se o significado fundamental da *bjr*: desde que preenchidos os requisitos da lei societária – conduta procedimentalmente informada, inexistência de conflitos de interesses e respeito por critérios de racionalidade empresarial –, deve entender-se que os administradores respeitaram as suas obrigações legais e a conduta dos administradores, no que respeita ao mérito *ex post* das suas escolhas, é insindicável pelo juiz. O tribunal intervém para controlar aquelas condições: o julgador verifica, em alternativa, se as cautelas e informações preventivas requeridas pela diligência profissional média se registaram em concreto[29].

Acima de tudo, verifica-se que alguns dos pressupostos referidos *supra* (ponto 2.2) encontram-se positivados no preceito, sendo evidente a inspiração directa na al. *(c)* do § 4.01 dos *Principles*: p. ex., seguiu-se um modelo de avaliação da conduta baseado na racionalidade («empresarial»), quando na Alemanha se seguiu um modelo baseado na boa fé (a

---

[29] É nesta medida que FRANCO BONELLI, pág. 186, recolhe, para o direito italiano, os princípios da *bjr*.

tradução será: «Não há incumprimento do dever [de diligência de um gestor ordenado e consciencioso] quando, perante uma decisão empresarial, o membro da Direcção *pôde crer* razoavelmente que actuava com base em informação adequada para o bem da sociedade.»: § 93, (1), 2.ª frase, da *AktG*)[30].

4.2. *Porém (I)*, não há uma correspondência linear entre a regra de *business judgment* e a nova prescrição do CSC, depois de integrada no sistema de responsabilidade civil societária em face da sociedade (art. 72.º, n.º 1).[31]

A *bjr* solidificou-se nos tribunais norte-americanos (fundamentalmente no Tribunal Supremo do Delaware) como uma *presunção de correcção (licitude)* da conduta dos administradores. Ao "confeccionar" uma decisão empresarial, os administradores de uma sociedade actuaram informadamente, de boa fé e com a crença honesta de que a acção tomada foi no melhor interesse da sociedade, cabendo à outra parte – o lesado – desafiar a decisão com a demonstração de factos que rebatam a presunção. Por isso, acentuou-se que a presunção é *processual*, pois baseia-se no enunciar de certas circunstâncias sob as quais o tribunal não se substitui ao julgamento dos administradores, justamente por se presumir que a forma como se chegou à decisão é correcta. De todo o modo, observa-se que, se uma presunção é um substituto da necessidade de prova, tal presunção acrescenta pouco ou nada ao ónus de provar factos que afastem

---

[30] A recepção tudesca da *bjr* deu-se por via de uma nova frase acolhida pelo 1.º parágrafo do § 93 da *AktG*, arraigada pelo art. 1, 1, a), da *Gesetz zur Unternehmensintegrität und Modernisierung des Anfechtungsrechts* (UMAG), de 22 de Setembro de 2005.

Esta inovação da lei societária veio dar resposta às intervenções da jurisprudência – em particular, ao caso *ARAG/Garmenbeck*, decidido pelo *Bundesgerichtshof* em 21 de Abril de 1997, que reconheceu, na delimitação da obrigação de indemnização dos danos causados pela gestão, uma ampla margem de actuação à Direcção das sociedades: v. HOLGER FLEISCHER, págs. 1738-1739, WALTER PAEFGEN, pág. 247 – e ao apelo da doutrina em positivar a *bjr*, em especial de PETER ULMER, "Die Aktionärsklage als Instrument zur Kontrolle des Vortstands– und Aufsichtsratshandelns", *ZHR*, 1999, págs. 297-299, já que "seria de acolher sem reservas um desenvolvimento que tenha em conta as particularidades devidas às actuações negociais das empresas" (e o Autor adicionou mesmo uma formulação que sugeria ao legislador).

[31] COUTINHO DE ABREU, *Responsabilidade civil...* cit., entende, neste âmbito, que "o aproveitamento [da *bjr*] ficou prejudicado por causa de alguns equívocos".

a presunção: para o demandante lesado nada muda em relação às regras tradicionais do processo. O que muda é que, para conseguir a responsabilidade dos administradores, além da prova da violação dos deveres que os vinculam, *aumenta a carga de prova* destinada a satisfazer a necessidade de, *em acrescento*, rebater a regularidade presumida da actuação dos administradores, que é a *parte substancial* da bjr [32].

Ora, no CSC, como expressamente refere o documento da CMVM, não se presume a licitude da conduta dos administradores[33], num sistema, aliás, que, quanto à responsabilidade em face da sociedade, antes se apoia numa *presunção de culpa* dos administradores (art. 72.º, n.º 1). Em resumo: o legislador português consagrou a *bjr* como pretexto para uma causa de *exclusão* da responsabilidade, cujos requisitos não se presumem: ao invés, devem ser demonstrados[34]. Faltará saber qual a respectiva *natureza excludente*, isto é, em que pressuposto constitutivo da responsabilidade actua: na ilicitude, na culpa, ou em ambas.

Também nada muda quanto ao *ónus de alegação e prova*. Não é à sociedade demandante que cabe provar que a não observância dos requisitos previstos pelo art. 72.º, n.º 2, permite avançar para uma apreciação *material* da conduta do administrador à luz dos deveres de cuidado e de lealdade (como se impõe na al. *(d)* do § 4.01 dos *Principles*, no intuito *global* de demonstrar a agressão do dever de cuidado[35]). À sociedade

---

[32] Para esta visão do tratamento da *bjr* como *presumption*, com diálogo jurisprudencial, v. FRANKLIN BALOTTI/JAMES HANKS Jr., "Rejudging the business judgment rule", *Bus. Law.*, 1993, págs. 1337 e ss, em esp. págs. 1344-1349 e 1353. Por isso se compreende que o American Law Institute tenha evitado a utilização de tal palavra-conceito no § 4.01 dos *Principles*: "impreciso", "susceptível de interpretação errada, porque, por exemplo, o conceito pode ser mal interpretado se for visto como pensado para ser irrefutável ou para estabelecer uma medida especial de prova" (v. THE AMERICAN LAW INSTITUTE, *Principles*... cit., págs. 144, 173 e 187).

Noutra perspectiva vemos CHARLES HANSEN, pág. 1361, quando defende que a regra da *bjr* é mais do que uma presunção que actua processualmente: é também uma *rule of substantive law*. Porquê? No tocante às decisões, ela *limita* o dever de cuidado em relação ao *processo* através do qual se chegou à decisão. Como veremos, esta deverá ser a instrução mais válida da *bjr* para a compreensão do novo art. 72.º, n.º 2.

[33] Cfr. *Governo das sociedades anónimas*... cit., pág. 18.

[34] No mesmo sentido, v. GABRIELA FIGUEIREDO DIAS, págs. 71-72. É neste apuramento que a Autora afirma que "o legislador português entendeu consagrar aquela regra [da *bjr*] de forma *parcial* ou *mitigada*" (sublinhei).

[35] V. THE AMERICAN LAW INSTITUTE, *Principles*... cit., pág. 143.

demandante, ou seu substituto processual (nos termos do art. 77.º, n.º 1, e 78.º, n.º 2), cabe o ónus de provar os factos constitutivos do direito de indemnização. Em contrapartida, devolve-se ao administrador a prova dos «factos extintivos» do direito indemnizatório invocado pela sociedade, sócio(s) ou credores (é a regra comum do art. 342.º, n.º 2, do CCiv., confirmada na letra do art. 72.º, n.º 2).[36]

Porém (II), olhando para a letra da lei e para a necessária leitura conjugada com o art. 72.º, n.º 1, a exclusão da responsabilidade surgirá para a eventual inobservância de *todos os deveres legais ou contratuais* a que, indistintamente, o art. 72.º, 1, faz referência. Enquanto isso, a *bjr* aplica-se tão-só com o fim de afastar a responsabilidade no que respeita à eventual *agressão ao dever de cuidado*, e nem sequer a todas as suas manifestações (com a adição de, como nos *Principles*, estar desde logo salvaguardada a ausência de conflito de interesses que pudesse fazer perigar o dever de lealdade). Ora, esta redacção, tal como está, deverá ser considerada imperfeita e necessita de uma interpretação *restritiva* – assim o defenderei.

Esta redacção imperfeita comporta ainda um perigo acrescido: o de podermos considerar que as circunstâncias de exclusão são verdadeiros padrões de conduta *normativamente equiparáveis* às condutas exigidas pelos deveres legais, gerais e específicos, que se superiorizariam a todos os restantes, se se demonstrar a sua verificação, no fito de alcançar a não responsabilidade dos administradores. Mais uma vez não é esse o legado da *bjr*: a regra actua como *modelo de avaliação-revisão de conduta* (*standard of review*), que limita o juiz a não ajuizar do mérito e da razoabilidade – ou seja, na manifestação de que o dever de cuidado implica o dever de adoptar decisões razoáveis – desde que certas circunstâncias se verifiquem. Só isto deve significar o art. 72.º, n.º 2: um conjunto de circunstâncias aferidoras da conduta *bastante deferente* em relação aos julgamentos dos administradores no largo perímetro de actuação das suas obrigações fiduciárias de cuidado.

---

[36] Neste sentido, cfr. CARNEIRO DA FRADA, *Direito civil. Responsabilidade civil. O método do caso*, Almedina, Coimbra, 2006, pág. 123, numa interpretação favorável ao lesado, permitindo-lhe satisfazer essa necessidade de prova com a "mera demonstração de um dano tão-só plausível ou (talvez melhor) eventualmente susceptível de conduzir a responsabilidade"; CALVÃO DA SILVA, pág. 55; COUTINHO DE ABREU, *Responsabilidade civil...* cit.

Uma leitura mais desatenta do art. 72.º, n.º 2, poderia mesmo levar à tentação de substituir o padrão de tomar decisões razoáveis e adequadas pelo padrão de tomar decisões racionais – mais limitado, mais potenciador de prejuízos –, *o que não parece ser de aceitar*.

Foi nesse logro, aliás, que caiu a sentença do "Caso Multidifusão": o tribunal considerou que "o dever de gestão não compreende o dever de tomar decisões adequadas".

Ora, se assim pensássemos, estaríamos a rebaixar o *standard* de diligência exigível ao dever de cuidado pelo parâmetro do «gestor criterioso e ordenado». Mas tal conclusão não resulta da lei, nem sequer se faz referência a qualquer graduação, p. ex., da culpa(-diligência devida). Se se tivesse operado sobre o módulo da diligência do administrador, esse rebaixamento estender-se-ia a toda a actuação dos administradores e, por isso, também a que cai fora da zona do livre julgamento e discricionariedade. Pois, como digo, não há a substituição dessa concretização fundamental do dever de cuidado pelo dever de não tomar decisões irracionais; a racionalidade é que passa a ser (*uma parte do*) critério *judicial* (mais limitado) de escrutínio do dever de tomar decisões adequadas.

5. Âmbito de aplicação do art. 72.º, n.º 2 (e sua restrição teleológica)

5.1. O direito das sociedades comerciais regula expressamente a responsabilidade dos «gerentes ou administradores» por gestão ilícita (havendo violação dos deveres a que devem respeito) e culposa. O modelo normativo encontra-se fixado nos arts. 72.º a 79.º do CSC e é comum aos vários tipos de sociedades, podendo ser desencadeado pela sociedade (ou por sócio ou sócios que representem pelo menos 5% do capital social, ou 2% no caso de sociedades cotadas em bolsa, a favor dela), pelos credores sociais (directa e autonomamente ou por via subrogatória em acção social de responsabilidade, nos termos do art. 78.º) e pelos sócios e (outros) terceiros (art. 79.º). Interessa-nos aqui a responsabilidade *para com a sociedade*, conformada substancialmente pelo art. 72.º do CSC.

No seu n.º 1, impõe-se que «os gerentes ou administradores respondem para com a sociedade pelos danos a esta causados por actos ou omissões praticados com preterição dos deveres legais ou contratuais, salvo se provarem que procederam sem culpa». O n.º 2, ao positivar a *bjr*, refere-se a essa responsabilidade. E, à primeira vista, a todos os «deveres legais e contratuais» que se impõem aos administradores ou gerentes. Será assim?

Não creio. Não houve, nem tinha que haver, um "transplante legal"[37] perfeito e imutável entre a experiência jurídica norte-americana e o nosso direito. Mas importa assinalar que o n.º 2 do art. 72.º se inspirou nas virtualidades da regra da *business judgment* – como igual foi feito com a introdução da frase 2 ao (1) do § 93 da *AktG* – e verificar que as *causas de exclusão de responsabilidade* previstas pelo art. 72.º, n.º 2, demandam a recepção dos ensinamentos que levam à aplicação da *bjr*.

Pois bem. Desses ensinamentos recolhemos *duas linhas essenciais*.

Primeira: o art. 72.º, n.º 1, deve aplicar-se na tarefa de sindicação do dever geral de cuidado, previsto pelo art. 64.º, n.º 1, al. *a)*, enquanto *normação de conduta* resultante do dever típico de gestão.

Segunda: o art. 72.º, n.º 2, deve aplicar-se sempre, *mas só*, quando haja uma margem considerável de *discricionariedade e autonomia na actuação do administrador* e consequente realização dos interesses da sociedade. O administrador, enquanto tal e credor dessa margem, "goza espaço de irredutível autonomia decisória, de poder de iniciativa", "não está sujeito a ordens e instruções de alguma entidade com poder para conformar *toda a sua actividade*", "não sendo reduzível a simples «executor»"[38]; não está vinculado a seguir com rigor neste amplo pedaço qualquer prescrição legal, estatutária ou deliberativa; tem independência de julgamento e será responsabilizado pelos meios e pelos riscos desmedidos (o que é particularmente nítido nos actos típicos de "gestão empresarial" ou "alta direcção"). Como vimos, a *bjr* perdoa aos administradores um mau resultado, um erro cometido – como veremos ainda com mais precisão – no exercício *minimamente* cuidadoso dos seus poderes discricionários, ainda que se trate de erros consideráveis de gestão e evitáveis por outros administradores, mas justificados por *escolhas imprudentes* ou por *deficiências de juízo* (valorações incorrectas, equívocos

---

[37] Na linguagem adoptada por HOLGER FLEISCHER, pág. 1734.

[38] COUTINHO DE ABREU, "Administradores e trabalhadores de sociedades (Cúmulos e não)", *Temas societários*, Colóquios n.º 2/IDET, Almedina, Coimbra, 2006, pág. 15 (o sublinhado é meu). Ainda ELISABETE RAMOS, pág. 85.

técnicos, etc.)[39]. Postula que não há um dever de não cometer erros ou de tomar sempre as decisões mais convenientes e ajustadas *quando há liberdade de escolha*; só neste contexto poderá não surgir responsabilidade dos membros integrantes do órgão, ainda que se tenha causado dano à sociedade; só aqui se oferece à administração um "porto seguro de abrigo" (*safe harbour*).[40]

Sendo esta a razão de ser e a finalidade da *bjr*, parece-me de sustentar que não se aplicará o art. 72.º, n.º 2, quando as decisões são *estritamente vinculadas* e a decisão atende aos deveres *específicos legais*[41]. Quando a lei estabelece obrigações *específicas* não há dificuldades em determinar o comportamento devido pelos administradores, são obrigações estritas e previamente delimitadas, sem autonomia e espaço de manobra no processo de tomada de decisão. Também será assim, em regra, com os *restantes deveres específicos* (estatutários, contratuais e deliberativos)[42].

Não será, assim, porventura, com deveres especiais fundados em deliberação a que se deve execução, desde que impliquem a tomada de uma decisão com autonomia (p. ex.: ordenar à gerência de uma sociedade por quotas a alienação de imóveis e estabelecimentos comerciais, sem

---

[39] Só relativamente a estas deficiências (uma entre outras categorias de actos de negligência dos administradores) se limita a subtracção dos actos de gestão empresarial ao escrutínio judicial, oferecida pela imunidade que a *bjr* proporciona: v. CÁNDIDO PAZ-ARES, pág. 89, que, destarte, visa evitar a impunidade generalizada dos administradores no "território vasto da negligência".

[40] V. JAMES D. COX/THOMAS LEE HAZEN, págs. 482-483; FRANCO BONELLI, págs. 184-185: "[a lei] *não perdoa*, ao invés, e impõe o ressarcimento daqueles danos que os administradores causaram por negligência ou por terem agido em conflito de interesses, ou por violação de outros deveres".

[41] A este propósito, v. *retro*, n. 3.

[42] Igualmente neste sentido, v. COUTINHO DE ABREU, *Responsabilidade civil...* cit., onde exemplifica com o dever legal específico de não ultrapassar o objecto social (art. 6.º, n.º 4): "um administrador investe património da sociedade em actividade que excede o objecto social; resulta daí dano para a sociedade; o administrador *é responsável perante ela* – ainda que prove ter actuado «em termos informados» (acerca do investimento), sem conflito de interesses e de modo não irracional (o investimento não aparecia demasiadamente arriscado, prometia bom lucro)" (itálico da minha responsabilidade). Parece ser este também o entendimento de ANTÓNIO PEREIRA DE ALMEIDA, pág. 243 – "(...) em face da violação de *deveres concretos* aquele princípio [*business judgment rule*, que está na origem do preceito do art. 72.º, n.º 2] não tem aplicação" –, e de CALVÃO DA SILVA, pág. 57.

especificar condições, ou a aquisição de uma participação significativa em sociedade fornecedora de matérias-primas). À cautela, proponho que, para os deveres específicos *não legais*, seja sempre efectuada uma tarefa interpretativa prévia.

Também não entra no âmbito de aplicação do art. 72.º, n.º 2, sindicar se o administrador cumpre ou não cumpre com o *dever de lealdade*[43]. Este é um dever absoluto, que não admite ponderações, não está disponível para fragmentações derivadas de escolhas do agente vinculado, pois exige em exclusivo e sem mais a consecução em exclusivo dos interesses da sociedade e a abstenção de decisões em benefício próprio ou de terceiros, proporcionadas pela posição e estatuto de administrador[44]. Além disso, o segundo requisito de exclusão de responsabilidade do art. 72.º, n.º 2, ao referir a inexistência de interesse pessoal no que toca à decisão (*independência*), salvaguarda a ausência de conflito de interesses e, nessa medida, abrange desde logo a conformação com *algumas* das manifestações mais relevantes do dever de lealdade (em particular: não aproveitamento próprio de oportunidades negociais decorrentes da actividade societária, não utilização em benefício próprio de meios e/ou informações da titularidade e/ou na disponibilidade da sociedade).[45]

Assim, regressando à primeira das duas linhas anunciadas, e no âmbito desta *restrição teleológica* do art. 72.º, n.º 2, relativa aos deveres cuja «preterição» se refere no art. 72.º, n.º 1, faremos por esta via tão-só o controlo do cumprimento do dever *geral de cuidado*[46].

---

[43] Tal como defendem COUTINHO DE ABREU, *Responsabilidade civil...*, cit., e, aparentemente, CALVÃO DA SILVA, pág. 57 (sem referência à norma, afirma que o dever de lealdade é *"não comprimível sequer"* pela aplicação da *bjr*).

[44] Sobre os vários reflexos do dever de lealdade, v. MENEZES CORDEIRO, "Os deveres fundamentais dos administradores das sociedades (Artigo 64.º/1 do CSC)", *ROA*, 2006, págs. 474-476, COUTINHO DE ABREU, "Deveres de cuidado...", *loc. cit.*, págs. 23 e ss (com vários desenvolvimentos).

[45] Para uma exposição dogmática que aponta para a circunscrição da regra da *business judgment* ao domínio da "autonomia de julgamento" – "No desempenho das funções de direcção, os administradores gozam de autonomia, dispondo de espaços amplos de livre apreciação. A responsabilidade civil respeita-o." –, excluindo desse domínio, entre outros, o dever de lealdade para com a sociedade e os "deveres que se traduzem em tornar efectiva a observância de prescrições legais ou estatutárias", v. CARNEIRO DA FRADA, págs. 120-121.

[46] Neste sentido, v., *intra muros*, CALVÃO DA SILVA, págs. 55, 56 (mas v. *infra*, n. 59), COUTINHO DE ABREU, *Responsabilidade civil...* cit.

E nas suas seguintes *manifestações*:
a) dever de tomar decisões *razoáveis e adequadas*;
b) dever de obtenção *razoável* de *informação* no processo de tomada de decisão[47].

E como se controlam estas manifestações à luz do art. 72.º, n.º 2?

Em rigor, a única manifestação do dever de cuidado que é sindicada é *a primeira*, o dever (principal) de tomar decisões materialmente razoáveis. Todavia, com a *nuance* de o mérito da decisão não ser julgado pelo critério societário comum (mais qualificado) mas por um critério mais limitado, mesmo para as decisões irrazoáveis (se a decisão não for considerada irracional)[48].

A restante manifestação é *verdadeiramente* um requisito *procedimental* para se concluir que o dever de tomar decisões razoáveis foi perseguido pelo administrador (mesmo que essa razoabilidade não chegue a ser obtida). Continua a ser uma manifestação do dever de cuidado considerada no âmbito de aplicação da norma, mas não para saber da sua violação *autónoma*, antes para saber do seu cumprimento enquanto *pressuposto de aplicação da (nova) regra de exclusão de responsabilidade*, assente na dispensa da razoabilidade como critério do mérito da decisão[49]. Assim se atingirá o pressuposto legal de o administrador actuar «em termos informados».

Deste modo, a regra da *business judgment* conduz a uma não imputação de responsabilidade pelos danos causados à sociedade por actos e omissões verificados no exercício do cargo desde que, no exercício da sua função, o administrador respeite o conteúdo *mínimo* e *suficiente* do

---

[47] E também me parece que é legítimo abarcar o "dever de *controlo* ou *vigilância* organizativo-funcional" da sociedade (adoptando já a terminologia de Coutinho de Abreu, cit. a n. 22), sempre que ele implique *a decisão* de adoptar procedimentos de controlo da actividade de gestão social e a escolha desses procedimentos dependa da obtenção de *informação* relevante (sobre esta vertente do *duty to monitor*, v. MELVIN EISENBERG, págs. 619-620).

[48] Ao contrário da decisão da 3.ª Vara Cível de Lisboa, cit. a n. 28, que refere que o "dever de gestão" compreende, não este dever, mas antes o "dever de não tomar decisões irracionais": cfr. PEDRO CAETANO NUNES, *Corporate governance* cit., págs. 36-37 e 40.

[49] A esta luz se poderá ler COUTINHO DE ABREU, *Responsabilidade civil...* cit., quando julga a norma do art. 72.º, n.º 2, inaplicável ao dever de tomar decisões procedimentalmente razoáveis.

dever geral de cuidado – obrigação de tomar uma decisão *informada* e *não irracional*. Ainda que aquele dever seja mais rico, só o seu conteúdo *essencial*, traduzido nas *manifestações-condições* vistas, será fiscalizado, *por esta via*, no governo da sociedade[50].

A apresentada interpretação restritiva tem o significado de não ser possível afastar a responsabilidade decorrente da violação dos deveres *não integrados no âmbito de aplicação* do art. 72.º, n.º 2, por *invocação das circunstâncias previstas no art. 72.º, n.º 2*. O julgador estará legitimado para aferir da responsabilidade pela violação de (i) outros sub-deveres do dever de cuidado que façam parte do seu conteúdo integral, (ii) manifestações do dever de lealdade que não se precipitem em *decisões* afectadas por conflitos de interesse (já sujeitas ao crivo do art. 72.º, n.º 2), (iii) e deveres específicos, se houver culpa e danos patrimoniais para a sociedade, *de acordo com o regime comum de apreciação da responsabilidade pela administração não discricionária*. O art. 72.º, n.º 2, estabelece, assim, um *regime especial da responsabilidade pela administração discricionária*[51].

---

[50] No que respeita à delimitação de um "conteúdo mínimo do dever de diligência", v., na doutrina do nosso vizinho ibérico, José LLEBOT MAJÓ, págs. 78, 83, JUAN FONT GALÁN, págs. 94, 95.

[51] Esta posição afigura-se compatível com a interpretação preponderante na Alemanha. A decisão empresarial (*unternehmerische Entscheidung*), de que depende a exclusão de incumprimento do dever de diligência pela protecção da *bjr*, caracteriza-se pelo facto de não ser possível *no momento em que se toma* identificar qual será o desenvolvimento da situação e, por isso, saber *ex ante* qual seria a melhor das alternativas decisórias para aquela matéria, em função de factores que só se dominarão ou conhecerão *ex post*, isto é, quando se produzir o resultado. Por esta razão, só estão cobertas pela *bjr* as decisões empresariais que são discricionárias pela sua própria natureza; já não estão cobertas pela *bjr* as decisões "vinculadas" (*rechtlich gebundene Entscheidungen*), *maxime* respeitantes ao dever de lealdade e ao cumprimento da lei e dos estatutos sociais, que não se oferecem com discricionariedade ao órgão de administração e deverão ser controladas pelo tribunal. V., desde logo, o *Gesetzentwurf der Bundesregierung – Entwurf eines Gesetzes zur Unternehmensintegrität und Modernisierung des Anfechtungsrechts (UMAG)*, págs. 21-22 (trata-se do Projecto de lei, de 17 de Novembro de 2004, consultável in *www.bmj.de/ /media/archive/797.pdf*; houve Anteprojecto anterior, com data de 28 de Janeiro, que, no mesmo sítio, corresponde ao *362.pdf*); depois, HOLGER FLEISCHER, págs. 1746-1748, WALTER PAEFGEN, pág. 251. Em Espanha, JOSÉ LLEBOT MAJÓ, pág. 80, também exclui do âmbito de aplicação da *bjr* as "situações compreendidas no [cumprimento] do dever de lealdade" (seguido por JUAN FONT GALÁN, pág. 94).

5.2. É ainda neste contexto que, *sempre que não se identifique autonomia para a decisão danosa dos administradores*, não se deverá aplicar o art. 72.º, n.º 2, à responsabilidade em face de credores sociais, sócios e (outros) terceiros, assim como manda os arts. 78.º, n.º 5, e 79.º, n.º 2: a) *no caso do art. 78.º*, sanciona-se o incumprimento de deveres jurídicos inscritos em normas legais destinadas a proteger os credores sociais (responsabilidade civil pela "violação de normas de protecção": 2.ª parte do art. 483.º, n.º 1, do CCiv.), como os arts. 6.º, n.º 1, 32.º, 218.º/295.º, 236.º, 317.º, n.º 4[52]; b) *no caso do art. 79.º*, sanciona-se o desrespeito de direitos subjectivos absolutos e de normas legais destinadas à protecção de interesses alheios, nos termos gerais do art. 483.º, n.º 1, do CCiv., desde que se acusem prejuízos directamente causados aos lesados (p. ex., trabalhadores); em ambos, os deveres são (quase sempre) estritamente vinculados (alguns, mesmo absolutos) e não admitirão, em regra, discricionariedade, pois são deveres de protecção especiais que resultam de normas de protecção ou de relações especiais entabuladas pela sociedade[53].

5.3. Por fim, note-se que a imunidade do art. 72.º, 2, não chega a outras consequências jurídicas de ordem societária e contratual. Mesmo que se respeitem os elementos-deveres que constituem o conteúdo *mínimo* e *suficiente* do dever de cuidado, as condutas assim respeitadoras podem traduzir-se numa gestão ineficiente, inadequada, censurável à luz de reacções jurídicas distintas da imputação de responsabilidade *ex* art. 72.º do CSC: destituição, não reeleição para o cargo, perda ou diminuição da remuneração, redução de funções, cessação da delegação de poderes, saída da comissão executiva, exercício de cláusula penal constante de contrato de administração, etc.[54]

---

[52] São os exemplos de COUTINHO DE ABREU/ELISABETE RAMOS, *Responsabilidade civil de administradores e de sócios controladores (Notas sobre o art. 379.º do Código do Trabalho)*, Miscelâneas n.º 3/IDET, Almedina, Coimbra, 2004, págs. 24-25.

[53] Comungo, por isso, da interpretação restritiva proposta por COUTINHO DE ABREU, *Responsabilidade civil...* cit., quanto às remissões operadas para o art. 72.º, n.º 2.

[54] Neste sentido, v. JUAN FONT GALÁN, pág. 95.

6. O art. 72.º, n.º 2, como exclusão da ilicitude, da culpa ou de ambas

6.1. Se a vemos como pauta de *revisão judicial de conduta* da administração (sempre para efeitos da sua *avaliação posterior*), a norma do art. 72.º, n.º 2, pode ser visualizada sob dois prismas.

Em termos positivos, incute uma pauta *mínima* de boa (porque *ainda* cuidada) administração, pois a actuação do administrador deve ser bem informada, independente e racional. Cabe à sociedade produzir prova indiciária sobre os factos violadores do dever de cuidado, nas vertentes relevantes, e do dano susceptível de responsabilizar os administradores. Cabe aos administradores efectuar a demonstração negativa de que não actuaram mal informados, de que a decisão é racional e independente. Se o conseguirem, a actuação torna-se insindicável *quanto à sua razoabilidade* (manifestação do dever de cuidado) e o tribunal tem que conformar-se com a não responsabilidade *por esta via*.

Assim, *rectius*, não se alarga a insindicabilidade da conduta administrativa. Esta é, antes, sindicada de um modo mais favorável à isenção de responsabilidade: diminui-se a *apreciação substancial* das decisões, bastando-se a lei com o controlo do *processo de tomada de decisão*[55]. Sabendo-se que há dois elementos – *o processo* e *a decisão* – que distinguem a actuação dos administradores de sociedades da actuação de outros actores na vida das sociedades[56], se os administradores conseguirem demonstrar que observaram o *procedimento global demandado pela lei* – de informação (procedimento *em sentido estrito*), de ausência de conflito de interesses, de não irracionalidade[57] –, a confirmação destes aspectos afasta a sua responsabilidade. Se o não conseguirem fazer, serão

---

[55] Bem antes da Reforma do CSC, já João Soares da Silva, pág. 626, identificara sensivelmente neste dado "o que de mais importante e merecedor de ponderação existe na *business judgment rule*", "no interesse da previsibilidade e segurança jurídica dos administradores e de decisões de gestão corajosas e não manietadas".

[56] V. Franklin Balotti/James Hanks Jr., pág. 1344.

[57] É neste contexto que uma das primeiras intervenções doutrinais nesta matéria atestou a "natureza procedimental" das regras consignadas no art. 72.º, n.º 2. E não uma natureza processual, uma vez que, o que me parece sensato, "o carácter procedimental permite ainda detectar na *business judgment rule* uma relevante dimensão substantiva, mas que apenas releva no processo dinâmico de tomada de decisão, e não no conteúdo da decisão em si": aludo a Gabriela Figueiredo Dias, págs. 76-77 e n. (144).

julgados sem indulgência à luz do cumprimento *normativamente exigível* (mais exigente) dos deveres de cuidado[58].

Em termos negativos, estabelece-se, em princípio, a qualificação de uma *má administração*, assente num critério mais permissivo para efeitos de responsabilidade, sempre que o administrador, na discussão judicial da *razoabilidade* das suas decisões, não tiver actuado bem informado, sem interesses conflituantes e sem base racional. Se assim for, as manifestações do dever de cuidado, *relevantes* para o art. 72.º, n.º 2, foram desrespeitadas e, se for culposa a decisão (como deverá ser), o administrador será responsabilizado. Em princípio, disse: nada obsta a que uma decisão mal ou deficientemente informada, em que há interesse pessoal do administrador, seja razoável e/ou não produtora de qualquer dano ou, até, geradora de proveitos inesperados. *Irracional e razoável* é que não pode ser, a lei parte do pressuposto inverso: *irrazoável e racional*, a fim de não responsabilizar.

Posto isto, agora quanto à sistemática do art. 72.º, pergunta-se se o art. 72.º, n.º 2, deve ser lido *primordialmente* em articulação com a 1.ª parte do art. 72.º, n.º 1 – «por actos ou omissões praticados com preterição dos deveres legais ou contratuais» (onde reside a *ilicitude*) – ou com a 2.ª parte do art. 72.º, n.º 1, onde temos a presunção de actuação culposa dos administradores[59]. O mesmo é perguntar se os pressupostos de actuação da *business judgment*, tal como recolhidos na nossa lei como causa de exclusão da responsabilidade, o são *justificando a ilicitude* ou *excluindo a culpa*. A lei não é de todo clara, pelo contrário: impõe-se tomar posição.

---

[58] Sensivelmente neste sentido, mas não delimitando a análise aos deveres de cuidado, cfr. GABRIELA FIGUEIREDO DIAS, pág. 77.

[59] A CMVM entendeu os requisitos do art. 72.º, n.º 2, como a "explicitação dos elementos probatórios a ser[em] utilizados pelo administrador demandado para *ilidir a presunção de culpa*", em "complemento da cláusula geral sobre responsabilidade dos administradores já vigente entre nós": *Governo das sociedades anónimas: proposta de articulado modificativo do Código das Sociedades Comerciais*, Complemento ao Processo de Consulta Pública n.º 1/2006, Fevereiro de 2006, *Nota* ao art. 72.º, pág. 7, itálico da minha responsabilidade. Em sentido favorável, v. MENEZES CORDEIRO, "A grande reforma das sociedades comerciais", *O Direito*, 2006, III, pág. 450: "a sequência sistemática e o «interesse» referido [no preceito] (...) aproximam-nos de uma exclusão de culpa"; CALVÃO DA SILVA, págs. 55, 56 e 57, para quem, vendo-se a violação do dever de cuidado exigível como elemento da culpa, a *bjr*, como se relaciona "em permanente e subtil tensão com o dever de cuidado e diligência", não se relaciona "com a ilicitude enquanto pressuposto da responsabilidade civil distinto e autónomo da culpa".

6.2. Quando não se cumpre um dever imposto por lei ou se leva a cabo um comportamento proibido por lei, isso constitui um facto *ilícito*. A *ilicitude* considera a conduta *em termos objectivos*, como infracção de deveres jurídicos que exibem contrariedade por parte do infractor em relação aos valores tutelados pela ordem jurídica. Violar o dever de cuidado, na sua manifestação de tomar decisões substancialmente razoáveis – neste sentido, um dever objectivo de conduta –, é facto que reveste um carácter de *ilicitude*. Simplesmente, as acções ou omissões violadoras de deveres jurídicos podem ser redimidas por algumas *causas justificativas* do facto, que afastam (justificam) a ilicitude do mesmo (*cumprimento de outro dever*, exercício regular de um direito, ou causas especialmente reguladas pela lei[60]).

Pois bem.

Na *pauta suficiente* de *comportamento exigido* ao administrador pelo art. 72.º, 2, poderá ver-se ainda um dever jurídico *mínimo* do administrador, que surge como *sucedâneo* do dever de tomar decisões razoáveis para o efeito de ser julgada a sua responsabilidade pela inobservância dessa obrigação: o dever de actuação *procedimentalmente* correcta e razoável em termos informativos *e* de tomar decisões *não irracionais*.

Este dever *ambivalente* corresponde, de acordo com a lei, ao conteúdo funcional *mínimo* do dever *de cuidado, exclusivamente considerado no momento de avaliar a conduta do administrador*.

Esta ambivalência pode ser ainda melhor concretizada.

Na sua globalidade, o art. 72.º, n.º 2, privilegia o facto de não desencorajar os administradores de tomar decisões audazes e empreendedoras, *mas não descura a exigência de se observar um dever procedimental de conduta na formulação dessas decisões* (requisito *interno*). Se o fizer, mesmo perante uma decisão não razoável, porque, em particular, demasiado arriscada, o administrador, em princípio, não será condenado, pois a decisão, ao tempo da sua assunção, não podia considerar--se irracional. Estão assim protegidas as *escolhas* de gestão *informadas*, desde que não haja abuso no processo de decisão, mesmo que haja perdas devidas a imprudência, a erros de julgamento, etc.

Assim, o *cuidado devido* no contexto da escolha da decisão é um cuidado *procedimental, a razoabilidade é pedida quanto à obtenção de*

---

[60] Por todos, v., desenvolvidamente, RABINDRANATH CAPELO DE SOUSA, *O direito geral de personalidade*, Coimbra Editora, Coimbra, 1995, págs. 435 e ss.

informação; por outro lado (requisito *externo*), a razoabilidade decai no conteúdo da decisão em favor da racionalidade (*rectius*, não irracionalidade)[61].

A própria CMVM não deixa de reconhecer que a *business judgment rule*, tal como ficou admitida, contribui para "uma densificação dos deveres dos titulares dos órgãos de administração (no sentido de uma actuação profissional e informada)"[62], ou seja, a meu ver, contribui para o juízo de (i)licitude a fazer em relação aos problemas específicos da administração e da crescente profissionalização dos administradores. Isto quer dizer que, parece, a ilicitude decorrente do incumprimento do dever legal de conduta – dever de cuidado, de prestação mais exigente – previsto pelo art. 64.º, n.º 1, pode ser afastada pelo *cumprimento desse dever (legal) mínimo de conduta*, individualizado e imposto pelo art. 72.º, n.º 2. Como se refere juscivilisticamente, esta causa justificativa não legitima a prática do dano, constitui antes a expressão de uma "faculdade de agir", que, para este efeito, corresponde às precauções exigidas pela norma jussocietária de exclusão de responsabilidade[63]. Para este efeito, estas precauções surgem como uma espécie de cordão legal – que, para o caso, parece dever ser valorado em patamar axiológio-normativo *igual* ao dever que lhe é sucedâneo[64], pelo menos no momento da avaliação judicial do comportamento do administrador – para o fim de delimitar o mínimo de cuidado e reconhecer que o administrador fez aquilo que a ordem jurídica pode *racionalmente* exigir dele no *âmbito do arbítrio gestório*[65].

---

[61] Ser a decisão «livre de qualquer interesse pessoal», atinente ao exame do dever de lealdade, pode ser considerado um requisito *prévio*.

[62] *Governo das sociedades anónimas: proposta de articulado...* cit., *Nota* ao art. 72.º, pág. 7.

[63] Cfr. ANTUNES VARELA, *Das obrigações em geral*, vol. I, 10.ª ed., Almedina, Coimbra, 2005 (reimp. 2002), págs. 552-553, bem como, para a responsabilidade contratual (que directamente nos interessa), *Das obrigações em geral*, vol. II, 6.ª ed., Almedina, Coimbra, 1995, pág. 93 ("Tal, porém, como no domínio do ilícito extracontratual, também aqui o *não cumprimento* da obrigação pode, excepcionalmente, constituir um acto *lícito*, sempre que proceda do *exercício de um direito* ou do *cumprimento de um dever*").

[64] Sobre esta condição para a consideração justificativa do cumprimento de um dever jurídico-legal, v. RABINDRANATH CAPELO DE SOUSA, págs. 437-438.

[65] Com alegação minuciosa, GABRIELA FIGUEIREDO DIAS, págs. 74 e ss, "e não obstante alguma dificuldade de enquadramento da cláusula do art. 72.º, n.º 2, na dogmática

6.3. Decaindo a responsabilidade pelo requisito da ilicitude, decai *de forma sequencial* a culpa do agente. A sindicação da requisito da culpa não pode ser indiferente aos critérios previstos no art. 72.º, n.º 2, uma vez que eles *devem também servir para excluir a responsabilidade como elementos constitutivos de actuação não culposa.*

De facto, pode dizer-se que o administrador lesante, embora pudesse ter agido de outro modo, não lhe era exigível, em face das circunstâncias específicas – aquele *concreto* processo de tomada de decisão –, outro comportamento *para efeitos da sua desresponsabilização*, pois é a própria lei que lhe permite agir do modo que exclui a ilicitude e, assim, o "juízo de reprovabilidade pessoal da conduta" que a culpa exprime[66]. O que significa, parece, que, no momento de aferir da responsabilidade, o *modo como foi desempenhada a gestão*, mesmo que escapando àquilo que é exigível à diligência média *de quem administra* – isto é, a razoabilidade –, não é susceptível de um juízo de censura, *uma vez que, de entre as opções legítimas porque ainda bem informadas e racionais, a sua opção é lícita à luz do ordenamento jussocietário e não merece a reprovação do direito*. De tal forma que, provando-se as três condições nomeadas no art. 72.º, n.º 2, o administrador logra ilidir a presunção de culpa firmada no n.º 1 do mesmo art. 72.º[67].

Assim, os pressupostos do art. 72.º, 2, têm a função de actuar ao mesmo tempo sobre a ilicitude do facto e a culpa do agente[68].

---

das cláusulas de exclusão da ilicitude", sustenta de igual modo que "é precisamente esta a qualificação que parece mais ajustada". A Autora não encontra nenhuma causa especial no novo preceito, mas, com a percepção de que a norma permitirá "qualificar a conduta do administrador como *lícita* aos olhos do ordenamento, evitando que o juiz parta para considerações e avaliações de outra natureza"; em especial, avança a Autora, *sobre a culpa*. Também defendendo que a prova dos requisitos do art. 72.º, n.º 2, "demonstrará a licitude da sua conduta [do administrador], a não violação dos deveres de cuidado e de lealdade", COUTINHO DE ABREU, *Responsabilidade civil...* cit.

[66] V. ANTUNES VARELA, *Das obrigações em geral*, vol. I cit., págs. 562-563, 566-567, ID., *Das obrigações em geral*, vol. II cit., págs. 95-96.

[67] V., no mesmo sentido, COUTINHO DE ABREU, *últ. ob. cit.*

[68] Em sentido contrário, v. ANTÓNIO PEREIRA DE ALMEIDA, pág. 243, para quem o art. 72.º, n.º 2, sendo um "simples reverso" dos deveres fundamentais consagrados no art. 64.º, n.º 1, não integra uma causa de exclusão de ilicitude ou da culpabilidade, antes contém, "em si, a regra constitutiva da responsabilidade dos administradores por violação" desses deveres fundamentais.

6.4. Esta interpretação acaba por contribuir para uma *leitura mais completa e precisa* da função do art. 64.º.

Na anterior formulação do art. 64.º, o critério do «gestor criterioso e ordenado» surgia como uma "bitola *objectiva* de esforço e diligência" sobre *como fazer* na execução (ou omissão) de tarefas concretas de administração[69]. Assim, não podia deixar de dele fluir a tradução normativa do dever *geral* de cuidado exigível ao administrador (diligência), bem como o dever *geral* de lealdade («no interesse da sociedade») e, por isso, seria a fonte de incumprimento desses deveres e da correspondente ilicitude, com reflexo na responsabilidade.

Simultaneamente, parece-me, fornecia o padrão geral e abstracto para ajuizar da *culpa* relativa ao comportamento do administrador, imputando censura ou reprovação à possibilidade de poder ter actuado de maneira diferente, de acordo com as circunstâncias concretas e em função do critério mais exigente do «gestor criterioso e ordenado» (em vez do critério comum civilístico da diligência do "bom pai de família", homem normal e medianamente cuidadoso e prudente), que nos remete, quanto à imputação *subjectiva* do acto ao agente, para uma certa profissionalização e especialização próprias da classe dos gestores, uma competência assente em habilitações técnicas e profissionais (ainda que a lei não exija qualquer habilitação técnica particular para o exercício do cargo, excepto para certas categorias de sociedades)[70].

Ora, estou em crer que a interpretação feita do art. 72.º, n.º 2, confirma esta *dupla função* do art. 64.º – concretização da ilicitude dos comportamentos *e* imputabilidade a título de culpa do acto ilícito ao agente[71] –, pois, no que à sindicação do dever legal de cuidado diz res-

---

[69] MENEZES CORDEIRO, *Manual...* cit., pág. 694, indica a "assiduidade, atenção, deferência, urbanismo, actualização profissional, seriedade e alguma intuição empresarial" como características resultantes dessa bitola.

[70] Sobre esta matéria, v. ELISABETE RAMOS, págs. 82 e ss, COUTINHO DE ABREU/ /ELISABETE RAMOS, págs. 26-27, e respectiva n. (31).

[71] Evoluindo contra as tradicionais posições de se ver o art. 64.º como reflexivo de ilicitude *ou* de culpa, v. as posições *cumulativas* de TÂNIA MEIRELES DA CUNHA, *Da responsabilidade dos gestores de sociedades perante os credores sociais: a culpa nas responsabilidades civil e tributária*, Almedina, Coimbra, 2004, págs. 43-44, COUTINHO DE ABREU/ELISABETE RAMOS, pág. 26, CARNEIRO DA FRADA, pág. 119 – "(...) o art. 64 contém um critério, não apenas de culpa, mas, desde logo, de *ilicitude*" –, COUTINHO DE ABREU, "Deveres de cuidado...", *loc. cit.*, pág. 30. No mesmo sentido, a sentença da 3.ª Vara

peito, actua sobre a ilicitude e sobre a culpa, que, sendo pressupostos distintos, não deixam de ser pressupostos *complementares* (e até *indissociáveis*) na apreciação do comportamento do administrador e na determinação da *indemnizabilidade* do incumprimento dos seus deveres.
Mais.
Na sua actual formulação, o art. 64.º explicita expressamente os deveres de cuidado e de lealdade (que enriquece agora o preceito, sem deixar dúvidas), constituindo fonte da conduta normativamente exigível quanto aos deveres legais gerais. Em acrescento, julgo que, da sua necessária articulação com o art. 72.º, n.ᵒˢ 1 e 2, resulta uma valoração *adicional* em sede de *apreciação da ilicitude resultante do incumprimento do dever de cuidado*: consagra normativamente o critério objectivo de cumprimento *mínimo (e, fundamentalmente, formal)* do dever de cuidado, que na prática reduz a diligência medianamente reivindicada ao «gestor criterioso e ordenado». Se quisermos, é neste dado novo que acaba verdadeiramente por se concretizar a *suavização* da responsabilidade civil societária dos administradores: evita-se o juízo sobre a decisão *enquanto tal*, no seu mérito e nas suas consequências, em razão daquele cumprimento mínimo no processo de tomada dessa decisão.

7. Pressupostos de exclusão da responsabilidade

O art. 72.º, 2, é uma norma de *exclusão de responsabilidade*, desde que se demonstrem os (estes) pressupostos necessários retirados da *business judgment rule*: actuação em termos informados; decisão racional; ausência de conflito de interesses em relação à decisão/deliberação do órgão e/ou ao negócio/acto celebrado.
Se se demonstrar o incumprimento de *qualquer um* destes pressupostos, tal não determina por si só a responsabilidade (automática) dos administradores. Significa, isso sim, que se rompe a *imunidade atribuída pelos pressupostos de exclusão* e a responsabilidade pelas consequências

---

Cível de Lisboa, cit. a n. 28, que, em relação à concretização operada pelo art. 64.º, afirmou ser esta "uma matéria que respeita igualmente ao juízo de ilicitude e não uma matéria relativa apenas à culpa", "uma bitola de diligência, relativa à concretização da ilicitude e à culpa": v. PEDRO CAETANO NUNES, *Corporate governance* cit., págs. 34-35.

danosas – não há responsabilidade sem prejuízo – das operações, decisões e escolhas dos administradores das sociedades volta a ser vista em consequência do mérito imposto pelo *standard* que é regra para o «gestor criterioso e ordenado». E o juiz volta a estar investido de autoridade para entrar na *análise de fundo* da decisão empresarial que causou o dano[72].

Resulta também do exposto anteriormente que o art. 72.º, n.º 2, não altera a manifestação mais importante do dever geral de cuidado. O dever de tomar decisões razoáveis pela sua adequação, conveniência e oportunidade mantém-se. O que muda com o art. 72.º, n.º 2, é que, no momento posterior da apreciação judicial do cumprimento desse dever, o julgador bastar-se-á com a observância de certos parâmetros no processo de tomada da decisão avaliada, de tal modo que esses parâmetros (o referido conteúdo mínimo do dever de cuidado) "desculparão" uma eventual irrazoabilidade e inadequação. Tanto assim é que, na hipótese de prova negativa de algum dos parâmetros excludentes, previstos no n.º 2 do art. 72.º, o julgador voltará ao *âmbito natural de exigibilidade* da função administrativa, onde o dever de gestão *razoável* permanece imutável.

Em suma, a actividade empresarial que envolve autonomia de julgamento é arriscada e não deverá implicar responsabilidade pelo resultado[73], *desde que se paute pelos limites procedimentais (em sentido estrito) e funcionais que o art. 72.º, n.º 2, passou a oferecer ao administrador.* De modo que esta norma terá *o efeito positivo* que a *bjr* persegue: libertar o administrador que segue um certo grau de racionalidade nas suas decisões da resposta pelo mero risco da empresa. De facto, esta conformidade não significará, no momento da sua verificação judicial, que tenha violado o padrão legal de diligência devido, pois essa violação não se poderá ancorar exclusivamente na verificação *a posteriori* de maus resultados e insucesso económico da gestão societária.

Dos três que compõem o ramalhete do preceito, um será curial não desenvolver: *a decisão* não apresentar qualquer conflito de interesses entre o administrador, ou terceiro próximo, e a sociedade diz respeito ao dever de lealdade e nessa sede se verificará. Será o mais cómodo, porque

---

[72] Cfr., lá fora, Cándido Paz-Ares, pág. 89, e, entre nós, Calvão da Silva, pág. 56.
[73] Neste sentido, cfr. Pedro Caetano Nunes, *Responsabilidade civil...* cit., págs. 92-93, Carneiro da Frada, pág. 121.

resulta objectivamente dos sujeitos que beneficiam ou se envolveram *na decisão*: se houver conflito, se o administrador não esteve «livre de qualquer interesse pessoal», desde logo o administrador não poderá beneficiar da consequência do art. 72.º, n.º 2. Com ele, a eliminação ou a prevenção do conflito de interesses assegura o respeito pelo interesse social, que deve ser visto como condição de cumprimento do dever de gestão[74].

Para além dos três, há um que está implícito: a decisão do administrador.

Avancemos algumas pistas para a compreensão desses pressupostos[75].

7.1. «Decisão consciente»: *pré-requisito implícito*[76]

Implicitamente, discutem-se decisões tomadas no domínio da discricionariedade dos administradores. E em que se pode examinar um processo de tomada de decisão. Sem esse processo, não há aplicação do art. 72.º, n.º 2.

Isto não significa que não se aplica a uma decisão de se abster de tomar uma acção. Significa que não se aplica quando os administradores deixaram de actuar como administradores, abdicando das suas funções, não as exercendo por ignorância (p. ex., não se aproveita uma descida dos preços de uma importante maquinaria porque simplesmente se desconhecia essa oportunidade de negócio) ou por desleixo. Para este efeito, uma "não decisão" (não salvaguardada pelo art. 72.º, n.º 2 e, por isso, susceptível de punição nos termos gerais, em esp. por violação do dever de

---

[74] Sensivelmente no mesmo sentido, v. CARNEIRO DA FRADA, pág. 121.

[75] Nesta tarefa, ainda tímida, aproveitarei as sugestões, comentários e casos jurisprudenciais colhidos nos EUA – em particular, cfr. THE AMERICAN LAW INSTITUTE, *Principles...* cit., págs. 141-142, 153-154, 173 e ss, em esp. 183-184, CHARLES HANSEN, págs. 1363 e ss, FEDERICO GHEZZI, págs. 502 e ss – e na Alemanha (comentário ao § 93, (1), 2.ª frase, da *AktG*) – consultei, em particular, o *Gesetzentwurf...* cit., págs. 23-24, PETER ULMER, "Haftungsfreistellung bis zur Grenze...", *loc. cit.*, pág. 861, HOLGER FLEISCHER, págs. 1742-1744, 1748-1749, WALTER FAEFGEN, pág. 254, 255, FERNANDO JUAN Y MATEU, "La reforma de la *AktG* alemana por la *UMAG* de 22 de septiembre de 2005", *RdS*, 2005, págs. 190-192.

[76] A inspiração para esta denominação pode ser verificada em THE AMERICAN LAW INSTITUTE, *Principles...* cit., pág. 174.

informação – p. ex., não ler a informação contabilística-financeira – ou do dever de vigilância organizativo-funcional) *é diferente* de uma "decisão de não actuação" ou de "abstenção" (p. ex., não investir no desenvolvimento de um novo *software* informático, não despedir um empregado, etc.).

Creio que seja de aplicar às "decisões preparatórias" ou "prévias" da decisão empresarial "final" (p. ex.: recorrer, ou não, a consultadoria técnico--científica para o ajuizar de um novo produto). Assim como às decisões de "encarregar" ou "delegar" em algum ou alguns dos administradores as decisões para certas matérias (art. 407.º, n.os 1 e 3); nestas circunstâncias, estarão evidentemente em causa as competências, a experiência e os saberes próprios dos beneficiários destas decisões.

7.2. «Actuação em termos informados»: *teste da informação adequada*

Neste pressuposto acolhe-se o dever de tomar decisões razoavelmente informadas – a observação deste dever assume-se como uma verdadeira regra(-obrigação) *procedimental* da decisão(-conduta). Para isso, há que encontrar um equilíbrio entre a discricionariedade da decisão e a exigência de um mínimo de diligência informativa no processo de tomada de decisão. O juízo acerca do grau de diligência deverá assentar no critério da *adequação no caso concreto daquele processo decisório* (o que, como vemos nos comentadores alemães, afasta o critério da *completude ou esgotamento da informação*)[77] [78].

Informação adequada será uma informação suficiente, efectiva e apropriada àquele tipo de matéria e, necessariamente, só a disponível antes de actuar e na extensão demandada pelas circunstâncias e de acordo

---

[77] A nova frase do § 93 (1) da *AktG* exige precisamente que a decisão se tome na base de uma informação adequada («*auf der Grundlage angemessener Information*»).

[78] Foi justamente por falhas graves no processo de aquisição de informação relevante, de acordo com as circunstâncias exigíveis à consideração do valor de participações sociais para efeitos da aprovação de uma deliberação de fusão, que se afastou o relevo da *bjr* e se responsabilizaram os administradores da *Trans Union Corporation* (sociedade visada) por violação grosseira do *duty of care* na omnicitada decisão *Smith v. Van Gorkom*, do Tribunal Supremo do Delaware, de 1985: v., com várias considerações, em esp. para a regularidade procedimental da decisão, JAMES D. COX/THOMAS LEE HAZEN, págs. 499 e ss.

com os diferentes cenários. Não cumprem o requisito as decisões irreflectidas e temerárias, mas a cautela salvaguardará o administrador, a quem se exige uma diligência "profissional" média. Todavia, no reverso, não se pretende controlar se a informação foi perfeita ou integral. A informação disponível ou possível é muitas vezes imperfeita: este dado, entre outros elementos de risco, são inerentes ao processo de tomada de decisão.

Para avaliar dessa adequação em cada hipótese, há que considerar vários factores: a natureza e a importância(-amplitude) da decisão, o tempo disponível para obter a informação, os custos de obtenção da informação, a confiança dos administradores naqueles que examinaram o assunto e o apresentaram no conselho, o estado da actividade da empresa social naquele momento, o número de decisões que foi necessário tomar naquele período, os padrões de comportamento normalmente adoptados naquele tipo de circunstâncias, a experiência do administrador, etc.[79]

Não basta, porém, um cumprimento formal, burocrático, de procedimentos informativos que constituem rotina da empresa. Tal conduta pode não chegar para *instruir* efectivamente a decisão, *v. g.*, por se exigir inquéritos próprios e circunstanciados que permitam um juízo responsável sobre a matéria que se tem em mãos, a consulta a conselheiros externos à sociedade, etc. Se assim não for, e mesmo que se entenda que o requisito se preencheu, podemos sair fora da cobertura da *bjr* e apreciar a conduta do administrador à luz do dever *de se informar e estar atento* (manifestação do dever de cuidado).

7.3. «Racionalidade empresarial»: *teste da irracionalidade*

No exercício das funções de administração, é legítimo admitir um leque múltiplo de decisões *razoáveis* (*círculo da razoabilidade*: mais restrito) e, ainda, um leque *mais amplo* de decisões *racionais*, mesmo que irrazoáveis (*círculo da racionalidade*). A irracionalidade surge se a deci-

---

[79] Entre nós, v. COUTINHO DE ABREU, "Deveres de cuidado...", *loc. cit.*, pág. 22. A págs. 20, o Autor refere ainda, no intuito de fiscalizar o dever geral de cuidado em certa situação, o tipo de sociedade, seu objecto e dimensão, as funções do administrador (executivas ou não) e a sua especialidade. Antes, v. igualmente PEDRO CAETANO NUNES, *Responsabilidade civil...* cit., pág. 91.

são se torna tão incompreensível que não pode deixar de se colocar *fora* da fronteira permitida à autonomia dos administradores para responder a uma dada situação. Logo, a decisão tomada tem que se inserir ainda nesse segundo círculo de escolhas, que constituem ainda alternativas disponíveis para aquela matéria por serem *objectivamente* racionais: é na diferença entre o que está fora da razoabilidade mas ainda dentro da racionalidade que se confere o conhecido *safe harbour* que evita que o administrador incorra em responsabilidade; fora dele, a invocação de um direito a actuar dentro de uma margem de discricionariedade é abusivo.

Por isso, sob pena de claudicarmos no objectivo legal de permitir que a administração se liberte da responsabilidade, ao administrador basta demonstrar que a sua actuação *não foi irracional, não foi incompreensível, não teve explicação coerente*[80] – com o que faço mais uma *restrição teleológica* ao âmbito de aplicação do art. 72.º, n.º 2[81].

Como basta a não irracionalidade, deve dispensar-se a força de algumas circunstâncias incluídas no dever de cuidado "razoável", como a particular sensibilidade para prever a magnitude das consequências que a decisão virá a gerar (que será de exigir ao «gestor criterioso e ordenado»), desde que não estejamos a falar de uma decisão-limite. Será a hipótese de um dos cenários possíveis de uma decisão poder conduzir à insubsistência, ao perecimento, ao naufrágio da sociedade. Se estamos perante um risco desmedido, os administradores devem abster-se de tomar tal decisão, que será irracional (p. ex.: a sociedade empresta avultadas somas de dinheiro a outras sociedades sem qualquer contrapartida, sendo que, à falta de qualquer garantia, a não restituição desse dinheiro provocará forte insuficiência de meios para prosseguir a sua actividade; o administrador concentrou todos os recursos disponíveis na construção de uma única fábrica, quando se sabia desde o início que ela poderia vir a não ser rentável)[82] [83].

---

[80] Creio que não será desajustado pensar que seria este o desfecho que CARNEIRO DA FRADA, pág. 121, pretendia, quando vincula os administradores a obterem as informações razoavelmente exigíveis para uma decisão *conscienciosa*.

[81] Na linha do avançado por COUTINHO DE ABREU, *Responsabilidade civil...* cit., cujas formulações também aproveito.

[82] É este o ensinamento de COUTINHO DE ABREU, "Deveres de cuidado...", *loc. cit.*, quando, em sede de concretização do dever de tomar decisões (substancialmente) razoáveis, identifica as obrigações de "não dissipar (ou esbanjar) o património social" e de

Como a decisão empresarial que beneficia da *bjr* é *tipicamente* uma decisão "económica" ou "com risco" (*economic or risky decisions*), a racionalidade há-de ser *económica*[84], assente na "escolha dos objectivos e meios para os atingir"[85]. Assim, parece adequado que o juiz se socorra dos clássicos princípios da *economia dos meios* (consecução de um dado fim com o mínimo dispêndio de meios) e do *máximo resultado* (consecução do grau máximo de realização do fim com dados meios)[86].

Por outro lado, quando a lei exige que a racionalidade seja «empresarial», julgo que se deve ler social (=societária), na exacta medida em que a decisão deve basear-se na sua *influência para a sociedade* em vez de atender a considerações estranhas ou a influências extrassociais (o que não invalida a importância de auscultar informação exterior de quem tem experiência e/ou competência sobre o *thema decidendum*, de atingir compromissos com terceiros, etc.).

Finalmente, pune-se a irracionalidade económico-societária *objectiva*, de tal modo que a decisão não encontre qualquer explicação coerente. Dois exemplos para tornar operativa esta coerência decisória.

A administração de uma sociedade dedicada à instalação e actualização de *software* de gestão a profissionais liberais aprova um contrato exclusivo de três anos com o fornecedor de programas a profissionais liberais **A**, quando o fornecedor **B** lhe apresentava o mesmo produto mais barato 40%, só porque, e sem mais nenhum argumento, os sócios da sociedade fornecedora **A** eram antigos colegas da Universidade de Coimbra (sem que daí, todavia, se retire qualquer vantagem pessoal). Esta decisão não é explicável em relação ao interesse lucrativo da sociedade.

"evitar riscos desmedidos" (v. págs. 21-22 e seus exemplos; destaco a seguinte passagem, inspirada em Marcus Lutter: "a sociedade não deve poder perecer por causa de uma só decisão falhada").

[83] É aparentemente consensual, nos EUA, que um grande dispêndio de recursos da sociedade (*corporate waste*) nunca é beneficiado pela *bjr*: v., por todos, CHARLES HANSEN, pág. 1365. Traduzindo esta influência, na Alemanha, v. PETER ULMER, "Die Aktionärsklage...", *loc. cit.*, pág. 298, HOLGER FLEISCHER, págs. 1748-1749.

[84] V. COUTINHO DE ABREU, *Responsabilidade civil...* cit.

[85] CARNEIRO DA FRADA, pág. 121, que, ademais, sustenta que essa escolha "constitui um cerne insindicável do exercício da administração", que permite harmonizar "o reconhecimento da autonomia dessa função com a necessidade de a sujeitar a controlo da ordem jurídica (*maxime*, mediante a sujeição dos administradores a responsabilidade)".

[86] V. COUTINHO DE ABREU, *Responsabilidade civil...* cit. (e ainda o seu *Definição de empresa pública*, Suplemento ao BFDUC, Coimbra, 1990, págs. 153-154).

Em contraponto, não será o caso de os administradores da sociedade de metalomecânica **C** adquirirem grandes quantidades de ferro (matéria--prima essencial para a actividade empresarial), tendo em conta a escassez anunciada do produto e o consequente aumento de preço. Depois de obterem várias informações junto do mercado, apelando à sua experiência no sector e intuição, adquiriram quantidades para um ano de produção. Passados dois meses, o preço do ferro reduz-se drasticamente por causa de um súbito aumento da oferta. A sociedade perdeu competitividade em face dos concorrentes que não adquiriram quantidades para além das necessidades previstas para a continuidade do processo produtivo. Mas a decisão, ainda que produtora de prejuízos, não foi irracional – até, pelo contrário, foi adequada ao contexto e zelosa no tempo em que foi adoptada[87].

Não me parece que esta não irracionalidade não possa ser igualmente suportada na convicção subjectiva de que a decisão é correcta e se conforma com o interesse da sociedade – assim, o administrador alegaria a sua boa fé. Mas a racionalidade de uma decisão não pode ser sustentada *com base tão-só na boa fé*. P. ex., os administradores avançam com uma campanha publicitária maciça e muito dispendiosa em face dos recursos disponíveis, que põe em causa projectos de investimento muito avançados e importantes, como medida defensiva em relação a uma "oferta pública de aquisição" hostil, crentes de que a mudança de accionistas é prejudicial para a sociedade[88] (e subsequente alteração dos lugares na administração: poderia ainda aduzir-se a não aplicação do art. 72.º, n.º 2, pela existência de "interesse pessoal" e a decisão ser interessada)[89]: a lei não seguiu um critério *subjectivo* mas antes um critério *standard* de racionalidade *objectiva*, menos maleável e indiferente à crença da administração no acerto da decisão.

---

[87] O exemplo foi inspirado nos *Principles* e também é usado por José Llebot Majó, págs. 77-78.

[88] Em matéria de evolução da *bjr* para as decisões relativas à defesa da sociedade em face de "tomadas de controlo" (*corporate takeovers*) – no seio da chamada *enhanced business judgment rule* –, v. Charles Hansen, págs. 1361-1362 (de que já deu conta Gabriela Figueiredo Dias, págs. 72-73). Em resumo, os tribunais do Delaware restringem o acesso à *bjr*, de modo que esta só se aplicará se (i) houver fundamentos razoáveis para acreditar que a operação de controlo é um perigo para a estratégia societária e a sua eficácia e (ii) se as acções de defesa tomadas forem proporcionais à ameaça constituída pela operação de controlo.

[89] Não haverá responsabilidade, porém, se houver uma deliberação dos sócios (ainda que anulável) que aprove a operação: art. 72.º, n.º 5.

OS MEIOS TELEMÁTICOS NO FUNCIONAMENTO DOS ÓRGÃOS SOCIAIS. UMA PRIMEIRA APROXIMAÇÃO AO REGIME DO CSC.

PAULO DE TARSO DOMINGUES
(Assistente da Faculdade de Direito da Universidade do Porto)

1. A telemática e o direito das sociedades

A telemática consiste no "conjunto de serviços e técnicas que combinam a utilização de recursos informáticos com os das telecomunicações"[1]. Ou seja, quando se fala de telemática, está-se a aludir à comunicação à distância através de meios informáticos; numa palavra, está-se a falar fundamentalmente de Internet (e meios electrónicos afins), pelo que a matéria que aqui nos propomos abordar é a forma como o direito societário assimilou e se ajustou a estas novas tecnologias.

Assinale-se, antes do mais, que, um pouco paradoxalmente[2], o direito das sociedades – *v.g.*, quanto à matéria de que agora cuidamos: o funcionamento dos órgãos sociais, *maxime* da assembleia geral – manteve-se refractário relativamente aos novos meios de comunicação que foram surgindo durante o século XX, nomeadamente o telegrama, o telefone, o telex, o faxe, etc.[3]. Contudo, no dealbar do século XXI, este ramo do Direito não conseguiu ficar imune à "marcha triunfal"[4], à atracção irre-

---

[1] Cfr. Dicionário da Língua Portuguesa Contemporânea, Academia das Ciências de Lisboa, Verbo, Lisboa, 2001, entrada "telemática", p. 3531. De resto, o vocábulo "telemática" resulta precisamente da aglutinação entre tele[comunicação] e [infor]mática.

[2] Dados os princípios da liberdade de forma e celeridade nas operações negociais que subjazem a todo o direito comercial. Cfr. FERRER CORREIA, *Lições de direito comercial*, vol. II, *Sociedades comerciais – Doutrina geral*, Coimbra, 1968, pp. 33 ss.; e COUTINHO DE ABREU, *Curso de direito comercial*, vol. 1, Almedina, Coimbra, 6ª ed., 2006, pp. 22 ss.

[3] Vide ULRICH NOACK, "Moderne Kommunikationsformen vor den Toren des Unternehmensrechts", *ZGR*, 3/1998, pp. 592 ss. Cfr., entre nós, p. ex., o artigo 249.º, n.º 4 CSC (a exigência de uma "carta", como instrumento necessário para a representação do quotista em AG; redacção e exigência idênticas constavam do artigo 380.º, n.º 2, antes da reforma operada pelo DL 76-A/2006, para a representação nas SA); o artigo 248.º, n.º 3 CSC (exigência de carta registada para a convocatória da AG nas SQ; nas SA, antes das alterações introduzidas pelo DL 111/2005, de 08 de Julho, a convocatória deveria ser publicada, nos termos dos artigos 377.º, n.º 2 e 167.º CSC, no Diário da República e num jornal da localidade da sede); etc.

[4] Cfr. NOACK, "Moderne Kommunikationsformen ...", p. 593.

sistível desse "admirável mundo novo" que se abriu com a Internet, começando-se a assistir em direito comparado à consagração dos meios telemáticos pelas legislações societárias mais progressivas.

Com efeito, embora com matizes e graus diferentes, a possibilidade de utilização das novas tecnologias de informação – nomeadamente no que respeita ao funcionamento dos órgãos societários – está já prevista e regulada em diversos ordenamentos jurídicos. Assim, nos EUA, o Estado de Delaware, que é indiscutivelmente "the leading state of incorporation"[5] [6], alterou, em 2001, a sua *Delaware General Corporation Law*, no sentido de consagrar, em termos bastante generosos, o recurso aos modernos meios electrónicos por parte das *corporations*[7]. Na Europa, a intro-

---

[5] R. HAMILTON, *The law of corporations*, West Publishing Company, St. Paul, Minnesota, 2000, p. 67, e WILLIAM CARY, "Federalism and corporate law: reflexions upon Delaware", *Yale Law Journal*, 83 (1974), pp. 664 ss.

[6] Na verdade, mais de 50% das *public companies* norte-americanas são ali criadas, constatando-se que esse número se eleva para 60% quando se reduz o universo às 500 maiores sociedades. E os números tornam-se ainda mais impressivos, se se tiver presente que o segundo Estado com maior número de grandes empresas constituídas é o de Nova Iorque com apenas 25 sociedades. Cfr. KENT GREENFIELD, "Democracy and the dominance of Delaware in corporate law", *Boston College Law School Faculty Papers*, Paper 27, 2004, pp. 101 ss., que se pode ler em <http://lsr.nellco.org/bc/bclsfp/papers/27>; e MARK J. ROE, "Delaware's Politics", *Harvard Law Review*, 118 (June 2005), pp. 2493 ss. Vide também CONAC, "Le capital dans le droit américain des sociétés", in *Quel avenir pour le capital social?*, Paris, Dalloz, 2004, p. 154, nt 5, que dá notícia de que, em 2003, 45% das sociedades cotadas no NYSE eram sociedades constituídas no Estado de Delaware.

[7] Vide J. COX/T.L. HAZEN, *On corporations*, Aspen, New York, 2003, vol. II, § 13.16; e J.L. HOLZMAN/T. MULLEN, "A new technology frontier for Delaware corporations", *Delaware Law Review*, vol. 4 (2001), 1, pp. 55 ss. – que se pode igualmente ler em <http://www.prickett.com/A%20NEW%20TECHNOLOGY.htm> –, onde os AA. concluem: "The technology amendments, as another example of Delaware's consistent efforts to modernize and adapt the General Corporation Law to maintain its relevance and preeminence, enable Delaware corporations to take advantage of the revolutionary advances in communication technologies experienced over the past decade as well as future technological developments. The amendments do this in an enabling and flexible way – permitting corporate practitioners to determine the most appropriate and effective means of incorporating modern technologies into corporate governance matters. Importantly, the amendments do not shift the balance of power among corporate constituents and do not alter traditional fiduciary principles that attach to stockholder and director action. The amendments do present, however, an opportunity for all Delaware corporations to enhance stockholder participation in corporate decision making and to conduct formal corporate affairs using technologies now commonly used in modern business practices."

dução das novas tecnologias no direito societário também já se verificou no direito alemão[8], no direito francês[9], no direito italiano[10], e no direito espanhol[11]. Por outro lado, ao nível da União Europeia, o Relatório *Winter*[12]

---

[8] Na Alemanha, as alterações de regime têm sido efectuadas através de diversas leis, nomeadamente a *NaStraG* (*Gesetz zur Namensaktien und zur Erleichterung der Stimmrechtasübung*), de 18 de Janeiro de 2001; a *FormVAnpG* (*Gesetz zur Anpassung der Formvorschriften des Privatrechts und anderer Vorschriften an den modernen Rechtsgeschäftsverkehr*), de 13 de Julho de 2001; a *TransPuG* (*Gesetz zur weiteren Reform des Aktien-Bilanzrechts, zu Transparenz und Publizität*), de 19 de Julho de 2002; e a *UMAG* (*Gesetz zur Unternehmensintegrität und Modernisierung des Anfechtungsrechts*), de 22 de Setembro de 2005. Para uma primeira abordagem ao regime destas leis, em língua acessível, veja-se K. SCHMIDT, "La reforma alemana: las KonTraG y TransPuG de 1998 y 2002, y el código Cromme", *RdS*, 2004-1, n.º 22, pp. 19 ss.; F. JUAN Y MATEU, "La reforma de la AktG alemana por la UMAG de 22 de septiembre de 2005", *RdS*, 2005--2, n.º 25, pp. 187 ss.; e S. TURELLI, "Assemblea di società per azioni e nuove tecnologie", *RS*, 2004, 1, pp. 133 ss.

[9] Em França, o novo regime foi introduzido pela *Loi du 15 Mai 2001 sur les nouvelles régulations économiques* (designada por "NRE"), que entrou em vigor em Maio de 2002. Sobre esta lei, vide GÉRARD HAAS, *Vote électronique et visioconférence en entreprise: mode d'emploi juridique*, em <http://www.journaldunet.com/juridique/juridique020702.shtml>, e YVES GUYON, "Les réformes apportées au droit des sociétés par la loi du 15 mai 2001 sur les nouvelles régulations économiques (Présentation générale)", *RevSoc*, 2001, 3, pp. 593 ss.

[10] Em Itália, a consagração – com um carácter bastante mais tímido – destas novas tecnologias foi realizada com a profunda reforma do direito societário operada pelo D.lgs. 6/2003, de 17 de Janeiro (que entrou em vigor em 1 de Janeiro de 2004). Vide, por todos, S. TURELLI, "Assemblea ...", pp. 139 ss.

[11] Através da chamada "Ley de transparencia" (Ley 26/2003, de 17 de julio), que alterou as leis espanholas das sociedades anónimas e do mercado de valores. Sobre o regime resultante desta "Ley de transparencia", veja-se G. ALCOVER GARAU, "Aproximación al régimen jurídico del voto electrónico", in *Derecho de sociedades anónimas cotizadas – 10.º Aniversario Revista Derecho de Sociedades*, vol. I, Thomson-Aranzadi, Navarra, 2006, pp. 375 ss.

[12] A Comissão Europeia criou, em Setembro de 2001, um grupo (designado *High Level Group of Company Law Experts*, a que nos referiremos, doravante, simplesmente por Grupo), constituído por especialistas de vários países membros, destinado a formular recomendações sobre a modernização do direito das sociedades. Este grupo era presidido por Jaap Winter, e daí, o nome por que, por antonomásia, se costuma designar o Relatório por ele elaborado cujo texto, na sua versão em francês, se pode ler em <http://europe.eu.int/comm/internal_market/en/company/company/modern/consult/report_fr.pdf>. Note-se que este grupo de especialistas elaborou dois relatórios: um primeiro, de Janeiro de 2002, relativo à proposta de directiva sobre OPA(s); o segundo – mais abrangente, com o título "A Modern Regulatory Framework for Company Law in Europe" –, de 4 de Novembro de 2002. Doravante, quando nos referirmos, sem mais, ao Relatório *Winter*, é a este segundo relatório que pretendemos aludir.

veio igualmente recomendar – e idêntica solução foi acolhida no Plano de Acção que a Comissão Europeia adoptou, em 2003, para a modernização do direito das sociedades[13] – a modificação do direito comunitário no sentido de passar a ser possível a utilização da Internet e dos modernos meios electrónicos nas relações que se estabelecem entre as sociedades e os respectivos sócios[14].

É de realçar que as alterações legislativas referidas têm sido fundamentalmente impulsionadas pelos mercados de capitais, por força da internacionalização a que se tem assistido, das praças bolsistas e da pressão exercida pelos investidores institucionais, no sentido de se melhorar a eficiência e transparência do mercado financeiro[15]. No que respeita à utilização dos meios telemáticos no funcionamento da AG, está sobretudo em causa facilitar e fomentar a participação dos sócios nas assembleias[16], com isso se visando combater a "apatia dos accionistas"[17] e alcançar um mais eficiente sistema de *corporate governance*[18].

---

[13] Que consta da Comunicação da Comissão ao Conselho e ao Parlamento Europeu, de 21/05/2003, com o título "Modernizar o direito das sociedades e reforçar o governo das sociedades na União Europeia – Uma estratégia de futuro", que se pode ler em <http://europa.eu.int/eur-lex/pt/com/cnc/2003/com2003_0284pt01.pdf>, referenciada como "COM/2003/0284 final", e que teve por base o Relatório *Winter* (cfr. p. 15)

[14] As recomendações do relatório Winter apenas se referem, no entanto, no que a esta temática diz respeito, às sociedades cotadas. Vide Relatório *Winter*, pp. 11 ss. e 56 ss.

As recomendações do relatório Winter são também designadas por propostas SLIM-Plus, uma vez que elas, em grande medida, complementam as propostas do Grupo SLIM. A iniciativa SLIM (acrónimo para "Simpler Legislation for the Internal Market") foi criada pela Comissão, em Maio de 1996, com o objectivo de identificar possíveis formas de simplificar a legislação do mercado único. Esta iniciativa desdobrou-se em várias fases, tendo sido na quarta fase do SLIM, lançada em Maio de 1998, que – para além de duas outras áreas legislativas – o grupo de trabalho, presidido por Eddy Wymeersch, se debruçou e produziu um relatório sobre o direito das sociedades.

[15] Cfr. S. TURELLI, "Assemblea ...", pp. 119 ss., e NOACK, "Moderne Kommunikationsformen ...", p. 594.

[16] Será, de facto, difícil – se não impossível – a um fundo de investimento, porventura com participações em centenas de sociedades, estar fisicamente representado em todas as assembleias gerais das sociedades de que é sócio. Sublinhe-se, no entanto, que a utilização dos meios telemáticos facilitará e estimulará também a participação dos próprios accionistas individuais. Assim, S. TURELLI, "Assemblea...", p. 125; e MARK LATHAM, *The* Internet *will drive corporate monitoring*, que se pode ler em <http://www.corpmon.com/IntCM.htm>.

[17] Relatório *Winter*, p. 54. No mesmo sentido, veja-se COUTINHO DE ABREU, *Governação das sociedades comerciais*, Almedina, 2006, p. 21; e ALCOVER GARAU, "Aproximación ...", pp. 379 ss.

Sublinhe-se ainda que, como acertadamente referem alguns autores[19], a introdução deste novos meios tecnológicos no âmbito societário não se traduz numa mera substituição do "anacrónico" papel por novos suportes e formas de comunicação, mas implica uma profunda revisão e reformulação teórica dos problemas e conceitos tradicionais de direito societário.

2. A consagração dos meios telemáticos no CSC, com a reforma de 2006

O legislador português – alinhando coevamente com os movimentos legislativos acima referidos e colocando-se na vanguarda da utilização dos meios telemáticos – veio também, com a reforma operada pelo DL 76-A/2006, consagrar, entre nós, a possibilidade do recurso a estas novas tecnologias por parte das sociedades comerciais.

Trata-se de uma solução – diga-se, desde já, para que não restem quaisquer dúvidas sobre o sentido da nossa ulterior exposição – que é de louvar e aplaudir, dadas as apreciáveis vantagens e infindáveis portas que se abrem[20] com a utilização destas TCI (Tecnologias da Comunicação e Informação), nomeadamente no que diz respeito ao acesso e troca de informação, à redução de custos e à eliminação das dificuldades colocadas pelas distâncias geográficas[21].

---

[18] Sobre esta temática, e a importância da participação dos accionistas na governação das sociedades, vide Relatório *Winter*, pp. 54 ss. e, entre nós, COUTINHO DE ABREU, *Governação das sociedades ...*, pp. 21 ss. Para a relevância da participação dos investidores institucionais, veja-se BERNARD S. BLACK, "Shareholder passivity reexamined", *Michigan Law Review*, 89 (1990), pp. 520 ss.; J. M. GARRIDO/A. ROJO, "Institutional investors and corporate governance: solution or problem?", *Capital markets and company law*, OUP, Oxford-New York, 2003, pp. 427 ss.; e J. M. GARRIDO, "Optimism and pessimism: complementary views on the institutional investors' role in corporate governance", *Capital markets and company law*, OUP, Oxford-New York, 2003, pp. 449 ss.

[19] Cfr. W. TIM, "Das Gesellschaftsrecht im Cyberspace", *Festschrift für M. Lutter*, Köln, 2000, p. 167 que expressivamente escreve: "toda a problemática societária deve ser profundamente reconsiderada sob a óptica da Internet"; e S. TURELLI, "Assemblea...", p. 126.

[20] Com mais propriedade se deverá talvez, aqui, falar em "janelas" que se abrem ...

[21] Sendo que, como expressamente se refere no Relatório *Winter* (p. 55), a utilização das TCI são importantes para a plena integração do mercado europeu de capitais, ao

O problema não está, pois, na solução consagrada, mas no modo como ela foi regulada – *rectius*, não regulada! – no CSC.

Na verdade, se muitas vezes se legisla, entre nós, com um pormenor e detalhe exagerados, no caso concreto caiu-se no pecado oposto, uma vez que se consagrou em termos muito genéricos a possibilidade de recurso aos meios telemáticos, deixando-se em aberto inúmeras questões que, como veremos, podem não ser de fácil resolução e que levantarão não pequenas dificuldades na aplicação do regime. Teria sido, por isso, aconselhável que o legislador, aqui, tivesse tido uma maior minúcia na regulamentação desta matéria.

É o regime relativo a estas novas tecnologias, agora previsto no CSC, que nos propomos abordar de seguida.

Há, porém, algumas notas prévias que importa referir:

1ª) O regime está especialmente previsto para as SA[22], pelo que, relativamente a cada questão, haverá que indagar em que medida a solução encontrada é válida e aplicável aos outros tipos sociais, em particular à SQ que, como é sabido, é o tipo social de longe mais numeroso na nossa *praxis* societária[23].

---

assegurar a todos os accionistas, independentemente da sua concreta localização no espaço da UE, as mesmas possibilidades de acesso aos processos de informação, comunicação e tomada de decisões. Sobre as vantagens da utilização das TCI, vide também *Governo das sociedades anónimas: Proposta de alteração ao CSC. Processo de consulta pública n.º 1/2006*, CMVM, Janeiro 2006, doravante abreviadamente designada por Proposta CMVM, pp. 20 ss.

[22] De resto, a reforma societária operada pelo DL 76-A/2006, apesar de alterar aspectos gerais e estruturantes do regime societário, foi sobretudo perspectivada do ponto de vista dos interesses das sociedades anónimas (cfr. Proposta da CMVM, pp. 7 ss., que, como é sabido, esteve na base da alteração legislativa) e, em especial, das sociedades anónimas cotadas, o que não deixa de ser curioso: legisla-se essencialmente em função de cerca de meia centena de sociedades (!) – tantas quantas são as sociedades cotadas entre nós (vide em http://www.euronext.com/index-2166-EN.html>) – para um universo de mais de 400.000 sociedades (vide nota seguinte).

[23] Segundo os últimos dados estatísticos do RNPC, disponíveis em <http://www.dgrn.mj.pt/serv_centrais/estatist.asp>, as SQ são cerca de 400.000, enquanto as SA – o segundo tipo social mais utilizado – são apenas cerca de 20.000. Os outros dois tipos de sociedades comerciais têm um carácter meramente residual (existirão 24 SC e 672 SENC).

2ª) A nossa análise irá essencialmente incidir sobre a utilização dos meios telemáticos no funcionamento do órgão assembleia geral. Sem prejuízo das ressalvas que à frente se farão, deve entender-se, contudo, que o regime previsto para a AG é também aplicável e extensível aos outros órgãos societários, *v.g.*, ao órgão de administração e ao órgão de fiscalização.

De resto, a utilização das novas tecnologias no funcionamento dos outros órgãos sociais era já – antes da reforma de 2006 do CSC – geralmente admitida e realizada na prática, mesmo entre nós[24]. Em abono desta solução, estão também os trabalhos preparatórios, uma vez que, na Proposta da CMVM, expressamente se escrevia: "Considerou-se desnecessário consagrar a permissão de realização de reuniões de outros órgãos sociais através de meios telemáticos, dado que em relação aos órgãos de administração e de fiscalização não se exige actualmente a reunião física dos membros, sendo já prática em algumas sociedades a realização de reuniões através de vídeoconferência ou de conferência telefónica"[25]. Note-se, porém, que o texto legislativo – que resultou do DL 76-A/2006 – acabou por consagrar expressamente a possibilidade do recurso aos meios telemáticos a propósito do órgão de administração (cfr. artigo 410.º, n.º 8 CSC), não prescrevendo idêntica solução para o órgão de fiscalização (cfr. artigo 423.º). Este artigo 423.º estabelece, contudo, no seu n.º 5, a aplicação ao Conselho Fiscal do disposto no artigo 410.º, n.º 9 CSC. Ora, este é uma norma que não existe – nem nunca existiu – pelo que manifestamente há uma gralha na remissão, devendo entender-se que a mesma é feita para o artigo 410.º, n.º 8 – terá sido essa seguramente a intenção do legislador[26] –, assim se permitindo também a utilização dos meios telemáticos relativamente ao funcionamento deste órgão.

---

[24] Assim, entre nós, COUTINHO DE ABREU, *Governação das sociedades* ..., pp. 20 ss., muito embora o A. referisse serem "aconselháveis alterações legislativas clarificadoras" (nt 45). No mesmo sentido, vide COX/HAZEN, *On corporations*, vol. I, § 9.05 e § 9.09, pp. 416 e 430; NOACK, "Moderne Kommunikationsformen ...", pp. 595 ss.; e R. GUIDOTTI, "Il consiglio di amministrazione e l'assemblea dei soci nell'era di internet", *CI*, 2001-2, pp. 852 ss..

[25] Cfr. Proposta CMVM, p. 22.

[26] Muito embora este não tenha aproveitado a rectificação efectuada ao DL 76-A/2006 (Declaração de Rectificação n.º 28-A/2006, publicada no DR, I Série, de 26 de Maio de 2006) para corrigir aquela "remissão falhada".

3ª) O afã desformalizador que embebeu a reforma do CSC de 2006 levou a que, não apenas se eliminasse a necessidade de escritura pública, mas igualmente se prescindisse da própria forma escrita para a generalidade dos actos jurídicos societários. Com efeito, o artigo 4.º-A CSC – aditado pela reforma – consagra como princípio geral que a exigência, feita no CSC, de forma escrita ou documento assinado poderá ser sempre substituída por qualquer outro suporte ou meio de identificação que assegure idênticos níveis de "inteligibilidade, de durabilidade e de autenticidade"[27]. Visa-se aqui, é inequívoco, fundamentalmente permitir a utilização das TCI e equiparar aos documentos em papel e às assinaturas manuscritas os documentos electrónicos e as assinaturas digitais, cuja regulamentação está, entre nós, prevista e regulada no DL 290-D/99, de 2 de Agosto[28] (e que deverá, por isso, ter-se em consideração na análise do regime da utilização dos meios telemáticos em direito societário).

3. Análise do regime: a convocatória

Tendo presente o que acima ficou dito, começaremos, seguindo uma ordem cronográfica, por tratar da convocação para a assembleia.

Nas SA, a convocatória para a AG deve, em princípio, ser publicada (artigo 377.º, n.º 2 CSC). Esta publicação que inicialmente, nos termos do artigo 167.º CSC, tinha de ser feita no Diário da República e num dos jornais mais lidos na localidade da sede da sociedade, passou – com a redacção que foi dada a esta norma, pelo DL 111/2005, de 8 de Julho[29] – a ter de ser feita num sítio da Internet, de acesso público, mantido pela

---

[27] É uma solução que já estava prevista no artigo 4.º CVM.

[28] Diploma que foi objecto de uma profunda alteração e republicado pelo DL 62//2003, de 3 de Abril de 2003.

[29] Este regime entrou em vigor em 1 de Janeiro de 2006 (cfr. artigo 4.º da Portaria n.º 590-A/2005, de 14 de Julho, que veio regulamentar o DL 115/2005). Note-se que, com o regime instituído pelo DL 111/2005, a par da publicação no sítio da Internet, mantinha-se a exigência de publicação num dos jornais mais lidos na localidade da sede da sociedade. Com o DL 76-A/2006 – que revogou o artigo 167.º, n.º 2 CSC, onde tal estipulação era feita – deixou de ser necessária a publicação em qualquer jornal.

Direcção-Geral dos Registos e Notariado[30] [31]. Trata-se esta, *il va sans dire*, de uma solução que, inquestionavelmente, atinge de forma mais eficaz o fim pretendido pela convocatória, qual seja o de publicitar e dar a conhecer a realização da assembleia[32], assim se perseguindo um dos objectivos visados pelas modernas correntes de *corporate governance*: estimular a participação e diminuir o absentismo nas reuniões de sócios.

O artigo 377.º CSC estabelece, no entanto, no seu n.º 3, duas outras modalidades alternativas de convocação da assembleia geral de uma SA.

Tratando-se de uma sociedade exclusivamente com acções nominativas[33], a publicação da convocatória poderá ser substituída por "carta registada" (artigo 377.º, n.º 3 CSC)[34]. À carta registada equipara-se, no entanto – nos termos do DL 290-D/99, de 2 de Agosto, que institui o regime jurídico dos documentos electrónicos e da assinatura digital –, o envio do documento, *in casu*, da convocatória, por um meio de telecomunicação, com assinatura electrónica qualificada[35], que assegure a sua

---

[30] O site é <http://publicacoes.mj.pt/> (muito embora o *site* que consta da Portaria n.º 590-A/2005 seja <www.mj.gov.pt/publicacoes>, o qual redirecciona para aquele primeiro sítio da Internet referido). Solução idêntica foi também consagrada, na Alemanha, em 2002, com a *TransPuG*, passando a convocatória a ser publicada no *elektronische Bundesanzeiger*. Vide § 25 AktG com a redacção que lhe foi dada pela TransPuG.

[31] Nas "sociedades emitentes de acções admitidas à negociação em mercado regulamentado situado ou a funcionar em Portugal", a publicação deverá ainda ser efectuada, durante 30 dias antes da AG, no seu próprio sítio da Internet (cfr. artigo 3.º-A, al. h) do regulamento CMVM 7/2001). É uma solução que se encontra igualmente consagrada no ponto 2.3.1. do *Deutscher Corporate Governance Kodex* (vide RINGLEB/KREMER/LUTTER/ v. WERDER, *Kommentar zum Deutschen Corporate Governance Kodex*, Beck, München, 2003, pp. 73 ss.). Vide, no mesmo sentido, Relatório *Winter*, recomendação Ponto III.2, p. 11 e p. 56.

[32] O jornal oficial não é, de facto, o jornal de leitura do pequeno almoço de quem quer que seja, sendo certo, por outro lado, que os investidores estrangeiros dificilmente terão acesso aos jornais nacionais. Cfr. COUTINHO DE ABREU, *Governação das sociedades...*, p. 21; e S. TURELLI, "Assemblea...", pp. 124 ss.

[33] Os valores mobiliários consideram-se nominativos, quando o emitente tenha a faculdade de conhecer a todo o tempo a identidade dos titulares (artigo 52.º, n.º 1 CVM). Sobre o fenómeno a que hoje se está assistir, nomeadamente na Alemanha, de generalização do recurso a acções nominativas, veja-se ULRICH NOACK, "Die Namensaktie – Dornröschen erwacht", *DB*, 1999, pp. 1306 ss.

[34] Este regime e esta modalidade de convocatória constavam já da redacção inicial do CSC.

[35] Sobre a caracterização deste tipo de assinatura, vide alíneas g) e d) do artigo 2.º da 290-D/99.

efectiva recepção (cfr. artigos 6.º, n.º 3 e 7.º do referido diploma)[36]. Isto significa que, na hipótese de todas as acções da sociedade serem nominativas, a convocatória poderá ser enviada por *e-mail*, desde que seja assinada pela forma indicada[37] e contenha uma validação cronológica emitida por uma entidade certificadora[38] [39]. Para que esta solução seja possível é necessário, ainda, que os sócios tenham facultado consensualmente, para esse fim, os seus endereços de correio electrónico à sociedade (cfr. artigo 6.º, n.º 1 do DL 290-D/99)[40] [41].

O regime acabado de referir é inteiramente válido para as SQ, uma vez que neste tipo social se estatui regime idêntico ao previsto no artigo

---

[36] É um regime que implicará o recurso a entidades terceiras, nomeadamente a entidades certificadoras. Tanto quanto pudemos apurar, os operadores no mercado ainda não disponibilizam um serviço que permita – ao contrário do que sucede já com as facturas electrónicas – assegurar o cumprimento dos requisitos legalmente exigidos para o envio electrónico das convocatórias. Sobre o modo de funcionamento das facturas electrónicas – a que se assemelhará o envio das convocatórias electrónicas –, vide o *Guia da factura electrónica*, da UMIC – Agência para a Sociedade do Conhecimento, que se pode ler em <http://www.umic.pcm.gov.pt/UMIC/Media/SaladeImprensa/guia_factura_electronica.htm>.

[37] Em sentido idêntico, vide COUTINHO DE ABREU, *Governação das sociedades* ..., p. 22, que já se pronunciava sobre esta temática, antes da reforma de 2006.

[38] Desde logo, para permitir à sociedade opor ao sócio a data da expedição do *e-mail* (cfr. artigo 6.º, n.º 2 do DL 290-D/99). É um serviço que é já facultado pelos CTT (designado pelo acrónimo MDDE: Marca do Dia Electrónica), mas que está apenas disponível para advogados.

[39] Ficarão, assim, plenamente assegurados os idênticos níveis de inteligibilidade, durabilidade e autenticidade exigidos pelo artigo 4.º-A CSC.

[40] Pelo que a sociedade, pretendendo usar deste expediente, deverá solicitar aos sócios que lhe forneçam o respectivo endereço de correio electrónico. Se não o fizer e enviar a convocatória, por via electrónica, para o *e-mail* do sócio – que não lhe tenha sido fornecido por este – haverá um vício na convocatória daquele sócio que, de acordo com a melhor doutrina (cfr. LOBO XAVIER, "O regime das deliberações sociais no Projecto do Código das Sociedades", in *Temas de direito comercial*, Almedina, Coimbra, 1986, p. 15, e PEDRO MAIA, "Deliberações dos sócios", in *Estudos de direito das sociedades*, Almedina, Coimbra, 2005, p. 202), determinará a nulidade das deliberações que vierem a ser tomadas na AG (cfr. artigo 56.º, n.º 1, al. a CSC). Em Itália, o endereço de correio electrónico dos sócios deve ser inscrito no livro "soci". Cfr. S. TURELLI, "Assemblea...", p. 142.

[41] Note-se que, tendo este consentimento de ser pessoal, sempre que houver transmissão de acções, o novo accionista deverá fornecer o seu *e-mail* à sociedade, para que seja possível o recurso a esta forma de convocatória.

377.º, n.º 3: a convocatória dos quotistas deve ser efectuada mediante carta registada, enviada, neste caso, com a antecedência mínima de 15 dias (cfr. artigo 248.º, n.º 3CSC)[42].

E o mesmo regime deve igualmente considerar-se aplicável à convocatória do órgão de administração e do órgão de fiscalização (cfr. artigo 410.º, n.º 3 e 445.º, n.º 2 CSC), uma vez que esta, nos termos da lei e a menos que o contrato disponha coisa diversa, deverá ser efectuada por escrito (cfr. artigo 410.º, n.º 3 e 445.º, n.º 2 CSC)[43].

A parte final do artigo 377.º, n.º 3 – aditada pelo DL 76-A/2006 – veio estabelecer agora a possibilidade de a convocatória poder ainda ser efectuada "por correio electrónico com recibo de leitura", para os accionistas que comuniquem previamente o seu consentimento quanto a esta forma de convocação.

Trata-se de uma solução que causa algumas perplexidades e merece alguns esclarecimentos interpretativos.

Desde logo, é questionável se este regime se aplica às sociedades que tenham exclusivamente acções nominativas. A resposta é negativa. Em primeiro lugar, porque esta solução do artigo 377.º, n.º 3 *in fine*, não está de acordo com a "unidade do sistema" [44], uma vez que em situações paralelas, o CSC não exige a prova do recebimento da notificação[45]; depois, porque se trata de um regime bem mais rigoroso (ao exigir o "recibo de leitura"), que, *in casu*, não se justifica atentos os interesses em causa, nomeadamente dos sócios[46], sendo certo que se perceberia mal que, tendo visado a reforma uma agilização e flexibilização de procedimentos, viesse, nesta sede, consagrar um regime mais exigente do que aquele que já se encontrava em vigor.

---

[42] Nas SA, a carta deverá ser enviada com a antecedência de 21 dias (cfr. artigo 377.º, n.º 4 CSC).

[43] Há, no entanto, uma diferença a assinalar. Aqui não se exige que a convocatória seja efectuada por carta registada, pelo que não será necessário utilizar um "meio de telecomunicação que assegure a efectiva recepção" (cfr. artigo 3.º, n.º 2 e 6.º, n.º 3 do DL 290-D/99).

[44] Cfr. artigo 9.º, n.º 1 CC.

[45] Cfr., nomeadamente, o disposto no artigo 248.º, n.º 3 CSC, quanto à convocação dos quotistas.

[46] Que ficam devidamente acautelados com o regime que resulta da aplicação do DL 290-D/99, acima referido.

Deve, pois, entender-se que este dispositivo não se aplica às sociedades que tenham exclusivamente acções nominativas, para as quais valerá o regime que acima se referiu, aplicando-se apenas às SA que tenham (só ou também) acções ao portador.

A previsão legal terá, por outro lado, sobretudo interesse prático para as pequenas SA ou SA fechadas em que a administração sabe quem são todos os accionistas[47], podendo, por isso, substituir a publicação da convocatória pela convocação de todos os sócios por correio electrónico[48].

Note-se que, nesta hipótese, todos os sócios devem ter dado previamente a sua autorização para serem notificados por esta forma, sendo ainda necessário que emitam o recibo de leitura do *e-mail*. Percebe-se muito mal esta última exigência, seja porque a lei não a faz, como vimos, para o caso em que todas as acções são nominativas, seja porque a regularidade da convocatória fica dependente da vontade individual de cada sócio de emitir (ou não) o referido recibo de leitura. Não nos parece, no entanto, possível defender aqui uma interpretação ab-rogante da norma[49],

---

[47] Na Alemanha idêntica solução é consagrada no §121, 4 AktG, onde se permite a convocação por carta registada (assim se dispunha exclusivamente na redacção inicial) nas sociedades em que os accionistas sejam "conhecidos pelo nome " (*namentlich bekannt*). Esta norma foi alterada pela *FormVAnpG*, que lhe acrescentou o inciso "a menos que os estatutos disponham de forma diversa", quanto à forma de convocação. Por isso, hoje, nestas sociedades a convocação dos accionistas pode também ser feita, desde que tal esteja contratualmente previsto, por *e-mail*. Vide HÜFFER, *Aktiengesetz*, Beck, München, 2002, §121, Rdn 11e, p. 611.

[48] Se a administração não tiver conhecimento de todos os sócios, deverá necessariamente proceder à publicação da convocatória e não terá, por isso, qualquer vantagem em recorrer a este meio, uma vez que – como veremos de seguida em texto – a validade da convocação fica dependente da vontade individual de cada sócio de emitir (ou não) o recibo de leitura da convocatória.

[49] Não há, na verdade, aqui qualquer contradição insanável entre normas que justifique a sua revogação, nem sequer se verificam os pressupostos que permitam uma interpretação correctiva. Cfr. BAPTISTA MACHADO, *Introdução ao direito e ao discurso legitimador*, Almedina, Coimbra, 1987, p. 186. Desde logo, porque não há perfeito paralelismo entre a situação referida em texto e notificação da convocatória, por via electrónica, quando todas as acções são nominativas. Com efeito, aqui a sociedade sabe necessariamente quem são os seus accionistas; diferentemente, havendo acções ao portador, a sociedade pode não saber quem são os actuais sócios (p. ex., por ter havido uma transmissão recente de que a sociedade não é conhecedora), justificando-se, por isso, uma maior exigência quanto à certeza do recebimento da convocatória (a fim de que o destinatário da mesma possa, se for caso disso, esclarecer a sociedade de quem é o novo sócio,

no sentido de não ser necessário este comprovativo do recebimento do *e-mail*. Daqui decorre que, na hipótese de que agora estamos a cuidar, a regularidade da convocatória ficará sempre dependente da vontade de cada sócio de emitir o tal comprovativo de leitura[50], o que faz com que esta forma de convocação se torne extremamente arriscada e incerta.

Tenha-se, contudo, em atenção que os accionistas – devendo dar o seu consentimento para que se possa fazer uso desta forma de convocação[51] – não podem, porém, exigir que a sociedade os notifique por esta via[52], pelo que esta poderá sempre, querendo obstar à incerteza que decorre desta modalidade de convocatória, optar por proceder à sua publicação.

4. A preparação da assembleia

A realização das assembleias gerais deve ser precedida da colocação à disposição dos sócios da informação relevante que lhes permita delibe-

---

até porque, se não o fizer, ele poderá eventualmente ser responsabilizado pelos prejuízos causados com essa omissão, uma vez que – não se esqueça – foi ele que expressamente consentiu em ser notificado por aquela via, enquanto fosse sócio). Em todo o caso, subjacente à solução legal não deixará de estar ainda alguma desconfiança do legislador relativamente a estes novos meios tecnológicos. Neste sentido, veja-se, p. ex., o disposto no artigo 2366 CCit, onde – após a reforma do direito societário operada pelo D.lgs. 6/2003 – se permite a notificação da convocatória por *e-mail*, conquanto tal esteja expressamente autorizado nos estatutos, e desde que se faça prova do respectivo recebimento com oito dias de antecedência relativamente à data da assembleia. É, no entanto, controvertido quando se deve ter por cumprida a exigência da lei: se no momento em que o *e-mail* é colocado no ISP (*internet service provider*) do destinatário, se no momento em que este abre o referido *e-mail*. Cfr. S. TURELLI, "Assemblea...", pp. 140 ss. e nt 88.

[50] É, há que reconhecê-lo, uma solução que pode ser dissuasora da utilização deste meio de convocação da AG. Em todo o caso, o requisito do recibo de leitura do *e-mail* poderá ter-se por preenchido, desde que a sociedade prove que o accionista tomou conhecimento da convocatória da AG.

[51] O consentimento prestado pelo sócio tem carácter pessoal, pelo que, sempre que houver transmissão de acções, será necessário que o novo accionista preste idêntica autorização. Por outro lado, deve entender-se que o consentimento prestado é por período indeterminado, podendo o sócio revogá-lo livremente.

[52] Muito embora a possibilidade de o sócio requerer a sua notificação por *e-mail* (sem, obviamente, a necessidade de emissão de recibo de leitura por parte do sócio), talvez seja a solução mais desejável.

rar e votar de forma esclarecida e conscienciosa[53]. É um desiderato que fica, *ça va de soit*, extremamente facilitado com a utilização das TCI, com a qual saem beneficiados quer os sócios, quer a própria sociedade[54].

Trata-se de uma solução – precisamente pelas vantagens que se reconhecem, neste âmbito, à utilização das novas tecnologias[55] – que expressamente consta das recomendações feitas pelo Relatório *Winter*, onde se propõe, para as sociedades cotadas, a colocação no sítio da Internet da sociedade de "toda a documentação pertinente referente à AG" [56].

Esta recomendação encontra-se já, contudo, em grande medida consagrada no nosso ordenamento jurídico.

Com efeito, desde finais de 2003[57], as sociedades emitentes de acções admitidas à negociação em mercado regulamentado estão obrigadas, nos

---

[53] Este direito à informação preparatória da AG não esgota o direito à informação dos sócios. Sobre a matéria, veja-se COUTINHO DE ABREU, *Curso de direito comercial*, vol. 2 – *Das sociedades*, Almedina, Coimbra, 2002, pp. 251 ss. De resto, porque a informação – e o fácil acesso à mesma, nomeadamente por via electrónica – é também importante para terceiros, a Directiva 2003/58/CE, de 15 de Julho de 2003 (publicada no JOUE, L 221, de 4 de Setembro de 2003), que alterou a Primeira Directiva sobre Sociedades, veio expressamente estabelecer que os actos registrais e a publicidade dos actos societários devem passar a estar acessíveis por via electrónica. Por outro lado, nos termos do artigo 4.º da Primeira Directiva, com a redacção que lhe foi dada pela referida Directiva 2003/58/CE, no *site* da empresa deve obrigatoriamente constar a indicação do registo comercial da sociedade. O regime que resulta desta Directiva deverá ser transposto, pelos Estados-membros, para os ordenamentos jurídicos nacionais, até 31 de Dezembro de 2006 (cfr. artigo 2.º da Directiva 2003/58/CE).

[54] Ficam os sócios beneficiados porque, para além do mais, não necessitam de se deslocar para o efeito à sede da sociedade, e a solução é igualmente proveitosa para esta, porquanto a disponibilização da informação ser-lhe-á mais simples e menos onerosa. Assim, COUTINHO DE ABREU, *Governação das sociedades* ..., pp. 27 ss. Sobre a utilização dos meios electrónicos para a comunicação da informação societária, vide recentemente MERCEDES SÁNCHEZ RUIZ, "Medios electronicos para la comunicación y la difusión de información en las sociedades anónimas", *RdS*, 2006-1, n.º 26, pp. 333 ss.

[55] Veja-se *supra* nota 21.

[56] O Relatório *Winter* vai, no entanto, mais longe. Recomenda ainda que no *site* da sociedade se estabeleça a possibilidade de, electronicamente, se conceder instrumentos de representação e dar instruções de voto. Vide Relatório *Winter*, p. 11. Sobre esta temática, veja-se ainda SÁNCHEZ RUIZ, "Medios electronicos ...", pp. 343 ss.; MARIO HÜTHER, *Aktionärsbeteiligung und Internet*, Carl Heymanns Verlag, köln, 2002, pp. 1821 ss.; e NOACK, "Moderne Kommunikationsformen ...", pp. 602 ss.

[57] Data em que foi aditado o artigo 3.º-A, de seguida referido em texto, pelo Regulamento CMVM 11/2003, de 2 de Dezembro de 2003.

termos do artigo 3.º-A do Regulamento CMVM 7/2001, à colocação no *site* da empresa de diversas informações, devendo, no que às AG diz respeito, ali ser inseridas – para além das convocatórias – as "propostas apresentadas para discussão e votação em assembleia geral, durante os 15 dias anteriores à data da assembleia geral" (cfr. artigo 3.º-A, al. g)).

Para a generalidade das SA, o DL 76-A/2006 veio, alterando o artigo 289.º CSC, estabelecer que, com pelo menos 15 dias de antecedência relativamente à data da assembleia, devem ser disponibilizados no *site* da sociedade – caso exista[58] – os documentos e informações preparatórios da AG ali mencionados (cfr. artigo 289.º, n.º 4 CSC)[59]. Se a sociedade não tiver um sítio na Internet – ou tendo-o, ali não disponibilizar a informação referida – poderá qualquer accionista requerer que a mesma lhe seja enviada pela sociedade, no prazo de oito dias após a recepção do pedido, por correio electrónico (artigo 289.º, n.º 3, al. e) CSC)[60] [61].

Para o cumprimento desta obrigação de envio de informação por *e-mail*, deverá a sociedade certificar-se de que quem a solicita é efecti-

---

[58] A informação só não deverá ser colocada no *site*, se o pacto social expressamente o proibir (cfr. artigo 289.º, n.º 4, *in fine* CSC). Embora nos pareça que, atentos os interesses em jogo, esta solução de ficar na disponibilidade dos sócios – através de estipulação contratual – a colocação (ou não) da informação na *web* não seja a melhor, era isso que inequivocamente se dispunha na Proposta CMVM (cfr. o projecto de articulado da Proposta CMVM, p. 15). Advirta-se, no entanto, que na Proposta de Directiva dos Direitos dos Accionistas, de 5 de Janeiro de 2006 – referenciada como COM(2005) 685 final e que, segundo aí se dispõe, deverá ser transposta até final de 2007 –, este regime não tem carácter dispositivo (cfr. artigo 5.º, n.º 3 daquela Proposta de Directiva), pelo que o artigo 289.º, n.º 4 poderá ter, nesta matéria, que vir a ser alterado.

[59] O incumprimento desta obrigação poderá determinar a anulabilidade das deliberações que venham a ser tomadas na AG (cfr. artigo 58.º, n.º 1, al. c) e n.º 4, al. b) CSC).

[60] Esta possibilidade de envio, por *e-mail*, dos elementos de informação preparatórios da AG das sociedades cotadas consta também do artigo 17.º, n.º 2 da chamada Directiva da Transparência – Directiva 2004/109/CE do Parlamento Europeu e do Conselho, de 15 de Dezembro de 2004, publicada no JOUE L390, de 31/12/20004 – que deverá ser transposta pelos Estados-membros até 20 de Janeiro de 2007. É uma solução que está hoje igualmente já prevista, no direito societário alemão (cfr. § 125 AktG com a redacção que lhe foi dada pela NaStraG). Vide HÜFFER, *Aktiengesetz*, § 125, *Rdn* 5, p. 636.

[61] O não cumprimento desta obrigação poderá também acarretar a anulabilidade das deliberações que venham a ser tomadas na AG, por vício de procedimento (cfr. artigo 58.º, n.º 1, al. a) CSC). Vide PEDRO MAIA, "Deliberações dos sócios", p. 209. Por outro lado, neste caso, o administrador que não envie a informação solicitada ficará sujeito a uma sanção penal (cfr. artigo 518.º, n.º 1 CSC).

vamente accionista e que a informação é, de facto, enviada para o endereço do correio electrónico do sócio. Será, por isso, importante que a sociedade contenha um registo dos *e-mails* dos sócios, que lhe devem ser voluntariamente fornecidos pelos próprios para efeitos de troca de informação por via telemática (cfr. artigo 6.º do DL 290-D/99), e que o pedido formulado seja assinado digitalmente pelo sócio, nos termos previstos no DL 290-D/99 (cfr. artigo 3.º, n.º 2 e 7.º do mencionado DL).

A obrigação de prestar informação aos sócios – nomeadamente a preparatória da AG – por via electrónica não substitui, porém, totalmente a obrigatoriedade de a facultar por via cartular[62]. Com efeito, o accionista poderá solicitar à sociedade que lhe seja enviada, por carta, a informação referida no artigo 289.º CSC. Há, porém, aqui uma diferença, não negligenciável, relativamente ao pedido de envio da informação pela via electrónica: o envio da informação em papel apenas pode ser requerido pelos accionistas que detenham, pelo menos, 1% do capital social (artigo 289.º, n.º 3, alínea a) CSC). Ou seja, o uso das TCI veio permitir alargar novamente o âmbito deste direito à informação[63], atribuindo o direito a qualquer accionista – independentemente da participação social de que seja titular – de requerer o envio dos elementos mencionados no artigo 289.º CSC.

O regime que acabámos de analisar está apenas previsto para as SA, no artigo 289.º CSC. Não é, por isso, evidente se o mesmo é igualmente aplicável às SQ, até porque no artigo 214.º, n.º 7 CSC se faz uma expressa remissão para a aplicação a este tipo social do disposto no artigo 290.º CSC (que regula o direito à informação em AG) e não há norma idêntica quanto ao disposto no artigo 289.º CSC. Deve, no entanto, entender-se que este regime é integralmente aplicável às SQ, seja por aplicação analógica do artigo 289.º CSC, seja por força da remissão genérica do artigo 248.º, n.º 1 CSC, que determina a aplicação do regime das assembleias gerais das SA às SQ [64].

---

[62] No sentido de que esta é, no estádio actual de desenvolvimento e acesso às novas tecnologias, a melhor solução, vide Relatório *Winter*, pp. 11 e 55. De resto, a maioria das respostas, no processo de consulta efectuado por aquele Grupo, pronunciava-se no sentido de não ser imposto, mas apenas permitido, às sociedades o uso das TCI (vide *op. loc. ultt. citt.*)

[63] Era esse o regime que constava da redacção inicial do artigo 289.º CSC, em que qualquer accionista podia solicitar o envio, em papel, dos conteúdos ali referidos.

[64] Neste sentido, veja-se PAULO OLAVO DA CUNHA, *Direito das sociedades comerciais*, Almedina, Coimbra, 2006, p. 249.

Nesta fase preparatória da AG, os accionistas que possuam acções correspondentes a, pelo menos, 5% do capital social[65] poderão ainda requerer – no prazo de 5 dias a contar da publicação da convocatória[66] – a inclusão de assuntos na ordem do dia da assembleia a realizar (cfr. artigo 378.º, 1 CSC). Estabelece o artigo 378.º, n.º 2 CSC que o requerimento "deve ser dirigido, por escrito, ao presidente da mesa da assembleia geral", o que significa que tal requerimento poderá também ser efectuado por correio electrónico, nos termos atrás expostos (cfr. artigo 4.º-A CSC e DL 290-D/99).

Por outro lado, a nossa lei expressamente admite que um sócio se possa fazer representar em AG (cfr. artigo 380.º, n.º 1 CSC[67], para as SA e artigo 249.º CSC, para as SQ[68]). Como instrumento de representação voluntária do sócio, basta um documento escrito, com assinatura, dirigido ao presidente (cfr. artigos 249.º, n.º 4 e 380.º, n.º 2 CSC).

Por isso, mais uma vez, atento o disposto no artigo 4.º-A CSC e no DL 290-D/99, o instrumento de representação para a AG poderá também aqui resultar do simples envio de um *e-mail*, com assinatura electrónica avançada, dirigido ao presidente da mesa da assembleia geral[69] [70].

---

[65] Este direito é, nas SQ, atribuído a todo e qualquer sócio, independentemente do valor da quota de que seja titular (cfr. artigo 248.º, n.º 2 CSC). Nas SA, poderá também ser um único accionista, desde que seja titular da participação referida em texto no capital social.

[66] O artigo 378.º, n.º 2 CSC refere como termo inicial do prazo a "última convocatória". Como vimos, no entanto, *supra* no ponto 3., agora há apenas uma única publicação, pelo que a norma deve ser lida em conformidade.

[67] Com a redacção dada ao artigo 380.º CSC pelo DL 76-A/2006, deixou de existir qualquer limitação – salvo quanto aos membros dos órgãos de fiscalização e conselho geral e de supervisão (cfr. artigo 381.º, n.º 2 CSC) – relativamente às pessoas que podem representar os accionistas numa AG (cfr. também a eliminação do artigo 381.º, n.º 3 CSC).

[68] Nas SQ, ao contrário do que sucede nas SA (em que o documento escrito de representação poderá ter um carácter mais genérico), a carta, enquanto instrumento de representação voluntária, apenas poderá ser utilizada para uma determinada assembleia geral (cfr. artigo 249.º, n.º 4, 380.º, n.º 2 e 281.º, n.º 1, al. a) CSC).

[69] No mesmo sentido, antes da reforma do CSC de 2006, se pronunciava já Coutinho de Abreu (cfr. *Governação das sociedades* ..., pp. 23 ss.).

[70] Note-se que a Proposta de Directiva dos Direitos dos Accionistas expressamente estabelece que, para a nomeação de um representante na AG por via electrónica, apenas se poderá exigir a assinatura digital do *e-mail*; quaisquer outros requisitos apenas poderão ser exigidos na medida em "que sejam estritamente necessários para identificar o accionista e o representante" (cfr. artigo 11.º, n.º 2 da mencionada Proposta).

Finalmente, neste âmbito, cumpre dar notícia de um instrumento inovador, em direito comparado, criado no direito societário alemão e que consiste no chamado fórum de accionistas (*Aktionärsforum*)[71]. Este fórum, que resultou da introdução do § 127a AktG pela *UMAG* [72], consiste numa plataforma existente na Internet – mais concretamente numa secção do diário oficial electrónico (*elektronischer Bundesanzeiger*) – independente das sociedades, onde cada sócio poderá fazer requerimentos ou convites dirigidos aos demais accionistas, nomeadamente quanto ao exercício conjunto do direito de voto na AG[73].

Apesar do nome, não se trata verdadeiramente de um fórum, uma vez que não é ali possível qualquer debate de ideias ou troca de opiniões seja entre os sócios[74], seja entre os sócios e a sociedade, não se permitindo sequer a inclusão de qualquer motivação ou fundamentação relativamente ao convite que é feito (cfr. § 127a, 2 AktG)[75].

Trata-se apenas – e já não é pouco – de uma plataforma digital que pretende, através do recurso às TCI, aproximar e pôr em contacto os accionistas, sobretudo os accionistas minoritários, visando-se com isso estimular a sua participação na vida da sociedade e combater o absentismo nas assembleias[76].

---

[71] Vide, sobre esta temática, RÜDIGER VON ROSEN, *UMAG etabliert Aktionärsforum*, Börsen-Zeitung, de 9.11.2005, p. 6, que se pode ler em <http://www.dai.de/internet/dai/dai-2-0.nsf/0/9B33102A7DDCE19EC12570B400349D81?OpenDocument>; MICHELE RONDINELLI, "Dalla Germania un forum per gli azionisti delle società quotate", *Rivista di diritto bancario*, Gennaio 2005, pp. 1 ss.; F. JUAN Y MATEU, "La reforma de la AktG alemana ...", pp. 196 ss.; e P. D. BELTRAMI, "Realizzazione dell'*Aktionärsforum* nel diritto societario tedesco", *RS*, 2006-1, pp. 163 ss.

[72] Tendo entrado em vigor em 1 de Dezembro de 2005, com a *AktFoV* (*Aktionärsforumsverordnung*), de 22 de Novembro de 2005.

[73] O convite pode também destinar-se à instauração de uma acção judicial, nos termos previstos na AktG.

[74] Aliás, foram os riscos da utilização abusiva destes *fora* de discussão que levaram a que no Relatório *Winter* se não recomendasse a sua adopção, pelo menos sem um exame mais aprofundado sobre a questão (cfr. Relatório *Winter*, p. 58). Na verdade, a utilização destes mecanismos – sem regras, nem limitações – poderia servir para pôr em causa o bom nome de pessoas ou até para cometer delitos. Cfr. JUAN Y MATEU, "La reforma de la AktG alemana ...", p. 197.

[75] É possível, no entanto, aos sócios e à sociedade colocar no fórum um *link* para a sua página *web*, onde se explicitem as razões do convite, bem como a tomada de posição da sociedade relativamente ao mesmo.

[76] Cfr. BELTRAMI,"Realizzazione dell'*Aktionärsforum* ...", p. 164.

5. A realização da assembleia: os novos modelos de AG

Tradicionalmente, o regime-regra, no que respeita à realização das assembleias gerais, era o de que elas deviam ter carácter presencial, i.é, deviam traduzir-se numa reunião em que os sócios estivessem fisicamente presentes[77], assim se pretendendo assegurar a colegialidade do órgão[78]. Trata-se, porém, de uma regra que fica claramente posta em crise com a consagração legislativa dos meios telemáticos no funcionamento da AG[79].

---

[77] Sobre a necessidade da presença dos sócios na AG, vejam-se, entre nós, os artigos 379.º, 382.º e 383.º CSC.

[78] No direito societário português já se admitiam, no entanto, duas excepções a esta regra: as deliberações dos sócios poderiam ser tomadas sem uma reunião presencial dos mesmos, no caso das deliberações unânimes por escrito, previstas para todos os tipos sociais (artigo 54.º, n.º 1, 1ª parte CSC) e no das deliberações por voto escrito, previstas apenas para as SQ (artigo 247.º, n.º 1 CSC). Sobre esta matéria, vide PEDRO MAIA, "Deliberações dos sócios", pp. 179 ss.
Na Alemanha, a generalidade da doutrina continua a considerar – com base no § 118, 1 AktG que determina que os direitos dos sócios só possam ser exercidos na assembleia – que o único modelo de AG legalmente admissível é a *Präsenzhauptversammlung*, muito embora se admita o uso das TCI, nomeadamente para transmissão áudio-visual (*Ton und Bild* – inovação introduzida pela *TransPuG*) da assembleia e para a transmissão do sentido de voto de um accionista ausente, devendo, porém, nesta hipótese, o voto ser exercido por um representante que esteja fisicamente presente na reunião. Vide HÜFFER, *Aktiengestz*, § 118, *Rdn* 5a, pp. 584 ss.; ULRICH NOACK, "Die internetgestützte Hauptsammlung", in *Unternehmensrecht und Internet*, Beck, München, 2001, pp 34 ss.; K. SCHMIDT, "La reforma alemana ...", pp. 58 ss.; S. TURELLI, "Assemblea...", pp. 131 ss. No sentido de que são já possíveis, de *iure condito*, no direito alemão, as assembleias virtuais, vide, contudo, HASSELBACH/SCHUMACHER, "Hauptversammlung im Internet", ZGR, 2000, pp. 260 ss.
Note-se, porém, que com a *NaStraG* foi criada a figura do representante para o exercício do direito de voto (*Stimmrechtsvertreter*) nomeado pela sociedade – cfr. § 134, 3 AktG –, o que permite a um sócio, que não esteja presente, acompanhar, à distância, o desenvolvimento da reunião e dar instruções sobre o seu sentido de voto em tempo real. Desta forma, é, pois, em grande medida já possível, no direito alemão, a realização de uma AG que, em termos práticos, se aproxima muito da assembleia *on-line*. Assim, S. TURELLI, "Assemblea...", pp. 138 ss. Tenha-se, no entanto, presente que o *Stimmrechtsvertreter* apenas pode exercer o direito de voto de acordo com as intruções recebidas e já não intervir na assembleia em nome do seu representado, nomeadamente fazendo exposições ou colocando questões. Cfr. K. SCHMIDT, "La reforma alemana ...", p. 60.

[79] Sobre a consideração de que a tradicional assembleia presencial não assegura, hoje, a pretendida participação accionista na vida da sociedade, justificando-se por isso o recurso às TCI, vide Relatório *Winter*, p. 55.

Com efeito, o advento das TCI veio permitir a criação de novos modelos de AG, ao tornar exequível a realização de assembleias virtuais[80].

São fundamentalmente dois os novos modelos permitidos pelos modernos meios de telecomunicação electrónica: as assembleias *on-line* ou assembleias mistas e as ciber-assembleias ou assembleias virtuais propriamente ditas[81] [82].

Nas assembleias *on-line*, realiza-se a tradicional reunião presencial, permitindo-se, no entanto, que alguns sócios, estando noutros locais, possam presenciar e tomar parte na assembleia através do recurso às novas tecnologias[83] [84].

Nas assembleias virtuais propriamente ditas, não há qualquer reunião presencial dos sócios, participando todos eles na assembleia por via telemática (*v.g.*, através da Internet); ou seja, trata-se de uma assembleia totalmente virtual, na medida em que não se realiza em qualquer espaço físico, uma vez que todos participam nela através de meios de comunicação remotos.

---

[80] Sobre esta matéria, veja-se em especial S. TURELLI, "Assemblea...", pp. 127 ss.; K. SCHMIDT, "La reforma alemana ...", pp. 58 ss.; HASSELBACH/SCHUMACHER, "Hauptversammlung im Internet", pp. 260 ss.; e NOACK, "Die internetgestützte Hauptversammlung ", pp. 34 ss.

[81] Coutinho de Abreu utiliza a designação alternativa de assembleias parcial ou totalmente virtuais. Cfr. COUTINHO DE ABREU, *Governação das sociedades* ..., p. 26.

[82] K. Schmidt acrescenta a estes dois, um terceiro modelo: o da "assembleia paralela", que ocorrerá quando uma sociedade – nomeadamente por não dispor de uma sala que comporte todos os accionistas – coloca numa sala contígua meios audio-visuais que permitem aos accionistas acompanhar em tempo real o decurso da assembleia. A admissibilidade deste modelo – que abre a porta a que a assembleia possa ser transmitida, por satélite, para locais remotos – é, no entanto, questionada pelo A., em face do direito alemão, na medida em que este obriga a que a reunião tenha lugar num único local. Cfr. K. SCHMIDT, "La reforma alemana ...", p. 59.

[83] Uma variante desta modalidade de assembleia é a chamada tele-assembleia, que consiste no facto de a reunião ser transmitida por video-conferência para outros locais, nomeadamente para outras cidades, a fim de permitir que os accionistas possam assistir à mesma sem terem de se deslocar para o local onde ela está a ser realizada. Sobre esta matéria, vide NOACK, "Die internetgestützte Hauptversammlung", p. 32; M. BALZ, *Die Tele-Hauptversammlung*, ponto IV, que se pode ler em <http://www.jura.uni-duesseldorf.de/service/hv/tele-hv.htm>; e S. TURELLI, "Assemblea...", pp. 128 ss.

[84] Esta modalidade de assembleia pode também designar-se por assembleia mista, na medida em que, cumulativa e simultaneamente, se verifica a realização da reunião presencial e por via telemática.

O nosso CSC, no seu artigo 377.º, n.º 6 CSC – com a redacção que lhe foi dada pelo DL 76-A/2006 – consagra, hoje, para as SA, a possibilidade de realização da assembleia pelo modelo tradicional (a AG presencial num local determinado)[85], bem como a possibilidade de, em alternativa, a AG ser realizada com recurso a meios telemáticos[86]. A amplitude e a generosidade da formulação legal, quanto à utilização das TCI, parecem claramente permitir a realização das AG puramente virtuais, colocando o ordenamento jurídico português, nesta matéria, na vanguarda do direito societário comparado[87]. E idêntica solução vale também para as

---

[85] Cfr. a alínea a) do n.º 6 do artigo 377.º CSC. Hoje – após a redacção que à norma referida foi dada pelo DL 76-A/2006 – a reunião, não sendo na sede da sociedade, poderá ocorrer em qualquer local do país.

[86] Cfr. a alínea b) do n.º 6 do artigo 377.º CSC. Note-se que o recurso aos meios telemáticos para a realização da AG apenas não será possível, quando o pacto expressamente o proibir. As soluções francesa e italiana são precisamente as opostas à consagrada na nossa lei: o recurso aos meios telemáticos só será possível, quando o pacto expressamente o autorizar. Cfr. artigo 225-107 do *code de commerce* (com a redacção que lhe foi dada pela *Loi NRE*) e artigo 2370 CCit.

[87] Com efeito, até à data, apenas os Estado norte-americanos do Delaware e do Minnesota terão expressamente admitido a realização de assembleias puramente virtuais. Vide Cox/Hazen, *On corporations*, vol. II, § 13.16.

No § 211(a), 1 da *DGCL* prescreve-se: "The board of directors may, in its sole discretion, determine that the meeting shall not be held at any place, but may instead be held solely by means of remote communication", estatuindo o § 211(a)2, "If authorized by the board of directors in its sole discretion, and subject to such guidelines and procedures as the board of directors may adopt, stockholders and proxyholders not physically present at a meeting of stockholders may, by means of remote communication:

a. Participate in a meeting of stockholders; and

b. Be deemed present in person and vote at a meeting of stockholders, whether such meeting is to be held at a designated place or solely by means of remote communication, provided that (i) the corporation shall implement reasonable measures to verify that each person deemed present and permitted to vote at the meeting by means of remote communication is a stockholder or proxyholder, (ii) the corporation shall implement reasonable measures to provide such stockholders and proxyholders a reasonable opportunity to participate in the meeting and to vote on matters submitted to the stockholders, including an opportunity to read or hear the proceedings of the meeting substantially concurrently with such proceedings, and (iii) if any stockholder or proxyholder votes or takes other action at the meeting by means of remote communication, a record of such vote or other action shall be maintained by the corporation.".

Por seu turno, o § 302A.436 do *Minnesota Statutes* estabelece: "To the extent authorized in the articles or bylaws and determined by the board, a regular or special meeting of shareholders may be held solely by any combination of means of remote reuniões dos órgãos de administração e fiscalização (cfr. artigo 410.º, n.º 8 e artigo 423.º, n.º 5, devidamente corrigido).

A realização das assembleias por via telemática levanta, porém, no direito português – sobretudo pela forma extremamente enxuta com que foi regulada[88] –, não pequenos escolhos interpretativos quanto ao concreto regime que lhe é aplicável.

Há, desde logo, uma questão prévia que convém dilucidar: a de saber se, apesar da letra da al. b) no n.º 6 do artigo 377.º CSC, podem ser validamente realizadas, no ordenamento jurídico português, as AG virtuais.

---

communication through which the shareholders may participate in the meeting" (...) "Participation by a shareholder by that means constitutes presence at the meeting in person".

A matéria relativa às AG virtuais está já, no entanto, a ser objecto de regulamentação em alguns Estados europeus. Assim, para além do regime alemão a que acima se aludiu (vide *supra* nota 78):

Em Itália, a redacção actual do artigo 2370 CCit parece admitir a realização de assembleias virtuais, desde que tal seja autorizado e regulado pelo contrato social. Cfr. S. TURELLI, "Assemblea...", pp. 156 ss.

Já em França, o artigo 225-107, II do *code de commerce*, permite a utilização da telemática, desde que contratualmente autorizada, ao estabelecer: "Si les statuts le prévoient, sont réputés présents pour le calcul du quorum et de la majorité les actionnaires qui participent à l'assemblée par visioconférence ou par des moyens de télécommunication permettant leur identification et dont la nature et les conditions d'application sont déterminées par décret en Conseil d'Etat.". Cfr. HAAS, *Vote électronique et visioconférence* ..., ponto 3.

Em Espanha, diferentemente, a "Ley de Transparencia" veio, mais restritivamente, permitir apenas – com a redacção dada ao artigo 105 TRSA – a possibilidade de recurso, desde que contratualmente previsto e regulado, ao voto electrónico. Cfr., sobre a matéria, G. ALCOVER GARAU, "Aproximación ...", pp. 375 ss.

A nível da União Europeia, a Proposta de Directiva dos Direitos dos Accionistas – que apenas se dirige às sociedades admitidas à negociação num mercado regulamentado – propondo que se eliminem todos os obstáculos jurídicos à participação electrónica nas AG, reconhece, todavia, que "a tecnologia não está suficientemente avançada para garantir, em todos os casos, a participação electrónica activa em condições suficientemente seguras, para além da introdução desses mecanismos ser onerosa", pelo que, de acordo com aquela Proposta de Directiva, a realização das AG virtuais deverá ter carácter meramente facultativo e não obrigatório (vide p. 4). Em todo o caso, o artigo 8.º, II da Proposta estabelece que quaisquer requisitos ou exigências que possam constituir um obstáculo à participação na AG por meios electrónicos só deverão ser admitidos, quando sejam justificados pela necessidade de garantir "a identificação dos accionistas e a segurança das comunicações electrónicas".

[88] A regulamentação da realização das AG por via telemática reduz-se exclusivamente ao disposto no artigo 377.º, n.º 6, al. b) CSC. Regulamentação exactamente idêntica consta do artigo 410.º, n.º 8, para a realização das reuniões do CA.

Na verdade, a nossa lei obriga a que a AG se realize no dia, na hora e no lugar designados para o efeito (cfr. artigo 377.°, n.° 5 CSC que contém os elementos mínimos que devem constar da convocatória). A utilização do artigo definido ("**o** lugar") na norma citada demonstra claramente a vontade legislativa de que a assembleia se realize num único local[89] [90]. Ou seja, a AG deve efectuar-se, conforme dispõe imperativamente aquela norma, no local determinado, sob pena de serem nulas por vício de procedimento as deliberações que aí venham a ser tomadas (cfr. artigo 56.°, n.° 2 CSC). Ora, porque na realização de uma assembleia virtual os seus participantes se encontram dispersos por vários locais, poderia pensar-se que aquele requisito legal nunca se poderia ter por verificado nesta modalidade de assembleia.

No que respeita às assembleias puramente virtuais, parece-nos, contudo, que o local da assembleia – que deverá nomeadamente constar da convocatória – deve ser considerado o sítio[91] onde os sócios, no dia e hora marcados, possam aceder, participar na discussão dos assuntos e votar. O local da reunião será, pois, nestas assembleias, aquele sítio – *v.g.*, no ciber-espaço –, através do qual os sócios estabelecem comunicação, pelo que a exigência da lei quanto à localização única da assembleia fica, desta forma, satisfeita.

Não há, pois, assim o cremos, obstáculos legais relativamente à admissibilidade das assembleias puramente virtuais no nosso direito societário. Apesar disso, o recurso às mesmas deverá ser feito – pelo menos no estádio actual de desenvolvimento e utilização das TCI – com extrema cautela e parcimónia.

---

[89] Usando argumentação idêntica para, na Alemanha – com fundamento no § 121, 3 AktG –, se recusar a admissibilidade das tele-assembleias, vide M. BALZ, *Die Tele-Hauptversammlung*, pp. 6 ss.; e K. SCHMIDT, "La reforma alemana ...", p. 58.

[90] Discurso idêntico já não se aplica, contudo, ao funcionamento dos outros órgãos societários, nomeadamente os órgãos de administração e de fiscalização. Relativamente a estes, não se exige qualquer local de reunião (cfr. artigos 410.° e 423.° CSC), pelo que – não se verificando tal imposição legal – poderá, inquestionavelmente, a reunião ser puramente virtual: todos os membros do órgão poderão estar em sítios diferentes, realizando-se a reunião integralmente pela Internet. Tenha-se igualmente em consideração que, dado o número reduzido de membros que normalmente compõem estes órgãos, será aqui mais fácil organizar e realizar a reunião por esta via.

[91] Que poderá ser um *site* na Internet, um endereço de correio electrónico, um número de telefone, etc.

É preciso não esquecer, de facto, que nem todos os sócios podem ter acesso às novas tecnologias; que, independentemente do acesso às TCI, pode um sócio preferir participar presencialmente na assembleia, já que sempre se perde alguma coisa na comunicação à distância; que uma AG com inúmeros participantes, por via telemática, poderá revelar-se impraticável e inexequível. Mas, sobretudo, há que atender ao facto de a colegialidade – *v.g.*, a discussão dos diferentes pontos de vista sobre os assuntos da ordem do dia – ficar, ou poder ficar, no estádio actual da técnica, fortemente prejudicada nas assembleias realizadas por meios de comunicação à distância[92] [93]. A Proposta CMVM era, nesta matéria, bem mais prudente: apenas permitia a realização da AG por via telemática, quando todos os sócios prestassem o seu consentimento para o efeito[94]. Com tal solução, o recurso aos meios telemáticos apenas seria possível, por via de regra, nas sociedades com uma pequena estrutura accionista. Acontece que, até que as TCI evoluam de modo a permitir a coeva e recíproca participação audio-visual dos sócios[95], esse deverá ser o campo de eleição para a realização das assembleias puramente virtuais[96].

Mais problemática é, em face do nosso quadro legislativo, a admissibilidade das assembleias *on-line* ou assembleias mistas. Com efeito, o

---

[92] Tenha-se também presente que, se se verificar a interrupção ou dificuldades na transmissão – seja em resultado da ingerência de terceiros, nomeadamente *hackers*, seja devido a problemas ou avarias técnicas –, isso poderá determinar a invalidade das deliberações tomadas na assembleia. Cfr. S. TURELLI, "Assemblea...", pp. 154 ss. Sobre os riscos da interferência dos *hackers* na AG, vide também HASSELBACH/SCHUMACHER, "Hauptversammlung im Internet", pp. 268 ss.

[93] No sentido de que as novas técnicas levarão a que, no futuro, se esvazie o carácter colegial da assembleia (onde se informava, discutia e votava), passando a mesma a ser sobretudo configurada como um processo para a obtenção das deliberações, veja-se ULRICH NOACK, "Hauptversammlung der Aktiengesellschaft und moderne Kommunikationstechnik– aktuelle Bestandsaufnahme und Ausblick", *NZG*, 2003, p. 249 *apud* TURELLI, "Assemblea...", nt 123, que se pronuncia em sentido idêntico (pp. 156 ss.). Sobre o regime da colegialidade na era das AG virtuais, vide R. GUIDOTTI, "Il consiglio di amministrazione ...", pp. 845 ss. e MASSIMILIANO PALMERI, "Diritto societario virtuale: la video assemblea diventa realtà", *CI*, 2000-2, pp. 835 ss.

[94] Cfr. o projecto de articulado da Proposta CMVM, p. 23.

[95] Cfr. S. TURELLI, "Assemblea...", p. 150.

[96] No sentido de que a realização virtual da AG – à semelhança do que sucede com as reuniões do *Aufsichtsrat*, que podem ter, p. ex., 20 membros – deveria ser possível nas pequenas SA, vide NOACK, "Die internetgestützte Hauptversammlung ", p. 35.

artigo 377.º, n.º 6, al. b) CSC parece permitir a realização da AG por meios telemáticos, em alternativa[97] à AG presencial referida na al. a) da norma, pelo que, aparentemente pelo menos, a assembleia com recurso às novas tecnologias não deverá cumular-se com a realização da reunião presencial. I.é, a norma do artigo 377.º, n.º 6, al. b) prevê apenas, assim parece, a realização da AG puramente virtual e já não da assembleia *on-line*.

Acresce que a exigência de um local único para a realização da assembleia coloca igualmente dificuldades quanto à admissibilidade desta modalidade de AG no nosso direito societário. Na verdade, não há aqui um local único onde se desenrola a assembleia, uma vez que – ao contrário do que sucede nas assembleias puramente virtuais – a reunião realiza-se num determinado espaço físico, permitindo-se igualmente que os sócios participem na assembleia, através de meios de comunicação remotos, a partir de outras localizações[98] [99].

Apesar destes constrangimentos legais, parece-nos, contudo, que deverão admitir-se também, entre nós, de *iure condito*, as assembleias *on-line* ou assembleias mistas. Na verdade, se se permite o mais (as assembleias puramente virtuais), deverá igualmente permitir-se o menos (as assembleias *on-line*, uma vez que os problemas que se suscitam naquelas outras revestem aqui um carácter bem mais restrito e limitado[100]).

Admitindo-se esta modalidade de assembleia, o local da realização da mesma deverá considerar-se – nomeadamente para efeitos dos artigos

---

[97] Tenha-se em atenção a utilização da conjunção disjuntiva "ou" com que termina a alínea a) da norma.

[98] Imagine-se, p. ex., uma AG a ter lugar em Lisboa, assegurando, contudo, a sociedade a sua transmissão para um local determinado na cidade do Porto, a fim de os accionistas do Norte poderem ali participar na assembleia.

[99] Note-se que a realização de uma assembleia *on-line* acarreta ainda dificuldades adicionais. Com efeito, é preciso não esquecer que a sociedade, permitindo que os sócios participem na AG através do recurso às TCI, deve assegurar o princípio da igualdade de tratamento dos sócios, nomeadamente entre os sócios fisicamente presentes na reunião e os que se encontram noutros locais, o que implica a utilização de meios audio-visuais que garantam aos sócios ausentes condições de participação idênticas às dos sócios presentes na reunião, o que poderá não ser fácil de conseguir. Sobre esta matéria, vide S. TURELLI, "Assemblea...", pp. 146 ss.

[100] Pense-se, p. ex., que, nesta modalidade de AG, o sócio poderá, desde logo, caso o deseje, participar e estar pessoalmente presente no local físico onde se realiza a reunião.

277.º, n.º 5 e 56.º, n.º 2 CSC – o espaço físico onde os sócios poderão reunir pessoalmente e onde se devem encontrar os membros da mesa da assembleia, designadamente o seu presidente e secretário[101] [102].

Por outro lado, sendo possível esta modalidade de AG, os sócios que nela participam *on-line* deverão – à semelhança do que sucede nas assembleias puramente virtuais – poder intervir plenamente na reunião[103], permitindo-se-lhes colocar questões, fazer propostas e votar[104].

Relativamente a qualquer das modalidades de assembleia virtual, deve ter-se presente que cabe à "sociedade assegurar a autenticidade das declarações e a segurança das comunicações" (cfr. artigos 377.º, n.º 6, al. b), *in fine* e 410.º, n.º 8, *in fine* CSC[105]). De resto, antes disso, deverá a sociedade verificar a qualidade dos participantes na assembleia. São questões que ficam extremamente facilitadas no caso da chamada tele-assembleia, em que se verifica a transmissão por meios audio-visuais da assembleia para outro ou outros locais previamente definidos pela sociedade, e onde esta pode colocar pessoal que não só verifique a identidade dos sócios como assegure a sua plena participação na AG[106]. Em todo caso, o estádio actual da técnica já permite que se possa, na Internet, identificar os participantes e restringir – p. ex., através da atribuição de um nome de utilizador e de uma palavra-passe – o acesso ao desenrolar

---

[101] O qual deverá ser, por princípio, o da sede da sociedade. Apesar de esta solução estar apenas prevista na alínea a) do n.º 6 do artigo 377.º CSC, não vemos razões para se deixar de aplicar o princípio aí contido, no caso de realização de uma AG com recurso a meios telemáticos.

[102] Em sentido idêntico, vide COUTINHO DE ABREU, *Governação das sociedades ...*, p. 27. Veja-se também PALMERI, "Diritto societario virtuale ...", p. 846.

[103] I.é, diferentemente do que sucede no direito alemão (cfr. *supra* nota 78), os sócios não terão que ficar limitados a assistir passivamente ao desenrolar da mesma, podendo, quando muito, dar instruções a um representante seu que se encontre no local da reunião.

[104] Só assim, de resto, se perseguirá eficazmente o fim que se visa alcançar com a utilização dos meios telemáticos, qual seja o de potenciar a participação dos sócios no funcionamento da AG, evitando os custos e incómodos que, porventura, a sua presença física no local da reunião poderia implicar.

[105] As normas referidas obrigam ainda a que se proceda ao registo do conteúdo da assembleia e dos seus intervenientes, o que obriga a que se adoptem medidas que acautelem o registo e divulgação de dados que possam pôr em causa a tutela de direitos de personalidade.

[106] Em sentido idêntico, S. TURELLI, "Assemblea...", p. 148.

da assembleia[107], pelo que aquelas exigências legais não constituem obstáculo a que as assembleias se realizem, já hoje, no ciber-espaço[108].

Por outro lado, deverá entender-se que a realização da AG por via telemática é uma decisão que compete exclusivamente à sociedade, não podendo os sócios exigir a sua participação na mesma através de meios de comunicação remotos. Na verdade, deve caber unicamente à sociedade[109], avaliando a situação concreta, decidir sobre a viabilidade e a conveniência da realização da AG por esta via, nomeadamente verificando a existência dos requisitos de segurança e autenticidade exigidos pela lei.

Refira-se finalmente que o regime supra mencionado, referente às reuniões por meios telemáticos, embora apenas previsto para as SA, deve considerar-se inteiramente válido para as SQ, seja por aplicação remissiva do regime relativo à AG (cfr. artigo 248.º, n.º 1 CSC), seja por aplicação analógica, no que respeita aos órgãos de gerência e de fiscalização.

6. O voto electrónico

Relativamente à utilização dos meios telemáticos no funcionamento dos órgãos sociais, importa, por último, destacar o regime do voto electrónico. Na verdade, a realização da AG virtual só ficará plenamente assegurada, se se puder garantir que o direito de voto seja exercido também por via telemática[110].

Há aqui que distinguir duas situações: o voto electrónico, emitido em tempo real, nas assembleias virtuais, e o voto por correspondência (electrónico) nas assembleias presenciais.

Relativamente às assembleias virtuais – sejam as ciber-assembleias ou assembleias puramente virtuais, sejam as assembleias *on-line* –, não

---

[107] Não se pode olvidar que a AG, ainda que transmitida por via telemática, deve revestir carácter privado, sendo apenas acessível a sócios. Sobre o carácter não público das AG, vide HÜFFER, *Aktiengesetz*, Beck, München, 2002, § 118, *Rdn* 16, p. 587.

[108] Cfr. S. TURELLI, "Assemblea...", p. 153.

[109] A decisão de realização da AG por via telemática será da competência do Presidente da Mesa que, contudo, só a deverá tomar depois de ter obtido a confirmação junto do órgão de administração de que a realização da mesma por aquela forma é possível.

[110] Veja-se, sobre esta matéria, NOACK, "Die internetgestützte Hauptversammlung", pp. 18 ss.

há dúvidas de que o actual regime do CSC autoriza que os sócios que nelas participam por via telemática possam exercer o seu direito de voto, em tempo real, por via electrónica, conquanto a sociedade "assegure a autenticidade das declarações" emitidas (cfr. artigo 377.º, n.º 6, al. b) CSC)[111] [112]. Para este efeito, deverá a sociedade criar uma plataforma que, garantindo a fiabilidade da transmissão e participação telemáticas, permita verificar a identidade dos participantes e a segurança das comunicações electrónicas dos sócios[113].

Quanto às assembleias presenciais[114], o CSC veio – com a introdução do n.º 9 na norma do artigo 384.º CSC, efectuada pelo DL 76-A//2006 – expressamente consagrar a admissibilidade, para todas as SA[115] [116], de os sócios ausentes da reunião poderem, a menos que tal expediente seja proibido pelos "estatutos", exercer o voto por correspondência[117]. É uma solução com que se visa, uma vez mais, facilitar e estimular a participação dos sócios na AG, assim combatendo o seu absentismo. A utilização desta modalidade de voto apresenta, todavia, um senão que é preciso não esquecer: a colegialidade da assembleia, sobretudo com a utilização generalizada do voto por correspondência, fica seriamente posta em causa[118].

---

[111] "Declarações" onde, obviamente, se devem incluir as declarações de voto.

[112] O artigo 12.º, n.º 2 da Proposta de Directiva dos Direitos dos Accionistas expressamente determina que os Estados-membros deverão proibir quaisquer requisitos que impeçam o exercício do direito de voto por via electrónica, salvo quanto ao que seja estritamente necessário para garantir a identificação dos accionistas e a segurança das telecomunicações.

[113] Nomeadamente, através da atribuição de um nome de utilizador e de uma palavra-passe.

[114] Sejam as assembleias puramente presenciais ou as assembleias mistas.

[115] Trata-se de um regime que, em princípio, se deverá considerar igualmente aplicável às SQ, por força da remissão do artigo 248.º, n.º 1 CSC.

[116] Antes da reforma do CSC, o voto por correspondência já era admitido – a menos que o pacto o proibisse – nas sociedades abertas. Cfr. artigo 22.º CVM e Recomendações da CMVM relativas ao exercício do voto por correspondência nas sociedades abertas, de 15 de Fevereiro de 2001, que se pode ler em < http://www.cmvm.pt/NR/exeres/650F0A22-1E5B-45E0-BD8E-47A1A0EFE06B.htm>.

[117] Trata-se de um regime extremamente vulgarizado nos EUA. Sobre o *proxy voting* e o mais recente *electronic proxy voting*, vide Cox/Hazen, *On corporations*, vol. II, §§ 13.16 e 13.25 ss.; e Hüther, *Aktionärsbeteiligung und Internet*, pp. 129 ss.

[118] Vide, porém, as observações feitas *supra* na nota 93. O regime origina, de facto, alguns desvios significativos no esquema tradicional da AG. Pense-se, p. ex., na recente

No âmbito da matéria que constitui o objecto do presente estudo, convém lembrar que à tradicional forma de correspondência por escrito, deve acrescentar-se agora a correspondência electrónica, pelo que, em princípio, esta modalidade de voto poderá também ser exercida – nos termos atrás vistos – por *e-mail*, com assinatura electrónica avançada[119].

Há, no entanto, neste caso uma dificuldade adicional: o artigo 384.º, n.º 9 CSC impõe que o voto por correspondência se mantenha confidencial até ao momento da votação. Ora, se não for possível assegurar esta confidencialidade ao voto electrónico – e poderá efectivamente revelar-se difícil tal desiderato –, não será de admitir o exercício do voto por correspondência por *e-mail*, mas apenas pela tradicional forma escrita.

Diga-se, a fechar, que o novo regime de voto por correspondência instituído pelo artigo 384.º, n.º 9 CSC é particularmente problemático.

Desde logo, porque obriga a que no pacto social se tome posição relativamente a esta modalidade de voto, podendo os sócios optar por uma de três alternativas: ou proíbem o voto por correspondência ou, admitindo-o – e, se nada se estipular contratualmente em contrário, o mesmo tem-se como admissível –, deverão regulá-lo, consagrando necessariamente uma das duas soluções previstas nas alíneas a) e b) do n.º 4.º do artigo 384.º CSC[120]. Este regime vai implicar que a generalidade, se não a quase totalidade, dos pactos das SA[121] tenha de ser alterada, uma

---

e muito mediatizada AG do conglomerado alimentar "Heinz", em que o accionista e investidor Nelson Peltz pretendia ter acesso à administração. Porque em causa estava sobretudo uma *proxy battle*, a contagem dos votos – e o consequente apuramento do sentido da votação – prolongou-se durante várias semanas. As notícias sobre o desenrolar deste processo podem ler-se em <http://www.flexnews.com/console/Search.aspx?str=Heinz>

[119] Vide artigo 4.º-A CSC e artigo 3.º, n.º 2 do DL 290-D/99. Assim, também COUTINHO DE ABREU, *Governação das sociedades* ..., p. 24. Note-se que, se o sócio tiver exercido o seu direito de voto por correspondência, mas comparecer na reunião – pessoalmente ou através de um representante –, isso implicará a revogação do respectivo voto por correspondência. Em sentido idêntico, vide Recomendações da CMVM relativas ao exercício do voto por correspondência nas sociedades abertas, ponto 7.

[120] As hipóteses previstas no artigo 384.º, n.º 9 CSC são: "determinar que os votos assim emitidos valham como votos negativos em relação a propostas de deliberação apresentadas ulteriormente à emissão do voto (alínea a)); ou "autorizar a emissão de votos até ao máximo de cinco dias seguintes ao da realização da assembleia, caso em que o cômputo definitivo dos votos é feito até ao 8.º dia posterior ao da realização da assembleia e se assegura a divulgação imediata do resultado da votação" (alínea b)).

[121] E também das SQ, caso se entenda que o regime lhes é igualmente aplicável.

vez que, por via de regra, nada estatuirão quanto ao voto por correspondência. É seguramente uma solução que nos parece exagerada, para obter um resultado tão descarnado. Teria sido bem melhor que o legislador – tal como considerou o silêncio contratual relevante para efeito da admissibilidade do voto por correspondência – tivesse igualmente considerado que a ausência de estipulação contratual sobre a forma de exercício deste direito de voto, significasse a opção por uma das modalidades oferecidas pela lei[122].

Por outro lado, o regime legal, porque é também aqui extremamente parcimonioso, poderá originar graves dificuldades na sua aplicação prática[123]. Será, por isso, conveniente que a estipulação contratual sobre o voto por correspondência não se baste com a opção por um dos sistemas alternativos previstos na lei, devendo regular, com algum cuidado, o modo como este direito será exercido[124].

---

[122] Desta forma, ter-se-iam facilmente evitado os ónus inerentes à generalizada alteração estatutária que se terá de verificar com o regime consagrado no artigo 384.º, n.º 9 CSC, destinada à simples escolha de um dos dois regimes ali previstos.

[123] Pense-se, p. ex., na hipótese de o contrato se limitar a estabelecer, quanto ao voto por correspondência, que se aplicará o disposto na alínea b) do n.º 9 do artigo 384.º CSC. Ficará, neste caso, por saber – uma vez que o regime legal não o esclarece – se o prazo de 5 dias que ali se abre para o exercício do direito de voto se aplica a todos os sócios ausentes da AG ou se, como nos parece preferível, apenas se aplica aos que anteriormente tenham votado por correspondência, relativamente a novas propostas ou a propostas que tenham sido alteradas durante o decorrer da AG. Trata-se de questões que o pacto social, por uma questão de certeza e segurança jurídica, deverá prevenir e regular.

[124] Para a regulação estatutária do direito de voto por correspondência, serão seguramente úteis as Recomendações da CMVM relativas ao exercício do voto por correspondência nas sociedades abertas *cit.*

MÓDULO II
"DESFORMALIZAÇÃO" E REGISTO

SOCIEDADES, DOCUMENTO AUTÊNTICO OU PARTICULAR?

ALBINO MATOS
(Advogado)

1. **Introdução**

I. Faz sentido, penso eu, faz mesmo muito sentido, actualmente, o debate sobre o documento particular e o documento autêntico nas sociedades comerciais. Actualmente, quero dizer, num quadro temporal em que o legislador vem de dispensar nesse domínio, justamente, o documento autêntico, i.e. a escritura pública.

Dispensar a escritura pública no nascimento, na vida e na morte das sociedades, eis a escolha política do legislador de 2006, que passa a admitir o documento particular nessa matéria, o simples escrito privado, sucedâneo do documento autêntico notarial.

II. Limito o exame à lei de 2006 (Decreto-Lei n.º 76-A/06, de 29/3), isto a despeito do interesse dogmático óbvio no estudo conjunto de outros diplomas afins e mais ou menos coetâneos, a saber: a lei da empresa-na--hora (deliciosa expressão do *marketing* oficial) e a da empresa *on line* (também não está mal...).

A primeira (Decreto-Lei n.º 111/05, de 8/7), contendo o regime especial de constituição imediata de sociedades, como que troca a escritura pública pelo registo, não exactamente pelo escrito particular, mas um registo automático, sem qualquer qualificação jurídica, garantido à partida pela obrigação dos particulares de adoptarem um dos três ou quatro modelos predispostos de contrato social.

A segunda (Decreto-Lei n.º 125/06, de 29/6), introduzindo o regime de constituição *on line* de sociedades, não prescinde do documento particular para o efeito, mas, com prever a intervenção no processo de advogados, solicitadores e notários (por esta ordem...), como que gradua aquele documento, ao impor o reconhecimento presencial das assinaturas dos subscritores, com certificação da identidade, capacidade e poderes de representação, assim como da vontade das partes.

2. Exame da lei

I. Cinjamo-nos, portanto, à falada lei de 2006, que, nos seus próprios termos, *adopta medidas de simplificação e eliminação de actos e procedimentos registrais e notariais* (art. 1.º-1, sic). Tão importante ou tão pouco, este diploma, com inovações tão extensas no articulado das leis alteradas, que outro remédio não teve o legislador senão re-publicar, quer o Código das Sociedades, quer o Código do Registo Comercial.

II. Vamos confirmar, como convém, as alterações legislativas, no que ao nosso tema interessa, percorrendo os vários lugares aplicáveis do Código das Sociedades.
A começar na *constituição* (art. 7.º), dizendo-nos agora a lei que o contrato de sociedade deve ser reduzido a escrito (com reconhecimento presencial das assinaturas dos subscritores), onde antes se dizia que deve ser celebrado por escritura pública.
A seguir, na *alteração* do contrato (art. 85.º-3/4), estipula a norma legal que a mesma deve ser reduzida a escrito, bastando a acta da respectiva deliberação; lá onde anteriormente se prescrevia dever a alteração ser consignada em escritura pública, a prescindir de outros pormenores.
Dispensemo-nos de detalhes quanto à *fusão* (art. 106.º), à *cisão* (art. 118.º) e à *transformação* (art. 135.º), norma esta última que se referia expressamente à escritura pública e que agora ficou revogada.
E evoquemos, por último, o capítulo da *dissolução* (art.145.º), onde a lei nova indica que a dissolução não depende de forma especial, no caso de deliberação; ao passo que na redacção primitiva mandava-se consignar a deliberação em escritura pública ou em acta lavrada por notário.

3. Justificação da lei

I. Como se nos justifica a mudança, neste campo, da política legislativa?
Vê-lo-emos já a seguir, mas antes convém enfatizar a *ruptura normativa* que o legislador de 2006 assume na documentação dos actos societários.
O critério da escritura pública, da documentação autêntica, adoptou--o o legislador do Código das Sociedades de modo certamente reflectido.

E tal código, sobre não poder dizer-se propriamente velho ou ultrapassado, na juventude dos seus vinte anos, representa o fruto do estudo e ponderação dos nossos melhores especialistas, por várias décadas.

Para mais, o referido critério é praticamente contemporâneo do nascimento da legislação societária, no séc. XIX, robustecido, por conseguinte, e consolidado por uma tradição secular.

II. Perguntemos agora, havia estudos a recomendar a inflexão da política legislativa? Onde estão os estudos, que ninguém os leu, não os viu publicados, nem os pôde contraditar? Houve, tão pouco, debate ou discussão das soluções propostas? Não houve, de todo. Existiam, sequer, reclamações ou disputas neste domínio, do lado da sociedade, com relação às soluções vigentes? Por certo, não existiam.

Mas como, então, justifica o legislador as suas opções na esfera documental? Muito simplesmente, e por muito que custe a crer, em dois singelos parágrafos, no preâmbulo do diploma.

O primeiro serve-lhe para evocar o programa do XVII Governo Constitucional, no passo em que afirma que "os cidadãos e as empresas não podem ser onerados com imposições burocráticas que nada acrescentam à qualidade do serviço". E no segmento em que preconiza "a simplificação dos controlos de natureza administrativa, eliminando-se actos e práticas registrais e notariais que não importam um valor acrescentado e dificultam a vida do cidadão e da empresa (como sucede com a sistemática duplicação de controlos notariais e registrais)".

O segundo parágrafo oferece apenas a consideração de que, com a alteração legislativa em análise evita-se o duplo controlo público (?) que se exigia às empresas com a celebração da escritura pública e o registo posterior desse acto na conservatória, quando a existência de um único controlo público de legalidade é suficiente, diz-se textualmente, para... assegurar a segurança jurídica.

Vamos que o legislador distraiu-se, por certo (*aliquando dormitabat Homerus...*).

Com o estilo, como se vê, mas principalmente com os dados do sistema legal vigente, concretamente com a reforma legislativa de liberalização do notariado.

III. É preciso, com efeito, recordar neste ponto que a instituição notarial foi reformada, há dois ou três anos, no sentido da liberalização da profissão (Decretos-Leis n.ᵒˢ 26 e 27/04, de 4/2). O notário deixou de ser funcionário público, pago e regido pelo patrão Estado, passando a exercer a sua função, simultaneamente pública e privada, num quadro de profissão liberal independente, por sua própria conta e risco.

Ora bem, erraremos, ao pensar que o legislador no preâmbulo escamoteia esta nova realidade, ao falar de dois controlos públicos, do registo e do notário, esquecendo que o primeiro é de um órgão dependente, integrado na máquina do Estado, e o segundo de uma entidade independente, hoje estranha à orgânica estatal?

E não será contraditório com o desígnio político da liberalização, com a re-criação da instituição notarial, com a nova aposta da comunidade na missão social do notário, não será contraditório com tudo isso esta política de pôr de lado o instrumento público, de o subrogar pelo instrumento meramente privado, de promover por outro lado o documento particular, a que se atribui um valor absurdo e sem paralelo no direito comparado, quer em sede executiva, quer em sede registral?

Verdade seja dita, a contradição só existe se tomarmos em linha de conta a política do Estado, como tal. Se, diversamente, considerarmos especificamente a linha política do partido responsável do XVII Governo (PS – José Sócrates), aí há consonância destas medidas com a tendência esboçada por esse partido, a partir da vitória nas eleições de 1999 (a mal chamada "privatização dos actos notariais").

Recordemos, para constar:

– Decreto-Lei n.º 28/00, de 13/3: Permite a certificação de fotocópias (públicas-formas) a juntas de freguesia, correios, câmaras de comércio e indústria, advogados e solicitadores;

– Decreto-Lei n.º 30/00, de 14/3: Dispensa a escritura pública na dissolução de sociedade, na constituição da sociedade unipessoal por quotas e na constituição do estabelecimento individual de responsabilidade limitada;

– Decreto-Lei n.º 64/00, de 22/4: *Idem*, dispensa de escritura pública em matéria de arrendamento, de trespasse e locação de estabelecimento;

– Decreto-Lei n.º 237/01, de 30/8: Permite às câmaras de comércio e indústria, advogados e solicitadores a prática dos actos notariais de reconhecimento e tradução.

E não deixemos no rol do esquecimento a tentativa PS, fracassada, de aprovação na Assembleia da República, em 2002, de uma lei de bases dos registos e do notariado, que significava para este último, literalmente, a morte da instituição, com a abolição do *numerus clausus*, da competência territorial e da retribuição por tabela.

4. Direito comparado

I. Não seria curial debater a matéria em discussão sem lançar um olhar à experiência do direito comparado, ainda que o contexto mais não exija que algumas referências muito sintéticas.

No caso da *Espanha*, podemos mesmo caprichar na síntese, dado o princípio da documentação púbica (entenda-se autêntica; ou seja, notarial) dos actos sujeitos a registo comercial (arts. 18.º-1, C.Com., e 5.º, Regul. Reg. Mercantil).

Quer dizer: todos os actos societários que aqui nos ocupam estão submetidos a registo, e nem podia ser de outro modo. Ora, como tal, só serão admitidos nas tábuas se forem objecto de documentação pública autêntica, isto é, mediante intervenção notarial.

A exigência apontada pode confirmar-se em disposições próprias aplicáveis especificamente à sociedade anónima (art. 7.º L.S.A.) e à sociedade por quotas (art. 11.º L.S.R.L.), que requerem a forma de escritura pública para o contrato de sociedade.

II. Pelo que toca à *Alemanha*, temos que o requisito da intervenção do notário está formulado, no caso das sociedades por quotas, para a constituição e para a alteração do contrato de sociedade (GMBHG-1892, § 2.º). No caso da sociedade anónima, explicitamente, tal requisito é exigido apenas para a constituição (AktG-1965, § 23.º-1), com a particularidade de neste tipo a intervenção notarial ser obrigatória, em regra, na documentação das deliberações da assembleia geral (§ 130.º). O que, já se deixa ver, vai cobrir as hipóteses de alteração do contrato e de dissolução da sociedade por deliberação.

Acresce que a documentação pública ou notarial é ainda requerida por legislação especial aplicável às sociedades de capitais, quer no caso de transformação, quer nos de fusão e cisão da sociedade.

III. O caso da *França* é diferente e representa uma excepção à regra da intervenção notarial nos actos da sociedade. Aqui, com efeito, basta o documento particular, o simples escrito (C. Civil, art. 1835.º).

Não era assim, tradicionalmente, mas a alteração do sistema neste particular tem já alguns anos, entendendo-se abolir o que ali se considerava o monopólio notarial na documentação dos actos societários, ou seja, por outras palavras, a competência legal do notário em tal domínio.

IV. Quanto a *Itália*, cujo direito das sociedades foi reformado recentemente (2003), encontramos o seguinte: o notário intervém obrigatoriamente na constituição da sociedade, quer anónima (art. 2328.º, C.Civile), quer por quotas (art. 2463.º), em qualquer dos casos mediante escritura pública (*atto pubblico*).

No tocante à alteração do contrato (que a doutrina considera extensível à dissolução, em caso de deliberação, já se vê), a intervenção do notário é igualmente imperativa, mas agora sob a forma de documentação da deliberação social respectiva, quer dizer, por acta (*verbale*).

O esquema legal é este: a matéria em causa, no caso da sociedade anónima, é atribuída à competência exclusiva da assembleia extraordinária (art. 2365.º); e as deliberações dessa assembleia têm de constar de acta lavrada por notário (art. 2375.º). Para a sociedade de responsabilidade limitada, correspondente à nossa sociedade por quotas, valem as mesmas regras (art. 2480.º).

V. Em suma, se alguma conclusão se pode tirar deste brevíssimo exame do direito dos países mais relevantes do sistema jurídico continental (*civil law*), ela resume-se assim:

– Primeiro: Há uma regra no direito comparado (Alemanha, Espanha, Itália, por exemplo) que exige a intervenção do notário nos actos societários que aqui tratamos.
– Segundo: Tal regra tem uma excepção (França).

5. Teoria documental

I. Para ajuizar da bondade (ou da maldade, literalmente...) da política que analisamos, de dispensa da escritura púbica e promoção do escrito particular, é indispensável evocar algumas noções básicas da teoria documental.

Distinguiremos, para começar, entre documento autêntico e documento particular, segundo a respectiva natureza e eficácia. Depois, conforme o conteúdo do documento, consideraremos em separado o documento negocial, por um lado, e o documento testemunhal, por outro.

Pelo que toca ao *documento particular*, atentemos à partida na *autoria* e na *data*, nem uma nem outra cobertas pela força probatória legalmente reconhecida àquele documento.

O documento, com efeito, provará, segundo a lei, mas para tanto é preciso que seja reconhecido como proveniente daquele que se alega ser o signatário do mesmo. Por outras palavras, é necessário estabelecer a autoria do documento, que aliás pode ser negada pelo subscritor, com a maior das facilidades, atirando para a contraparte o ónus da prova sobre a genuinidade da assinatura (C.Civil, art. 374.º).

E o mesmo se diga para a data, que só adquire certeza impositiva pela intervenção de entidades terceiras dotadas de fé pública ou pela morte, por exemplo, do signatário. Confira-se v.g. o art. 1328.º do *Côde Civil*, a par de disposições congéneres de outros países, cuja doutrina tem de valer entre nós por integração de lacuna, a menos que haja por aí alguém que sustente ser imperativo (ou sage...) acreditar que o documento assinado pelo Manuel Maria (ou pela Maria Manuel...) em papel costaneira (ou em papel *couché*...) foi mesmo lavrado na data que indica.

Transitando, agora, para o conteúdo do documento particular, digamos que é curto o valor probatório que a lei lhe reconhece. É que, apesar de tal documento fazer prova plena quanto à declaração, já os factos compreendidos na mesma têm-se por provados apenas se e na medida em que forem desfavoráveis, isto é, contrários, aos interesses do declarante (art. 376.º).

Acresce, segundo parece, que o documento particular prova apenas entre as partes ou seus sucessores (confira-se de novo o *Côde*, agora no art. 1322.º, na mesma linha se perfilando, entre nós, a jurisprudência do Supremo Tribunal de Justiça).

Temos, ainda, os problemas de verdade ou autenticidade (entenda--se, da falta dela...) que afectam o escrito particular: verdade formal (ou imediata, por assim dizer), a certeza de que são verdadeiros os factos relatados; e verdade substancial (ou mediata, se assim lhe quisermos chamar), a segurança de que as declarações das partes correspondem à sua vontade real, esclarecida e não viciada. Isto para não falar da questão da legalidade, quer do próprio documento, quer do negócio documentado, que nada nem ninguém assegura com relação ao documento privado.

II. Passo adiante, ao *documento autêntico*, em que vale por assim dizer o oposto do que fica dito para o documento particular.

Desde logo, os documentos autênticos provam por si mesmos, autonomamente, e provam-se a si próprios (*acta probant se ipsa*), nos termos da lei (C.Civil, art. 370.º), reconhecendo-lhe essa mesma lei força probatória plena, quanto ao conteúdo: por um lado, com relação aos factos que se atestam como praticados pelo documentador, por outro quanto aos factos atestados com base nas percepções do autor do documento (art. 371.º). Aquela força probatória, como é sabido, só pode afastar-se com base em falsidade (art. 372.º), mediante prova do contrário (no documento particular bastará a prova contrária); é, por outro lado, universal, digamos assim, provando o documento com relação a todos, entre as partes e perante terceiros.

Vamos ao *documento notarial*, o documento autêntico do comércio jurídico privado, de que a escritura pública é a expressão mais solene. Não será forçoso reconhecer que a intervenção do notário rodeia o acto de especiais garantias de autenticidade, de certeza dos factos e de legalidade da estipulação?

Com efeito, sendo o notário um jurista com formação académica e qualificação especializada adicional, o seu papel começa na recolha da vontade da parte (conhecer o querer que aquele que quer não conhece, dizia Satta); passa depois pela interpretação, esclarecimento e integração dessa mesma vontade; e desemboca por fim na expressão textual de tal vontade mediante fórmulas jurídicas adequadas, em condições de receber o reconhecimento da lei; transformando assim o notário, no exercício do seu múnus, a vontade privada em vontade do ordenamento (ainda Satta).

Destaque-se, em suma: a autenticidade formal, no sentido já apontado (a certeza da verdade do documento, da realidade do facto atestado); a autenticidade substancial, como também já dito (a garantia de que a declaração documentada corresponde à vontade real do declarante, livre, esclarecida e isenta de vícios); por último, a legalidade do documento e do negócio documentado (que o notário controla, por exigência da lei, *in fieri* e em toda a sua extensão).

III. O que venho de dizer do documento notarial vale, estritamente, para os documentos de conteúdo negocial, mas só para esses.

É preciso distinguir, com efeito, segundo o seu conteúdo, entre documentos negociais e documentos testemunhais. Os primeiros têm por objecto um negócio jurídico, os segundos visam antes um facto ou uma situação de facto, tomada como tal.

O *documento negocial* tem dentro uma ou mais declarações de vontade, podendo ser autógrafo (documento particular) ou heterógrafo (documento autêntico).

Interessa-nos, aqui e agora, o documento negocial autêntico, no qual a missão do oficial público notário passa, de facto, por receber a declaração da parte, interpretar e integrar a sua vontade, e dar a esta a devida forma legal. Com uma garantia dupla, preordenada: relativamente ao Estado e a terceiros, a de que o negócio documentado é conforme à lei e ao ordenamento jurídico; com relação às partes, a de que, por um lado, a declaração incorporada no documento corresponde à verdadeira vontade da parte e, por outro, que o efeito jurídico associado àquela declaração coincide com o fim prático visado pelos sujeitos do negócio.

IV. O *documento testemunhal*, conforme referia há pouco, versa sobre um facto ou uma situação de facto, como tal considerada. Também ele pode ser autêntico ou particular, consoante a pessoa que o lavre seja pública (o notário, por definição) ou privada (e já por aqui se vê o absurdo de expressões que por aí correm, de "notários privados", de "privatização do notariado", etc.).

Tomando mais uma vez o instrumento público, lembre-se como exemplo a acta notarial de documentação da assembleia geral, para não sairmos do âmbito das sociedades. O papel do documentador é aqui meramente passivo, de pura e simples constatação, como testemunha apenas da situação documentada. A função de interpretação está ausente neste domínio, não cabendo agora ao notário intervir na situação, a que permanece estranho, nem lhe sendo exigido ou sequer permitido qualificar a legalidade do facto documentado.

6. Aplicações no tema

I. Apliquemos agora estas noções ao tema que nos ocupa, a fim de ajuizarmos o mérito das escolhas do legislador.

A ideia primordial, primeira e fundamental, é a de uma *distinção prévia* que há que fazer entre a constituição da sociedade, por um lado, e a alteração do contrato ou a dissolução, por outro. Ali temos um acto das partes, dos fundadores, dos sócios; aqui, um acto da própria sociedade. No primeiro caso, um documento negocial; no segundo, um documento testemunhal, com o sentido já analisado de ambos os termos.

Ora bem, como o papel do notário é completamente distinto nos dois casos, a argumentação que usarmos com relação a um não poderá valer para o outro.

Para já, vejamos a constituição.

II. Será verdade, no caso da *constituição da sociedade*, como pretende o legislador histórico, que a escritura pública representa apenas uma imposição burocrática, que nenhum valor acrescenta ao processo?

Nada disso, muito pelo contrário. Reportemo-nos ao já exposto sobre a função assessora do notário, o seu papel essencial na recolha, interpretação e integração da vontade dos fundadores da sociedade, a sua missão de conformação dessa mesma vontade, mediante a adopção das fórmulas jurídicas apropriadas.

Antes da legalidade vem a autenticidade, ou seja, a garantia dada pela intervenção notarial, às partes, mas também a terceiros, de que o clausulado corresponde à verdadeira vontade dos outorgantes, livre e esclarecida.

Pois bem, quem é que nos garante, com o documento particular, que a declaração dos signatários, escrita pelos próprios ou por terceiros não qualificados, corresponde à sua verdadeira vontade? E não é apenas o problema da imperfeita expressão dessa vontade, é também a questão de existirem vícios de consentimento, ou da dúvida que pode pôr-se na interpretação do texto contratual e no preenchimento das suas lacunas, até mesmo a discussão da eventual falta de leitura do documento por parte do subscritor, para não ir mais longe.

O legislador fala, como vimos, da duplicação dos controlos notarial e registral, dispensando a escritura pública por o controlo da legalidade no registo ser suficiente, alegadamente, para salvaguarda da segurança jurídica.

É impossível concordar com tal doutrina. Começa por que a legalidade (extrínseca) – por outras palavras, o respeito à lei pelo negócio, a sinonímia entre negócio e ordenamento – é apenas uma parte do problema a resolver. A outra parte, e tão importante como aquela, é a da legalidade intrínseca (ou autenticidade substancial, como lhe chamámos atrás) – em outros termos, o respeito da vontade da parte no texto negocial, a correspondência ou sinonímia entre negócio e vontade. De que nos serve uma legalidade sem a outra?

Mas temos, depois, notórias limitações do controlo registral que não podem deixar de ser ponderadas. Desde logo, o carácter parcelar do exame do registo, onde o documento é exibido já pronto, fiscalizando o registo a legalidade do negócio, mas apenas nos particulares que interessam ao conteúdo da inscrição a lavrar. O mesmo não pode dizer-se do controlo do notário, que é total, abrange o negócio inteiro e é contemporâneo da formação do mesmo. Daqui que, como já tive ocasião de dizer em tempos, o controlo de legalidade do notário permita dispensar o do registo, o deste é que não pode suprir o daquele.

Por outro lado, há que apontar o dedo ao legislador e acusá-lo de alguma hipocrisia, bem podendo dizer-se que pretende vender gato por lebre, oferecendo como suficiente e idóneo um controlo de legalidade efectuado por... não juristas; algo assim, Deus me perdoe, como se as provas de exame escolar fossem corrigidas pelos contínuos, em vez do professor. Veja-se a norma do registo comercial que define a competência dos oficiais, na versão justamente da lei que comentamos, para constatar que esses oficiais, não só ajudantes como escriturários, para além de terem uma esfera de competência própria que abrange a qualificação jurídica de certos actos jurídicos, podem qualificar e lavrar todos os demais registos – todos, sublinho – por delegação de competência (art. 55.º-A, C. Reg. Comercial).

Saliente-se, ainda, a patente disfunção do sistema, que obriga o registo, no exame de legalidade, a olhar para o documento do notário com o mesmo critério e o mesmo respeito (ou falta dele...) que usa para o documento particular (o documento autêntico, no registo, vale o mesmo que o particular, eis a esplêndida solução); além de permitir que a obra jurídica do jurista-notário seja apreciada no registo por um oficial não jurista, ajudante ou mesmo escriturário (eis outra esplêndida solução, quem é que responde por ela?).

Todas estas considerações convergem num mesmo sentido, o de se preconizar como imperativa a abolição do controlo de legalidade no registo, com relação ao documento autêntico, emanado por notário. O contrário, como se vê, do que fez o legislador, que em vez de eliminar o controlo do registo eliminou o do notário, com dispensar a escritura pública na constituição da sociedade, aliás sem sequer se dar ao trabalho de justificar a sua escolha. Pretendia evitar a duplicação de controlos? Pois bem, porque é que elimina o controlo do notário? E afinal porque é que não abole antes o do registo?

III. Resta-nos o caso das *alterações do contrato* e da *dissolução da sociedade*, a que deverá porventura estender-se a conclusão apurada quanto à constituição, a despeito de não servir neste ponto a argumentação anterior.

Agora, na verdade, estamos perante um acto da própria sociedade, sujeito a deliberação dos sócios, em que não se justifica ou não há lugar a intervenção do notário ao nível da elaboração de um documento de carácter negocial.

Há em todo o caso interesse em outra forma de intervenção, por meio de um instrumento público avulso de mera constatação, o documento testemunhal de que já falámos, a acta notarial. Não que o notário exerça aí qualquer função jurídica de interpretação da vontade privada, ou que lhe caiba sequer, enquanto documenta, ajuizar a legalidade do facto, ou que possa mesmo, perante a ilegalidade, recusar o seu ministério. É antes porque a sua simples presença na reunião dos sócios constitui uma caução adequada do regular desenvolvimento da mesma e da legalidade do procedimento deliberativo, isto pela garantia sólida da veracidade da documentação. Qual o interesse, do ponto de vista dos sócios, em incorrer em vícios de procedimento, se tais vícios se patentearão necessariamente no contexto da acta, através da narração completa e verdadeira que se incorpora naquele documento?

Por outras palavras, face à acta-documento particular – falsa, desde logo, na grande maioria dos casos, como sabem todos os observadores informados (e não adiante nada fingir-se que não se sabe) – a acta--documento autêntico tem uma mais-valia dupla, à uma a sua garantida veracidade e à outra a inerente caução ou estímulo de legalidade do procedimento, no sentido já apontado.

Por outro lado, ainda, a acta notarial que a lei exija vai permitir à mesma lei dispensar o controlo de legalidade do registo, tal como no caso da constituição. Basta que se incumba ao notário a obrigação de pedir o registo do facto, em prazo razoável, de modo a permitir-lhe um juízo tranquilo e seguro da legalidade da inteira situação.

Curiosamente, e não decerto por acaso, é esta a normativa vigente na Itália, onde o notário tem o prazo de trinta dias para promover o registo, prevendo-se que o mesmo notifique a sociedade interessada para corrigir ou sanar as eventuais irregularidades detectadas (arts. 2436.º, 2494.º, C. Civ.). Aliás, nesse mesmo país aboliu-se há pouco o controlo judicial sobre a legalidade prévio ao registo (o tribunal é que, homologando os actos societários, ordenava a sua inscrição no registo), justamente por se entender que, estando esses actos sujeitos a documentação notarial, é suficiente no caso o controlo de legalidade efectuado pelo notário.

7. Conclusão

I. Deixo aqui, em conclusão, algumas proposições de síntese, *recapitulação* do essencial desta charla. E termino, depois disso, com dois ou três desabafos, em jeito de epílogo.

i. A política de dispensa de escritura pública na documentação dos actos societários enquadra-se na linha da chamada privatização dos actos notariais, mas é contraditória com o desígnio da liberalização do notariado, além de significar uma ruptura na evolução do nosso direito comercial, quer antigo, quer moderno.
ii. Tal política, não sendo inédita em termos de direito comparado (França), contraria a tendência geral que se observa nesse domínio (Alemanha, Espanha, Itália), copiando a excepção em vez da regra.
iii. Aparentemente, essa política não tem a caucioná-la quaisquer estudos prévios e instaura-se sem verdadeiro debate técnico, não havendo para mais conhecimento de reclamações anteriores nesta matéria, por parte da sociedade.
iv. É improcedente a justificação aduzida pelo legislador, já que nem a escritura pública constitui imposição burocrática sem valor acrescentado no processo, nem o controlo de legalidade no registo é suficiente para a salvaguarda da segurança jurídica.
v. Na verdade, o papel do notário é essencial na constituição da sociedade, ao receber, interpretar e configurar a vontade dos fundadores, garantindo assim a autenticidade de fundo, i. e. a correspondência entre o texto do contrato e a vontade real dos outorgantes, esclarecida e não viciada.

vi. A garantia da autenticidade não existe, por definição, no documento particular, resultando afectada a segurança jurídica por ser incerta a correspondência entre a declaração e a vontade dos subscritores.

vii. A garantia da legalidade serve de pouco sem a garantia da autenticidade, posto que um negócio que respeite a lei mas não a vontade do sujeito é inválido do mesmo modo.

viii. Pelo que toca ao controlo de legalidade e para evitar a duplicação entre o notário e o registo, seria conveniente preferir o controlo do notário e eliminar-se o do registo, isto porque o juízo de legalidade do notário permite dispensar o do registador, o deste é que não pode suprir o daquele.

ix. Com efeito, a legalidade do negócio documentado controla-a o notário *in fieri* e em toda a sua extensão, desde os preliminares do documento; ao contrário do registo, onde o documento é exibido já pronto, fiscalizando-se ali a legalidade do negócio apenas nos particulares que interessam para a inscrição.

x. O controlo registral da legalidade sofre ainda duas críticas, uma a de competir a oficiais não juristas, ajudantes e escriturários, outra a de abranger tanto o documento particular como o documento autêntico, com o mesmo âmbito para ambos.

xi. Também nos casos de alteração e dissolução, tal como na constituição da sociedade, é possível dispensar o controlo do registo e preferir o do notário, exigindo a intervenção deste na documentação das respectivas deliberações e incumbindo-o de pedir o registo, após o exame de legalidade.

xii. A intervenção do notário nestes casos tem duas vantagens, face à acta particular, uma a da verdade garantida da documentação, outra a do estímulo que tal implica para o respeito da legalidade no procedimento deliberativo.

II. Permita-se-me que observe, a terminar, que fazer leis é fácil – repito, fazer leis é fácil, e destas então é facílimo. Difícil é fazer funcionar os serviços, no nosso caso o serviço do registo comercial, designadamente seleccionar o melhor pessoal, qualificá-lo e dar-lhe formação, inicial e permanente, oferecer-lhe estímulos morais e materiais que garantam o cumprimento de novas missões que se lhe atribuam.

Tenho, devo confessá-lo aqui à puridade, um prognóstico muito pessimista dos efeitos da alteração legislativa no âmbito registral, acompanhando o sentimento de apreensão dos profissionais do sector. É muito provável que a qualidade e o rendimento do serviço se venham a ressentir com a invasão do documento privado, certo sendo e sabido que a fluidez do registo era assegurada em larga medida pela qualidade da documentação que ali ingressava, proveniente dos notários. Doravante, com o documento particular, veremos...

Porventura, a fatal degradação da qualidade dos títulos vai implicar uma sobrecarga de trabalho para os funcionários do registo, com perda de rendimento do serviço e aparecimento de carências nos quadros de pessoal. Como as entradas estão congeladas, é possível prever a emergência de muitas situações problemáticas, para os utentes e para os serviços, a somar às que já existem, actualmente.

Concluo. Dizendo que a leitura que faço destas medidas legislativas é muito pouco abonatória para os seus responsáveis, no plano político, como no plano moral. No plano político, por se tratar de legislação artificial, como já disse, sem estudos prévios nem assessoria técnica, com resultados seguramente desastrosos, criando problemas em vez de soluções (mas essa é a sina de quem não tem soluções para os problemas que existem, cria problemas com as soluções que tem). No plano moral, sublinho a traço grosso, porquanto vejo o Estado-legislador a açambarcar mercado para o Estado-administrador: primeiro liberaliza a função notarial, depois tira-lhe mercado em proveito próprio, distraindo competências dos notários para os registos. Isto deve ter um nome; e bonito-bonito, bonito não é...

DISSOLUÇÃO E LIQUIDAÇÃO ADMINISTRATIVAS DE SOCIEDADES[*]

F. CASSIANO DOS SANTOS
(Professor da Faculdade de Direito de Coimbra)

---

[*] Mantém-se o estilo coloquial do texto, que serviu de suporte a uma intervenção oral. Acrescentaram-se apenas algumas notas para dar indicações relativamente a desenvolvimentos reputados importantes ou interessantes, mas que a economia do texto não comporta.

Cabe-me fazer uma breve análise de um dos aspectos mais significativos da reforma do direito societário de 2006, a dissolução e a liquidação das sociedades comerciais.

O tema geral destas Jornadas e o tema específico que me foi distribuído – a dissolvência e a liquidação administrativas – não me deixam dúvidas de que devo orientar a minha exposição no sentido de sublinhar os traços novos do regime da dissolução e da liquidação emergentes do CSC após a reforma, e não para a exposição geral do instituto.

Não posso, no entanto, deixar de fazer um breve enquadramento geral – sob pena de a minha exposição se tornar incompreensível para a generalidade dos ouvintes. Divido, pois, a minha intervenção em 4 partes distintas, com dimensão naturalmente não equiparada:
1ª) Breve nota geral sobre instituto da dissolução;
2ª) Sentido geral da reforma e exposição do sistema instituído;
3ª) Apreciação geral do sistema;
4ª) Análise de soluções concretas.
Começando.

I – A dissolução e a sociedade

A dissolução reporta-se à sociedade e não ao contrato. É razoável esta primeira conclusão a partir do próprio significado concreto do vocábulo: o termo dissolução aplica-se usualmente, no vocabulário jurídico, às pessoas jurídicas (ou colectivas) e a outras entidades jurídicas ou a instituições, não a contratos. E, sobretudo, a conclusão é confirmada pela lei: o CSC, apesar de centrar o seu regime no contrato, institui a dissolução de *sociedades*, reportando-se à entidade e não ao contrato, e estabelece como possíveis causas de dissolução da sociedade aquelas que estiverem previstas no ... contrato (cf. art. 141.º do CSC). Tanto basta – sem que esta reflexão comporte qualquer concessão ao legalismo – para que assentemos na relação entre sociedade e dissolução, já que é o instituto previsto na lei que me compete analisar.

É, pois, a sociedade, enquanto entidade ou, como prefiro, enquanto estrutura associativa distinta e colocada num plano supra-sócios-indivíduos, que é dissolvida: o contrato criou-a (excepcionalmente é o acto unilateral que o faz) e ela extingue-se por dissolução.

A dissolução não é, no entanto, um acto instantâneo. Ela é declarada nos termos que adiante veremos, mas só se consuma plenamente com o termo do processo de liquidação – isto é, quando o conjunto de direitos e deveres que se constituíram à luz da sua personalidade jurídica (que subsiste – art. 146.º, n.º 2, do CSC) é extinto. Mas a declaração da dissolução faz cessar logo o exercício da actividade objecto da sociedade.

A dissolução não incide, assim, sobre o contrato da sociedade, que produziu os seus efeitos principais no momento em que foi celebrado (o primeiro foi a formação instantânea da nova estrutura, que se apresenta logo como uma sociedade que depois vem a ser personalizada com o registo[1], e que é logo nesse momento dotada de uma esfera de interesses própria, a esfera social[2]) – nem tão-pouco incide sobre a participação do sócio: esta extingue-se por força da extinção da sociedade (que é, neste sentido, uma espécie de objecto sobre o qual incide a participação)[3].

II – Sentido geral da reforma e do sistema instituído

O CSC instituía um sistema que se caracterizava por uma dupla distinção: permitia a dissolução por força da verificação de certas circuns-

---

[1] O efeito central do contrato é a formação de uma nova estrutura associativa colectiva: sobre isto, e sobre este efeito no quadro da noção de contrato de sociedade constante do art. 980 do Código Civil, v. F. CASSIANO DOS SANTOS, *Estrutura associativa e participação societária capitalística – contrato de sociedade, estrutura societária e participação do sócio nas sociedades capitalísticas*, Coimbra Editora, 2006, pag. 180 e ss. e 183 e ss..

[2] Sobre essa esfera própria de interesses (esfera social) e a sua formação no contrato em relação com os demais interesses que nele confluem, v., para mais desenvolvimento, F. CASSIANO DOS SANTOS, *Estrutura associativa*, cit., pag. 220 e ss. e 234 e ss.

[3] Sobre a dissolução como poder não vinculado da maioria dos sócios e sobre a sua relação com a sociedade e (só indirectamente) com a participação social, v. F. CASSIANO DOS SANTOS, *Estrutura associativa, cit.,* respectivamente pags. 408 e ss. e 493, nota 844.

tâncias nele previstas (causas legais) e por causas decorrentes da vontade dos sujeitos (causas ditas voluntárias); algumas das causas davam origem à chamada dissolução imediata – que operava por si mesma, mas que naturalmente envolvia na prática, por regra, numa necessidade de reconhecimento por deliberação da Assembleia Geral ou por justificação notarial – e outras careciam de decisão judicial ou deliberação da Assembleia tomada por maioria absoluta dos votos expressos, que tinha um efeito constitutivo.

Os efeitos práticos deste sistema, do ponto de vista da sua caracterização, eram, em traços largos, os seguintes: ou os sócios emitiam logo no contrato uma vontade de extinguir a sociedade em certas circunstâncias (o decurso de certo prazo, p. ex.) ou emitiam supervenientemente uma declaração extintiva (em Assembleia Geral, com maioria qualificada); verificadas certas circunstâncias previstas na lei, a dissolução podia ser decretada pela Assembleia, com maioria "apenas"absoluta, ou por decisão judicial suscitada por sócio, credor, credor de sócio de responsabilidade ilimitada ou pelo MP (a legitimidade deste não era geral: o CSC previa a hipótese de exercício de actividade fora do objecto).

Ora, foi basicamente sobre esta segunda característica que a reforma de 2006 incidiu. Inspirado manifestamente nos objectivos de simplificação de procedimento, mas também (decerto) no objectivo de sanear o quadro de sociedades existentes apenas no papel, o legislador substituiu a declaração constitutiva da dissolução pelo Tribunal pela declaração de igual natureza realizada pelo Conservador do Registo Comercial – dissolução a que chamou "dissolução administrativa". Para isso, em normativo autónomo (o Regime Jurídico dos Procedimentos Administrativos de Dissolução e Liquidação de Entidades Comerciais, a Anexo ao diploma que produziu a reforma – abreviadamente RJPADL), instituiu um procedimento próprio. Em simultâneo, atribuiu competência ao Conservador para, em certos casos, por sua iniciativa (oficiosamente, diz a lei) instaurar o procedimento administrativo. Outra linha marcante da intervenção legislativa – da qual não se curará nesta instância – foi a de estender este procedimento a outras entidades (uso a expressão legal) para lá das sociedades comerciais (cooperativas, EIRL e sociedades civis sob forma comercial).

Como ficou, então, o sistema – ou seja, como se chega hoje, à dissolução de uma sociedade?

1.º) Como antes, a dissolução ocorre pela verificação de circunstâncias decorrentes directa ou indirectamente da vontade dos sócios:

a) o decurso do prazo e a realização completa do objecto (estes dois casos são raros, porquanto pouquíssimas vezes se estabelece duração para a sociedade ou um objecto circunscrito) ou a verificação de qualquer outra causa especificamente prevista no contrato como causa de dissolução;

b) deliberação de dissolução tomada pela maioria qualificada (3/4 do total dos votos possíveis, nas sociedades por quotas – art. 270 n.º 1 –, e 2/3 dos votos emitidos, nas sociedades anónimas – art. 464 n.º 1 –, em qualquer dos casos podendo o contrato exigir maioria mais elevada ou outros requisitos, como o consentimento de um certo sócio, p. ex.[4]); note-se que é apenas a esta deliberação, que assenta exclusivamente na vontade dissolutiva dos sócios reunidos em assembleia, e não tem, assim, que ter qualquer fundamento ou razão, que se aplica a maioria qualificada.

Estamos, nestes casos, em face de extinção de sociedade que tem paralelo, no regime dos contratos, com a caducidade (nos dois primeiros) e a uma revogação, no último, e que se fundam no princípio geral da não vinculação perpétua.

c) Como antes, ainda, pode ocorrer dissolução quando se verifica a ilicitude superveniente do objecto social definido no contrato e quando advém a declaração de insolvência.

De entre estas causas, naqueles casos em que a própria circunstância dissolutiva não é uma deliberação ou uma sentença, a lei prevê a necessidade (é este o sentido do n.º 2 do art. 141) de reconhecimento (declaração) da causa de dissolução – o qual pode ser feito por deliberação da assembleia tomada por maioria simples ou por justificação promovida por qualquer sócio ou seu sucessor, credor da sociedade ou sócio de responsabilidade ilimitada; a justificação pode hoje ser feita notarialmente ou por via do procedimento simplificado previsto no art. 79-A do Código do Registo Comercial, que se instaura mediante requerimento ao Conservador.

Os fundamentos legais de dissolução imediata são taxativos.

---

[4] Mas não poderá colocar dificuldades insuperáveis à dissolução: sobre o ponto, a propósito das alterações ao contrato em geral (e sobre a modificabilidade da maioria legal), cf. F. CASSIANO DOS SANTOS, *Estrutura associativa, cit.,* pag. 368-370, nota 623.

2.º) Hoje, ao contrário do que sucedia antes quanto à competência (e apenas quanto a ela), a dissolução pode ser declarada pelo Conservador, no procedimento administrativo especial, a requerimento da sociedade, de sócio ou seus sucessores, de credor da sociedade ou de sócio de responsabilidade ilimitada quando:

a) houver cláusula do contrato a prever causa de dissolução que não explicita o seu carácter imediato (dir-se-ia auto-suficiente), ou da qual não se retira por interpretação esse carácter (se o sentido do contrato for duvidoso, diz o n.º 2 do art. 142, a dissolução carecerá de procedimento administrativo: dados os interesses, a lei, deve entender-se, reporta-se ao teor literal do contrato);

b) houver violação do número mínimo legal de sócios: caso a sociedade passe a estar abaixo do número mínimo de sócios exigido pela lei para o tipo societário (dois, nas sociedades por quotas, e cinco, nas sociedades anónimas: cf., além do art. 142, n.º 1, do CSC e do art. 4.º, n.º 1, a) do RJPADL, os art. 197 e seguintes e 464, n.º 3, do CSC; mas não há causa de dissolução, nas sociedades por quotas, se o sócio remanescente, nos termos do art. 270-A, n.º 3, converter a sociedade pluripessoal em unipessoal – parece que nada obsta a que a transforme primeiro em sociedade por quotas!...; não há também causa de dissolução se o sócio único for uma sociedade anónima, por quotas ou em comandita por acções, e a sociedade for também de um desses tipos e nos seis meses seguintes à concentração for deliberada pela assembleia da sociedade/ sócio único a manutenção do grupo, com a consequente responsabilidade ilimitada do sócio pelas obrigações – cf. o n.º 3 do art. 489 do CSC);

c) ocorrer uma circunstância reputada grave relativamente ao objecto, a saber: impossibilidade de facto da actividade correspondente ao objecto (em rigor, pois só assim há impossibilidade de continuar a sociedade, impossibilidade de todos as actividades – se uma das partes do objecto puder ser executada, tanto basta para não haver causa de dissolução), não exercício de actividade alguma das que correspondem ao objecto durante dois anos (é a não execução da cláusula sobre o objecto que está aqui em causa: se se actuar actividade, mas ela estiver fora do objecto, a causa é outra e autónoma) e exercício da actividade não compreendida no objecto; em qualquer destes casos, actividade é uma sequência de actos estruturada e estável (Raul Ventura falava de permanência), não se compreendendo na noção actos isolados ou desgarrados – a estabilidade implica designadamente que deve ter decorrido o tempo suficiente para que a assembleia se tenha conformado por acção ou por omissão com a actuação promovida pelo órgão de administração (pois que não é razoável que este só por si conduza a sociedade à dissolução);

d) nas sociedades unipessoais por quotas, se houver violação das regras que impõem que uma pessoa singular seja sócia de uma só sociedade unipessoal e que impede que uma sociedade unipessoal por quotas seja sócio único de outra sociedade unipessoal por quotas: ao passo que as causas anteriores estão previstas simultaneamente no CSC, art. 142, e no RJPADL, art. 4.º , n.º 1, as causas relativas às sociedades unipessoais estão no RJPADL, em concretização do disposto no n.º 3, art. 270-C, do CSC.

Note-se que a lei comporta, aqui, inúmeros problemas de interpretação e coordenação. Vejamos os mais imediatos: a dissolução é apenas das segundas e ulteriores sociedades de que é sócio a pessoa singular (a primeira é constituída licitamente, e não há razão para qualquer sanção; a solução decorre até de razão de economia), num caso, e da sociedade por quotas de que é sócio uma sociedade unipessoal, no outro (por razões análogas)[5].

E deve entender-se ainda que, por razões de conformidade entre as duas disposições que prevêem esta causa, a referência a sociedade unipessoal na alínea j) do n.º 1 do art. 4 do RJPADL se reporta a qualquer sociedade por quotas reduzida a um sócio – não tendo que ter sido convertida em unipessoal. É que, a não ser assim, a dissolução *ex* art. 4 do RJPADL ficaria na disponibilidade da sociedade unipessoal/sócio, que, nos termos do art. 270-A n.º 3, é livre de operar a transformação (melhor, conversão), e, sempre a não ser assim, a dissolução-sanção prevista no art. 270-C ficaria sem execução (ao menos pela via administrativa), nos casos em que não tivesse havido conversão.

Cabe apenas um último registo, neste ponto da descrição – que envolve, aliás, um pequeno retrocesso. No interior do procedimento administrativo, prevê-se expressamente, para os casos de violação do número mínimo de sócios ou de violação das regras sobre sociedades unipessoais, a concessão aos sócios de um prazo de 30 dias para regularizarem a situação, evitando a dissolução (arts. 8, n.º 3 e 9, n.º 1, b)).

---

[5] Outros problemas podem ser conferidos em RICARDO COSTA, *Algumas considerações a propósito do regime jurídico da sociedade por quotas unipessoal*, sep. dos Estudos dedicados ao Prof. Doutor Mário Júlio de Almeida Costa, Lisboa, 2002, pag. 1268-1269.

3.º) Hoje, a dissolução administrativa pode vir a ser declarada por iniciativa oficiosa do Conservador de instaurar procedimento administrativo, o que pode ocorrer quando (art. 143 e art. 5 do RJPADL):

a) cumulativamente, e em dois anos consecutivos, não tenha havido depósito de contas na Conservatória e a administração tributária tenha comunicado à Conservatória a omissão de entrega de declaração fiscal de rendimento – relativos ao mesmo exercício (a lei não o diz explicitamente, mas a sua *ratio*, que é detectar situações duradouras de inactividade, impõe que assim seja);

b) a administração tributária tenha comunicado à Conservatória a ausência efectiva de actividade ou a declaração oficiosa de cessação de actividade verificadas nos termos da lei tributária;

c) a sociedade não se tiver adequado ao capital mínimo.

O sentido exacto dos preceitos do CSC (art. 143) e do RJPADL (art. 5) é duvidoso. Fica, de momento, apenas a sua descrição e o sentido imediato que deles resulta: verificados os pressupostos, o Conservador deve instaurar o procedimento.

III – **Apreciação geral: o problema da atribuição de função jurisdicional ao conservador; a tramitação processual**

Antes de passarmos a questões específicas que não foram abordadas na exposição anterior, cabe fazer algumas considerações gerais.

O legislador de 2006, como já se apontou, fez, no plano do CSC, essencialmente uma alteração da competência para declarar a dissolução – passando-a do Juiz para o Conservador –, mas manteve a redacção do art. 142 quanto aos casos de dissolução. Isto é, limitou-se a passar para o Conservador aquilo que antes competia ao Juiz. Ao mesmo tempo, por via de alteração total do art. 143 (que antes da reforma previa a hipótese de regularização nos casos de violação do número mínimo de sócios; a regularização está hoje prevista no RJPADL), criou casos (novos) de procedimento oficioso.

Este segundo caminho afigura-se pertinente e justificado, pois que, apesar de algumas imperfeições técnicas e das correspondentes dúvidas, trata-se de reagir à violação de deveres de apresentação de contas ou a uma desconformidade entre a situação no plano do direito privado e a situação tributária. Saneia-se, assim, a vida económica, sem quaisquer atropelos a princípios – veja-se o que se dirá, adiante, sobre isto (e retenha-se já que a decisão está sujeita a recurso judicial).

Já o primeiro caminho (o da substituição de competências) traz resultados de duvidosa justificação e até de duvidosa constitucionalidade. Vejamos.

Ao limitar-se, na nova redacção do n.º 1 do art. 142, a mudar a entidade competente para a dissolução, mantendo, apesar dessa transferência, as causas de dissolução, o legislador de 2006 chegou a este resultado: o Conservador tem competência para decretar a dissolução em um caso em que há violação directa de norma legal e a dissolução é a sanção correspondente, mas tem sobretudo a competência para a decretar em casos em que é preciso fazer um juízo de facto e um juízo de direito que são típicos da função jurisdicional; nestes casos, o Conservador afere factos em situação de interesses conflituantes e dita o direito.

Basta um exemplo. Nos termos do n.º 1, alínea c), do art.142, há lugar a dissolução se a sociedade não tiver exercido qualquer actividade durante dois anos. Isto implica, em primeiro lugar, verificar se a sociedade fez ou não algo; depois, pode haver que ajuizar se certos actos e certas actividades são relevantes para efeitos da não verificação da hipótese da norma – por exemplo, se a sociedade arrendou instalações ou cedeu a terceiros a exploração da empresa, exerce actividade? À margem, refiro que o ponto é complexo: a questão reconduz-se, parece-me, a saber se aquilo que a sociedade faz poderia ser inscrito como a actividade da sociedade no contrato de sociedades. Não me refiro em sentido estrito ao objecto. Este, nos termos do art. 11 do CSC, é constituído por actividades. No entanto, é evidente que o objecto inscrito em cláusula não circunscreve o âmbito das actuações possíveis da sociedade, pois que estas abrangem também inegavelmente aquilo a que já chamei o objecto natural (actos que, a montante ou a jusante da actividade correspondente ao objecto, são comuns a todos os sujeitos que intervêm na actividade económica: depósitos e aplicações financeiras, certos seguros, só para dar dois exemplos)[6], e abrange também todos os actos instrumentais, preparatórios e organizatórios da actividade (a compra de um imóvel para

---

[6] Sobre o objecto, as cláusulas contratuais sobre o objecto e o objecto natural, cf. F. CASSIANO DOS SANTOS, *Estrutura associativa, cit.*, pag. 125 e ss. e 281-282.

instalar um armazém, por exemplo). Refiro-me sobretudo, no que ao art. 142, n.º 1, alínea c), concerne, a que o contrato de sociedade, para poder ser qualificado como tal, supõe não apenas a indicação de certas actividades mas ainda um especial modo de actuação – que, em síntese, se analisa no modo de actuação empresarial, na criação de valor acrescentado (novo) na vida económica. Sem isto, não há actividade económica, mas mera fruição (exprimo-me com termos retirados do art. 980 do Código Civil). Ora, dizia, o que não pode ser actividade e modo de actuação para a sociedade no contrato, não é também actuação relevante para evitar a dissolução. A questão posta volve-se assim em saber se uma sociedade se pode constituir para adquirir e locar bens. A generalidade da doutrina entende que não. Não vejo, contudo, um obstáculo absoluto: se nessa actividade se criar mais valia, pode ser exercida societariamente – por exemplo, entre aquisição ou formação de empresa e cedência ou exploração cria-se um valor novo e a actividade é justamente a criação desse tipo de novo valor[7]. Mas a mera locação não pode corresponder a uma sociedade; deste modo, a locação, sem mais, como modo de actuação na actividade económica, não é actividade relevante para efeitos do art. 142, n.º 1, alínea c).

Cabe fechar este parêntesis: quis simplesmente demonstrar a complexidade da actividade da aplicação das alíneas b), c) e d) do art. 142 n.º 1. Sublinho por ora, e em conclusão, os interesses conflituantes que se põem, de sócios entre si, de credores entre si e com sócios, etc.. Por tudo isto, creio que estamos fora da mera actividade administrativa e entramos no exercício da função jurisdicional. Ora, esta, nos termos da Constituição da República Portuguesa, cabe aos tribunais – e, como GOMES CANOTILHO[8] sublinha, isto implica que ao juiz cabe "não apenas a última mas também a primeira palavra" (pelo que a previsão de recurso judicial não salva o regime). Haverá pois, inconstitucionalidade, nesta parte, do CSC e do RJPADL.

---

[7] Faço aqui uma alusão à mercantilização e empresarialização de actividades humanas, de que é exemplo cabal a empresarialização da actividade imobiliária que é realizada com os centros comerciais (tema que tem inúmeros reflexos na compreensão actual da esfera mercantil e do respectivo direito, como realçarei em breve, noutro escrito de carácter mais geral).

[8] *Direito Constitucional e Teoria da Constituição*, Coimbra, Almedina, 7ª ed., p. 664; cf. tb. a pag. 661.

Pela razões já sumariamente expostas, e que adiante desenvolverei em certa óptica, não creio que os casos do art. 143 (procedimento oficioso) caiam na função jurisdicional. Voltarei mais adiante ao art. 143.

Nesta parte, resta fazer algumas observações a aspectos de procedimento. O RJPADL prevê que a decisão do Conservador é susceptível de impugnação judicial, com efeito suspensivo da decisão. Do mesmo modo, o procedimento não oficioso prevê o contraditório (no oficioso, apenas é dado prazo para regularização da situação): a sociedade e os sócios ou os seus sucessores são notificados (a lei diz que é notificada a sociedade e "um dos seus gerentes ou administradores", o que apenas pode ter como significado que aquela é citada nos termos gerais – o n.º 4 do artigo concretiza-os –, mas que um dos membros do órgão de administração tem que ser citado a título pessoal e directamente; o CSC prevê que a notificação directa aos sócios seja substituída por aviso nos termos do art. 167 n.º 1, mas esta possibilidade não é extensível nem aos administradores nem à sociedade). Os notificados têm dois dias para se pronunciarem e para apresentarem os meios de prova – apresentar significa aqui indicar, pois que o Conservador deve designar dia para a audição das testemunhas indicadas, que o interessado deve, então sim, apresentar (conjugação dos arts. 11, n.º 2 e 8, n.º 2, alínea c) do RJPADL). Não há nenhuma razão para que se impeça, até esta data, a apresentação de documento indicado (no prazo de 10 dias), bem como, nos termos gerais, de documento superveniente. Peritos e especialistas são aqui tratados como testemunhas. Note-se, por fim, nesta breve descrição dos trâmites do processo, que a lei não prevê a notificação e intervenção dos credores não requerentes. Prevê-se apenas a publicação de aviso dirigido aos credores, a informá-los do início do procedimento e de que devem informar em 10 dias quais os créditos e direitos que detêm sobre a sociedade e sobre os bens e direitos desta. Mas tendo qualquer credor legitimidade para requerer a dissolução, e não o impedindo expressamente a lei, é de admitir que o credor faça mais e se pronuncie sobre a dissolução e indique provas, constituindo-se como interessado no procedimento – a lei apenas não obriga à sua notificação directa. É indiscutível que eles têm um interesse próprio na continuação ou na dissolução.

O recurso tanto pode ser de decisão no sentido de dissolução como de decisão de não dissolução. Contudo, deve observar-se que, no primeiro caso, a dissolução operará sempre pela decisão do Conservador, confirmada judicialmente. Já no segundo, alterando o juiz a decisão, a dissolução é decretada por si – judicialmente, portanto.

Resta, nesta sede, introduzir uma outra observação. É duvidosa a razoabilidade de dar uma tão ampla legitimidade aos credores sociais para requererem a dissolução. Reporto-me sobretudo ao caso de prática de actos fora do objecto.

IV – Análise de alguns aspectos específicos do regime

Queria, por fim, levantar alguns problemas específicos que o regime da dissolução levanta – na linha traçada inicialmente, vou concentrar a atenção sobretudo nas questões novas, colocadas com a reforma de 2006. Não deixarei, no entanto, de abordar sucintamente outros pontos.

1. A possibilidade de regularização da situação; o caso especial da sanação do vício que consista na violação da cláusula do contrato sobre objecto

A redacção primitiva do CSC continha dois preceitos que, quanto às causas de dissolução judicial, permitiam a regularização ou formação, nos casos em que este as comportava. Assim, o art. 143 contemplava um instrumento para a reposição do número de sócios, e o art. 144, n.º 2, permitia a sanação do vício que consistia no exercício de actividade exterior ao objecto – sanação que, no sentido próprio do termo, teria que passar pelo alargamento do objecto estatutário, mas que se admitia (RAUL VENTURA) que consistisse também no abandono da actividade não contratual.

Hoje, estes pontos, deixaram de estar previstos no CSC – é, assim, o RJPADL que se ocupa da matéria. Em que termos, é o que veremos de seguida.

O art. 9, n.º 1, alínea b), prevê, para os procedimentos oficiosos, a concessão de um prazo de 30 dias para a regularização da situação ou para a demonstração de que ela estava já efectuada. Não comportando o preceito qualquer reserva, aplica-se a todos os casos de instauração oficiosa de procedimento. Veremos, mais adiante, qual o exacto sentido desta possibilidade, neste âmbito – em todo o caso, a regularização é possível.

Por sua vez, o n.º 3 do art. 8 – aplicável aos procedimentos administrativos em geral – estabelece que, nos casos de redução do número de sócios e de violação dos preceitos sobre sociedades unipessoais por quotas, a notificação aos interessados, deve conter, entre outros elementos, a atribuição de um prazo de 30 dias para a regularização. Em conformidade, o art. 11, n.º 1, prescreve que o procedimento se extingue se a regularização se der no prazo concedido.

Em face do regime anterior e do novo, a interrogação é imediata. Não pode, agora, haver regularização/sanação do "vício" que consiste no exercício de actividade exterior ao objecto? E se a sociedade retomar a actividade, não vale também isto para se evitar a dissolução? À letra, a resposta é evidentemente negativa.

Ora, esta conclusão harmoniza-se mal com a ampla possibilidade de os credores requererem a dissolução, mesmo em matéria de ultrapassagem do objecto. Repare-se que um credor, por um interesse meramente particular, que não é partilhado pelos demais, nem pela sociedade e sócios, pode requerer a dissolução – e, se não houver possibilidade de regularização, ela será inevitável. Hipótese próxima põe-se em matéria do não exercício de actividade.

Não pode, pois, ser esta a solução legal. Propondo, assim, para considerar que a dissolução apenas terá lugar se, à data em que for proferida a decisão, ou, melhor, até à data em que podem ser introduzidos factos no procedimento, nos termos gerais, a situação de inactividade ou a violação do objecto, relevantes nos termos das alíneas c) e d) do n.º 1 do art. 142, ainda subsistirem: se a sociedade iniciar actividade correspondente a (pelo menos) uma parte do objecto, se cessar a actividade exterior ou se não a cessar mas alterar a cláusula sobre o objecto de modo a abranger a actividade exercida, não haverá dissolução. A lei não impede esta solução explicitamente, e ela é mesmo comportada pelo texto das alíneas em análise. Pode invocar-se, aqui, a interpretação da lei em conformidade com o favor à conservação da sociedade[9].

Pode ainda aduzir-se um outro argumento. O CSC manteve o art. 161, sobre o regresso à actividade durante (já) a liquidação. A deliberação que decida o regresso carece da mesma maioria que se exige para a

---

[9] Sobre o princípio da conservação do ente, com referências, v. F. CASSIANO DOS SANTOS, *Estrutura associativa*, pag. 503, nota 863.

deliberação da dissolução (n.º 2) e implica a liquidação do passivo (n.º 3, alínea a)) e (é o que ora nos interessa mais) a não subsistência da causa de dissolução (n.º 3, alínea b)) – e a própria deliberação pode tomar as previdências necessárias a tal (alterar o estatuto, por exemplo), nos termos do n.º 4. Ora, se se permite a produção de efeitos à cessação da causa de dissolução já na fase de liquidação, por maioria de razão se deve permitir que a sociedade regularize antes da decisão de dissolução.

2. O sentido do procedimento oficioso – art. 143 do CSC

Enunciei já as circunstâncias enumeradas no n.º 1 do art. 143 do CSC (e no art. 5, n.º 1, do RJPADL, que, para as sociedades, acrescenta uma causa que o CSC prevê noutra disposição, o art. 533). Recorde-se, sinteticamente: em face de certos incumprimentos (falta de depósito de contas e comunicação da não entrega da declaração de rendimentos, comunicação à Conservatória do Registo Comercial de ausência de actividade ou de declaração oficiosa de cessação, não aumento do capital para o capital mínimo e respectiva liberação), o Conservador do Registo Comercial tem o dever (não há uma mera faculdade, nem no CSC nem no RJPADL: "é instaurada" tem o mesmo significado do "deve"constante do Código) de instaurar oficiosamente procedimento administrativo.

Os preceitos referidos não são claros. Da sua leitura resulta logo uma dúvida global: as circunstâncias aí enunciadas (note-se que o art. 5 do RJPADL reproduz e absorve as causas de dissolução oficiosa, para usar a terminologia da epígrafe do art. 143 do CSC) são verdadeiras causas autónomas de dissolução ou são apenas pressupostos em que o Conservador deve suscitar a dissolução, tendo a mais delas que se verificar uma das causas do art. 142 do Código?

Os preceitos não são esclarecedores, repete-se. No entanto, a sua letra (que não a da epígrafe referida) aponta mais para o segundo sentido. Mais impressivamente, estabelece-se no n.º 1 do art. 5 do RJPADL que o Conservador desencadeia o procedimento mediante auto em que "especifique as circunstâncias que determinaram a instauração" e que "identifique a entidade e a causa da dissolução": isto revela logo que há circunstâncias e que há causas, que são distintas, sendo que as circunstâncias apenas podem ser aquelas que estão enunciadas nas alíneas do preceito. Do memo modo, o art. 143 indicia que o procedimento oficioso não tem causas distintas do procedimento geral: é que, estabelece o preceito, o Conservador instaura o procedimento "caso não tenha sido ainda iniciado pelos interessados" – o que sugere que é o mesmo procedimento que pode ter sido já iniciado e que, portanto, as causas da dissolução que o fundam são as mesmas e não outras (pois que, de outro modo, não poderia ser o mesmo: os interessados não podem suscitar meramente com base nas circunstâncias do art. 143, n.º 1, ou do art. 5).

Contra isto, pode invocar-se a epígrafe do art. 143. Não é significativo o argumento: primeiro, porque o art. 5 do RJPADL, que absorve as circunstâncias previstas no art. 143 do CSC, e que nada indicia que o faça com efeitos diferentes, tem epígrafe bem distinta e que vai no sentido oposto: "início oficioso de procedimento" – o que sugere claramente que apenas se trata aí de estabelecer como se dá (a que pressupostos está sujeito) o início do procedimento. Depois, o argumento não é significativo porque as epígrafes não têm significado autónomo, e a que se analisa vê o seu significado desvalorizado por se constatar que o legislador titula o artigo manifestamente influenciado pela sequência dos arts. 141 e 142, eles sim com listas de causas de dissolução, e assim (bem) intitulados.

Mas o argumento decisivo no sentido de que os preceitos consagram apenas pressupostos está no plano racional. Primeira nota, neste contexto. Nada autoriza, na letra e na sistemática dos preceitos em análise, a distinguir entre as várias alíneas quanto ao valor e alcance que têm (excepto quanto à alínea d) do n.º 1 do art. 5.º, que é causa de dissolução pelo n.º 4 do art. 533 do CSC). Ora, duas delas (a b) e a c)) e parte de outra (a a), 2.º pressuposto), não podem, por natureza, deixar de ser meros pressupostos. Vejamos. Diz a lei que o procedimento pode (deve) ser iniciado quando a administração tributária tenha feito determinadas comunicações relativas à actividade ou à entrega de declarações fiscais. A lei é clara: é a comunicação que está em causa. Ora, é bom de ver que a comunicação em si mesma não é, não pode ser, razoavelmente, causa de dissolução: como é evidente, se a comunicação o fosse, a comunicação que se verificaria depois ser infundada ou que foi (ou é) impugnada nos termos da lei tributária daria, em qualquer caso, origem, sem mais, à dissolução. Por outro lado, e sobretudo, repare-se que não é o objectivo da lei, nem será razoável, que se extingam sociedades que exercem efectivamente actividade – a simples violação de deveres relativos a contas ou a irregularidade fiscal não devem ser sancionadas com a dissolução. E repare-se, por fim, que as circunstâncias enumeradas no art. 143 do

CSC (e nas três primeiras alíneas do art. 5 do RJPADL) se relacionam directamente com a causa de dissolução do art. 142, n.º 1, alínea c): trata-se de factos que, apurados, indiciam flagrantemente a ausência de actividade.

Estes argumentos ponderados, interpreto os arts. 143 do CSC e 5, n.º 1, do RJPADL (quanto às sociedades comerciais) do seguinte modo:

1.º) as circunstâncias aí enumeradas são pressupostos do início oficioso do procedimento, e não causas de dissolução;

2.º) só não é assim para o caso da alínea d) do n.º 1 do art. 5.º (por força do n.º 4 do art. 533): nesse caso, pressuposto e causa são coincidentes;

3.º) o Conservador, como consta do proémio do n.º 1 do art. 5, além do pressuposto, tem que enquadrar a causa de dissolução – que será a ausência de actividade por mais de dois anos;

4.º) atento ao peso e significado dessas circunstâncias, elas funcionam, no procedimento, como presunções *juris tantum* (ilidíveis apenas documentalmente) de inactividade por dois anos; neste sentido, é inequívoco o facto de os interessados apenas poderem regularizar, mas não contestar a dissolução: cf. o art. 9, n.º 1 – a notificação não inclui a atribuição de prazo para se pronunciarem;

5.º) a sociedade ou outros interessados são confrontados com uma de duas hipóteses: ou, nos termos previstos no art. 8, n.º 1, alínea d), e no art. 11, regularizam a situação (isto é, a Sociedade apresenta as contas ou as declarações em falta, obtém a alteração da declaração oficiosa de celebração de cessão ou declara novo início de actividade, promove a alteração da verificação de ausência de actividade, nos termos da lei fiscal) e obtém a extinção do procedimento administrativo oficioso – mas ficam sujeitos a que um interessado, ainda assim, entenda que, apesar de não estar verificado um pressuposto para a intervenção oficiosa, há causa de dissolução por requerimento; ou, não fazendo isto, e com base na circunstância verificada no procedimento e na presunção, ficam sujeitos a que o Conservador declare a dissolução, excepto se, excepcionalmente, houver elementos no procedimento no sentido de que há efectivamente actividade (por exemplo, por via de documento juntos nos termos do art. 8, n.º 1, alínea a)).

6.º) no caso especifico do capital, constante da alínea d) do n.º 1 do art. 5, a sociedade apenas pode, nos 30 dias após a notificação, proceder ao aumento do capital, sob pena de dissolução irreversível.

3. Análise (breve) de algumas causas de dissolução

a) A dissolução por deliberação por maioria qualificada em casos de sociedade lucrativa

Pode questionar-se se a maioria qualificada pode, sem mais, deliberar a dissolução da sociedade ou se a deliberação está antes condicionada a certos requisitos ou pressupostos, ainda que só implícitos. A questão é com frequência colocada a propósito da dissolução de sociedade lucrativa, na qual parte dos sócios quer a continuação dela.

A constituição da sociedade envolve implicitamente a atribuição à maioria qualificada de poder para alterar aspectos contratualmente estabelecidos, ou para extinguir a sociedade a todo o tempo – isto, claro, se não tiver sido logo, directa ou indirectamente, estabelecida uma certa vinculação nessas matérias. Este poder extintivo deriva do principio geral da não existência de vínculos jurídicos perpétuos – que também funda a possibilidade de exoneração nas sociedades por quotas e o regime de transmissão de participações sociais – o qual, entre outras manifestações, implica a possibilidade de extinguir os vínculos sem prazo. Assim, a deliberação de dissolução não carece de fundamentação de uma qualquer relação com o escopo lucrativo: a maioria quer dissolver, acabando com a comunhão, e nada a pode obrigar a continuar[10]. Ressalve-se, apenas, o controlo dos votos abusivo: os sócios não podem exprimir, na esfera da sociedade, os seus interesses pessoais de modo inteiramente livre (art. 58, n.º 1, alínea b))[11].

---

[10] F. CASSIANO DOS SANTOS, Estrutura associativa, pag. 408 e ss, e pag. 342, nota 583. O princípio da não vinculação perpétua tem, aliás, inúmeras manifestações específicas no domínio mercantil, além das que se apontam no estrito campo do direito societário.

[11] Pode conferir-se a minha posição sobre o assunto em F. CASSIANO DOS SANTOS, Estrutura associativa, pag. 416 e ss.

b) a dissolução por dissenso insanável

A sociedade pode, depois de um necessário consenso inicial, dar lugar a discrepâncias graves entre sócios que paralisam o funcionamento da sociedade (isto é, dos seus órgãos) e sejam insanáveis. A chamada *affectio societatis*, que se inscreveu no contrato, deixa, pois, de existir. Não é, note-se, qualquer dissenso insanável que está em causa: ele terá que se reflectir no funcionamento da sociedade; nesta, os intuitos ou motivações dos sócios são irrelevantes, para lá daqueles que tem que se verificar no momento da celebração do contrato, e só relevam pois aquelas divergências que afectem o funcionamento dos órgãos, tendo em conta a sua autonomia relativamente aos sócios[12] – será designadamente o caso, por exemplo, de sociedade com dois blocos de sócios com 50% dos votos que não se entendam quanto à administração e não aprovem relatórios e contas[13].

Na Itália, prevê-se uma causa autónoma de dissolução que acolhe hipóteses deste tipo (impossibilidade de funcionamento ou inactividade continuada da assembleia: art. 2484-3 do Codice Civile). Não é assim em Portugal. Pode daqui concluir-se que não há dissolução em tal caso, e que os sócios têm que esperar dois anos?

Não me parece razoável: os danos podem ser enormes, até para os credores. Assim, é razoável aplicar ao caso figurado a alínea b) do n.º 1 do art. 142: na verdade, em rigor, a lei não fala aí da impossibilidade do objecto, mas antes de a actividade que constitui o objecto se tornar impossível, e não distingue entre a impossibilidade exterior ou a que decorre de razões intra-societárias[14].

---

[12] Sobre a dissolução, neste caso, tendo sbt. em vista as sociedades mais personalizadas, v. já F. CASSIANO DOS SANTOS, *Estrutura associativa*, pag. 189, nota 333 (e tb. pag. 245 ss., sobre os fins individuais e os fins associativos ou da sociedade).

[13] Situação que, aliás, após a reforma de 2006, cairá por regra na dissolução administrativa.

[14] Em sentido próximo, mas não coincidente, RAUL VENTURA, *Dissolução e liquidação de sociedades. Comentário ao Código das Sociedades Comerciais*, Coimbra, Almedida, 1993, pag.??, pag. 127 e ss., admitiu já a dissolução por causas internas apenas quando manifestadas em assembleia e em certas deliberações: Mas há que ter em consideração que uma sociedade que sistematicamente veja os administradores designados pelo Tribunal e as contas aprovadas judicialmente, se tal não acontecer transitoriamente, torna-se uma sociedade-*robot* ou uma não-sociedade – o impulso judicial é uma possibilidade excepcional, e não um modo de funcionamento (neste sentido, mais amplamente, v. já F. CASSIANO DOS SANTOS, *Estrutura associativa*, pag. 547).

c) o exercício da actividade exterior ao objecto e a alteração estatutária do facto

Não há razão para permitir alterações relevantes ao estatuto que não as que resultem de deliberações que visem expressamente introduzir disciplina estatutária, seja duradoura seja pontual – outra coisa é permitir ou assumir violações: a sociedade apenas pode assumir actos mas não actividades, até alterar duradouramente o objecto. A sociedade, ainda que o fundamento directo disto seja difícil de sondar, está vinculada a uma conformidade entre o objecto e a actividade. O exercício de actividade exterior ao objecto sujeita a sociedade a dissolução[15].

d) a dissolução por impossibilidade do objecto

Disse já que tem que ser uma impossibilidade total. E deve acrescentar-se que tem que ser uma impossibilidade absoluta, insuperável. Se apenas se torna mais difícil a prossecução do objecto, deve ser por deliberação de dissolução que esta sobrevém, não por imposição exterior.

4. Alguns aspectos da tramitação

A lei não diz, mas está pressuposto no art. 4, n.º 1, articulado com o n.º 2 do RJPADL, que o requerente deve alegar e provar a sua qualidade de "interessado" – isto é, a legitimidade para requerer a dissolução. Não pode deixar de ser assim, sob pena de se legitimarem intromissões ilegítimas – do mesmo modo que o próprio Conservador deve precisar a circunstância que legitima a intervenção oficiosa[16].

O meio para o controlo da legitimidade é o indeferimento liminar: este tem lugar quando o pedido seja manifestamente improcedente ou não tenham sido apresentados os documentos relativos a factos-pressupostos da declaração e que só por esse meio possam ser provados (art.

---

[15] Pode mesmo ocorrer vinculação da sociedade em caso de acto exterior ao objecto, mas a actividade pode efectivamente levar à dissolução: v., na óptica da análise dos n.ºs 2 dos arts. 260 e 409, F. Cassiano dos Santos, *Estrutura associativa*, pag. 153 e ss..

[16] De outro modo, não haveria controlo mínimo da seriedade dos procedimentos. Caso paralelo é o da declaração de insolvência (CIRE, art., 27, n.º 1 a)).

7.º, n.º 1). "Pedido manifestamente improcedente"deve ser entendido em sentido amplo: se o requerente não tem legitimidade e isso é manifesto, deve haver indeferimento. A fraca viabilidade não chega para o indeferimento.

V – A liquidação administrativa

A lei prevê também a liquidação administrativa. Não há assim tanto a dizer, ao menos por iniciativa própria, por parte alguém que se dedica a estas coisas num plano teórico – admito, no entanto, que os que as exercitam tenham muitas questões para pôr. Limito-me, assim, a avançar com algumas linhas gerais sobre o instituto, nas esperança de que elas possam ser base para lançar algum debate.

A lei prevê, no RJPADL, um procedimento administrativo de liquidação. Este aplicar-se-á, diz a lei (art. 15, n.º 1), quando resultar da lei que a liquidação pode ser feita por via administrativa.

Em geral, a lei prevê que haja recurso à liquidação administrativa quando o contrato da sociedade o prevê ou quando a assembleia deliberar com a maioria necessária à deliberação de alteração do contrato que assim seja (art. 146, n.º 4 do CSC). Em geral, portanto, a liquidação por via administrativa é voluntária.

No entanto, a lei (o próprio RJPADL) contorna esta regra para adequar a liquidação à circunstância de a dissolução poder ter sido requerida por outrem que não a sociedade: assim, neste caso, e quando a dissolução tenha sido declarada no procedimento administrativo, o pedido de liquidação considera-se efectuado no requerimento de dissolução, salvo se for a própria sociedade a requerer a dissolução (e optar nesse momento pela liquidação administrativa). Também no caso de procedimento oficioso de dissolução haverá liquidação oficiosa, e esta terá igualmente lugar se o registo de encerramento de liquidação não for feito até 2 anos após a dissolução, ou no prazo inferior estipulado no contrato ou previsto em deliberação, ou, ainda, no prazo por que esse prazo for prorrogado por deliberação dos sócios (RJPADL, art. 15, n.º 5, alíneas a) e b), e art. 150, n.º 3, do CSC).

Antes disto, naturalmente, a liquidação administrativa pode ser solicitada pela própria sociedade (art. 15, n.º 4).

À nomeação de liquidatários presidem as regras seguintes:

1) Na liquidação por requerimento da sociedade, é esta que indica os liquidatários e deve certificar a respectiva aceitação – o Conservador apenas se certifica da sua aceitação, antes de os nomear (18, n.º 1 do RJPADL): a lei não o diz, mas a se não aceitação for ulterior, deve ser resolvida com nova indicação, e só em caso de nova não aceitação se devem considerar não indicados pela sociedade.

2) Se ela não o fizer, ou nos casos em que a liquidação não é promovida por ela, o Conservador deve nomear um ou mais liquidatários de reconhecida capacidade técnica e idoneidade para o cargo (art. 18, n.º 2 do RJPADL);

3) Em qualquer caso, se nenhum deles for ROC, o Conservador pode sempre designar um indicado pela respectiva Ordem, como perito (18-3).

A liquidação terá um prazo fixado pelo Conservador, num máximo de um ano (art. 18, n.º 7 do RJPADL), prorrogável por um período também até um ano, a requerimento dos liquidatários – requerimento que deve dar entrada na Conservatória no máximo até 10 dias após o decurso do prazo fixado, contendo justificação de causa da demora (n.º 8 do art. 18).

Quanto à actuação dos liquidatários, o Regime Jurídico estabelece duas regras:

1ª) equipara, por remissão, a competência dos liquidatários do procedimento administrativo àquela que a lei confere aos liquidatários na liquidação "comum" (digamos) – o que significa que os liquidatários têm os poderes (e deveres e responsabilidades) iguais às dos membros do órgão de administração, com as devidas adaptações e tendo em conta ainda as disposições especialmente aplicáveis (art. 152, n.º 1, do CSC). Em particular, devem ultimar negócios pendentes, cumprir obrigações, cobrar créditos e reduzir a dinheiro o património residual (n.º 3). Os actos fundamentais (continuação da actividade temporariamente, contrair empréstimos, alienar em globo o património e trespasse devem ser autorizados pelo Conservador (art. 152, n.º 2, e 19, n.º 2 do RJPADL). *A contrario*, retira-se destas disposições que o liquidatário deve encerrar a actividade (a alternativa é propor ao Conservador que autorize a continuação) e que não deve vender bens, salvo se isso se enquadrar na continuação da actividade, ou se se tratar de um acto de gestão para efeitos de cumprimento dos deveres do n.º 3 do art. 150 (mas tem que ser boa gestão: deve primeiro pagar dívidas com os créditos que conseguir recuperar) ou, ainda, se se tratar de património residual (que é o que subsiste após as vendas autorizadas e (ou) as necessárias em função do cumprimento dos deveres prescritos nas alíneas a) e b) do n.º 1 do art. 152). Em qualquer caso, não poderá alienar bens um a um, de tal modo que isso redunde numa alienação do património em globo (quando isso for patente, deve solicitar autorização) ou quando se tratar de bens imprescindíveis ao funcionamento ou identificação da empresa ou empresas (pois que, em tal suposto, o trespasse fica precludido ou é feito indirectamente – aos poucos – e essa competência não lhe é atribuída).

A destituição do liquidatário pode sobrevir com fundamento em justa causa, por iniciativa do Conservador ou a requerimento do órgão de fiscalização da sociedade, de sócios ou de credores, em qualquer caso por decisão do Conservador (art. 22, n.º 1 do RJPADL). Haverá justa causa presumida *iuris et de iure* se a liquidação não for concluída no prazo e não tiver sido solicitada a prorrogação, nos termos expostos, ou se ela tiver sido desatendida por falta de fundamento para a demora (n.º 3 do art. 22).

Devo referir, por fim, que a lei estabelece um procedimento de encerramento aligeirado da liquidação quando esta é oficiosa e não se revela no processo activo e passivo (art. 24).

Há, também, um procedimento especial de extinção imediata, com dissolução e liquidação imediatas, se uma acta da assembleia geral comprovar uma deliberação unânime no sentido de obter a extinção imediata (unanimidade reportada a todos os sócios, dado a finalidade da deliberação) e uma declaração no sentido de não haver activo e passivo a liquidar, e se, simultaneamente, o procedimento tiver sido instaurado com base num requerimento subscrito por um sócio ou pelo órgão de administração, mesmo que o procedimento tenha sido solicitado por outrem (art. 27, n.º 1 do RJPADL).

A lei prevê ainda que um requerimento subscrito por todos os sócios substitua a acta e o requerimento acima referido – desde que, naturalmente (a lei não o diz, mas tal decorre evidentemente da sua natureza de sucedâneo, que é patente no n.º 2 do art. 27), esse outro requerimento contenha a declaração unânime da vontade de obter a extinção imediata e a declaração de que não há activo e passivo a partilhar.

Uma nota final. A lei não o diz, também, mas o regime do CSC funciona como regime geral, que se aplica em tudo o que não for contrário ao preceituado no regime especial. Assim, designadamente, valem as regras sobre responsabilidade dos sócios pelo passivo superveniente (art. 163) e sobre a partilha imediata e responsabilidade por dívidas fiscais (art. 147, n.º 2).

REGISTO E CESSÃO DE QUOTAS[*][1]

PEDRO MAIA
(Assistente da Faculdade de Direito de Coimbra)

---

[*] Quero tornar público o meu agradecimento ao Professores Doutores Ferreira de Almeida e Cassiano dos Santos e à Mestra Mónica Jardim pelas várias e pacientes conversas que foram mantendo comigo ao longo da preparação da presente conferência, das quais pude sempre retirar valiosos contributos para o estudo da matéria.

Quero ainda agradecer à Direcção do IDET o convite que me endereçou para participar no referido Colóquio e a condescendência que teve com o meu atraso na entrega deste texto para publicação.

[1] O presente texto não constitui mais do que um sumário desenvolvido da conferência que proferimos no colóquio organizado pelo IDET, sobre "Reformas do Código das Sociedades", realizado em Dezembro de 2006, na Faculdade de Direito de Coimbra. O texto não inclui, por isso, quaisquer referências bibliográficas.

O Decreto-Lei n.º 76-A/2006, de 29 de Março, alterou o regime da cessão de quotas e do registo comercial.

Iremos abordar, sobretudo, as alterações introduzidas no registo comercial, uma vez que as alterações ao regime da cessão de quotas consistiram, essencialmente, na designada desformalização – *id est*, na dispensa de escritura pública para os negócios translativos de quotas, que passaram a estar sujeitos apenas à forma de documento particular escrito. Esta matéria foi objecto da intervenção do Senhor Doutor Albino de Matos, pelo que, naturalmente, não a iremos abordar. Referiremos, apenas, dois ou três aspectos da alteração do regime da cessão de quotas que não se inscrevem na referida desformalização.

O art. 231.º CSC foi alterado no que respeita ao regime da recusa de consentimento para a cessão de quotas. Porém, o n.º 2 da al. b) passou a ter uma redacção incompreensível: a norma dispõe que, após o pedido de consentimento pelo sócio, a cessão torna-se livre "se a proposta [da sociedade] *e a aceitação* [do sócio cedente] (!?) não respeitarem a forma escrita e o negócio não for celebrado por escrito nos 60 dias seguintes à aceitação, por causa imputável à sociedade". Uma interpretação *literal* do regime do art. 231.º, n.º 2, b), teria implicações absurdas: o sócio acabaria por ter sempre a liberdade para a cessão da quota. Após pedir o consentimento à sociedade, bastar-lhe-ia não aceitar a proposta da sociedade – que há-de acompanhar a recusa de consentimento – para se tornar livre a cessão! Parece-nos evidente a contradição com o disposto na 2ª parte do n.º 1 do art. 231.º e, de resto, com a própria *ratio* do regime de consentimento para a cessão de quotas.

Sustentamos, por isso, uma interpretação ab-rogante do art. 231.º, n.º 2, b), CSC, no que toca à ausência de aceitação por escrito: apenas a ausência de *forma da proposta* da sociedade implicará a liberdade para a cessão; a ausência de aceitação (ou de forma desta) implicará, nos termos do n.º 1, a persistência da recusa de consentimento.

Por outro lado, o art. 242.º-A CSC dispõe que "os factos relativos a quotas são ineficazes perante a sociedade enquanto não for solicitada, quando necessária, a promoção do respectivo registo". Mas o art. 228.º, n.º 3, dispõe – na sua redacção originária, que se manteve – uma coisa diferente: "a transmissão de quota entre vivos torna-se eficaz para com a sociedade logo que lhe for comunicada por escrito ou por ela reconhecida, expressa ou tacitamente". Ora, o sócio pode "comunicar" à sociedade a transmissão (art. 228.º, n.º 3, CSC), mas não "solicitar" o registo (art. 242.º-A, CSC). Nesse caso, qual das normas prevalecerá? Por outro lado, e este é o problema maior, o que sucederá quanto aos casos em que a sociedades reconheça tacitamente a cessão – como se prevê no art. 228.º, n.º 3 e no art. 230.º, n.º 5 e 6? Deixaram de valer os chamados consentimentos "tácitos"?

Parece-nos que não. Não faria sentido que a *ratio* do regime do art. 230.º, n.º 5 e 6, CSC – que consiste em estabilizar aquelas cessões que, não tendo sido expressamente consentidas, a sociedade acabou por, de certa forma, consentir – fosse afastada com o novo regime do art. 242.º-A CSC. A cessão, cujo registo não tenha sido solicitado à sociedade, não deixará de produzir efeitos em relação a esta se, nos termos do art. 230.º CSC, tiver sido prestado o consentimento.

Passemos, agora, às alterações introduzidas no regime do registo comercial. Nesta matéria, atrevemo-nos a falar de uma *revolução* no regime jurídico do registo das transmissões de quotas – e será este regime que teremos essencialmente em vista[2].

O legislador introduziu uma espécie de *bipartição do registo*, distinguindo, vincadamente, o chamado *registo por transcrição* do designado *registo por depósito* (art. 53-A, n.º 1, CRC).

Pode dizer-se que ao registo por transcrição ficam sujeitos os factos respeitantes à sociedade-pessoa ou sociedade-entidade: a constituição, as alterações ao contrato, a fusão, a cisão, a transformação, o aumento e a redução de capital, a dissolução e o encerramento da liquidação (art. 3.º, n.º 1, als. *a), o), r)* e *t)*, CRC). Ficam ainda sujeitos a este registo por

---

[2] O novo regime do registo, aplica-se também a outros negócios que não operam a transmissão de quotas, como é o caso do penhor ou do contrato promessa de alienação. Todavia, até por comodidade de exposição, iremos aludir, em regra, apenas às transmissões de quotas, sendo certo que, devidamente adaptado, o regime valerá igualmente para o registo de outros factos relativos a quotas.

transcrição "a designação, e cessação de funções, por qualquer causa que não seja o decurso do tempo, dos membros dos órgãos de administração e de fiscalização da sociedades, bem como do secretário da sociedade" (art. 3.º, n.º 1, al. *m)*, CRC). Noutro texto, que se encontra neste momento no prelo[3], sustento que também a designação e a cessação de funções do presidente da mesa da assembleia geral da sociedade anónima está sujeita a registo: uma vez que o presidente da mesa pratica actos em nome da sociedade (desde logo, a convocação das reuniões da assembleia geral da sociedade e a elaboração das respectivas actas) e uma vez que, na ausência de tais actos ou na incompetência do sujeito que os tiver praticado, emergirão gravíssimas consequências para a sociedade e para o tráfico[4], parece-nos forçoso concluir que a designação e a cessação de funções do presidente da mesa estão sujeitas a registo. O fundamento legal encontramo-lo na *identidade* ou até na *maioria de razão* relativamente ao regime de registo dos *membros do órgão de fiscalização* e do *secretário da sociedade*. O presidente da mesa tem, no nosso sistema, funções em parte próximas ao de um órgão de fiscalização e, por outro lado, não se compreenderia que a designação do secretário da sociedade se encontrasse sujeita a registo, mas a do presidente da mesa – cujas competências, em parte, são até mais extensas e mais relevantes do que as do secretário da sociedade – já estivesse dispensado desse mesmo registo.

O registo por transcrição não foi sujeito a uma alteração profunda.

Já o *registo por depósito* constitui, em si mesmo, uma grande alteração ao regime do registo. É certo que já antes se previa, relativamente à obrigação de proceder ao registo da prestação de contas (art. 3.º, n.º 1, al. *n)*, CRC), um registo que consistia "apenas na entrega, para fins de depósito, da acta de aprovação donde conste a aplicação de resultados", acompanhada de diversos documentos (art. 42.º CRC)[5]. Terá sido este

---

[3] Trata-se de um artigo intitulado "Deliberações dos sócios e respectiva documentação: algumas reflexões", que será publicado nas actas do Congresso "Nos vinte anos do Código das Sociedades Comerciais", realizado nos dias 30 e 31 de Março de 2006, na Faculdade de Direito da Universidade de Coimbra, em homenagem aos Prof. Doutores Ferrer Correia, Orlando de Carvalho e V. Lobo Xavier.

[4] As deliberações tomadas em assembleia não convocada ou convocada por quem não tiver essa competência são nulas, nos termos do art. 56.º CSC.

[5] Após a Reforma, esta norma, ao menos nos termos em que se encontra redigida, parece não fazer grande sentido, uma vez que, agora, existe uma norma geral que define em que consiste um registo por depósito (art. 53.º-A, CRC).

registo por depósito, aplicável somente à prestação de contas por sociedades, que o legislador terá tomado como modelo e que terá, agora, estendido a muitos outros casos, como veremos. Pode até dizer-se que presentemente o registo por depósito constitui a regra no que toca a participações sociais – à sua transmissão, oneração ou extinção.

O regime do registo por depósito afasta-se radicalmente do regime, digamos, tradicional e comum do registo, uma vez que o legislador suprimiu a intervenção do conservador para controlo da legalidade do facto a registar. Com efeito, resulta dos arts. 46.º e 48.º CRC que o registo por depósito (só) deve ser rejeitado quando o requerimento não respeite o modelo aprovado, quando não forem pagas as quantias que se mostrem em dívida, quando a entidade sujeita a registo não tiver número de identificação de pessoa colectiva atribuído, quando o requerente não tiver legitimidade para requerer o registo, quando não se mostre efectuado o primeiro registo da entidade e quando o facto não estiver sujeito a registo (art. 46.º, n.º 2, CRC). Já a manifesta nulidade do facto a registar só está prevista como causa de recusa do *registo por transcrição* (art. 48.º, n.º 1, d), CRC), mas já não se encontra igualmente prevista como causa de recusa de *registo por depósito*. Ou seja: o registo por depósito não se encontra sujeito ao *princípio da legalidade*.

Acresce, por outro lado, que foi igualmente suprimido o *princípio do trato sucessivo* (o art. 31.º CRC encontra-se revogado). Poder-se-á com certeza dizer que este princípio se reveste de escassa (ou mesmo nenhuma) importância no que toca ao registo comercial de pessoas ou entidades. Mas já quanto ao registo relativo a participações sociais, a aparente eliminação do princípio do trato sucessivo tem uma evidente e relevantíssima consequência imediata: a possibilidade de virem a existir várias cadeias de transmissões, todas elas registadas e, inclusive, todas elas validamente registadas – exactamente porque a inobservância do trato sucessivo não constitui causa de invalidade do registo. Note-se que a eliminação do princípio do trato sucessivo, associada à ausência de controlo da legalidade do acto pelo conservador, tem reflexos em dois momentos distintos: por um lado, deixa de constituir *causa de recusa* do registo e, por outro lado, deixa de constituir *causa de nulidade* de um registo já efectuado.

Esta breve apresentação do novo regime do registo por depósito permite com certeza afirmar que o novo regime de registo a que se encontram sujeitas as transmissões de quotas diminui a *segurança* e a *certeza do tráfico*. É claro que, anteriormente, o registo não tinha efeito *constitutivo* e, portanto, não *atribuía direitos* a quem nele confiasse, isto é, a quem adquirisse direitos sobre uma quota de quem a tivesse registada a seu favor. Nada impedia, por isso mesmo, que, não obstante a *aparência* que o registo poderia criar, o facto registado fosse inválido e nada impedia, por conseguinte, que a aquisição ao beneficiário do registo viesse afinal a ser atacada, após o cancelamento do registo por nulidade do negócio aquisitivo anterior.

Todavia, o controlo da legalidade a cargo do conservador tinha com certeza o efeito de filtrar o registo de transmissões. E, por outro lado, no regime anterior os negócios sobre quotas estavam sujeitas à forma de escritura pública, pelo que o controlo de legalidade se fazia em dobro: pelo notário e pelo conservador.

Ora, o legislador, com o pretexto de pôr fim a um duplo controlo de legalidade – que reputou de excessivo[6] –, instituiu um sistema em que afinal, *aparentemente*, não existe quase controlo nenhum: não existe controlo pelo notário, porque a cessão de quotas não está agora sujeita à forma de escritura pública; mas também não existe controlo pelo conservador, porque o registo se efectua por mero depósito, nos termos já referidos.

Assim descrito, o novo regime de registo de quotas afigura-se altamente criticável e, até, em parte inútil: se não resulta de nenhum controlo de legalidade, se não estabelece nenhuma presunção de legalidade[7], então de que serve o registo? Como mero mecanismo para publicitar factos, independentemente da sua legalidade e até mesmo da sua existência[8]?

Cremos que o novo regime do registo por depósito – independentemente das críticas que lhe são devidas – não constitui, na interpretação que iremos defender, um espaço totalmente *livre* ou *estranho à interven-*

---

[6] Como decorre do Preâmbulo do Decreto-Lei n.º 76-A/2006, de 29 de Março.

[7] Com o Decreto-Lei n.º 8/2007, de 17 de Janeiro, o legislador veio abolir a presunção de legalidade, constante do n.º 2 do art. 11.º, CRC ("o registo por depósito de factos respeitantes a participações sociais e respectivos titulares tem os efeitos referidos no número anterior"), revogando esta norma.

[8] Na verdade, uma vez que o conservador não controla – nem sequer arquiva – o documento que titula o facto levado a registo, não se pode sequer assegurar que o facto registado tenha existência material.

ção *do conservador*, um domínio em que, mediante a vontade de quem tem legitimidade para promover o registo, tudo poderá ser *validamente* registado.

Com efeito, apesar de o legislador ter excluído o conservador do controlo da *legalidade*, do *trato sucessivo* e da *legitimação de direitos* no que toca ao registo de transmissões de quotas, nem por isso se pode afirmar que tais controlos tenham sido, de todo, *suprimidos*: é que eles estão agora a cargo da *sociedade* e *não (em princípio ou em regra*[9]*) do Conservador* (arts. 242.º-E, n.º 1, 242.º-D CSC). Na verdade, é a própria sociedade – a quem passou a pertencer, *por regra em exclusivo*, a legitimidade para pedir o registo de transmissão de quotas (art. 29.º, n.º 5, CRC) – que há-de, antes de pedir o registo, verificar

(i) que tenha intervindo no acto o titular registado (art. 242.º-D, CSC) – o que vale por dizer, observância do *princípio do trato sucessivo* –;

(ii) que o pedido seja viável em face da lei, dos documentos apresentados e dos registos anteriores, devendo verificar especialmente a legitimidade dos interessados, a regularidade formal e a validade dos actos nele contidos (art. 242.º-E, n.º 1, CSC) – o que vale por dizer, observância do *princípio da legalidade* e da *legitimação de direitos*.

Quer dizer: afinal, com a Reforma de 2006 não se baniram da ordem jurídica os referidos princípios do trato sucessivo, da legalidade e da legitimação de direitos. Simplesmente, deixou de competir ao conservador verificar a sua observância, tendo sido remetida para a sociedade esse *poder-dever*. Neste sentido, a Reforma *privatizou* uma função que cabia aos conservadores, porque transferiu para privados – as próprias sociedades – o dever de verificar a legalidade dos factos de que, depois, promovem o registo.

O referido filtro no que toca à legalidade das transmissões deslocou--se, portanto, das conservatórias para as próprias sociedades.

Com o novo sistema, a sociedade passou a ser uma *intermediária necessária* entre, por um lado, as partes no negócio de transmissão das quotas e, por outro lado, o registo (ou o "serviço registral", se se preferir).

---

[9] Cfr, porém, o que diremos mais adiante, a respeito do art. 29.º-A CRC.

As partes limitam-se a "solicitar" à sociedade que promova o registo, estando elas, todavia, impedidas de o promoverem directamente – ressalvado o caso previsto no art. 29.º-A, CRC, que analisaremos adiante.

Duvidamos da bondade do sistema, que com certeza fará impender sobre as sociedades por quotas – muitas delas de parcos recursos e de escassos meios jurídicos – o encargo, pesadíssimo, de conferir a legalidade de transmissões de quotas, o trato sucessivo e inclusivamente o cumprimento de encargos de natureza fiscal pelas partes no negócio (art. 242.º-E, n.º 2, CSC). É possível que, nesta parte, a Reforma venha afinal a redundar em *mais custos* para as sociedades ou, então, em *muito menos segurança para o tráfico* – o que não deixa de implicar, pelo menos a médio prazo, elevados custos também. Não nos parece que um sistema, que aparentemente se inspirou no regime a que as sociedades anónimas se encontram sujeitas quando emitam acções escriturais (arts. 63.º ss. CVM), tenha levado na devida conta as enormes diferenças que intercedem entre esses dois universos, o das sociedades anónimas com acções escriturais e o das sociedades por quotas: as sociedades anónimas só emitem acções escriturais *se quiserem*, o que significa que só se submetem aos encargos próprios de tais acções *se quiserem*; ao invés, aparentemente, todas as sociedades por quotas encontram-se sujeitas a este registo, independentemente da sua vontade; por outro lado, das sociedades anónimas pode, naturalmente, *esperar-se* e *exigir-se* uma maior sofisticação de serviços jurídicos e administrativos do que aquela que as sociedade por quotas efectivamente têm ou é exigível que tenham.

Independentemente da avaliação que o novo regime de registo de quotas deva merecer, parece-nos que ele não desatende em tão grande medida – quanto à primeira vista poderia supor-se – aos interesses do tráfico, nem desloca, *em definitivo*, para as sociedades o controlo dos já referidos princípio da legalidade, do trato sucessivo e da legitimação de direitos.

Em nosso entender, como tentaremos demonstrar de seguida, o novo regime de registo por depósito só retira ao conservador aquelas funções, remetendo-as para a sociedade, *no caso em que não tenha emergido nenhum conflito registral relativo ao facto a registar*. Mas, ao invés, sempre que se revele um tal conflito, o conservador *reassume* o seu papel, dirimindo esse conflito, conferindo o cumprimento dos princípios que informam o registo e procedendo, ou não, ao registo. Vejamos.

O art. 29.º-A, n.º 1, CRC dispõe que "no caso de a sociedade não promover o registo, nos termos do n.º 5 do artigo anterior, qualquer pessoa pode solicitar junto da conservatória que esta promova o registo por depósito de factos relativos a participações sociais e respectivos titulares". Vale isto por dizer que, nos casos em que a sociedade não cumpra o seu *dever* de promover o registo, então qualquer interessado passa a ter legitimidade para tal promoção.

Ao pedido, segue-se uma notificação à sociedade para que esta, no prazo de 10 dias, promova o registo sob pena de, não o fazendo, a conservatória proceder ao registo (art. 29.º-A, n.º 2, CRC).

Aqui, abrem-se três hipóteses:

(i) ou a *sociedade promove o registo* – caso em que o diferendo registral é sanado;

(ii) ou a *sociedade não promove o registo nem se opõe*, dentro do referido prazo de 10 dias, à sua promoção – caso em que "a conservatória regista o facto, arquiva os documentos que tiverem sido entregues e envia cópia dos mesmos à sociedade" (art. 29.º-A, n.º 3, CRC[10]), sanando-se também o conflito registral entre a sociedade e o sócio[11];

---

[10] Na redacção introduzida pelo Decreto-Lei n.º 8/2007, de 17 de Janeiro.

[11] Temos dúvidas acerca da solução consagrada pelo legislador neste caso. Se a sociedade não se opõe ao registo, parece que o conservador deve, *sem mais*, proceder ao registo, isto é, deve proceder ao registo sem conferir nada. Aliás, com o Decreto-Lei n.º 8/2007, de 17 de Janeiro, o legislador parece até ter sublinhado este entendimento, uma vez que o novo n.º 4 do art. 51.º CRC dispõe que "a verificação do cumprimento das obrigações fiscais relativamente a factos que devam ser registados por depósito não compete às conservatórias". Parece-nos, porém, defensável uma interpretação restritiva desta norma, que cinja a sua aplicação aos casos em que o registo por depósito se efectuou, digamos, regularmente, isto é, em que a sociedade promoveu, como devia, o registo, tendo, como devia, conferido ela própria o cumprimento das obrigações fiscais (art. 242.º-E, n.º 2, CSC). Mas, se a sociedade não promoveu o registo, parece-nos que o cumprimento das obrigações não pode deixar de ser conferida. O legislador deu especial ênfase a este controlo – impondo à sociedade uma responsabilidade solidária pelo cumprimento das obrigações fiscais (242.º-F, n.º 2, CSC) [mas esta responsabilidade deveria impender apenas sobre os gerentes e não sobre a sociedade, porque assim poderão ser os sócios, que nada tenham que ver com a cessão em causa, a arcar, a final, com as consequências da violação das obrigações fiscais] –, pelo que parece estranho que, nada fazendo a sociedade, não subsista nenhum controlo. Pensamos, por isso, que o conservador, quando esteja a efectuar o registo a requerimento de interessados que não a sociedade, deve conferir, como a sociedade teria de fazer, o cumprimento de obrigações fiscais.

(iii) ou a *sociedade opõe-se ao registo* – caso em que o conflito registral não se sana.

Nesta última hipótese, a lei prevê que o conservador aprecie a oposição da sociedade, "ouvidos os interessados" (art. 29.º-A, n.º 4, CRC). Depois, o conservador decidirá proceder ao registo ou indeferir o pedido de registo. Qualquer uma destas decisões do conservador é recorrível, nos termos dos artigos 101.º e seguintes (art. 29.º-A, n.º 6, CRC).

Centremos a nossa atenção nesta parte do novo regime legal do registo. Se emergir um conflito registral – porque alguém pretende o registo de determinado facto, registo a que, todavia, a sociedade se opõe – a lei preceitua que o conservador intervenha, decidindo, "ouvidos os interessados", se procede ao registo ou se indefere o pedido. Ora, a questão que se coloca é a seguinte: *com que fundamento o conservador deverá decidir-se pelo indeferimento ou pelo registo*?

Quanto a nós a resposta só pode ser uma: o conservador irá apreciar se, à luz dos deveres que os artigos 242.º-A ss. CSC – especialmente os arts. 242.º-D e 242.º-E CSC – impõem à sociedade, esta *devia* ter promovido o registo ou não. Vale isto por dizer que o conservador vai averiguar se, tendo em conta o princípio do trato sucessivo, da legalidade e da legitimação de direitos – a que, conforme vimos antes, a sociedade se encontra obrigada – devia ou não ter sido efectuado o registo. Se a sociedade devia ter promovido o registo, não o tendo feito, o conservador regista; se, ao invés, a sociedade não devia ter promovido o registo, o conservador indefere o pedido de registo.

Assim sendo, parece-nos possível afirmar que, no novo regime de registo instituído pela reforma de 2006, o conservador converteu-se numa "instância de recurso" em caso de diferendo registral: se a sociedade promove o registo tal como as partes no negócio pretendiam, o conservador limita-se a proceder ao registo, não cuidando de verificar praticamente nada.

Mas, ao invés, se emerge um diferendo registral – em virtude de a sociedade se opor ao registo que lhe for solicitado "por qualquer interessado" –, então o conservador irá decidir, tendo em conta as obrigações que impendiam sobre a sociedade, se esta deveria ter promovido o registo ou se tem motivos para se lhe opor. Com base nessa apreciação – que irá fazer-se, afinal, com base no princípio da legalidade, do trato sucessivo e da legitimação de direitos –, o conservador decidirá se regista ou se indefere o pedido.

Note-se que o conservador não se encontra *directamente* sujeito a estes princípios: ele apreciará se a sociedade – que se encontra, ela sim, sujeita a tais princípios – devia ter promovido o registo, para então decidir se efectua o registo. O conservador decide o registo na óptica ou na posição da sociedade: regista se a sociedade devia ter promovido o registo; indefere se a sociedade não devia ter promovido o registo.

Pois bem. O art. 29.º-A CRC regula expressamente apenas os casos em que o diferendo registral consiste em a sociedade não ter promovido o registo, tendo este sido solicitado. Para estes casos, como acabámos de ver, a lei prevê expressamente a intervenção do conservador, que decidirá se efectua o registo ou não. A hipótese contrária – de a sociedade ter promovido um registo que não devia ter promovido – já não se encontra expressamente regulada. *Quid iuris*, então, se, por exemplo, a sociedade promove o registo de uma cessão de quotas em que o transmitente não era o titular (ilegitimidade do *tradens*), ou em que não se observou a forma escrita no negócio (nulidade do facto a registar)?

A questão afigura-se especialmente complexa e importante se se tiver em conta que o registo por depósito não se encontra sujeito a nenhuma causa de nulidade, o que poderia levar à conclusão, estranhíssima, de que, num de tais casos, nada haveria a fazer: a sociedade não deveria ter promovido o registo, mas fê-lo; uma vez efectuado esse registo, ele não padece de qualquer invalidade e tornar-se-ia, por isso, inatacável.

Pensamos que a solução do caso deve buscar-se no art. 29.º-A CRC. A *ratio* desta norma consiste, quanto a nós, na instituição de um sistema de registo em que o conservador seja chamado a intervir para dirimir conflitos registais, decidindo então – ao abrigo do princípio da legalidade, do trato sucessivo, da legitimação de direitos – se o registo se efectua ou não. Ora, a hipótese expressamente prevista e regulada pelo art. 29.º-A CRC é a do diferendo que consiste no facto de a sociedade não promover o registo daquilo que deveria (ou alguém entende que deveria) ter sido levado a registo. Mas, *por identidade de razão*, a norma deverá aplicar-se aos casos em que o diferendo é o oposto: a sociedade promoveu o registo daquilo que não deveria (ou alguém entende que não deveria) ter sido levado a registo.

O registo nestes casos não será nulo, pois não se encontra prevista na lei a nulidade do registo por depósito. Mas parece-nos desproporcionado impor, desde logo e necessariamente, a intervenção do tribunal sempre que se pretenda remover do registo um facto de que a sociedade tenha, indevidamente, promovido o registo. Talvez a solução passe por se entender que, nos termos do art. 20.º CRC, o conservador poderá, após pedido formulado por qualquer interessado, cancelar o registo promovido (ilegalmente) pela sociedade.

Não nos parece aceitável que o registo por depósito, tendo sido indevidamente promovido pela sociedade – e não se encontrando, como não se encontra, sujeito a nenhuma causa de nulidade –, se pudesse tornar inatacável.

Balanço final

Este entendimento, de que o conservador se converteu numa instância de recurso de diferendos registais entre a sociedade e os sócios (ou outros interessados), talvez permita minorar o impacto negativo que, antevê-se, a reforma poderá ter neste seu aspecto. Mas as quotas, enquanto objectos de negócios, terão sido irremediavelmente prejudicadas e desvalorizadas. Uma cessão de quota ou um penhor de quota estarão demasiado vulneráveis a um sistema de registo que prescindiu de qualquer controlo: prescindiu do controlo pelo notário e, simultaneamente, prescindiu do controlo pelo conservador. Para já não falar do facto de todo este sistema de registo público confiar os documentos que titulam os factos registados a uma guarda privada, a sociedade. O registo é público, mas os documentos não são publicamente acessíveis, ou, melhor, não se encontram à guarda de uma entidade pública.

Por outro lado, não podemos deixar de notar estranheza – mas este é um aspecto que já não poderemos desenvolver – pelo facto de o regime de registo por depósito vigorar em situações em que a sociedade se encontra num *patente conflito de interesses*. É que à luz do novo regime, a sociedade, sem qualquer controlo de legalidade, promove o registo (por depósito) da exoneração de um sócio, da sua exclusão, da amortização de quotas ou até da amortização ou da remissão de acções... Isto é: exclui-se um sócio, ou amortizam-se acções apenas com base numa declaração da própria sociedade.

O regime de registo de um valor tão importante do tráfico jurídico-mercantil como são as quotas das sociedades não deveria desproteger, de tal maneira, a certeza sobre os direitos adquiridos com o negócio.

O tráfico mercantil reclama uma especial segurança, sobretudo quando se trata de bens cujo valor pode ser elevadíssimo e que, ainda por cima, não têm existência corpórea. Em casos paralelos, o que se verifica é um especial reforço da tutela do tráfico, seja através de registos constitutivos – como sucede, por exemplo, com bens da propriedade industrial –, seja através do regime dos títulos de crédito – como sucede com as acções das sociedades anónimas[12]. Por vias diferentes e em diferentes medidas, o adquirente colhe de tais regimes uma segurança especial.

Ora, o sentido da reforma de 2006, quanto à transmissão de quotas, é o oposto, o que nos parece contender com os mais evidentes interesses e necessidades do tráfico.

---

[12] A assimilação do regime do registo das quotas ao regime do registo das acções escriturais sempre seria apenas aparente: é que as acções são títulos de crédito e as quotas não são nem podem ser tituladas (art. 219.º, n.º 7, CSC). Por conseguinte, a transmissão de acções, afora o registo, colhe o regime de tutela da aparência de que, em geral, os títulos de crédito beneficiam; mas a transmissão de acções, não se sujeitando a esse regime, careceria de um sistema de registo que lhe conferisse idêntica tutela, o que deixou de ser o caso desde a reforma de 2006.

MÓDULO III
ORGÂNICA DAS SOCIEDADES

OS MODELOS DE GOVERNO DAS SOCIEDADES ANÓNIMAS

PAULO CÂMARA[*]

---

[*] Director do Departamento Internacional e de Política Regulatória da CMVM. As opiniões aqui expressas são-no a título exclusivamente pessoal.

§ 1.º Introdução

1. Apresentação do tema

I – O regime dos modelos típicos de governo das sociedades anónimas constitui uma das áreas mais profundamente afectadas com a reforma de 2006 do Código das Sociedades Comerciais.

Os renovados dispositivos revelam alguns dos objectivos da reforma, confessados ao longo do processo legislativo. A ampliação da autonomia estatutária manifesta-se no alargamento do elenco de modelos e sub-modelos possíveis, adiante apreciados, bem como na permissão de órgãos com número par de titulares. A intenção de reforço da eficácia da fiscalização, por seu turno, concretiza-se no estabelecimento de exigências gerais de qualificações dos membros de órgãos de fiscalização (art. 414.º, n.º 3), no robustecimento da sua independência (arts. 414.º, 414.º-A, 423.º-B, n.ºs 3 a 6, 434.º, n.º 4), na permissão conferida a estes de contratação de peritos (arts. 421.º, n.º 3, 423.º-F p) e 441.º p)) e na supressão de número máximo dos membros dos órgãos de fiscalização. A reformulação do Código nesta vertente surge, além disso, complementada pela importante densificação do conteúdo dos deveres dos membros dos órgãos sociais – não apenas os administradores (arts. 64.º, n.º 1, 72.º, n.º 2, 393.º, n.º 1 e – no tocante ao presidente da comissão executiva – art. 407.º, n.º 6) e os membros dos órgãos de fiscalização (art. 64.º, n.º 2, 441.º-A), mas também dos membros da mesa da assembleia geral (art. 374.º-A)[1] e do secretário (art. 446.º-B). Anote-se, ainda, que as novidades

---

[1] Esta constitui, de resto, uma feição marcante da reforma de 2006. Reenvia-se, para desenvolvimentos, para MENEZES CORDEIRO, *SA: Assembleia Geral e Deliberações Sociais*, Coimbra (2007), 45-81. Antes da reforma, um texto de referência é o de PEDRO MAIA, *O presidente das assembleias de sócios*, in IDET, *Problemas de Direito das Sociedades*, (2002), 421-468.

legislativas no âmbito dos modelos de governação incidem nas sociedades de grande dimensão e cotadas de modo diferenciado em relação ao que sucede quanto às pequenas sociedades; aquelas recebem a aplicação de normas injuntivas que obrigam à inclusão de membros dos órgãos de fiscalização independentes, ao passo que estas são dotadas de uma maior liberdade de escolha dos modelos e na composição dos órgãos sociais, como veremos.

II – Na acepção aqui utilizada, modelos de governo são fórmulas matriciais de organização da administração e fiscalização de sociedades anónimas. O desenho legislativo de cada modelo compreende o elenco, a composição e as competências dos órgãos sociais e a posição jurídica dos seus membros.

Esta estruturação tipológica dos órgãos de administração e de fiscalização mostra implicações decisivas na distribuição de poderes dentro da sociedade. O modelo de governo afecta o processo decisório da sociedade, condicionando a medida de influência dos administradores executivos, dos accionistas (dominantes, qualificados ou minoritários) e dos membros de órgãos de fiscalização. Da sua conformação depende a profundidade de avaliação do desempenho societário (mormente, no âmbito do processo de preparação e de aprovação dos documentos de prestação de contas) e o escrutínio sobre actos de potencial conflito de interesses (*inter alia*, transacções entre partes relacionadas fora das condições de mercado ou outros aproveitamentos privados dos benefícios do poder societário). Encarados deste prisma, os modelos de governação previnem, em grau variável, os desvios em relação aos interesses típicos dos accionistas, os comportamentos oportunistas e as simples ineficiências de funcionamento. E servem, na mesma medida, a gestão societária, em resposta a uma complexidade crescente da actividade financeira das sociedades, designadamente em virtude da utilização corrente de instrumentos financeiros derivados.

Assim, mais do que temperar a influência dos actores societários, os modelos oferecem – ou podem oferecer – mecanismos através dos quais tal influência possa ser sindicada[2], através da adequada inter-acção dos *checks and balances* societários.

---

[2] Como sentencia lapidarmente o código de governação britânico: *No one individual should have unfettered powers of decision* (FINANCIAL REPORTING COUNCIL, *Combined*

2. A superação do quadro dicotómico tradicional

I – Não é apenas em Portugal que o tema dos modelos de governação tem sofrido evolução. No plano do direito comparado, a taxinomia dos modelos de governo tem-se revelado um tema crescentemente difícil de retratar. O problema reside em que as classificações terminológicas mais utilizadas têm assentado em categorizações binárias que se mostram patentemente desajustadas. Por esse motivo, a abordagem dos modelos de governo societário nacionais supõe um esclarecimento terminológico prévio.

II – Usualmente, a questão da estruturação da governação societária é tratada na literatura anglo-saxónica como um problema centrado na configuração da administração (*board models, board structures*)[3].

Esta abordagem decorre do paradigma implícito dominante nos Estados Unidos e no Reino Unido, assente no modelo em que o próprio órgão de administração concentra as funções de fiscalização da sociedade. Tal anda associado à concepção dominante nesses sistemas segundo a qual ao órgão de administração não cabe gerir mas antes fiscalizar a gestão da sociedade (*monitoring function*).

Nos Estados Unidos, tal encontra expressão nos *Principles of Corporate Governance* do *American Law Institute*, aprovados em 1992, que separam cuidadosamente as funções de gestão da sociedade das funções de orientação e controlo da mesma, confiando aos administradores apenas esta última[4] – autonomização de resto obedecida pela jurispru-

---

Code on Corporate Governance, (2006), Princípio A.2). No mesmo sentido, cfr. a Recomendação da Comissão Europeia n.º 2005/162/CE, de 15 de Fevereiro de 2005, que dispõe que "*no individual or small group of individuals can dominate decision-making*".

[3] A título de exemplo: KLAUS HOPT/ PATRICK LEYENS, *Board Models in Europe. Recent Developments of Internal Corporate Governance Structures in Germany, the United States, France, and Italy*, ECGI Law Working Paper n. 18/2004 (2004); MARCO BECHT/ PATRICK BOLTON/ AILSA A. ROELL, *Corporate Governance and Control*, (2002), ECGI – Finance WP n.º 2 (2002), 41-45. A origem do conceito de *board* encontra-se na prática da reunião do órgão de administração das *companies* primitivas em torno de uma tábua de madeira (*board*), por falta de mobiliário, muito dispendioso na época. A única cadeira então disponível era reservada para o presidente do órgão (o *chair-man*). Cfr. ROBERT MONKS/ NELL MINOW, *Corporate Governance*[2], (2001), 165.

[4] AMERICAN LAW INSTITUTE, *Principles of Corporate Governance: Analysis and Recommendation*, St. Paul, §§ 3.01 e 3.02. Fundamental, no contexto norte-americano,

dência[5]. No Reino Unido, foi pioneiro o Relatório Cadbury ao assinalar ao órgão de administração as funções de liderança e de controlo do negócio, sublinhando o papel dos administradores não-executivos no exercício das funções de fiscalização[6].

Como se sabe, é diversa a experiência alemã, cujo modelo típico de governação postula a coexistência entre um órgão executivo (o *Vorstand*) e um órgão fiscalizador (o *Aufsichtsrat*), sendo que em algumas situações ao órgão fiscalizador pode ser sujeita a aprovação de algumas decisões de gestão[7]. Seja em virtude desta competência eventual e acessória ou por pura simplificação linguística, a literatura anglo-saxónica trata ambos os órgãos como *boards* fazendo corresponder à terminologia germânica a distinção entre o *managing board* (ou *executive board*) e o *supervisory board*. Daqui decorre também a utilização indeferenciada do termo *"director"* para designar os membros de órgãos sociais – qualquer que seja a sua natureza – contrapondo-se os *managing directors* aos *supervisory directors*.

É a esta luz que surge a contraposição entre os *boards* monocéfalos e os *boards* bicéfalos: respectivamente, os *one-tier boards*, ilustrados de modo central nas experiências britânica e norte-americana, e os *two-tier boards*, ilustrados no exemplo típico germânico.

---

foi o contributo de MELVIN EISENBERG, que desempenhou um papel influente como relator dos Princípios de Corporate Governance do *American Law Institute*. Cfr., do autor, *Legal models of management structure in the modern corporation: officers, directors, and accountants*, California LR 63 (1975) 375-403 (texto republicado em *The Structure of the Corporation: A Legal Analysis*, Boston/ Toronto (1976)); Id., *The Board of Directors and Internal Control*, Cardozo LR vol. 19 (1997), 237-264. Consulte-se ainda WILLIAM J. CARNEY, *The Monitoring Board, Duties of Care, and the Business Judgment Rule*, in AA.VV., *The American Law Institute and Corporate Governance. An Analysis and Critique*, National Legal Center for the Public Interest, (1987), 111-137; FRANKLIN GEVURTZ, *Corporation Law*, St. Paul (2000), 179-180; LAWRENCE MITCHELL, *The Trouble with Boards*, George Washington University Law School, (2005) < http://ssrn.com/abstract=801308 >; EDWARD B. ROCK, *America's Fascination with German Corporate Governance*, AG n.º 7 (1995), 292-293.

[5] JAMES COX/ THOMAS LEE HAZEN, *Corporations*², New York, (2003), 136-ss.

[6] *Report of the Committee on the Financial Aspects of Corporate Governance*, London, (1992), 4.1, 4.10-4.17 (equivalentes, *grosso modo*, às regras ulteriormente desenvolvidas nos capítulos A e C do *Combined Code on Corporate Governance*, cit.). Cfr. ainda ADRIAN CADBURY, *Corporate Governance and Chairmanship*, cit., 36; PAUL DAVIES, *Unternehmensführung in Großbritannien und Deutschland: Konvergenz oder fortbestehende Divergenz?*, ZGR, (2001), 270-286 (282-283).

[7] § 111 (4) AktG.

III – Este quadro terminológico enfrentaria um teste severo perante o modelo tradicional português de governação, que postula a existência de conselho de administração e de conselho fiscal[8]. Com efeito, são notórias as hesitações dos comparatistas em relação ao modelo português clássico entre a sua qualificação como *one-tier board system* ou como *two-tier board system*. EDDY WYMMERSCH coloca este sistema na galeria dos *two-tier board systems*, considerando o conselho fiscal como parte do *board*[9]; pelo contrário, KLAUS HOPT, bem como um estudo comparativo elaborado para a Comissão Europeia em 2002, não deixam de reconduzir este modelo nacional a uma estrutura unitária da administração[10].

A descrita flutuação terminológica não se deve ao pobre grau de conhecimento do direito societário português além-fronteiras[11]; demonstra sobretudo as limitações da classificação mais popularizada na literatura estrangeira.

A contraprova obtém-se a partir da mesma inadequação desta classificação em outros sistemas jurídicos. Tal contraposição dificilmente se ajusta em modelos semelhantes ao modelo nacional clássico, tal como os vigentes em Itália, na América Latina[12] e no Japão[13]. Em todos estes

---

[8] Explicitar-se-ão adiante os casos em que, na base da previsão dos arts. 390.º, n.º 2 e 413.º, n.º 2, o conselho de administração pode ser substituído por administrador único e o conselho fiscal por fiscal único: cfr. *infra*, § 2.º.

[9] EDDY WYMEERSCH, *A Status Report on Corporate Governance Rules and Practices in Some Continental European States*, in KLAUS HOPT/ HIDEKI KANDA/ MARK ROE/ EDDY WYMEERSCH/ STEFAN PRIGGE, *Comparative Corporate Governance. The State of the Art and the Emerging Research*, (Oxford), (1998),1134.

[10] KLAUS HOPT, *The German Two-Tier Board: Experience, Theories, Reform*, in KLAUS HOPT/ HIDEKI KANDA/ MARK ROE/ EDDY WYMEERSCH/ STEFAN PRIGGE, *Comparative Corporate Governance. The State of the Art and Emerging Research*, Oxford, (1998), 228; WEIL, GOTSHAL & MANGES, *Comparative Study of Corporate Codes Relevant to the European Union and Its Member States*, (2002), 76-77.

[11] O qual desconhecimento, diga-se de passagem, é por vezes alimentado por descrições inexactas do regime societário português. Sirva de exemplo o quadro-síntese apresentado na obra KAREL VAN HULLE/ HARALD GESELL, *European Corporate Law*, cit., em que a estrutura de governação (*board structure*) para sociedades anónimas em Portugal é descrita desastradamente como sendo *"one-tier; two-tier if capital exceeds 200.000 euros"*.

[12] OECD, *White Paper on Corporate Governance in Latin America*, (2003), com indicações críticas quanto à eficácia destas estruturas na América do Sul, dado o seu défice de recursos, de informação e de independência (27). Em contraste, alguns exemplos de práticas bem sucedidas na mesma zona geográfica são relatadas através de INTERNATIONAL FINANCE CORPORATION/ OECD, *Case Studies of Good Corporate Governance Practices. Companies Circle of the Latin American Corporate Governance Roundtable*, (2005).

países a fiscalização societária pode ser confiada a um órgão externo ao conselho de administração (o que, à míngua de melhor, recebe usualmente a tradução anglo-saxónica de *board of auditors*).

Neste sentido, é sintomático o recente relatório da *International Organization of Securities Regulators* (IOSCO) sobre administradores independentes, que assume directamente a existência de órgãos de fiscalização designados por accionistas (*board of auditors*), em Portugal e nos países mencionados, como *tertium genus* nas tipologias organizativas de governação societária[14].

Mais importante ainda é o reconhecimento feito na Directiva n.º 2006//43/CE, de 17 de Maio de 2006, sobre auditoria, que admite que o órgão de fiscalização seja composto por membros directamente designados pela assembleia geral, a par da composição por membros da administração não executivos e por membros de um conselho geral e de supervisão[15].

IV – Não pode afirmar-se que o panorama português seja exemplar na utilização de terminologia atinente a este tema. Usualmente, como é sabido, utiliza-se a distinção entre modelo monista e modelo dualista para catalogar os sistemas de administração e de fiscalização.

Porém, a terminologia modelo monista aplicada ao sistema que compreende conselho de administração e conselho fiscal não se ajusta à circunstância de este modelo implicar dois órgãos. Por outro lado, a referência do modelo dualista contrastava com o facto de este pressupor não dois, mas três órgãos. Merece referir que RAÚL VENTURA foi dos poucos nomes a chamar a atenção para a inadequação da terminologia que foi popularizada entre nós[16].

---

[13] No Japão vigora uma permissão de escolha entre um modelo unitário de administração e uma administração vigiada por *kansayaku* – membros do órgão de fiscalização encarregues de vigiar o desempenho da administração. Cfr. OECD, *Corporate Governance – A Survey of OECD Countries*, (2004), 89, 107; RONALD GILSON/ CURTIS MILHAUPT, *Choice as Regulatory Reform: The Case of Japanese Corporate Governance*, ECGI Law WP n.º 22 (2004), 8-10.

[14] IOSCO TECHNICAL COMMITTEE TASK FORCE ON CORPORATE GOVERNANCE, *Report on Board Independence*, (2007), 3, 6.

[15] Art. 41.º, n.º 1 da Directiva n.º 2006/43/CE, de 17 de Maio de 2006 (JO L 157, de 9.6.2006).

[16] RAÚL VENTURA, *Novos Estudos sobre Sociedades Anónimas e Sociedades em Nome Colectivo*, Coimbra, (1994), 12 ("*esta terminologia pode ser adequada para outros*

Se encararmos este quadro terminológico tal como se prefigurava antes da reforma, a única forma de resgatar a sua validade seria a de considerar que a qualificação incide sobre a estrutura de fiscalização, pois esta concentra-se em um órgão no caso do modelo dito monista e reparte-se em dois órgãos no modelo referenciado como dualista.

A ser assim, porém, advirta-se que estamos no pólo oposto ao convénio terminológico subjacente à literatura anglo-saxónica – que, como notado, assenta a sua perspectiva na administração e não na sua fiscalização externa. O ponto é relevante, porque denota um desencontro terminológico por disparidade de referentes jurídico-culturais.

V – Se antes da reforma o quadro terminológico em sede de modelos de governação já deveria ser reapreciado, tal necessidade agudiza-se claramente com a entrada em vigor do DL n.º 76-A/2006, de 29 de Março.

De uma banda, quanto à estrutura do órgão de fiscalização, o modelo clássico passa a decompor-se em três principais sub-modalidades (art. 413.º, n.º 1)[17] – e uma destas supõe a autonomização entre conselho fiscal e revisor oficial de contas, inexistindo nesta a fiscalização monista antes inevitável na modalidade mencionada na alínea a) do n.º 1 do art. 278.º.

De outra banda, entra em cena um novo modelo, caracterizado por concentrar as funções de fiscalização e de administração no órgão de administração, de onde é emanada a comissão de auditoria. Em relação a este, é preferível rejeitar a tentação de o qualificar como modelo monista, já que é a própria lei a esclarecer que a comissão de auditoria, embora constituído por administradores, constitui um órgão autónomo (art. 423.º-B, n.º 1)[18].

---

ordenamentos, como por exemplo o francês, mas não para o português, onde existem obrigatoriamente dois órgãos"). Neste contexto é nítido e revelador o embaraço de ENGRÁCIA ANTUNES, que traduz o modelo clássico como um *two-tier system*, contrapondo--o ao modelo de inspiração germânica, designando-o – de modo contraditório – como *"three-tier system ("dual model")* (*An Economic Analysis of Portuguese Corporation Law – System and Current Develpoments*, texto de base à intervenção na conferência *"Corporate Law Reforms in Europe and Law and Economics Methodology"* (2004) in www.uni-bocconi.it/dirittocommerciale, 36-37).

[17] Cfr. *infra*, 16.
[18] Diversamente, porém: CALVÃO DA SILVA, *"Corporate Governance" – Responsabilidade civil dos administradores não executivos, da comissão de auditoria e do conselho*

Neste quadro, a classificação que apresenta maiores vantagens é a que se socorre do critério da origem geográfica dos modelos. Este é, aliás, o principal critério que subjaz à arrumação comparatística das famílias de direitos[19]. No entanto, neste caso esta matriz classificatória não pode ser acolhida em toda a sua extensão.

Em causa está sobretudo a vulnerabilidade dos modelos de governação a adaptações normativas, seja por efeito da permeabilidade a orientações políticas conjunturais, seja em virtude da juventude do tratamento dogmático correspondente, seja ainda em resultado da influência de experiências provindas de outros sistemas jurídicos. A dificuldade em detectar modelos de governação puros é por isso acentuada. Algumas concretizações, abaixo indicadas, permitem ilustrar o exposto.

A persistente instabilidade dos modelos de governação conduz, desde logo, a que o modelo dualista, composto por órgão executivo e conselho geral e de supervisão, não deva ser qualificado como germânico. Assim acontece por três motivos: de um lado, quanto à sua origem, como veremos, o modelo tem raízes históricas mais recuadas do que as encontradas no sistema alemão; de outro lado, diversas intervenções societárias, como é caso da reforma portuguesa de 2006 e da reforma holandesa de 1971, apropriam-se do modelo mitigando largamente as influências provindas do ordenamento jurídico alemão; nomeadamente, as suas concretizações em outros ordenamentos jurídicos não implicam, por regra, a representação de trabalhadores no órgão de fiscalização, o que constitui marca central do modelo na ordem jurídica alemã[20].

Além disso, o modelo com raízes no tráfego norte-americano, pressupondo uma comissão de auditoria, recebeu nesse contexto em 2002 um tratamento legislativo com algumas idiossincrasias, dificilmente extensíveis a outros sistemas jurídicos. É preferível, por isso, tomá-lo como modelo anglo-saxónico, pese embora as diferenças entre o regime consagrado além-Atlântico e o regime em vigor no Reino Unido[21].

---

geral e de supervisão, RLJ (2006), 31 (referindo-se ao sistema monista anglo-saxónico); COUTINHO DE ABREU, *Governação das Sociedades Comerciais*, Coimbra (2006), 33-35 (advogando a designação de modelo monístico).

[19] Mas não o único: v. KONRAD ZWEIGERT/ HEIN KÖTZ, *Introduction to Comparative Law*², (1992), 69-73.
[20] Cfr. *infra*, 9.
[21] Cfr. *infra*, 7.-8.

Por fim, a qualificação do modelo clássico (postulando a coexistência de conselho de administração e de conselho fiscal) como modelo latino, não se afigurando incorrecta, não pode perder de vista todavia, de um ponto de vista comparatístico, que alguns sistemas jurídicos não latinos facultam a adopção desta estrutura (ex: Japão).

Em resultado desta apreciação, propõe-se a adopção da seguinte terminologia para os modelos típicos de governo das sociedades anónimas consagrados no Código das Sociedades Comerciais: *modelo latino (ou clássico), modelo anglo-saxónico e modelo dualista.*

VI – Os problemas terminológicos relacionados com a dificuldade de qualificação do modelo clássico nacional em confronto com modelos estrangeiros de governação não se manifestam apenas ao nível doutrinário.

É sabido que os diplomas comunitários utilizavam tradicionalmente categorizações binomiais. A tradição parece ter sido iniciada na Proposta de Quinta Directiva de Direito das Sociedades, que nunca obteve aprovação[22]. E foi continuada, por exemplo, no empobrecedor enunciado do Regulamento n.º 2157/2001, de 8 de Outubro, sobre sociedade anónima europeia, que confere o direito à escolha entre dois modelos de governação possíveis, no pressuposto de que tal esgotaria a constelação de formas organizativas admissíveis[23].

Este quadro apenas foi alterado com a Directiva n.º 2006/43/CE, de 17 de Maio de 2006, sobre auditoria, que permite que o órgão de fiscalização de sociedades cotadas seja composto através de um de três modelos:

---

[22] Referimo-nos à primeira modificação da Proposta de Quinta Directiva, nos seus capítulos III e IV [JO C 240, 9.09.06]; a primeira versão impunha uma organização compreendendo necessariamente um órgão de administração e um órgão de fiscalização [JO n.º C 131, 13.12.1972].

[23] Do preâmbulo do Regulamento, tal como no sétimo considerando da malograda Proposta de Quinta Directiva comunitária [JO n.º C 131, 13.12.1972] consta a indicação (errada, como já demonstrado) de que na Comunidade Europeia há *dois* sistemas diferentes de estruturação da administração de sociedades anónimas; o art. 38.º, alínea b) concede o direito à opção de entre os dois modelos possíveis. Cfr. THEO RAAIJMAKERS, *The Statute for a European Company: Its Impact on Board Structures, and Corporate Governance in the European Union*, EBOLR n.º 5 (2004), 159-194 (178-180, 188-191), com críticas dirigidas ao pobre aproveitamento que o texto comunitário faz dos avanços em matéria de governação; PETER BÖCKLI, *Konvergenz: Annäherung des monistischen und des dualistischen Führungs– und Aufsichssystems*, in PETER HOMMELHOFF/ KLAUS HOPT/ AXEL VON WERDER, *Handbuch Corporate Governance*, cit., 204-205.

por membros não executivos da administração, por membros de um conselho de supervisão (*supervisory board*) ou por membros de um órgão designados directamente pela assembleia geral – numa alusão clara, respectivamente, ao modelo anglo-saxónico, ao modelo dualista e ao modelo latino.

Previna-se também que neste quadro emergem igualmente recorrentes dificuldades linguísticas em fontes normativas de direito interno. Vários textos nacionais em transposição de actos normativos comunitários traduzem imperturbadamente *supervisory board* (enquanto câmara fiscalizadora do modelo dualista) por conselho fiscal – desconsiderando as diferenças de regime entre ambas as estruturas orgânicas.

VII – Merece encerrar este ponto com uma nota de síntese. Julga-se ter ficado demonstrado que monismo e dualismo de modelos de governo são expressões com alcance diferente consoante a zona do globo em que são utilizadas. Além da disparidade de realidades para que remetem, são expressões terminológicas incompletas, porquanto se centram na administração (perspectiva anglo-saxónica) ou na fiscalização (perspectiva portuguesa, na leitura aqui proposta) – sendo certo que os modelos de governação devem considerar ambas as vertentes. A fundamentá-lo, basta referir que as grandes falhas de governação, como se revelou nos episódios Enron, Worldcom e Parlamat, não são apenas devidas à actuação do órgão de administração, mas também a deficiências de fiscalização[24].

Ao assentarem numa lógica binária, aquelas designações esquecem que a constelação de formas de governação hoje conhecida em termos comparatísticos orbita essencialmente em torno de uma triologia de modelos: as novidades constantes do DL n.º 76-A/2006, de 29 de Março,

---

[24] Remete-se, quanto ao caso Enron, para JEFFREY GORDON, *What Enron Means for the Management and Control of the Modern Business Corporation: Some Initial Reflections, University of Chicago Law Review* (Summer 2002), e quanto ao caso Parmalat, para FRANCESCO BENEDETTO/ SIMONE DI CASTRI, *There is Something About Parmalat (on Directors and Gatekeepers),* Milano, (2005), 5-24. Numa das análises mais conseguidas de diagnóstico sobre as causas dos episódios mencionados, COFFEE alarga as responsabilidades pelos problemas de governação à vigilância externa da sociedade a cargo dos profissionais cuja actuação condiciona o acesso das sociedades ao mercado de capitais (os *gatekeepers* – onde inclui os auditores, advogados e analistas): JOHN COFFEE Jr., *Gatekeepers. The Professions and Corporate Governance*, cit., 15-54.

limitaram-se a confirmá-lo. Por outro lado, tais expressões geram dificuldades de correspondência linguística, as quais são exponencialmente problemáticas na transposição de textos normativos comunitários.

Estas constituem razões suficientes para evidenciar as insuficiências da contraposição entre monismo e dualismo como quadro classificatório dos modelos de governação.

3. Tipologia e classificações dos modelos de governo

I – Um dos traços de continuidade que a reforma societária de 2006 preserva em relação à versão originária do Código das Sociedades Comerciais prende-se com a existência de modelos de governo, designados, na terminologia do art. 278.º CSC, como modalidades de estruturação da fiscalização e administração.

Os modelos básicos actualmente previstos são os seguintes:
– O modelo *clássico (ou latino)*, compreendendo conselho de administração (ou administrador único) e conselho fiscal (ou fiscal único).
– O modelo *anglo-saxónico*, que inclui conselho de administração, comissão de auditoria e revisor oficial de contas;
– O modelo *dualista*, postulando a existência de conselho de administração executivo, conselho geral e de supervisão e revisor oficial de contas. Em sociedades de grande dimensão e em sociedades emitentes de valores mobiliários admitidos à negociação em mercados regulamentados, o conselho geral e de supervisão deve incluir uma comissão para as matérias financeiras.

II – Este quadro, por si, não é suficiente se tivermos em conta que dentro de cada modelo pode haver variações relevantes. Interessa, por isso, atender às sub-modalidades previstas na lei em relação a cada modelo típico de governação.

Assim, o modelo clássico por seu turno compreende diversas modalidades, consoante o órgão de fiscalização seja coincidente com o de revisão e conforme se apresente a estrutura da administração e de fiscalização, do que resultam as seguintes possibilidades:
– Quanto à estrutura do órgão de fiscalização, o modelo clássico pode apresentar-se com um órgão de fiscalização colegial (con-

selho fiscal) ou unipessoal (fiscal único). Havendo conselho fiscal, deve sub-distinguir-se ainda o modelo clássico simplificado, quando envolva conselho fiscal que inclua o revisor oficial de contas na sua composição, e o modelo clássico reforçado, nos casos em que o conselho de administração é fiscalizado por um conselho fiscal e por um revisor oficial de contas que não integre a sua estrutura;
– No tocante à estrutura do órgão de fiscalização, o modelo clássico pode incluir um órgão de administração colegial (conselho de administração) ou unipessoal (administrador único).

Por seu lado, o modelo dualista compreende sub-tipos diferenciados consoante a designação dos membros do conselho de administração executivo seja da competência da assembleia geral ou do conselho geral e de supervisão[25].

No total, considerando conjuntamente os modelos e sub-modelos previstos no Código, computam-se nove modelos de governação possíveis.

III – A técnica legislativa assenta claramente numa tipologia taxativa de modelos de governação. Resulta, por isso, proibida a adopção de modelos não previstos no art. 278.º.

A esse propósito, pode questionar-se se é justificada a limitação à autonomia estatutária consubstanciada na regra da tipicidade taxativa de formas de governação.

A pertinência da questão decorre da diversidade de abordagens legislativas detectadas a este propósito. No Reino Unido, por exemplo, não se prescreve qualquer modelo de governo – assentando o tratamento legislativo numa disciplina normativa que prescinde de qualquer referência a modelos. Trata-se de um traço estrutural da abordagem britânica nesta matéria que é continuado no recente *Companies Act* de 2006[26].

---

[25] Cfr. *infra*, 10.

[26] Por este motivo, aliás, o Reino Unido optou por não prever qualquer regra sobre modelo dualista na transposição do regime comunitário sobre sociedade anónima europeia – por assentar na premissa da sua admissibilidade à luz do direito vigente. Cfr. PAUL DAVIES, *Unternehmensführung in Großbritannien und Deutschland: Konvergenz oder fortbestehende Divergenz?*, cit., 269, 285; KATHARINA PISTOR/ YORAM KEINAN/ KEN KLEINHEISTERKAMP/ MARK D. WEST, *The Evolution of Corporate Law. A Cross-Country Comparison*, University of Pennsylvania Journal of International Economic Law, Vol. 23,

Deve no entanto sublinhar-se os méritos da opção mantida no Código das Sociedades nacional. À cabeça, convém notar que a regulação típica de modelos de governo é vantajosa no plano analítico e sistemático, porquanto favorece a clarificação das funções de cada órgão social – permitindo, com à-vontade, que se opere a destrinça entre as funções de direcção, as funções de fiscalização, e as funções de revisão de contas em cada sociedade anónima.

Além disso, graças a esta opção a simples identificação dos órgãos sinaliza externamente o modelo de governação utilizado. Neste sentido, pode afirmar-se que a tipicidade de modelos de governo apresenta a vantagem de favorecer a percepção sobre os modelos de estruturação do poder dentro da sociedade por terceiros – apesar do elevado número de normas permissivas estabelecido no regime actualmente vigente[27]. Daqui se entende a importância de uma utilização rigorosa dos *nomen iuris* típicos na designação dos órgãos sociais, para tutela da confiança de terceiros.

Aliás, os sistemas anglo-saxónicos que prescindem de referências a modelos são precisamente aqueles em que o panorama de modelos utilizados na prática é menos rico – e em que esta função de sinalização externa do modelo utilizado se revela menos importante. De facto, a tipicidade de modelos comporta uma dupla vertente: uma vertente permissiva (a licitude dos modelos que correspondam a um dos tipos legais) e uma vertente proibitiva (a proibição de tipos que exorbitem o padrão fixado no art. 278.º). Pode argumentar-se, neste contexto, que a tipicidade, no actual momento histórico, influi sobretudo na primeira das vertentes assinaladas, sendo justificada para alicerçar uma pluralidade efectiva de fórmulas de governação.

Resta ainda referir que ao lado da regra nacional de tipicidade de modelos, sobra um espaço relevante à autonomia estatutária, em duas principais manifestações. A um tempo, não se afasta a possibilidade de estruturas orgânicas adicionais às obrigatoriamente previstas. Nomeada-

---

n.º 4, (2003), 791-871; MICHAEL EDBURY, *United Kingdom*, in KRZYSZTOF OPLUSTIL/ CHRISTOPH TEICHMANN (ed.), *The European Company – all over Europe*, Berlin (2004), 320-321. Nos Estado Unidos, o espaço conferido à autonomia estatutária era igualmente generoso na tradição das legislações estaduais, mas a Lei *Sarbanes-Oxley* e as regras que a complementam não denotam idêntica flexibilidade. Cfr. *infra*, 7.

[27] Cfr. o que é dito *infra*, 13., a propósito da elasticidade dos modelos consagrados no Código das Sociedades.

mente permite-se a constituição de estruturas orgânicas atípicas – comissões de remunerações, de nomeações, de governo societário, de risco, de responsabilidade social, entre outras. A outro tempo, mantém-se identicamente a possibilidade de alterar, a qualquer momento, o modelo seguido em cada sociedade (art. 278.º, n.º 6). Como é sabido, uma vez que a mudança de modelo de governo não importa alteração do tipo social, não são aqui aplicáveis as regras atinentes à transformação de sociedades (arts. 130.º-140.º-A).

IV – O novo quadro dos modelos típicos de governo das sociedades pode ser passível de várias classificações.

Convém distinguir preliminarmente:
– modelos de fiscalização externa; e
– modelos de fiscalização interna

São dois os modelos que envolvem uma fiscalização através de órgão integralmente externo à administração: o modelo clássico e o modelo dualista. Como modelo de fiscalização interna inclui-se o modelo anglo-saxónico – com a ressalva, já notada, de que em Portugal a comissão de auditoria consubstancia um órgão autónomo em relação ao conselho de administração (art. 423.º-B, n.º 1).

Outras classificações são possíveis, designadamente a que contrapõe:
– modelos que implicam desagregação entre fiscalização e revisão dentro do órgão de fiscalização;
– modelos a que subjaz uma coincidência entre fiscalização e revisão dentro do órgão de fiscalização.

Segundo este critério, permite esta desagregação – preconizada pela Directiva n.º 2006/43/CE – o modelo clássico reforçado, o modelo anglo--saxónico e o modelo dualista[28]. As competências de fiscalização e de revisão não estão autonomizadas no modelo clássico simplificado.

4. Traços do regime comuns aos vários modelos

I – Na sistematização do Código das Sociedades dirigida a sociedades anónimas não se apresenta directamente uma parte geral sobre gover-

---

[28] Sobre o sentido e o conteúdo desta segregação funcional, cfr. *infra* 6, III.

nação societária. Não obstante, são diversos os pontos comuns na disciplina dos vários modelos, os quais acabam por funcionar como meio de aproximação entre cada um[29].

A comunhão de regimes decorre da utilização de três técnicas distintas:
- a aplicação das regras constantes da parte geral do Código, sobre administração e fiscalização (*maxime*, arts. 64.º e 72.º-ss.);
- as normas remissivas, puras (v.g. arts. 423.º-B, n.º 3, 435.º, n.º 2 e 445.º, n.º 1) ou com adaptações (v.g. arts. 433.º, 434.º, n.º 4 e 445.º, n.º 2); e
- a simples enunciação de regras de conteúdo idêntico (é o caso, *inter alia*, dos arts. 414.º, n.ºs 4 a 6 e 423.º-B, n.º 4 e 5).

II – É útil proceder a um recenseamento das regras comuns aos diversos modelos constantes do Título IV do Código.

Há uma fundamental simetria nas competências dos órgãos de fiscalização (420.º, 423.º-F e 441.º) que apenas podem ser destituídos com base em justa causa (419.º, n.º 1, 423.º-E – sem paralelo directo no modelo dualista), podendo contratar peritos.

Quanto à composição dos órgãos, tornou-se comum a regra que permite membros de órgãos de número par, bem como a inexistência de número máximo de membros de órgãos sociais, a permitir uma margem de manobra mais generosa na composição quantitativa dos órgãos.

Encontram-se ainda regras harmonizadas no âmbito da remuneração dos administradores (arts. 399.º, 429.º) e dos membros dos órgãos de fiscalização (422.º-A, 423.º-D e 440.º, n.º 3)[30]. Mostram identicamente uniformizadas as disposições referentes nomeação judicial dos administradores (arts. 394.º e 426.º) e sobre exercício de outras actividades por administradores e sobre negócios com a sociedade (arts. 397.º, 398.º e 428.º).

---

[29] O mesmo sucede no regime da sociedade anónima europeia, apesar do já abordado direito à selecção do modelo de governo, como lembra THEO RAAIJMAKERS, *The Statute for a European Company: Its Impact on Board Structures, and Corporate Governance in the European Union*, cit., 180-181.

[30] Para uma leitura transversal do novo regime societário, a comprovar a natureza de *insiders* dos membros dos órgãos de fiscalização: JOSÉ DE FARIA COSTA/ MARIA ELISABETE RAMOS, *O Crime de Informação Privilegiada (Insider Trading). A Informação enquanto Problema Jurídico-Penal*, Coimbra, (2006), 62-72.

Por fim, embora merecendo ligeiras adaptações, são essencialmente idênticas as regras sobre os temas mencionados no art. 433.º, a saber sobre: reuniões do órgão de administração; caução; reforma e renúncia dos administradores.

III – De conteúdo comum são, por fim, as normas especiais dirigidas a sociedades emitentes de valores admitidos a mercado regulamentado e a sociedades de grande dimensão, quanto à mesa da assembleia geral (art. 374.º-A), à caução (art. 396.º, n.º 3) e quanto à obrigação de existência de um membro independente com conhecimentos em auditoria ou contabilidade (arts. 414.º, n.º 4, 423.º-B, n.º 4, 444.º, n.º 2 a 5).

O dever de composição do órgão de fiscalização por membros maioritariamente independentes, aplicável às sociedades emitentes de acções negociadas em mercado regulamentado (423.º-B, n.º 5, 444.º, n.º 6, 446.º-A) que, por seu turno, são apoiadas por secretário (art. 446.º-A-ss), constitui outro traço transversal aos diversos modelos. Idêntico é, igualmente, o conceito de independência neste contexto empregue (art. 414.º n.º 5).

IV – O acervo de normas descrito remete usualmente para uma equiparação com o regime tratado inicialmente – o modelo clássico. Este constitui, assim, o paradigma principal de governação, especialmente na sua vertente reforçada – operando no sistema como uma parte geral encoberta sobre a governação societária das sociedades anónimas. No plano formal, o título da Secção II do Capítulo VI do Título IV (dedicado à fiscalização, e não apenas ao conselho fiscal e fiscal único) corrobora esta conclusão. Merece, por estes motivos, que a análise *ex professo* de cada um dos modelos de governação se inicie precisamente por aqui.

§ 2.º O Modelo Clássico

5. Principais etapas de evolução histórica do modelo clássico em Portugal

I – Em Portugal, o regime do modelo clássico de governação constitui o produto de uma evolução histórica, mais que centenária. A história deste modelo, aliás, até certo ponto confunde-se com a da fiscalização das sociedades anónimas, por ser este o único modelo de governação admissível até à entrada em vigor do Código das Sociedades Comerciais. Esta trajectória é aqui relembrada, através de um magro sumário, nas suas fases principais.

II – O figurino originário assentava num conselho fiscal de sociedades anónimas composto necessariamente por sócios, no mínimo de três titulares. Segundo a Lei de 22 de Junho de 1867, a este órgão competiria: examinar a escrituração; convocar a assembleia geral; fiscalizar a administração da companhia, tendo o poder de assistir às reuniões da direcção quando entender; dar parecer sobre o balanço, o inventário e o relatório da situação comercial, financeira e económica da sociedade.

Embora preocupada com a independência dos membros do conselho fiscal, a disciplina nacional não revelava então qualquer exigência quanto às qualificações dos titulares do órgão de fiscalização. A fiscalização surgia, assim, como um prolongamento do acervo de posições jurídicas associadas à participação social, para acautelar a consistência patrimonial do investimento accionista realizado. Embora com algumas variações introduzidas no Código Comercial de 1888, este sistema perdurou no essencial até 1969.

III – O Código Comercial sofreu entretanto a intercessão do DL n.º 49.381, de 15 de Novembro de 1969, derrogando a disciplina codificada[31]. Este diploma estabeleceu algumas garantias adicionais de independência, nomeadamente: dispensando a condição de sócio para ser membro do conselho fiscal; forçando a inclusão de um revisor no elenco do órgão de fiscalização, ainda que assumisse a forma de fiscal único; prevendo o direito de minorias representando 10 % do capital social de nomeação, através do tribunal, de mais um membro efectivo e outro suplente no conselho fiscal; e estendendo a lista de incompatibilidades, de que se destaca a fixação de um número limite de mandatos a poderem ser assumidos por membros do conselho fiscal (cinco)[32].

---

[31] PINTO FURTADO, *Código Comercial Anotado*, Volume II, Tomo I, (1986), 421-439.
[32] Art. 2.º g) do DL n.º 49381, de 15 de Novembro de 1969; não aplicável aos revisores oficiais de contas, em virtude do art. 39.º, n.º 1 do DL n.º 1/72, de 3 de Janeiro.

A possibilidade de fiscal único foi admitida; mas com restrições: estava reservada para sociedades com capital social não superior a 2.500.000$00.

O elenco de funções assinaladas a este órgão foi também feita com maior desenvolvimento que a constante do Código Comercial, mantendo--se no essencial até à reforma de 2006[33].

IV – Na versão primitiva do Código das Sociedades Comerciais – além de consideravelmente ampliado o leque de serviços a poder ser prestado por ROC[34] – contribuiu-se para a uma maior profissionalização do órgão de fiscalização, ao se impor, nas sociedades de estrutura monista, como obrigatória a presença de um ROC no conselho fiscal da sociedade. O órgão de fiscalização era então necessariamente colegial (composto por 3 ou 5 membros) quanto a sociedades de capital social igual ou superior a 20.000 contos – o que cobria praticamente todas as sociedades abertas.

V – Esquema particularmente exigente foi o consagrado na versão originária do Código do Mercado de Valores Mobiliários (1991). Aí se previa que os documentos de prestação de contas devessem ser acompanhados, não apenas da certificação legal de contas rubricada pelos revisores oficiais de contas ao serviço dos emitentes, mas também de relatório de auditoria elaborado por auditor exterior a estes[35]. Além de ambiciosa, esta imposição abrangia um amplo leque de entidades – incidindo não apenas sobre emitentes de valores mobiliários cotados em bolsa, mas também sobre entidades envolvidas em ofertas públicas.

A solução, todavia, não viria a vingar. Com efeito, foi considerada muito onerosa para as sociedades[36] e deu lugar a frequentes manobras fraudatórias, nomeadamente envolvendo diversas SROC ligadas à mesma rede de empresas de auditoria.

---

[33] É patente a semelhança entre o art. 10.º, n.º 1 do DL n.º 49.381, de 15 de Novembro de 1969 com o art. 420.º, n.º 1 CSC.

[34] SUSANA LAGE BARBOSA, *O Revisor Oficial de Contas e o Código das Sociedades Comerciais,* dissert. mestrado, Aveiro (1999), 5-ss.

[35] Art. 100.º, n.º 1 do Cód. MVM, aprovado pelo DL n.º 142-A/91, de 10 de Abril.

[36] Considerando o sistema francês muito exigente e oneroso, cfr. KLAUS HOPT, *Modern Company and Capital Market Problems. Improving European Corporate Governance after Enron,* ECGI Law Working Paper n.º 05/2002, < http://ssrn.com/abstract_id=356102 >, 46, n.90.

Por este motivo, procedeu-se à sua revisão em 1997, passando-se a exigir a auditoria de contas de qualquer revisor registado na CMVM, mesmo que pertencente ao órgão de fiscalização da sociedade[37]. Esta modificação legislativa originou ainda a situação bizarra, ainda mantida no presente, de o auditor da sociedade – no caso mais comum de ser membro do conselho fiscal – estar forçado a elaborar duas peças: a certificação legal de contas e o relatório de auditoria[38].

VI – Entretanto, a configuração do sistema de fiscalização modificara-se com a alteração ao Código das Sociedades Comerciais introduzida em 1996, que tornou totalmente aberta a opção entre uma estrutura de fiscalização colegial ou com fiscal único, independentemente do capital social da sociedade fiscalizada[39]. Esta alteração passou igualmente a proibir que o fiscal único seja accionista e exigiu que um dos suplentes do conselho fiscal seja ROC.

Além disso, a cumulação de mandatos de titular do conselho fiscal em sociedades do mesmo grupo passou a ser permitida com a alteração à alínea c) do n.º 3 do art. 414.º, introduzida com o DL n.º 238/91, de 2 de Julho, que passou a considerar haver impedimento apenas quando o membro do órgão de fiscalização seja membro do órgão de administração de sociedade em relação de domínio ou de grupo com a fiscalizada.

O órgão de fiscalização deixou de ser necessariamente um órgão colegial, pelo que a coincidência entre a pessoa que efectua a revisão societária das contas e a que presta o trabalho de auditoria passou a poder ser integral.

VII – Merece sublinhar devidamente a importante evolução culminada em 1996: o conselho fiscal, desde o século XIX caracterizado como

---

[37] Art. 100.º, n.º 1 Cód. MVM, na redacção dada pelo DL n.º 178/97, de 24 de Julho.

[38] A distinção baseia-se fundamentalmente na circunstância de o relatório de auditor incidir sobre quantidade mais extensa de informação que a certificação legal de contas. Esta tem por referência o balanço analítico, a demonstração de resultados líquidos por natureza e o respectivo anexo. O relatório de auditor versa não só sobre estes elementos mas também sobre o relatório de gestão, sobre a demonstração de resultados líquidos por funções (e anexo correspondente) e sobre a demonstração de fluxos de caixa (e anexo).

[39] Em referência está o art. 413.º do CSC. Paralelamente, deve notar-se uma evolução semelhante no tocante às sociedades anónimas de capitais públicos: o DL n.º 26-A/ /96, de 27 de Março aboliu os conselhos fiscais em substituição de ROC; e a Lei n.º 14/96, passou a sujeitá-las à fiscalização do Tribunal de Contas.

conselho de accionistas, passou a ser um órgão a poder incluir apenas técnicos; a revisão de contas, aliás, surge apenas pela mão de profissionais que não podem ser sócios (art. 414.1 CSC). O próprio direito a ser nomeado para órgão de fiscalização que o Código das Sociedades Comerciais prevê em termos gerais, para todos os tipos societários (art. 21.1 d) CSC), acaba por resultar naturalmente diminuído com esta evolução legislativa.

Este traço positivo de crescente profissionalização dos membros do órgão foi, porém, aniquilado com a permissão irrestrita de fiscais únicos, que conduziu a uma diminuição da eficácia do órgão[40] e a um desaproveitamento das competências de fiscalização que não se filiassem na revisão de contas. Relembre-se que desde a disciplina societária oitocentista que era imposto um número mínimo de 3 membros no órgão de fiscalização[41] – e em 1996, em termos irrestritos, o conselho fiscal pôde deixar de ser órgão colegial. Na prática, o órgão de fiscalização pôde passar a ser apenas um órgão de revisão de contas. O cenário era agravado na prática por estar em causa um modelo hegemónico, observado pela quase totalidade das sociedades anónimas. A doutrina jurídica não se apercebia do problema: salvo contadas excepções[42], o tema da fiscalização das sociedades não era sequer elegível para ser tratado nos manuais ou nas monografias da especialidade.

O esvaziamento funcional do conselho fiscal era manifesto. Houve quem duvidasse, *de jure condendo*, da possibilidade da subsistência deste órgão[43]. A aptidão do modelo clássico e a eficácia do conselho fiscal estavam, definitivamente, em crise.

---

[40] Mantêm actualidade as palavras de RUI ULRICH, para quem era "perigoso o exame por uma única pessoa, que se pode enganar, mesmo de boa fé" (*Sociedades Anónimas e sua Fiscalização*, ROA, (1941), 26-27)

[41] Sendo discutível que o órgão de administração fosse necessariamente colegial: em sentido negativo, perante o Código Comercial de 1888, cfr. RLJ, ano 32.º, 1454-1455.

[42] Cfr. os decisivos contributos de MENEZES CORDEIRO, *Da Responsabilidade Civil dos Administradores das Sociedades Comerciais*, cit., 218-224; Id., *Manual de Direito das Sociedades*, Vol. I (2004), 107-114, 769-773, agora complementado, já à luz dos novos dados de direito positivo, no Vol. II, (2006), 749-801; e de ENGRÁCIA ANTUNES, *A Fiscalização das Sociedades Comerciais*, Porto (1997) (monografia de 204 pp., elaborada a pedido do Banco de Portugal – a quem se agradece o respectivo acesso – e infelizmente não publicada).

[43] É visível o distanciamento crítico em relação à figura no *Livro Branco sobre Corporate Governance em Portugal*, (2006), 156-157.

6. A revitalização do conselho fiscal

I – A reforma de 2006 assume-se como reacção ao quadro descrito, tendo confessadamente procurado promover um esforço de reabilitação do modelo clássico[44]. Trata-se de uma abordagem que merece ser sublinhada, dadas as vantagens reconhecidas no aperfeiçoamento das estruturas de governação vigentes, em detrimento de transposições acríticas de construções estrangeiras.

Este esforço de aprimoramento do modelo clássico acaba por ter efeitos reflexos, já que este é o modelo de fiscalização através de órgão colegial que serve identicamente de referência às sociedades por quotas (art. 262.º, n.º 1).

II – No cumprimento deste objectivo foi reservado um tratamento separado para o governo das sociedades anónimas de pequena e média dimensão.

Para entendê-lo, convém preliminarmente recordar que a versão originária do Código estabelece uma diferença de tratamento para o governo de empresas de pequena e média dimensão, consoante optem pelo tipo de sociedade por quotas ou por sociedade anónima. Quando adoptam a forma de sociedade por quotas, estão dispensadas de revisor oficial de contas – no pressuposto de que não se verifiquem os critérios quantitativos fixados no art. 262.º. Semelhante diferenciação não vigora, porém, para as sociedades anónimas, as quais, seja qual for a sua dimensão, estão sujeitas à certificação legal feita por revisor oficial de contas.

Sucede que a possibilidade de estabelecimento de um tratamento diferenciado entre pequenas e médias empresas, de um lado, e empresas de grande dimensão, de outro lado, tem alicerces no direito comunitário derivado, sem que aí se faça uma discriminação entre sociedades por quotas e sociedades anónimas. Assim, a Quarta Directiva de Direito das sociedades, relativa às contas anuais, permite que o legislador interno dos Estados-membros conceda uma dispensa de certificação legal de contas em sociedades de responsabilidade limitada de pequena dimensão[45] e

---

[44] CMVM, *Governo das Sociedades Anónimas – Propostas de Alteração ao Código das Sociedades Comerciais* (2006), 7-15, 27-33.
[45] Art. 51.º da Directiva n.º 78/660/CE, de 25 de Julho de 1978.

admite a prestação de informação financeira em termos simplificados para sociedades de pequena e média dimensão[46]. Além disso, a Sétima Directiva de Direito das sociedades permite que o direito interno dos Estados-membros dispense a consolidação de contas de grupos societários de pequena dimensão[47]. Mais recentemente, a Directiva n.º 2006//43/CE, sobre auditoria, que substitui a Oitava Directiva de Direito das sociedades, determina apenas sujeitos ao regime de fiscalização mais exigente as entidades de interesse público – definidas como as sociedades cotadas, as instituições de crédito e as seguradoras, perímetro que pode ser alargado designadamente em função da dimensão das entidades em causa[48].

Neste quadro, a opção legislativa consagrada no DL n.º 76-A/2006 foi a de manter a exigência de certificação legal de contas nas sociedades anónimas de pequena dimensão, tida como importante para acautelar a confiabilidade da informação financeira, de que dependem não apenas os sócios, mas também os credores, os trabalhadores e, na arrecadação de receitas tributárias, o Estado. Manteve-se um traço da disciplina preexistente, que permite que as pequenas empresas que adoptam a forma de sociedade por quotas possam não estar sujeitas à certificação legal de contas (art. 262.º). Admitiu-se, contudo, em compensação, que as sociedades anónimas de pequena e média dimensão possam recorrer a uma estrutura de governação simplificada, mantendo em relação a estas a faculdade de optarem pelo fiscal único.

A técnica legislativa agora empregue para estabelecer esta diferenciação entre as sociedades anónimas de pequeno e de grande porte envolveu o recurso a critérios quantitativos reveladores de dimensão, baseados no valor do balanço, no montante das vendas líquidas e outros proveitos e no número de trabalhadores empregados em média (art. 413.º, n.º 2 a)), à semelhança do que o n.º 2 do art. 262.º determina para as sociedades por quotas – embora, claro está, com valores diversos. A opção contrária, de estabelecer um montante de capital social como critério distintivo, em moldes próximos do que sucede n.º 2 do art. 390.º, chegou a ser aventada

---

[46] Arts. 11.º e 27.º da Directiva n.º 78/660/CE, de 25 de Julho de 1978.
[47] Art. 6.º, n.º 1 da Directiva n.º 83/349/CE, de 13 de Junho de 1983.
[48] Art. 2.º, n.º 13 da Directiva n.º 2006/43/CE, de 17 de Maio de 2006. Frise-se que a aplicação do regime de fiscalização a instituições de crédito e seguradoras não é injuntiva (art. 39.º da Directiva citada), dependendo de opção de cada Estado-membro.

na proposta submetida à consulta pública[49]; mas foi abandonada, por se entender que tratar-se de um critério formal, podendo outrossim estimular uma infra-capitalização artificial das sociedades. Em resultado desta opção, todavia, passámos a dispor de critérios díspares de dimensão para permitir a existência de administrador único (art. 390.º, n.º 2) e de fiscal único (art. 413.º, n.º 2, alínea a)). Persiste, por conseguinte, à luz do novo regime[50], a possibilidade de existirem sociedades anónimas que tenham administrador único, mas estão impedidas de ter fiscal único, e vice-versa.

III – O novo regime introduziu um desdobramento do modelo latino, ao estabelecer que esta poderia ser composto por:
- um órgão de fiscalização que acumule as funções de revisão de contas, sendo constituído por conselho fiscal com inclusão do revisor oficial de contas (ou SROC), ou por fiscal único; ou
- um órgão de fiscalização e um órgão de revisão de contas autónomo, consistindo respectivamente num conselho fiscal e num ROC (ou SROC) que não integre a composição daquele.

Pelos motivos expostos, a primeira opção apenas se apresenta como válida relativamente às sociedades de pequena e média dimensão, aferidas pelos critérios da alínea a) do n.º 2 art. 413.º, que não sejam emitentes de valores mobiliários admitidos à negociação em mercado regulamentado. O segundo sub-modelo é obrigatório para sociedades cotadas e de grande dimensão (salvo dominadas totalmente por outra sociedade[51]) que sigam o modelo clássico[52], embora possa ser seguido pelas socieda-

---

[49] CMVM, *Governo das Sociedades Anónimas – Propostas de Alteração ao Código das Sociedades Comerciais*, cit., 28.

[50] Tal como no regime anterior: CMVM, *Governo das Sociedades Anónimas – Propostas de Alteração ao Código das Sociedades Comerciais*, cit., 15.

[51] A delimitação negativa abarca o domínio total directo ou indirecto – valendo aqui, em interpretação do preceito, a mesma solução determinada *expressis verbis* no art. 483.º, n.º 2.

[52] Sobre o âmbito de utilização deste modelo é devida uma nota, porquanto o sentido decisivo do n.º 2 do art. 413.º CSC deva ser extraído com a devida ponderação do elemento sistemático na interpretação. Em causa está a norma que consagra a obrigatoriedade do sub-modelo clássico reforçado relativamente às seguintes entidades: *"sociedades que sejam emitentes de valores mobiliários admitidos à negociação em mercado regulamentado e a sociedades que, não sendo totalmente dominadas por outra sociedade que adopte este modelo, durante dois anos consecutivos, ultrapassem dois dos seguintes limites: i) Total do balanço – (euro) 100000000; ii) Total das vendas líquidas e outros*

des que não tenham valores mobiliários admitidos à negociação nem resultem ser de grande porte.

Como se vê, um dos resultados da reforma é o de limitar a concentração de poderes de fiscalização e de revisão de contas no mesmo órgão. A revitalização do conselho fiscal implicou, assim, remeter o revisor da sociedade, no sub-modelo principal, para fora da sua composição[53]. Tal surge em resposta à nova Directiva comunitária sobre auditoria, que determina a necessidade de existência de um órgão encarregado designadamente de fiscalizar a independência do revisor oficial de contas, em particular na prestação de serviços adicionais à sociedade[54]. Sendo certo que não poderia ser o próprio órgão de revisão a fiscalizar a sua própria independência (sob pena de auto-revisão), daqui decorre uma obrigatória e saudável segregação entre fiscalização societária e revisão de contas para as sociedades abrangidas pelo texto comunitário. Tenha-se presente, aliás, que os restantes modelos de governo já seguem esta autonomização entre as funções de fiscalização e de revisão de contas.

É oportuno notar que a mencionada segregação funcional entre fiscalização e revisão de contas não impede que alguns poderes funcionais sejam atribuídos conjuntamente ao auditor e ao órgão de fiscalização. Cabem aqui os poderes elementares ligados ao acompanhamento do processo de preparação de informação financeira: a verificação da regularidade dos livros, registos contabilísticos e documentos que lhe servem de suporte; a verificação, quando o julgue conveniente e pela forma que

---

proveitos – (euro) 150000000; e iii) Número de trabalhadores empregados em média durante o exercício – 150". Sucede que o art. 413.º, n.º 2 deve ser interpretado em conjugação com o n.º 1 e com o art. 278.º n.º 3 CSC. Com efeito, a restrição normativa apenas vale dentro dos sub-modelos organizativos – o que supõe a escolha (livre) do modelo de governação de base. A obrigação de adopção do sub-modelo clássico reforçado apenas vale nos casos em que a sociedade adopte o modelo clássico. Dito de outro modo, a adopção dos modelos dualista e anglo-saxónico também pode ser escolhida por sociedades emitentes de valores mobiliários e por sociedades de grande dimensão. A confirmação deste entendimento, aliás, obtém-se através do disposto nos arts. 423.º-B, n.º 4 e 444.º, n.º 2, que prevêem regimes especiais dentro dos aludidos modelos dirigidos a sociedades cotadas e de grande dimensão.

[53] Tal não impede que o membro do conselho fiscal independente com conhecimentos em auditoria ou contabilidade designado ao abrigo do art. 414.º, n.º 4 seja revisor oficial de contas – desde que não seja o responsável pela revisão das contas da sociedade nem seja relacionado com este.

[54] Art. 41.º, n.º 2 d) da Directiva n.º 2006/43/CE, de 17 de Maio de 2006.

entenda adequada, a extensão da caixa e as existências de qualquer espécie dos bens ou valores pertencentes à sociedade ou por ela recebidos em garantia, depósito ou outro título; a verificação da exactidão dos documentos de prestação de contas; e a verificação se as políticas contabilísticas e os critérios valorimétricos adoptados pela sociedade conduzem a uma correcta avaliação do património e dos resultados. Nem poderia ser de outro modo: a função fiscalizadora agora envolve igualmente um escrutínio sobre o desempenho do trabalho do revisor (artigo 420.º, n.º 2), exercício esse que, para ser dotado de efectividade, pressupõe a atribuição dos descritos poderes funcionais ao órgão de fiscalização[55]. A não ser assim, quedar-se-ia o exercício da auditoria insusceptível de sindicabilidade e controlo na esfera endo-societária, o que é precisamente o que a Directiva n.º 2006/43/CE, no seu âmbito de aplicação, impede. Se nem se reparar, não resulta daqui uma duplicação de órgãos de revisão, porque apenas um órgão pode praticar tal acto societário, contrariamente ao que sucedia entre 1991 e 1995 para as sociedades cotadas[56]. Tão-pouco se vislumbra neste regime uma dupla fiscalização, dado haver tão-só um órgão de fiscalização, em sentido próprio. Sobra, apenas uma atribuição de poderes funcionais relacionados com o processo de relato financeiro a dois órgãos sociais, mas em termos instrumentais ao exercício de funções distintas: a revisão de contas, em uma situação; a fiscalização do revisor e do seu trabalho, em outra. O exposto, aliás, vale não só para o conselho fiscal no modelo latino reforçado mas também, *mutatis mutandis*, para os modelos dualista e anglo-saxónico.

A disciplina nacional descrita, em virtude dos imperativos comunitários, significa igualmente uma limitação à possibilidade de adopção de fiscal único. Esse constitui outro traço evolutivo que merece inequívoco apoio. Com efeito, esta permissão irrestrita de fiscal único levava a desaproveitar as competências de fiscalização em Portugal, que em alguns aspectos importantes exorbitam a revisão de contas (competência de convocatória de assembleias gerais (art. 377.º, n.º 1), de divulgação ou arguição de invalidade de deliberações (arts. 57.º e 59.º) e de dar parecer sobre transacções entre partes relacionadas (art. 397.º)), para as quais os

---

[55] Ligeiramente dissonante é a posição de GABRIELA FIGUEIREDO DIAS, que entrevê aqui um duplo grau de fiscalização: *Fiscalização de Sociedades e Responsabilidade Civil*, cit., 28-29.

[56] Cfr. *supra*, 5.

revisores não estão vocacionados. O fiscal único, além disso, acumulava as desvantagens que, em geral, são próprias dos órgãos sociais de composição unipessoal: a maior vulnerabilidade a impedimentos por motivos de natureza pessoal; a maior probabilidade de diminuição de independência no exercício das suas funções; e o não aproveitamento de pessoas com valências diversas na composição do órgão.

IV – Actualmente, de entre as diversas opções de governação possíveis, o modelo clássico é o que admite mais variações, podendo haver:
- Quanto ao órgão de administração: administrador único (em sociedades cujo capital social que não exceda 200.000 euros) ou conselho de administração;
- Quanto ao órgão de fiscalização: fiscal único ou conselho fiscal no modelo simplificado (ambos apenas permitidos em sociedades que não tenham valores mobiliários admitidos à negociação nem resultem ser de grande porte) ou, ainda, conselho fiscal no modelo reforçado.

Do cruzamento das várias hipóteses resultam daqui, em suma, seis possíveis sub-modelos. Todos estão abertos às pequenas sociedades anónimas.

V – Cumpre observar, em derradeira nota, que em caso de sociedades cujo capital social que não exceda 200.000 euros o modelo clássico admite administrador único (art. 390.º, n.º 2), o que é vedado no modelo anglo-saxónico (art. 423.º-B, n.º 2) – mas admitido no modelo dualista (art. 424.º, n.º 2).

Como regra geral, acima da mencionada fasquia de capital social é permitido que a composição do órgão de administração inclua, como mínimo, dois titulares (art. 390.º, n.º 2 *a contrario sensu*). Quando o órgão for composto pelo número mínimo, e sempre que o número de titulares do órgão for par, o presidente do conselho de administração tem voto de qualidade (art. 395.º, n.º 3 a)), para evitar bloqueios decisórios. Não se vislumbram motivos para discordar desta solução: o alargamento da liberdade de escolha na composição quantitativa do órgão de administração – incluindo órgãos com dois administradores, em que um detenha influência preponderante por virtude do voto de qualidade – surge como contrapeso geral e natural do robustecimento da eficácia da fiscalização promovido pela reforma de 2006.

§ 3.º O Modelo Anglo-Saxónico

7. Experiências próximas em ordenamentos jurídicos estrangeiros: os *audit committees*

I – Um dos legados centrais da reflexão sobre governação societária liga-se à necessidade de aprumo organizativo do órgão de administração, em prol da eficiência societária. Deste ponto de vista, tem sido crescentemente defendida a criação de comissões especializadas dentro do órgão de administração, constituídas por parte dos seus titulares.

Tal permite realizar quatro principais objectivos. O objectivo mais directo é o de libertar os administradores encarregados da gestão corrente de algumas tarefas relativamente às quais possa haver conflito de interesses. Além disso, as comissões criadas no órgão de administração favorecem um funcionamento mais ágil do órgão directivo da sociedade cotada, em atenção ao elevado número de titulares que o compõem; obrigam os administradores não executivos a um contacto mais próximo com o negócio da sociedade; e propiciam um tratamento mais aprofundado dos assuntos, perante a complexidade técnica de algumas matérias com que deve lidar.

Citam-se invariavelmente três exemplos clássicos destas comissões especializadas: as comissões de remunerações[57], as comissões de selecção de novos administradores e as comissões de auditoria[58]. Concentremo-nos nestas.

---

[57] Não constituindo objecto deste trabalho, diga-se de antemão que a possibilidade de utilização das comissões de remuneração como sub-comités do órgão de administração fica prejudicada entre nós, uma vez que o Código das Sociedades Comerciais atribui à assembleia geral ou a comissão por esta nomeada a competência para fixar os vencimentos (art. 399.º). Esta seria, aliás, uma solução excelente em termos de governação, porquanto os titulares deste comité não são, neste caso, juízes em causa própria (contrariamente ao que pode suceder nos *remuneration committees* anglo-saxónicos, compostos por administradores não executivos, que usualmente não deixam de fixar a remuneração dos próprios) – não fora a circunstância de o nosso Código ser omisso quanto às regras sobre a composição deste comité. Só a título recomendatório surgem indicações quanto à independência dos titulares do órgão (Recomendação n.º 9 da CMVM: *Os membros da comissão de remunerações ou equivalente devem ser independentes relativamente aos membros do órgão de administração*). Demais, saliente-se que, embora nomeados pela assembleia geral, o comité de remunerações não está forçado a reportar aos accionistas os padrões de remuneração fixados, que são por isso mantidos confidenciais (salvo a divulgação agregada feita por força do Regulamento da CMVM n.º 7/2001).

[58] Por todos, *vide* os Princípios da OCDE sobre Governo das Sociedades, V.E.1.

II – As comissões de auditoria têm uma origem reconhecidamente norte-americana, que se liga de perto à própria história do governo das sociedades. Nos Estados Unidos, os *audit committees* foram introduzidos paulatinamente no tráfego sobretudo na década de sessenta do século passado[59]. Deparam-se porém indicações da *Securities and Exchange Commission* (SEC) a recomendar comissões desta natureza pelo menos desde os anos quarenta[60]. A sua constituição foi objecto de uma recomendação da SEC em 1972, adiantando esta autoridade reguladora que as comissões deveriam ser compostas de administradores não-executivos (*outside directors*)[61]. A atenção conferida a estas comissões só viria a ser largamente ampliada alguns anos mais tarde, com a exigência firmada pela NYSE em 1978 para todas as sociedades aí cotadas, no que viria a ser seguida por outras bolsas (AMEX, Nasdaq).

Identicamente, os influentes Princípios de Governo das Sociedades do *American Law Institute*, com vocação unificadora, dedicar-lhe-iam atenção, recomendando que as sociedades com capital disperso – de grande ou pequena dimensão – sejam dotados de comissões de auditoria[62]. Outro sinal significativo viria a ser dado com o resultado de um grupo de trabalho criado pela NYSE e pela *National Association of Securities Dealers* para estudar a sua eficácia: o *Blue Ribbon Committee on Improving the Effectiveness of Corporate Audit Committees* divulgou em 1999 um conjunto de recomendações sobre a independência dos membros da comissão e sobre o controlo da independência dos auditores que viriam a ter influência decisiva no desenvolvimento ulterior desta figura[63].

---

[59] Há quem reconheça antecedentes ao *audit committee* na estrutura de fiscalização da *Society for Establishing Useful Manufactures* cuja constituição foi autorizada em 1791 em New Jersey (ROBERT MONKS/ NELL MINOW, *Corporate Governance*², cit., 165-166); mas os seus membros não eram administradores.

[60] SECURITIES AND EXCHANGE COMMISSION, *Accounting Series Release* n. 19 (5 Dez 1940) citado por MELVIN EISENBERG, *Legal Models of Management Structure in the Modern Corporation: Officers, Directors and Accountants*, cit., 433. Uma célebre fraude contabilística detectada no caso McKesson/Robbins, que foi objecto de uma decisão do Supreme Court de 1938 terá impulsionado estas primeiras iniciativas (segundo reporta GREGORY FRANCESCO MAASEN, *An International Comparison of Corporate Governance Models*, Amsterdam, (2002), 110).

[61] SECURITIES AND EXCHANGE COMMISSION, *Accounting Series Release* n.º 123 (23--Mar.-1972).

[62] AMERICAN LAW INSTITUTE, *Principles of Corporate Governance: Analysis and Recommendations*, St. Paul, Minn., (1994), § 3.05, § 3A.02.

[63] Cfr. em particular as Recomendações n.os 1, 2 e 7.

O passo decisivo viria a ser dado com a exigência de constituição de comissão de auditoria com a Lei *Sarbanes-Oxley* [64]. A Lei Sarbanes--Oxley não obriga em rigor à sua existência: a definição de *audit committee* possibilita a sua substituição por um órgão equivalente, admitindo--se que as regras sobre *audit committees* se apliquem a todo o órgão de administração, no caso de faltar tal comissão (Section 205 (a) (58)). Todavia, a regulamentação da SEC e das bolsas determinou uma expansão ainda mais vigorosa da figura[65]. Note-se que os *audit committees*, de acordo com este regime, devem ser compostos exclusivamente por administradores independentes[66].

Da disciplina norte-americana decorre ainda um regime particularmente exigente (e controverso) quanto à eficácia do sistema de controlo interno[67], sendo nomeadamente requerido aos auditores que incidam a sua análise também sobre esse sistema – o que envolve indirectamente um escrutínio da actuação do *audit committee* enquanto órgão fisca-

---

[64] MICHAEL GRUSON/ MATTHIAS KUBICEK, *Der Sarbanes-Oxley Act, Corporate Governance und das deutsche Aktienrecht*, AG (2003), 340-352, incluindo um confronto entre o *audit committee* e o *Aufsichtsrat* alemão (345-352).

[65] SECURITIES AND EXCHANGE COMMISSION, *Standards Relating to Listed Company Audit Committees, Release* n.º 33-8220; 34-47654; IC-26001.

[66] Cfr. *section* 301 Sarbanes-Oxley Act, solução a merecer apoio do CALIFORNIA PUBLIC EMPLOYEES' RETIREMENT SYSTEM, *Corporate Governance. Core Principles and Guidelines,* 4; mas a merecer crítica, fundada em estudos empíricos sobre a composição da administração, por parte de ROBERTA ROMANO, *The Sarbanes-Oxley Act and the Making of Quack Corporate Governance*, ECGI WP n.º 52 (2004), 13-40.

[67] Em referência está a *Section* 404 da *Sarbanes-Oxley Act*, o respectivo desenvolvimento regulamentar pela SEC, e o *Auditing Standard* n.º 2 do *Public Company Accounting Oversight Board* (PCAOB). A controvérsia prende-se com os elevados custos que estes normativos implicaram para as empresas sujeitas a registo segundo o *Securities and Exchange Act*. De entre muitos, cfr. ROBERT C. CLARK, *Corporate Governance Changes in the Wake of the Sarbanes-Oxley Act: A Morality Tale for Policymakers Too*, Harvard Law School, (2005), 8-16, 31-32; STEPHEN BAINBRIDGE, *Sarbanes-Oxley: Legislating in Haste, Repenting in Leisure*, UCLA School of Law (2006), 11-16 (12) (invocando uma estimativa da *Financial Executives International* de custos anuais de 4,7 milhões de dólares por sociedade advenientes da secção 404). O distanciamento europeu em relação a esta solução encontra comprovação recente numa declaração do *European Corporate Governance Forum* sobre controlos internos, onde se consideram desproporcionados os custos inerentes à abordagem norte-americana em relação aos benefícios que visa atingir: EUROPEAN CORPORATE GOVERNANCE FORUM, *Statement on Risk Management and Internal Control,* (Junho 2006), 2.

lizador do sistema de controlo interno[68]. Uma vez que ao *audit committee* cabe, por seu turno, a supervisão sobre os serviços extra-auditoria prestados pelo auditor à sociedade[69], resulta do regime norte-americano uma circularidade do sistema de fiscalização que merece ser notada.

III – A exportação deste modelo para a Europa processou-se sobretudo por influência britânica. No Reino Unido, o Relatório Cadbury de 1992 já se referia estas comissões, recomendando no seu código de boas práticas o seu uso para todas as sociedades cotadas[70]. Esta orientação foi confirmada pelo Relatório Hampel, de 1998. Seguiu-se o *Combined Code* em que se obriga as sociedades a justificar as razões por que não adoptam as comissões de auditoria, em aplicação do modelo *comply or explain* à fiscalização de sociedades cotadas[71]. Ao Livro Verde da Comissão Europeia sobre Auditoria de 1996 devem também ser creditadas responsabilidades no reconhecimento da importância desta sub-estrutura[72]. A partir daí, as comissões de auditoria foram objecto de indicações recomendatórias nomeadamente em França[73], na Bélgica[74], na Holanda[75] e na Suécia[76].

---

[68] LAWRENCE CUNNINGHAM, *A New Product for the State Corporation Law Market: Audit Committee Certifications*, Boston College of Law Research Paper n.º 33 (2004), 9-22 (muito crítico quanto às limitações à avaliação empreendida pelo auditor); PIERRE-MARIE BOURY/ CRAIG SPRUCE, *Auditors at the Gate: Section 404 of the Sarbanes-Oxley Act and the Increased Role of Auditors in Corporate Governance*, International Journal of Disclosure and Governance Vol. 2 n.º 1 (2005), 27-51 (36-37).

[69] Sobre a *Section 201 da Sarbanes-Oxley Act* e o respectivo desenvolvimento infra-legislativo, remete-se para ROBERTA ROMANO, *The Sarbanes-Oxley Act and the Making of Quack Corporate Governance*, cit., 41-86; MICHAEL G. ALLES/ ALEXANDER KOGAN/ MIKLOS VASARHELYI, *Implications of Section 201 of the Sarbanes-Oxley Act: The role of the audit committee in managing the informational costs of the restriction on auditors engaging in consulting*, International Journal of Disclosure and Governance Vol. 2 n.º 1 (2005), 9-26.

[70] *Financial Aspects of Corporate Governance*, (1992), 4.33.-4.38.

[71] Refira-se complementarmente o apoio à criação de comités de auditoria subscrito por outros textos britânicos: NATIONAL ASSOCIATION OF PENSION FUNDS, *Corporate Governance Code* (2000), § 12; PIRC, *Shareholder Voting Guidelines*, (1994, revisto em 2001), p. 7.

[72] JO C 321 28.10.1996, 4.22– 4.24.

[73] Relatório Viénot, III.3. Cfr. a propósito OLIVIER AZIÈRES/ CAROLE LAMBERT, *Comités d'Audit: Vers un meilleur exercice de la responsabilité des administrateurs*, in *RDAI* n.º 8, (1995), 923-932.

[74] COMMISSION BANCAIRE ET FINANCIÈRE, *Recomendations* (1998), I.B. 4.3; Recomendações da Federação de Sociedades (1998), 4.3.

[75] Peters Report (1997), Recomendação 3.2.

[76] SWEDISH SHAREHOLDERS ASSOCIATION, (1999), 1.2.2.

Após o episódio Enron, a Comissão Europeia declarou publicamente a intenção de relançar o papel das comissões de auditoria como mecanismo capaz de prevenir irregularidades financeiras[77]. Subsequentemente, a Directiva n.º 2006/43/CE, consagrou a obrigatoriedade de existência de uma dita "comissão de auditoria" em sociedades cotadas. Mas o emprego do termo neste contexto afigura-se falacioso – e neste sentido a tradução oficial portuguesa é objectável[78] –, já que a Directiva não se compromete com o modelo de governação que lhe está subjacente: o diploma comunitário admite indistintamente que este órgão seja composto por membros não executivos da administração (modelo anglo-saxónico), por membros de um *supervisory board* (modelo dualista) ou por membros de um órgão designados directamente pela assembleia geral (numa alusão ao modelo latino). Além disso, em relação a pequenas e médias empresas admite que outros órgãos sociais desempenhem as mesmas funções, desde que o presidente desse órgão não seja um membro executivo da administração[79].

IV – Tomando por referência as experiências estrangeiras, os *audit committees* caracterizam-se em atenção a dois critérios: um de carácter orgânico, por referência ao órgão no seio do qual é constituído; e outro recortado por referência às funções que lhe são atribuídas.

Quanto ao primeiro critério, trata-se de uma comissão permanente especializada constituído pelo órgão de administração de entre os seus titulares. Compõe-se exclusivamente de administradores não-executivos – havendo exigências variáveis quanto à sua independência. Por regra

---

[77] EUROPEAN COMMISSION, *A First EU Response to Enron Related Policy Issues*, (2002), disponível em http://ec.europa.eu/internal_market/company/docs/enron/ecofin_2004_04_enron_en.pdf.

[78] À semelhança das retroversões francesa e alemã, a tradução portuguesa procurou um correspondente linguístico excessivamente literal do termo *audit committee* – comité de auditoria – que fica conotado, de modo enganador, com o modelo anglo-saxónico. Mais apropriada, em comparação, foi a abordagem seguida na tradução italiana da Directiva, que se refugia numa fórmula mais descritiva e neutra (*comittato per il controllo interno e per la revisione contabile*).

[79] Art. 41.º, n.º 1 da Directiva n.º 2006/43/CE. De igual modo, a recomendação de criação de comissões de auditoria na Alemanha (§ 5.3.2. DCGK) não envolve uma apropriação do modelo anglo-saxónico, mas apenas uma aproximação a uma vertente deste por parte do modelo dualista aplicado no ordenamento jurídico germânico.

reclama-se que estes sejam maioritariamente membros independentes[80] – salvo as soluções mais radicais como do *Sarbanes-Oxley Act* norte-americano[81]. Há bolsas que exigem conhecimentos contabilísticos e financeiros a pelo menos um dos seus membros[82].

Em atenção à delimitação funcional da comissão de auditoria, refira-se que, na sua essência, toma por objecto assegurar a confiabilidade da informação financeira, acompanhando o processo da sua elaboração e fiscalizando em termos independentes o rigor da auditoria incidente sobre esta. Esta comissão serve nesta medida de interligação entre a administração e os auditores. É a esta luz que se entende o conceito de *audit committee* constante da *section* 205 do *Sarbanes-Oxley Act*: *a committee (or equivalent body) established by and amongst the board of directors of an issuer for the purpose of oversseing the accounting and financial reporting processes and audits of the financial statements of the issuer*. À comissão de auditoria são também atribuídas funções ligadas à selecção dos auditores, à definição dos termos do seu mandato, incluindo a sua remuneração, ao controlo da sua independência e à vigilância sobre o adequado tratamento contabilístico dos documentos financeiros. Quanto a este último ponto, o Relatório Viénot adianta a explicação útil de que *"não se trata tanto de entrar nos detalhes das contas, mas sobretudo de apreciar a confiabilidade do sistema aplicado para a sua elaboração, assim como a validade das posições adoptadas para as operações significativas"*[83]. Em termos complementares, esta comissão serve de meio de controlar o sistema interno de controlo de riscos da sociedade, constituindo nesse âmbito o elo de ligação entre os auditores internos e os auditores externos.

---

[80] Recomendando uma composição maioritária de membros independentes: AMERICAN LAW INSTITUTE, *Principles of Corporate Governance: Analysis and Recommendations*, cit., 3.05; Cadbury Report, 4.35 b); Hampel Report, 6.3; D.3.1.; COMMISSION BANCAIRE ET FINANCIÈRE, *Recomendations* (1998), I. B. 4.3. b).

[81] A exigência da totalidade de membros independentes é também estabelecida no *Combined Code on Corporate Governance*, cit., C.3.1 – embora numa lógica de *comply or explain*. Acresce que, segundo esse texto, o *audit committee* pode ser composto apenas por dois membros em caso de pequenas sociedades.

[82] NYSE Rule 303.01. O *Blue Ribbon Committee* também alinhava neste sentido, na sua Recomendação n.º 3.

[83] III.3.

V – Não pode negligenciar-se que o aparecimento e o desenvolvimento deste modelo se inscreve numa tendência de reforço do papel dos administradores não executivos – e, de modo particular, dos administradores independentes – na governação societária. Os administradores independentes não constituem um fim em si mesmo – mas têm sido reconhecidos como um instrumento de afinamento das sãs práticas de governação. Em causa está a vocação funcional dos administradores não-executivos em reforço de uma gestão adequada de conflito de interesses, nomeadamente em situações críticas (v.g. na pendência de OPAs hostis), na garantia da confiabilidade da informação financeira e do rigor dos controlos internos[84] e, mais latamente, como instrumento de fiscalização do desempenho dos administradores executivos[85].

Esta vocação tem particular importância nas sociedades cotadas, dado o tendencial maior distanciamento entre os accionistas e os detentores dos poderes decisórios na sociedade e, mercê da dispersão da propriedade accionista, a potencial elevada danosidade dos delitos societários aí verificados. Acresce que nesta categoria de sociedades, a pressão de curto prazo (*short-termism*) induzida nomeadamente pela actuação dos analistas e a intensificação dos esquemas remuneratórios dependentes do desempenho societário podem fazer aumentar, conjuntamente, o risco de confiabilidade da informação financeira. Neste cenário, reveste-se de grande utilidade a actuação dos administradores não executivos, sobretudo dos que estão excluídos de conflitos de interesses[86].

O papel dos administradores não executivos nas sociedades cotadas, aliás, foi sublinhado através da Recomendação da Comissão Europeia n.º 2005/162/CE, de 15 de Fevereiro de 2005, que reconheceu a estes actores societários aptidões importantes na fiscalização societária, preconizando nomeadamente a designação de pelo menos uma maioria de

---

[84] OLIVIER AZIÈRES/ CAROLE LAMBERT, *Comités d'Audit: Vers un meilleur exercice de la responsabilité des administrateurs*, cit., 925-926.

[85] REINIER KRAAKMAN, *Der Profissionalisierung des Board*, in DIETER FEDDERSEN/ PETER HOMMELHOFF/ UWE SCHNEIDER, *Corporate Governance. Optimierung der Unternehmensführungs und der Unternehmenskontrollle im deutschen und amerikanischen Aktienrecht*, Köln, (1996), 136-138.

[86] Para uma ilustração, à luz do ordenamento mobiliário norte-americano, reenvia-se para HILLARY SALE, *Independent Directors as Securities Monitors*, University of Iowa Legal Studies Research Paper n.º 05-38 (2006).

administradores não executivos independentes na comissão de auditoria de sociedades cotadas[87].

O decisivo papel fiscalizador desempenhado pelos administradores não executivos nas comissões de auditoria conduz a que se considere haver uma aproximação ao modelo dualista[88]. Para tal contribui igualmente o poder de destituição dos membros executivos da administração que assiste aos membros não executivos, no Reino Unido e nos Estados Unidos, análogo ao poder confiado, no regime alemão, aos membros do órgão fiscalizador (*Aufsichtsrat*) de destituir os membros do órgão de administração executivo (*Vorstand*)[89].

8. O acolhimento do modelo anglo-saxónico no direito nacional

I – A qualificação do sistema consagrado nos arts. 423.º-B a 423.º-H como anglo-saxónico deve ser feita *cum grano salis*.

De um lado, deve notar-se que há diferenças não desprezíveis entre os modelos norte-americano e britânico de governação.

Nos Estados Unidos, coexiste usualmente o presidente executivo (*Chief Executive Officer*) com o presidente do conselho de administração (*Chairman*), do que resulta uma liderança da sociedade mais personalizada e melhor remunerada[90], ao passo que no Reino Unido as duas figuras normalmente são autonomizadas[91].

Por outro lado, no Reino Unido, apesar da prática implicar um órgão unitário que inclua administradores não-executivos[92], não se prescreve

---

[87] Anexo I, 4.1.

[88] HENRY HANSMANN/ REINIER KRAAKMAN, *The End of History for Corporate Law*, in JEFFREY GORDON/ MARK ROE, *Convergence and Persistence in Corporate Governance*, Cambridge, (2004), 52; COMPANY LAW REVIEW, *Developing the Framework*, London (2000), 3.139; GÉRARD HERTIG/ JOSEPH MCCAHERY, *On-Going Board Reforms: One-Size--Fits-All and Regulatory Capture*, ECGI Law Working Paper n.º 25/2005, http://ssrn.com/abstract=676417, 16.

[89] Cfr. *infra*, § 4.º.

[90] JOHN COFFEE Jr., *Gatekeepers. The Professions and Corporate Governance*, cit., 84-85.

[91] ROBERT MONKS/ NELL MINOW, *Corporate Governance*², cit., 175.

[92] Eilís Ferran, *Company Law and Corporate Finance*, Oxford, (1999), 219.

um modelo por lei, nem resulta proibida a adopção de um modelo que de facto corresponda ao modelo dualista[93].

Frise-se, igualmente, haver elementos introduzidos que configuram claras singularidades nacionais. Há, desde logo, inúmeras diferenças de contexto, nomeadamente quanto à diversa importância da jurisprudência como fonte reveladora do direito societário *off the books*. Além disso, frise-se designadamente que a função do órgão de administração, no direito dos Estados norte-americanos e no direito inglês, envolve o poder de destituição dos administradores executivos[94] – o que contrasta igualmente com a disciplina nacional firmada para o modelo de fiscalização baseado em comissão de auditoria[95]. Por último, são conhecidas as limitações que surgem no contexto norte-americano para a apresentação de propostas pelos accionistas, *in primis* na designação e na destituição de titulares dos órgãos sociais[96].

II – A autonomia do modelo anglo-saxónico é clara. É-o, para já, em termos estruturais, já que este modelo confia a fiscalização a membros do órgão de administração, resultando assim numa fiscalização endógena da gestão societária. A autonomia deste figurino revela-se igualmente em termos históricos, em função da origem dos *audit committees*, que é distinta e mais recente que a origem do modelo do conselho fiscal[97]. Mas também quanto ao correspondente regime: retenha-se para já que as competências no modelo anglo-saxónico de fiscalização da assembleia

---

[93] PAUL DAVIES, *Introduction to Company Law*, cit., 203, informando ademais ter sido detectada a prática da criação, por algumas sociedades, de órgãos executivos de administração, a complementar as estruturas orgânicas que reuniam os membros não--executivos.

[94] MELVIN EISENBERG, *The Structure of the Corporation: A Legal Analysis*, cit., 170; FINANCIAL REPORTING COUNCIL, *Combined Code on Corporate Governance*, cit., A.1.

[95] O poder de destituição dos administradores fiscalizados por parte do órgão fiscalizador apenas existe, em Portugal, no modelo dualista em que a competência de designação seja atribuída ao conselho geral e de supervisão (o que agora não é forçoso que aconteça: cfr. *infra*, § 4.º).

[96] LUCIAN BEBCHUK, *The Case for Increasing Shareholder Power*, Harvard Law Review Vol. 118, n.º 3 (2005), 833-917; SOFIE COOLS, *The Real Difference in Corporate Law between the United States and Continental Europe: Distribution of Powers*, Delaware Journal of Corporate Law Vol. 30 (2005), 698-766 (745-750).

[97] Cfr. *supra*, 7.-8.

geral (arts. 57.º, 59.º e 377.º, n.º 1), do processo de preparação das contas (arts. 452.º e 453.º) e das transacções entre partes relacionadas (art. 397.º) não têm paralelo nos poderes confiados aos administradores não delegados ou membros não executivos no modelo clássico. Abaixo ficam documentadas, em detalhe, outras singularidades inerentes ao regime próprio deste modelo[98].

III – O modelo não limita o número máximo de membros da comissão de auditoria, mas estabelece um número mínimo de membros deste órgão. Assim, permite-se que seja superior o número de membros não executivos do que o dos membros executivos – embora não seja vedado o quadro oposto.

Além disso, o Código fixa o número mínimo de membros da comissão de auditoria em três (art. 423.º-B, n.º 2) – do que resulta proibida a existência de administrador único (art. 278.º, n.º 5). Porém, não se estabelece número mínimo para os membros executivos.

Uma vez que não se admite que a sociedade possa funcionar sem qualquer membro executivo, resulta que o número mínimo de administradores neste modelo de governação é de quatro – seja qual for o montante do capital social da sociedade. O ponto de vista contrário – que já foi sustentado – pretenderia exigir um mínimo de cinco administradores em sociedades cujo capital social exceda 200.000 euros, implicaria uma interpretação extensiva do n.º 5 do art 278.º para chegar a uma pretensa proibição de administrador único *executivo*. Mas não se vislumbram fundamentos para tal leitura – que assenta implicitamente numa menoridade do estatuto de administrador não executivo, o que é contrário ao espírito da reforma, não podendo aceitar-se[99].

---

[98] Cfr. *infra*, sobretudo 8.VI. Em sentido idêntico, mas perante o direito italiano, cfr. CLAUDIO BISCARETTI DI RUFFÌA/ MARIANNA GURRADO, *La Società Europea: un nuovo strumento per investire nell'Europa allargata*, cit., 372, n. 30. Anote-se a posição contrária de MENEZES CORDEIRO, *Manual de Direito das Sociedades*, II, cit., 761; Id., *A grande reforma das sociedades comerciais*, cit., 452, para quem o modelo anglo-saxónico não configura qualquer *tertium genus*, ao se apresentar como um modelo monista.

[99] Contra, PAULO OLAVO CUNHA, *Direito das Sociedades Comerciais*, cit., 460 e 579, considerando que o número mínimo é de cinco membros, por entender que a tal conduz a proibição de administrador único firmada no n.º 5 do art. 278.º. Tal posição negligencia, porém, que os membros da comissão de auditoria são igualmente administradores (art. 423.º-B, n.º 1), e não o são apenas *nominalmente*, como parece pretender o autor (op. cit., 460, n. 540).

É certo que, à luz das regras vigentes sobre vinculação da sociedade, a existência de sociedades com um único administrador executivo obriga à correspondente adequação por via estatutária, de modo a permitir que o titular executivo possa isoladamente obrigar a sociedade. É hipótese que a previsão do art. 409.º acolhe sem dificuldade.

IV – O modelo anglo-saxónico não impõe que os únicos membros não-executivos sejam os membros da comissão de auditoria.

Este modelo pode, assim, implicar a existência de outros administradores que não integrem a comissão executiva. Como tal, o sistema admite a concorrência da função fiscalizadora exercida pelos membros da comissão de auditoria e da vigilância exercida pelos membros não executivos que não fazem parte da comissão de auditoria (art. 407.º, n.º 8).

É clara a vantagem desta permissão, na medida em que abre a porta à existência de outras comissões – concebidas à luz das necessidades de cada sociedade – o que se adequa com as necessidades de especialização dos administrados não executivos. Tratando-se de solução fundada em norma permissiva, podem alternativamente as sociedades com menores recursos optar por não fazer uso da mesma, confinando o elenco de administradores não executivos aos membros da comissão de auditoria[100].

V – Tendo em vista sacrificar ao mínimo a lógica sistemática do Código das Sociedades Comerciais, a técnica legislativa adoptada apoia-se na regulação do conselho de administração constante dos arts. 390.º a 412.º – tratando apenas de indicar em que pontos tal disciplina merece desvios. Para tal tarefa ser facilitada, os normativos referentes ao novo modelo foram sistematicamente inseridos entre os regimes dos modelos preexistentes.

Assim, a título de exemplo, a responsabilidade dos membros da comissão de auditoria, pautar-se-á pelo regime mais brando fixado no art. 407.º, n.º 8, para os administradores não executivos em geral.

Adverte-se, contudo, que esta opção legislativa obriga a que o trabalho interpretativo de articulação entre a parte geral sobre administração e a parte especial sobre fiscalização a cargo de administradores seja efectuado com cautelas.

---

[100] CMVM, *Relatório Final da Consulta Pública n.º 1/2006 sobre Alterações ao Código das Sociedades Comerciais relativas ao Governo das Sociedades Anónimas*, cit., 7.

VI – Os membros da comissão de auditoria têm uma posição jurídica *sui generis*, ao acumularem as funções de administradores e de fiscalizadores da actuação da administração.

Enquanto administradores não executivos, devem ser elementos desafiadores na sociedade, contribuindo para a definição da estratégia da sociedade e colaborando no processo de tomada de decisão nas matérias não delegadas. Por outro lado, enquanto membros de um órgão de fiscalização (autónomo: art. 423.º-B, n.º 1), e beneficiando do manancial de informação de que dispõem, devem apreciar criticamente as decisões da administração.

A sua intervenção em actos de natureza dissemelhante sujeita-os a regras diversas de responsabilidade consoante os actos em causa: os actos de administração que pratiquem estão submetidos ao regime da responsabilidade dos administradores (arts. 64.º, n.º 1 e 72.º-ss); ao invés, no exercício das suas funções de fiscalização quedam-se disciplinados pelo regime de responsabilidade correspondente (arts. 64.º, n.º 2 e 81.º, que nomeadamente prevê a aplicação remissiva das regras sobre administração).

A predita natureza bicéfala das funções que são cometidas aos membros da comissão de auditoria conduz a que o regime jurídico aplicável em outros aspectos se venha a diferenciar do dos demais administradores. De entre os desvios ao regime geral, compete salientar os seguintes:

– devem ter qualificações e a experiência profissional adequados ao exercício das suas funções (art. 414.º, n.º 3 *ex vi* do art. 423.º-B, n.º 6);
– são sujeitos a exigências mais severas de independência em sociedades emitentes de valores mobiliários (art. 423.º-B, n.ºs 4 e 5);
– a sua remuneração deve consistir numa quantia fixa (art. 423.º-D, que afasta o regime do art. 399.º, n.º 2);
– só podem ser destituídos com justa causa (art. 423.º-E, n.º 1, que se desvia do disposto no art. 403.º, n.ºs 1, 2 e 5) de acordo com um procedimento próximo do referente ao da destituição dos membros do conselho fiscal (art. 419.º, n.ºs 2, 4 e 5 aplicável *ex vi* do art. 423.º-E, n.º 2);
– têm competências de fiscalização (art. 423.º-F e 423.º-G, n.º 3) em termos mais amplos do que em caso de delegação (art. 407.º, n.º 8);

– devem reunir pelo menos bimestralmente (art. 423.º-G, n.º 1 a)); e
– dão parecer autónomo sobre o aumento de capital social deliberado pelo conselho de administração (art. 456.º, n.º 3).

Em todos estes pontos, o estatuto dos membros da comissão de auditoria difere do dos (eventuais) restantes administradores não executivos. O mesmo sucede em relação ao dever de participar as reuniões da comissão executiva que apreciem as contas de exercício (art. 423.º-G, n.º 1 c)). Esta atribuição, aliás, não colide com o facto de a competência de aprovação de contas ser indelegável (art. 407.º, n.º 4); pretende-se aqui forçar a intervenção da comissão de auditoria no acompanhamento permanente do processo de apuramento de resultados financeiros sempre estes que se discutam, nomeadamente para análise de irregularidades pretéritas ou da constatação de desvios significativos às estimativas, que em sociedades cotadas imporá um comunicado correspondente (*profit warning*), ao abrigo do art. 248.º CVM.

Assim, as normas dirigidas aos administradores que são membros da comissão de auditoria constituem, em termos técnicos, um regime especial: não implicam valorações de fundo contraditórias com o regime comum da administração; apenas traduzem meras adaptações pontuais impostas pela natureza das coisas.

VII – Mesmo fora dos casos em que a lei o prescreve directamente, deve haver um cuidado particular na articulação das regras sobre este modelo de governação com as regras gerais sobre administração.

De um lado, não se encontra proibida a hipótese de designação de membros da comissão de auditoria por minorias, ao abrigo do regime fixado no art. 392.º. Daqui resulta uma certa diferença do regime anglo-saxónico e dualista (art. 435.º, n.º 3, que remete para o art. 392.º) em relação ao regime do modelo clássico, segundo o qual a designação por minorias se faz através de designação judicial (art. 418.º), mas não se crê que tal seja pernicioso.

Não é de surpreender, por outro lado, que venha a constituir prática corrente a designação discriminada de membros suplentes para a comissão de auditoria, em atenção às qualificações específicas dos seus membros. Porém, se todos os membros suplentes designados respeitarem as exigências do art. 423.º-B, não se alcança motivo para vedar a prática contrária – isto é, de designação genérica de membros suplentes do órgão de administração, sem curar de individualizar os que respeitam à comissão de auditoria.

Outro ponto importante a propósito da designação de membros da comissão de auditoria prende-se com a possibilidade de serem designadas pessoas colectivas. Nesta eventualidade (nomeadamente, em caso de designação de uma sociedade de revisores oficiais de contas como membro da comissão de auditoria), advirta-se que goza de aplicação o dever de nomeação de pessoa singular para o exercício de funções em nome próprio, conforme é regra para os administradores (art. 390.º, n.º 4 *ex vi* do art. 423.º-H). Dito de outro modo, é inaplicável o regime do art. 414.º-A, n.º 4, que dispõe apenas a necessidade de designação de representante em reuniões – o que valerá para o modelo clássico e dualista.

VIII – Os membros da comissão de auditoria não podem ser destituídos sem justa causa (art. 423.º-E, n.º 1). Este constitui um traço decisivo a sedimentar a liberdade de apreciação dos membros da comissão de auditoria.

Sujeitam-se, todavia, ao regime de substituição por faltas fixado no art. 393.º. Não há aqui qualquer contradição: o regime da substituição oferece especificidades, ao operar por declaração do órgão de administração, tendo por base um número de faltas que faz presumir, *iuris et de jure*, um incumprimento reiterado dos deveres de disponibilidade – ou, mais grave ainda, o abandono de funções.

A lei não afasta a aplicação do regime de nomeação judicial em caso de impossibilidade de funcionamento do órgão de administração (art. 394.º). Para tal não acabar por resultar na possibilidade de administrador único e no esvaziamento da comissão de auditoria – ainda que transitório – deve nessa situação o tribunal nomear também o número mínimo de membros desta comissão (três: art. 423.º-B, n.º 2).

IX – No modelo anglo-saxónico, a designação discriminada dos administradores não executivos é obrigatória (art. 423.º-C, n.º 2). O mesmo há-de entender-se em relação aos membros executivos – mesmo no silêncio da lei – dado não ser admissível que este modelo funcione sem membros executivos do órgão de administração. Trata-se, nesse sentido, de um caso em que a delegação é obrigatória, imposta *ex lege* pela natureza do modelo.

O rol de matérias indelegáveis permanece o mesmo do que vale para o modelo clássico – o que não contrasta com as funções de fiscalização do processo de preparação de contas, que relevam de um típico processo de auto-controlo.

§ 4.º O Modelo Dualista

9. O modelo dualista em ordenamentos jurídicos estrangeiros

I – A contraposição entre duas câmaras decisórias na estrutura societária tem raízes históricas recuadas, sendo detectável na Companhia Holandesa das Índias Oriental (*Verenigde Oost-Indische Compagnie*, abreviadamente designada por VOC) que foi constituída em 1602. Esta companhia colonial, tida como um dos principais arquétipos da moderna sociedade anónima, passou a incluir a partir de 1623 estruturas de fiscalização, entre as quais uma comissão de nove membros, separada do órgão de administração, encarregada de prestar conselhos à gestão da sociedade e aprovar o relatório anual, tendo para o efeito o direito de assistir às reuniões da administração e de inspeccionar os bens e documentos societários[101].

A criação deste conselho de supervisão, composto pelos maiores sócios, foi determinada pela necessidade de proporcionar um acompanhamento mais próximo das despesas de gestão, da remuneração dos administradores e do pagamento de dividendos. Tratar-se-ia, pois, de uma clara resposta a problemas de governação: reside aqui, aliás, o relevo histórico desta fórmula organizativa – e não propriamente na sua eficácia ou influência, aparentemente muito reduzidas[102].

II – Na Alemanha, o modelo dualista foi originariamente consagrado na lei através do Código Comercial de 1861. Primeiro crismado como modelo opcional, este evoluiu escassos anos depois para se tornar

---

[101] HENK DEN HEIJER, *De VOC en de Beurs/ The VOC and the Exchange*, Amsterdam (2002), 25-28; ELLA GEPKEN-JAGER, *Verenigde Oost-Indische Compagnie (VOC)*, in ELLA GEPKEN-JAGER/ GERARD VAN SOLINGE/ LEVINUS TIMMERMAN (org.), *VOC 1602-2002. 400 Years of Company Law*, Deventer (2005), 54-58 (que informa sobre a criação, também em 1623, de uma comissão de contabilidade, de composição mais reduzida (57-58)); KLAUS HOPT/ PATRICK LEYENS, *Board Models in Europe. Recent Developments of InternalCorporate Governance Structures in Germany, the United States, France, and Italy*, cit., 2-3.

[102] HECKSCHER qualifica como *ilusório* o poder da comissão de acompanhamento da VOC: cfr. ELI HECKSCHER, *The Mercantilism*, trad. inglesa da versão alemã, 2 Vols., Garland Publishing: New York/ London, (tradução editada em 1983 do original de 1935), 360-372 (372).

no modelo obrigatório para as sociedades anónimas, simultaneamente ao reconhecimento normativo da personalidade colectiva das sociedades e, por conseguinte, da liberdade de constituição de sociedades[103]. Assim se manteve no Código Comercial alemão de 1897, na lei das sociedades anónimas de 1937 e na actualmente vigente de 1965[104].

Importante feição do modelo dualista aplicado na Alemanha prende-se com o regime de representação de trabalhadores em sociedades de maior dimensão, segundo as regras de co-gestão introduzidas em 1976[105]. Em função do número de trabalhadores da sociedade, a percentagem de representantes da força laboral no *Aufsichtsrat* pode ser de um terço ou de metade. Este aspecto do regime alemão tem sido sujeito a críticas, ao diminuir o poder dos accionistas na conformação dos órgãos sociais, sendo apto a servir como um obstáculo à eficiência do funcionamento societário do ponto de vista das qualificações, motivação e incentivos dos membros designados. Ademais, torna muito difícil a aprovação de estratégias empresariais que envolvam uma possível supressão de postos de trabalho; e favorece representantes dos trabalhadores residentes na Alemanha, o que pode ser desajustado em sociedades dominantes de grupos multinacionais[106].

---

[103] Há estudos historiográficos que consideram que esta opção legislativa reflectida na versão modificada de 1870 do *Allgemeines Deutsches Handelsgesetzbuch* (ADHGB) foi tomada por acidente, dado que o propósito inicial seria alegadamente o de circunscrever a obrigatoriedade do modelo dualista às sociedades em comandita por acções: cfr. JULIAN FRANKS/ COLIN MAYER/ HANNES WAGNER, *The Origins of the German Corporation – Finance, Ownership and Control*, (2005), ECGI – Finance WP n.º 110 (2005), 4.

[104] Destacam-se, no tratamento do tema: KARSTEN SCHMIDT, *Gesellschaftsrecht*[4], Köln (2004), 804-837; MARCUS LUTTER/ GERD KRIEGER, *Rechte und Pflichten des Aufsichtsrats*[4], Köln (2002), 17-50, 65-330; EBERHARD SCHWARK, *Corporate Governance: Vorstand und Aufsichtsrat*, in PETER HOMMELHOFF/ MARCUS LUTTER/ KARTEN SCHMIDT/ WOLFGANG SCHÖN/ PETER ULMER (org.), *Corporate Governance*, Heidelberg (2002), 75-117.

[105] § 7.º da *Gesetz über die Mitbestimmung der Arbeitnehmer* (MitbestG), de 4 de Maio de 1976.

[106] Saliente-se que a remuneração dos representantes dos trabalhadores reverte em larga parte para os sindicatos, o que consiste num mecanismo questionável de incentivo a uma fiscalização adequada. Sobre esta discussão, entre muitos, cfr. STEFAN PRIGGE, *A Survey of German Corporate Governance*, in KLAUS HOPT/ HIDEKI KANDA/ MARK ROE/ EDDY WYMEERSCH/ STEFAN PRIGGE, *Comparative Corporate Governance. The State of the Art and Emerging Research*, cit., 1004-1014; KLAUS HOPT, *The German Two-Tier Board: Experience, Theories, Reform*, cit., 247-248; THEODOR BAUMS/ KENNETH SCOTT, *Taking Shareholder Protection Seriously? Corporate Governance in the United States and in*

As origens do modelo alemão ligam-se também à influência dos bancos na conformação do domínio societário (embora temperada pela presença dos representantes dos trabalhadores no *Aufsichtsrat*) – quer através da sua participação accionista directa, quer através da sua utilização de instrumentos de representação para participação em assembleia geral emitidos pelos seus clientes – tendência que apenas na última década começa a esbater-se[107].

Retenha-se que o modelo dualista vigente na Alemanha tem sido modernizado através de um conjunto de intervenções legislativas[108], em articulação com o código de governo e das suas sucessivas actualizações[109]. Determinante na planificação e conformação destas modificações foi o Relatório da comissão sobre governo das sociedades constituída sob impulso governamental e presidida pelo Professor THEODOR BAUMS, contendo quase centena e meia de recomendações de intervenção normativa, das quais uma porção relevante se liga, directa ou indirectamente, ao *Aufsichtsrat*[110]. Daqui decorreu um fortalecimento dos poderes de fiscalização do conselho geral e de supervisão e uma agilização do seu funcionamento, nomeadamente através do afinamento dos fluxos informativos na sociedade e dos estímulos às comissões constituídas no seio do órgão de fiscalização[111]. Não é seguro, para já, que as alterações venham a projectar-se igualmente no tradicional regime de representantes dos trabalhadores no órgão de fiscalização.

Germany, ECGI WP n.º 17 (2003), 45-46; KATHARINA PISTOR, *Corporate Governance durch Mitbestimmung und Arbeitsmärkte*, in PETER HOMMELHOFF/ KLAUS HOPT/ AXEL VON WERDER, *Handbuch Corporate Governance*, cit., 157-175.

[107] KLAUS HOPT, *The German Two-Tier Board (Aufsichtsrat) – A German View on Corporate Governance*, in KLAUS HOPT/ EDDY WYMEERSCH, *Comparative Corporate Governance. Essays and Materials*, (1997), 10-11 (alegando que a influência dos bancos alemães no governo societário transcende largamente a sua participação nos órgãos de fiscalização); JULIAN FRANKS/ COLIN MAYER/ HANNES WAGNER, *The Origins of the German Corporation – Finance, Ownership and Control*, cit., 9-10, 20-21.

[108] DIETER FEDDERSEN, *Neuegesetzliche Anforderungen an der Aufsichtsrat*, AG (2000), 385-396; MARCUS LUTTER/ GERD KRIEGER, *Rechte und Pflichten des Aufsichtsrats*⁴, cit., 17-20; KARL-HEINZ FORSTER, *Zum Zusammenspiel von Aufsichtsrat und Abschlussprüfer nach dem KonTraG*, AG (1999), 193-198; ULRICH NOACK/ DIRK ZEZTSCHE, *Corporate Reform in Germany: The Second Decade*, CBC Düsseldorf, (2005), 6-48.

[109] *Deutscher Corporate Governance Kodex* (DCGK), cuja última versão, datada de Junho de 2006, se encontra disponível em http://www.corporate-governance-code.de.

[110] *Bericht der Regierungskommission Corporate Governance*, (2001).

[111] Reenvia-se para o § 5. DCGK.

III – O modelo dualista distingue-se por cindir as competências de gestão e de supervisão em órgãos diversos. A primeira cabe ao conselho de administração executivo, ao passo que a fiscalização é atribuída ao conselho geral e de supervisão. No figurino actual, a este cabe a designação dos membros do órgão executivo e a sua destituição, podendo haver destituição com justo fundamento antes de terminado o mandato[112]. Para regular funcionamento deste modelo, os membros do órgão executivo não podem fazer parte do órgão fiscalizador – e vice-versa.

A estanquicidade desta separação não é, contudo, absoluta dadas as possibilidades de aprovação por parte do conselho geral e de supervisão de actos importantes na gestão da sociedade que sejam especificados nos estatutos ou solicitados pelo órgão de fiscalização[113]. Tal leva a que este órgão assuma também uma vocação consultiva em relação ao órgão de administração[114].

IV – Após a recepção legislativa alemã, o modelo dualista foi consagrado em outros sistemas jurídicos, embora com adaptações. A participação obrigatória dos trabalhadores no órgão de fiscalização constitui uma característica quase invariavelmente recusada – salvo no caso da Áustria, em que se exige que um terço do conselho geral e de supervisão seja composto por representantes dos trabalhadores[115].

Neste âmbito, merece ainda uma breve referência o modelo dualista consagrado na Holanda, dado que assume feições particulares. Segundo o direito holandês, as sociedades de responsabilidade limitada podem, pela sua dimensão, estar forçadas a seguir o regime estrutural ("*Structuurmodel*") que envolve necessariamente a obediência ao modelo dualista. Além de contar com um órgão consultivo com representantes dos trabalhadores ("*Ondernemingsraad*"), este modelo caracteriza-se por envolver

---

[112] § 84 AktG. Frise-se que em finais do século XIX e a lei das sociedades anónimas de 1937 a designação podia igualmente ser feita directamente pelos accionistas. Cfr. *infra*, 10.

[113] § 111 (4) AktG.

[114] A confirmação deste traço do regime é obtida através do § 5.1.1. DCGK. Sobre o tema, veja-se ainda MARCUS LUTTER/ GERD KRIEGER, *Rechte und Pflichten des Aufsichtsrats*⁴, cit., 36-39.

[115] Em referência está o § 110 da *Arbeitsverfassungsgesetz* (ArbVG) austríaca, de 14 de Dezembro de 1973.

a atribuição de poderes acentuados ao conselho geral e de supervisão, em detrimento das competências da assembleia geral. Ao órgão de fiscalização são confiados poderes decisórios em matérias relevantes como a emissão de acções ou de outros valores mobiliários, o estabelecimento de parcerias estratégicas significativas, a designação e destituição dos membros do órgão de administração e dos candidatos a figurar no próprio órgão de supervisão. Esta magnitude de poderes, de que se destaca a ampla possibilidade de influenciar a designação de membros, foi em certa medida mitigada numa reforma recente, que procurou equilibrar os poderes da assembleia geral ante os poderes dos membros do órgão fiscalizador[116]. Ainda assim, persistem traços do regime que determinam uma influência decisiva dos membros do órgão de fiscalização na eleição dos seus membros, propiciando uma perpetuação da manutenção em funções dos titulares do órgão de fiscalização, o que não tem paralelo conhecido no direito comparado[117].

10. O acolhimento do modelo dualista no direito nacional

I – Em Portugal, contrariamente ao que sucedeu na Alemanha, o modelo dualista nunca foi obrigatório, nem procurou vez alguma envolver os representantes dos trabalhadores na governação societária. Foi previsto como modelo opcional logo na versão originária do Código das Sociedades, no que constituiu, à época, uma das novidades relevantes do diploma.

Nos primeiros anos de vigência do Código das Sociedades Comerciais, houve algumas sociedades atraídas pelo modelo dualista. Mas cedo a maioria desistiu da experiência, alterando o seu modelo de governo em

---

[116] Cfr. as alterações introduzidas aos artigos 158 e 161a do Código Civil holandês através da Lei de 9 de Julho de 2004, publicada no *Staatsblad* (2004), 370, onde se permite nomeadamente que a proposta apresentada pelo órgão fiscalizador possa ser rejeitada através de voto maioritário da assembleia geral representando um terço do capital social (art. 158, n.º 9); mas nesse caso é o órgão fiscalizador que deve apresentar nova lista de candidatos.

[117] ABE DE JONG/ AILSA RÖELL, *Financing and Control in the Netherlands. A Historical Perspective*, in RANDALL K. MORCK, *A History of Corporate Governance around the World*, Chicago (2005), 473-474, 488-489; GREGORY FRANCESCO MAASEN, *An International Comparison of Corporate Governance Models*, cit., 144-175.

benefício do modelo clássico[118]. O fenómeno não deve causar estranheza. Com efeito, antes da reforma de 2006, vários eram os aspectos de regime que penalizavam este modelo[119].

À cabeça, os membros do órgão de administração dispunham de uma legitimidade indirecta, ao serem designados dos membros do órgão de administração, sendo designados pelo conselho geral – cujos membros por seu turno são designados pela assembleia geral. Este mecanismo aumenta a distância entre os accionistas e os representantes no órgão de administração, o que constitui uma solução de governação objectável[120].

Revelava-se, ademais, uma diferenciação forçosa entre a competência de aprovação de contas e a competência de aprovação da distribuição do dividendo anual – aquela atribuída ao conselho geral, esta confiada à assembleia geral. Emergia daqui um quadro potencialmente desarticulado, forçando a uma dilatação temporal, em alguns casos excessiva, do processo deliberativo societário em matéria de distribuição de dividendos.

Os órgãos de administração e de fiscalização estavam ainda sujeitos a uma limitação máxima do número de membros, o que surpreendia num texto legislativo, criando injustificados constrangimentos à composição de órgãos, sobretudo em sociedades de elevada dimensão. Estas limitações eram agravadas, quanto ao conselho geral, dada a necessária qualidade de accionista para os membros deste órgão, e quanto à direcção,

---

[118] Retenham-se os seguintes exemplos: Alco – Algodoeira Comercial e Industrial, SGPS, SA (adopção do modelo dualista até 1994), BA – Vidro, SA (até 1995), Banco BPI, SA (até 1999), Banco Efisa, SA (até 2002), Banco Expresso Atlântico, SA (até 1997), Cipan-Companhia Industrial Produtora Antibioticos, SA (até 1992), Companhia Portuguesa do Cobre – SGPS, SA (até 1994), Construtora do Tâmega, SA (até 2000), Deutsche Bank (Portugal), SA (até 2004), Dom Pedro – Investimentos Turísticos, SA (até 1998), Fabricas Triunfo, SA (até 2000), Fitor – Companhia Portuguesa de Têxteis, SA (até 2005), Público – Comunicação Social, SA (até 1996), Somague – SGPS, SA (até 1994), Sonae SGPS, SA (até 2001), Telgecom – Telecomunicações, Gestão e Comparticipações, SA (até 1995), Varzim Sol – Turismo, Jogo e Animação, S.A (até 1996) e Vodafone Portugal – Comunicações Pessoais, SA (até 2004).

[119] Para um rastreio exaustivo: CMVM, *Governo das Sociedades Anónimas – Propostas de Alteração ao Código das Sociedades Comerciais,* cit., 38-50.

[120] Em apoio do modelo dualista com eleição directa dos membros do órgão executivo pelos accionistas, tido como melhor modelo de governação, cfr. LYNNE DALLAS, *Proposals for Reform of Corporate Boards of Directors: The Dual Board and Board Ombudperson, Washington and Lee Law Review* (Winter 1997), 92-146.

atenta a competência exclusiva do conselho geral para designar o presidente do órgão executivo e a exigência de um administrador encarregue das relações com os trabalhadores.

Os membros da direcção, aliás sujeitos a um restritivo regime de impedimentos, apenas poderiam ser destituídos com base em justa causa, em contraste com o regime da livre destituibilidade da administração vigente no modelo nacional clássico.

Por último, era patente uma designação desajustada do órgão executivo e dos seus titulares, permitindo uma indesejável confusão terminológica entre os membros do órgão de administração e os colaboradores de topo da sociedade – uns e os outros referenciados como "directores".

II – O regime actual promoveu um sensível afastamento em relação à configuração do modelo dualista dada pela lei germânica em relação a todos os pontos atrás notados. Esta alteração determina uma redistribuição de poderes nos órgãos sociais, que cumpre assinalar nos seus traços essenciais.

Quanto à designação dos membros do órgão executivo de administração, o modelo dualista pode agora conhecer duas fundamentais modalidades: a competência para designar administradores pode caber ao conselho geral e de supervisão ou, se os estatutos o permitirem, à assembleia geral (art. 425.º, n.º 1)[121]. É interessante assinalar que a atribuição de uma escolha de forma de designação já houvera sido consagrada na Alemanha, segundo a redacção do *Handelsgesetzbuch* que vigorou entre 1884 e 1937[122]. O poder de fiscalização pode ser, nessa medida, mais ou menos concentrado no conselho geral e de supervisão, consoante a opção que em concreto for tomada. Porém, a substituição temporária dos membros da administração pertence sempre à competência do conselho geral e de supervisão, mesmo quando não lhe caiba a decisão última sobre a destituição (art. 425.º, n.º 4 e 437.º, n.º 2).

Acresce que os membros do conselho geral e de supervisão deixaram de ter necessariamente de ser accionistas – graças à revogação do n.º 2 do art. 434.º –, o que abre porta a uma maior profissionalização do

---

[121] Falando de uma alteração qualitativa do modelo com esta permissão: MENEZES CORDEIRO, *Manual de Direito das Sociedades*, II, cit., 783.

[122] § 236 HGB, alterado pela lei das sociedades em comandita e das sociedades anónimas de 31 de Julho de 1884.

órgão. O cumprimento da exigência pretérita, aliás, bastar-se-ia com a titularidade no limite de uma acção, o que traria escassa substância enquanto critério de aferição das qualificações dos membros de um órgão social.

Desaparece, ainda, a obrigatoriedade de designar um administrador encarregado das relações com os trabalhadores, o que incrementa o grau de autonomia na conformação do órgão fiscalizador.

O reforço do poder fiscalizador (do conselho geral e de supervisão ou da assembleia geral, consoante os casos) manifesta-se também na permissão de destituição dos administradores mesmo quando não haja justa causa (art. 430.º)[123] – o que traduz novo afastamento em relação ao regime alemão.

Alguns acertos legislativos reforçaram o poder da assembleia geral. É o caso da aprovação de contas, que passou a ser necessariamente feita pelo colégio de sócios, tendo sido substituída a anterior alínea f) do art. 441.º. Concentrou-se assim no mesmo órgão a competência para aprovação de contas e para a distribuição de resultados.

No mesmo sentido, tenha-se ainda presente que o poder de influenciar decisões de gestão deixou de poder ser unilateralmente exercido pelo conselho geral e de supervisão – devendo estar antes previsto nos estatutos (ou na lei) (art. 442.º, n.º 1), o que garante maior previsibilidade ao perímetro de actuação do órgão de fiscalização e acrescenta importância à conformação do texto estatutário.

Por fim, o regime do modelo nacional sofreu algumas actualizações terminológicas, em duas vertentes: de um lado, a direcção passa a designar-se conselho de administração executivo e os seus membros passa a ser referenciados como administradores; de outro lado, o órgão de fiscalização foi rebaptizado como conselho geral e de supervisão, para facilitar uma aproximação à tradução em inglês (*supervisory board*). É certo que estas alterações de designação forçaram diversos acertos legislativos – mas crê-se que esse é um preço justo a pagar para tornar o modelo mais utilizável. Aliás, nota-se que algumas grandes sociedades recentemente optaram por este modelo[124], anunciando-se idêntico passo por grandes sociedades de capitais públicos – o que por si confere justificação bastante à modificação feita.

---

[123] Expressando apoio em relação à solução alemã, cfr. porém KLAUS HOPT, *The German Two-Tier Board (Aufsichtsrat) – A German View on Corporate Governance*, cit., 2.

[124] É o caso do BCP – Banco Comercial Português – SGPS, SA e da EDP Energias de Portugal – SGPS, SA.

III – Há regras constantes da regulação do modelo clássico que se aplicam identicamente ao modelo dualista. É o caso do rol de incompatibilidades constante do art. 414.º-A, que se aplica ao revisor oficial de contas também no modelo dualista.

Aliás, deve entender-se que são aqui aplicáveis as regras do modelo clássico (como figurino legal paradigmático, nos termos já examinados) sobre administração que não sejam excepcionadas. Cabe aqui, nomeadamente, o disposto no art. 393.º, n.os 1 e 2, sobre substituição de administradores.

Inversamente, nota-se que o conselho de administração executivo tem necessariamente a seu cargo a tarefa da gestão executiva da sociedade. Trata-se de uma tarefa indelegável, não podendo aqui aplicar-se o regime do art. 407.º.

§ 5.º Balanço

11. Principais diferenças entre os modelos

I – Apesar dos pontos comuns descritos, os modelos de governo recortados pela actual lei societária não são excessivamente iguais – porquanto há diferenças de regime que justificam a autonomização entre eles.

Detecta-se, em primeiro lugar, uma separação profunda que separa o modelo clássico simplificado dos demais modelos, em função de aquele não pressupor segregação entre fiscalização e revisão de contas[125].

Em resultado deste contraste, há competências de fiscalização que não são exercidas no modelo clássico simplificado (referidas no art. 420.º, n.º 2).

II – Entre os modelos mais garantísticos, há ainda a notar relevantes diferenças, abaixo consideradas.

Uma vez que as competências de fiscalização são atribuídas a membros do órgão de administração no modelo anglo-saxónico, esse modelo supõe tendencialmente um número mais elevado de administradores.

---

[125] Sobre o sentido desta segregação funcional entre revisão de contas e fiscalização, remete-se para *supra*, 6. III.

Além disso, o balanço quantitativo entre membros do órgão fiscalizador e do órgão fiscalizado só é injuntivamente regulado no modelo dualista (em sentido favorável à composição do conselho geral e de supervisão, que deve ter maior número de membros: art. 434.º, n.º 1).

A designação de membros do órgão de fiscalização por accionistas minoritários, por seu turno, é diferente no caso do modelo clássico, em que depende de designação judicial, tornando-a mais remota (art. 418.º), o que não sucede nos modelos restantes (arts. 392.º e 435.º, n.º 3).

É muito importante sublinhar que o modelo dualista permite uma maior interferência na gestão, seja em termos informativos (art. 432.º, n.ºs 1-3), seja em termos decisórios (art. 442.º) do órgão de fiscalização. Neste modelo, além disso, é claro o direito dos membros do órgão fiscalizador a assistir a reuniões do órgão fiscalizado (art. 432.º, n.ºs 5 e 6). Este aspecto torna particularmente vigorosa a fiscalização no modelo dualista, o que pode ser reforçado se ao conselho geral de supervisão for confiado o poder de designação e de substituição dos administradores executivos (mesmo que tal não suceda, mantém-se sempre o poder de suspensão dos administradores, ao abrigo do art. 430.º, n.º 1 b)).

A estrutura federativa do modelo dualista resulta igualmente num regime diferente quanto ao exercício de actividades concorrentes por membros do órgão de fiscalização, que depende de autorização do colégio dos accionistas (art. 434.º, n.ºs 5-7), o que contrasta com o regime de proibição patente nos outros modelos (art. 414.º-A, n.º 1 f)).

Por fim, outra especificidade do modelo dualista é a de que nas sociedades emitentes de acções negociadas em mercado regulamentado, se exige uma dupla independência do órgão fiscalizador: não apenas o conselho geral e de supervisão deve ser composto por uma maioria de membros independentes (art. 414.º, n.º 6 aplicável *ex vi* do art. 434.º, n.º 4), como também os membros da comissão para as matérias financeiras devem ser maioritariamente independentes (art. 444.º, n.º 6).

III – Estas diferenças indicam cambiantes importantes nas características gerais dos modelos.

Daqui resulta que o modelo clássico promove uma fiscalização externa através de estrutura tendencialmente tecnocrática, sem possível interferência na gestão; ao passo que o modelo anglo-saxónico consuma o paradigma da fiscalização interna, no qual os membros da comissão de auditoria desempenham uma dupla função, sendo a um tempo co-decisores e a outro tempo fiscalizadores dos actos praticados pela gestão executiva[126]. O modelo dualista assume, por seu turno, a fiscalização externa, não através de administradores não executivos, figura que é aqui interditada, mas através de uma estrutura orgânica autónoma de natureza híbrida – federativa de interesses e tecnocrática – que pode ser particularmente actuante nos casos em que ao conselho geral e de supervisão for atribuído o direito de nomear e de destituir os administradores (art. 441.º a)) e de ter influência na aprovação de decisões de gestão (art. 442.º, n.º 1).

12. O direito de escolha do modelo de governo

I – Uma das mais relevantes manifestações da autonomia estatutária das sociedades anónimas consiste no direito à escolha do modelo de governação.

Este direito funda-se na impossibilidade em decretar, de modo absoluto, um modelo preferível. Cada modelo de governo pode apresentar vantagens e deméritos: os modelos mais ágeis implicam processos decisórios mais expeditos mas podem por seu turno apresentar um risco maior de concentração de poder e de diminuição da eficácia da sindicabilidade dos membros executivos da administração; os modelos mais garantísticos, por seu turno, correm o risco de envolver maiores custos de transacção e de ser mais pesados. Designadamente, o reforço dos poderes de fiscalização pode servir de conforto institucional ao ambiente de confiança intra-societário[127] – mas também pode degenerar, no limite, em bloqueios decisórios entre órgão de administração e membros do órgão de fiscalização[128] que podem não ser compensadores, sobretudo em sociedades de pequena dimensão[129].

---

[126] Cfr. *supra*, 8, VI.

[127] Ideia muito vincada em LAURA F. SPIRA, *The Audit Committee: Performing Corporate Governance*, Boston et al, (2002), 148-154, 165.

[128] Cf., a propósito do modelo dualista, o aceno ao problema feito por YVES GUYON, *Les Sociétés. Aménagements Statutaires et Conventions entre Associés*, in JACQUES GHESTIN (dir.), *Traité Des Contrats*, (1993), 101.

[129] Esse, *hélas*, o reverso do regime de destituibilidade vinculada dos membros dos órgãos de fiscalização.

Outro dos motivos pelos quais o legislador não se deve substituir às sociedades nessa selecção deve-se à necessidade de considerar idiossincrasias de cada sociedade. Cada sociedade deve ponderar qual o modelo que melhor se ajusta ao seu perfil – por ser mais adequado à estrutura de propriedade, à presença de accionistas estrangeiros, por poder minimizar o risco de "captura" dos membros de órgãos fiscalizadores, reduzir os custos de recolha de fundos do público ou por ser mais atractivo nos mercados onde a sociedade está cotada. A decisão sobre o modelo a acolher por cada sociedade envolve, nessa medida, um processo aturado de reflexão. A escolha pode vir a ser subsequentemente ajustada, ante a evolução dos mercados em que a sociedade se insere, do seu desempenho ou da sua estrutura accionista (art. 278.º, n.º 6)[130].

Por fim, dado o espaço de conformação reconhecido em relação a todos os modelos, estes podem ser polifuncionais e visar, não apenas objectivos de eficiência, mas também servir valorações complementares. Tal é nomeadamente o caso dos modelos que sejam desenhados para contar com o envolvimento de outros sujeitos com interesses relevantes na empresa (trabalhadores, investidores institucionais, clientes)[131].

II – Este direito inscrito na esfera das sociedades tem concretizações em outros sistemas jurídicos.

Na Alemanha, a redacção originária do Código de Comércio de 1861 concedia a faculdade de escolha entre um modelo de administração unitário e um modelo dualista – regime que vigorou durante escasso período de tempo[132].

---

[130] Documentando a instabilidade da estrutura de governo em sociedades cotadas nos Estados Unidos, a partir de observações empíricas extraída no período entre 1983 e 1992, reenvia-se para DAVID J. DENIS/ ATULYA SARIN, *Ownership and Board Structures in Publicly Traded Corporations*, (1998).

[131] Sustentando, neste contexto, que os modelos de governo podem igualmente servir finalidades distributivas: FRANCESCO DENOZZA, *Le regole della globalizzazone tra (pretesa) efficienza e (finti) mercati: il caso dei modelli di corporate governance*, Giurisprudenza Commerciale (2006), 167-175 (171-174).

[132] § 225 ADHGB. Alterações posteriores introduzidas a este diploma em 11 de Junho de 1870 e em 18 de Julho de 1884 tornaram o modelo dualista obrigatório (cfr. *supra*, § 6.º e PETER BÖCKLI, *Konvergenz: Annäherung des monistischen und des dualistischen Führungs– und Aufsichtssystems*, cit., 202; JULIAN FRANKS/ COLIN MAYER/ HANNES WAGNER, *The Origins of the German Corporation – Finance, Ownership and Control*, cit., 4).

Quase um século mais tarde, no direito francês, a mesma opção foi conferida na lei de sociedades comerciais de 24 de Julho de 1966[133]. Aí se previa a opção entre, de um lado, uma estrutura composta por conselho de administração e *comissaire aux comptes* e, de outro lado, uma estrutura postulando a existência de *directoire* e *conseil de vigilance*[134].

Em Itália, com a reforma societária de 2003, a liberdade de escolha de modelo de administração e de fiscalização teve incidência, não sobre dois, mas sobre três modelos[135]. Assim, as sociedades italianas passaram a dispor da possibilidade de optarem por um modelo ordinário (compreendendo órgão de administração, *collegio sindacale* e órgão de revisão de contas), um modelo dualista (incluindo conselho de gestão, conselho de vigilância e órgão de revisão) e um modelo inspirado nas práticas anglo--saxónicas (assente no conselho de administração, que designa no seu seio uma comissão de controlo de gestão, e um órgão de revisão)[136].

III – Encontram-se ainda alguns elementos sobre o tema no direito comunitário das sociedades. Sabe-se que a Proposta de Quinta Directiva ambicionou harmonizar os modelos de governo à escala europeia. Na versão inicial, o texto propôs-se erigir como modelo único o dualista; o que veio a ser subsequentemente abandonado. Na versão reformulada, era previsto o direito de escolha era previsto neste projectado texto comunitário que acabou por não ter nunca aprovação final.

---

[133] Yves Guyon, *Les Sociétés. Aménagements Statutaires et Conventions entre Associés*, cit., 99-103.

[134] Art. 111.º da Lei n.º 66-537, de 24 de Julho de 1966. A matéria está actualmente tratada no Code de Commerce, art. L-225-57. Cfr. a propósito Georges Ripert/ René Roblot, *Traité de Droit Commercial*[18] (actualizado por Michel Germain), t. 1, vol. 2, Paris, 401-504.

[135] Cfr. art. 2380 c.c. it., que todavia apresenta como supletivo o modelo tradicional.

[136] Decretos Legislativos n.º 6/2003, de 17 de Janeiro e n.º 37/2004, de 14 de Fevereiro. Cfr. a propósito Gian Domenico Mosco, *Nuovi Modelli di Amministrazione e Controllo e Ruolo dell'Assemblea*, in Paolo Benazzo/ Sergio Patriarca/ Gaetano Presti (org.), *Il Nuovo Diritto Societario fra Società Aperte e Società Private*, Milano, (2003), 121-144; Vincenzo Calandra Bonaura, *I Modelli di Amministrazione e Controllo nella Riforma del Diritto Societario*, Giurisprudenza Commerciale (2003), 535-560; Francesca Maria Cesaroni, *Il Collegio Sindacale nella Corporate Governance delle Società Italiane*, Torino, (2004), 59-63, 167-200; Guido Ferrarini, *Corporate Governance Changes in the 20th Century: A View from Italy*, ECGI WP n.º 29/2005 (2005), 24-26; Luca Enriques, *Uno sguardo cinico sulla riforma delle società di capitali: più rendite; meno rigidità?*, Indret n.º 3 (2004), 26-27.

O processo legislativo conducente à definição do regime comunitário sobre sociedade anónima europeia registou uma evolução semelhante. Com efeito, a Proposta de Regulamento da Sociedade Europeia redigido em 1970 propunha a adopção obrigatória do modelo dualista. Porém, a versão final do Regulamento, na sequência da reformulação de 1991, decidiu-se pela atribuição de um direito de escolha entre um modelo monista e um modelo dualista[137]. Este traço do regime comunitário, por si, serve de poderoso incentivo a uma alargada difusão geográfica do direito de escolha, mesmo nas sociedades anónimas.

Mais recentemente, o Relatório de Peritos sobre Direito das Sociedades recomendou que pelo menos as sociedades cotadas pudessem optar entre uma estrutura monista e uma estrutura dualista de governo[138].

Inspirado por esta sugestão, embora em termos mais prudentes, o Plano de Acção da Comissão Europeia sobre Direito das Sociedades enunciou, de entre as suas medidas de médio prazo, a cumprir entre 2006 e 2008, a análise da consagração de um direito de escolha entre modelos monistas ou dualistas de administração, preferencialmente sob a forma de uma Directiva[139]. O tema pode, pois, vir a sofrer evolução a breve trecho.

IV – No direito nacional, a permissão de escolha de modelos de governo era já prevista na versão originária do Código das Sociedades Comerciais[140], podendo as sociedades optar entre o modelo clássico e o

---

[137] CLAUDIO BISCARETTI DI RUFFÌA/ MARIANNA GURRADO, *La Società Europea: un nuovo strumento per investire nell'Europa allargata*, Giurisprudenza Commerciale (2004), 372-375.

[138] HIGH LEVEL GROUP OF COMPANY LAW EXPERTS, *A Modern Regulatory Framework for Company Law in Europe*, Brussels, (2002), 59, 75.

[139] EUROPEAN COMMISSION, *Modernizing Company Law and Enhancing Corporate Governance in the European Union – A Plan to Move Forward*, (2003), 25. O tema foi recuperado no processo de consulta pública de 2006: EUROPEAN COMMISSION/ DIRECTORATE GENERAL FOR INTERNAL MARKET AND SERVICES, *Consultation on Future Priorities for the Action Plan on Modernizing Company Law and Enhancing Corporate Governance in the European Union*, cit., 9.

[140] O DL n.º 49.381 já permitia a escolha de outra estrutura de fiscalização em substituição do conselho fiscal ou do fiscal único: o art. 4.º, n.º 1 abria a possibilidade de a sociedade confiar alternativamente as funções de fiscalização a uma sociedade de revisores oficiais de contas.

modelo dualista. Tratava-se, porém, de uma liberdade de escolha numa acepção sobretudo formal, devido ao enviesamento na disciplina do modelo dualista[141], que o tornou na prática quase inutilizado, reduzindo – com escassas excepções – a um único o espectro de modelos estatutariamente acolhidos.

Após a reforma, a lei passou a consagrar um direito de escolha irrestrito, com a excepção do sistema clássico simplificado, que não pode ser adoptado pelas sociedades emitentes de valores mobiliários ou pelas sociedades de grande dimensão (art. 278.º, n.º 3 e 413.º, n.º 2 a) CSC). Frise-se que as pequenas sociedades fechadas mantêm intacto o seu direito de escolher o sistema que lhes convenha[142].

Convém notar que a selecção do modelo de governo se apresenta igualmente como *dever*. Uma vez que em Portugal não há um modelo supletivo de governação, as sociedades anónimas deve optar positivamente pelo modelo que preferem, e consagrar a sua escolha nos estatutos. Apesar disto, e para salvaguarda da continuidade societária, as regras de direito transitório do DL n.º 76-A/2006[143] prevêem que as sociedades constituídas antes de 30 de Junho de 2006 segundo o modelo clássico e dualista que não procedam à alteração do modelo de governo até 30 de Junho de 2007 passa a reger-se pelo novo enquadramento normativo do modelo clássico reforçado ou do modelo dualista, respectivamente.

V – O alargamento do regime comum aos modelos permite uma maior concorrência entre os modelos e uma maior liberdade de escolha entre eles. O fenómeno é paradoxal: o incremento de concorrência entre modelos leva inexoravelmente a uma diminuição de diferenças entre eles – mas implica, também, a permanência de especificidades.

VI – Este direito de escolha do modelo de administração e de fiscalização liga-se aos vectores profundos do governo das sociedades. Às

---

[141] Cfr. *supra*, 10.

[142] O mesmo sucede em Itália, em que o direito de escolha foi atribuído a sociedades cotadas e não cotadas. O modelo que mostra preferência no sistema transalpino, ainda assim, é de longe o modelo tradicional: ADELE LORENZONI, *Il comitato per il controllo sulla gestione nel sistema monistico: alcune reflessioni comparatistiche*, Giurisprudenza Commerciale (Janeiro/ Fevereiro 2006), 67.

[143] Art. 63.º, n.º 1 do DL n.º 76-A/2006, de 29 de Março.

sociedades cabe fazer a escolha do modelo – e essa opção é necessariamente reflectida no contrato de sociedade (art. 272.º g)). O contrato de sociedade constitui, assim, a sede própria para a consagração das principais opções de governação de cada sociedade. O processo deliberativo de alteração dos estatutos e as formalidades que lhe subjazem asseguram a legitimidade e a publicidade atinentes à escolha do modelo. Aos accionistas cabe contribuir para essa decisão e ao universo, mais amplo, dos investidores compete avaliar a decisão tomada. Caso os accionistas discordem das opções tomadas podem reagir na assembleia geral (*voice*) ou alienar as suas participações accionistas (*exit*)[144].

A liberdade de escolha dos modelos de governo societário irá determinar tendências, à data incertas, quanto aos modelos mais utilizados. Neste contexto, revelar-se-á exercício interessante a observação sobre se os modelos adoptados em Portugal irão traduzir uma aproximação às fórmulas organizativas anglo-saxónicas, mais utilizadas em mercados bolsistas estrangeiros (*convergência de modelos*); ou se, ao invés, marcarão uma preferência pelo modelo clássico (*divergência ou persistência de modelos*).

O direito de escolha, por seu turno, contribui para uma certa mestiçagem de modelos. Fruto do seu confronto electivo, as fórmulas de governação perdem as suas características originais, num processo darwinista de adaptação, ligado à sobrevivência do modelo e à correspondência a necessidades das empresas[145]. Este fenómeno detecta-se na última reforma nacional, nomeadamente nas alterações introduzidas aos modelos clássico e dualista, e em termos europeus pode ser potenciado pela nova Directiva sobre fusões internacionais, bem como pelo futuro diploma comunitário sobre alteração de sede[146].

---

[144] Recorde-se o clássico ALBERT HIRSCHMANN, *Exit, Voice, and Loyalty: Responses to Decline in Firms, Organizations, and States*, Cambridge/ London (1970), 21-43.

[145] UDO BRAENDLE/ JÜRGEN NOLL, *The Societas Europaea – A Step Towards Convergence of Corporate Governance Systems?*, Vienna (2005) < http://ssrn.com/abstract=704881 >, 5-15, sustentando que o regime da sociedade anónima europeia contribuirá para aproximar os principais elementos dos modelos monista e dualista.

[146] Não é improvável, aliás, antecipar futuras pressões à matriz germânica do modelo dualista, sobretudo na vertente da co-gestão, advenientes destes textos europeus (como prevêem ULRICH NOACK/ DIRK ZEZTSCHE, *Corporate Reform in Germany: The Second Decade*, cit., 46-47).

13. Plasticidade e equivalência funcional dos modelos

I – Chegados a este passo, pode inferir-se que não é aparente, mas efectiva, a diversidade de modelos de governo encontrados na lei societária. Cada modelo propicia uma relação de forças potencialmente diferente dentro da sociedade. Tal não se traduz, todavia, numa disciplina integralmente dissemelhante entre cada modelo, já que é preservada uma zona comum transversal a todos os três modelos.

Também não é acertado falar aqui em convergência de modelos em sentido próprio, uma vez que o termo é usualmente empregue para significar a tendência histórica de aproximação dos modelos existentes em direcção a um padrão único, o que não encontra confirmação no direito português. A multiplicação de modelos e sub-modelos agora disponíveis na lei desenham, ao menos tendencialmente, a tendência inversa.

As qualificações que melhor servem para retratar o actual regime dos modelos de governação são antes outras: plasticidade e equivalência funcional.

II – Apesar das diferenças, resulta importante sublinhar a *plasticidade* (ou elasticidade) dos modelos de governação previstos no Código das Sociedades Comerciais. Tal significa que a exacta conformação de cada modelo depende das escolhas concretas formuladas nos estatutos das sociedades. A plasticidade dos modelos é, assim, uma decorrência do elevado número de normas permissivas vigentes agora nesta matéria.

O exemplo paradigmático é o do modelo dualista, que pode ou não aproximar-se do modelo clássico, consoante a opção de designação pela assembleia geral prevista no art. 425.º, n.º 1 e da (não) interferência na gestão, ao abrigo do art. 442.º. Por seu turno, a utilização do modelo clássico pode ser menos distante do modelo anglo-saxónico quando implicar a existência de comissão executiva. E o modelo anglo-saxónico pode ser na prática aproximado do modelo dualista, se o voto de desempate for atribuído a um membro da comissão de auditoria, para efeitos do art. 395.º, n.º 4.

Esta asserção permite também extrair uma conclusão quanto à natureza dos modelos. Enquanto categoria jurídica, os modelos de governo são recortados por apelo a elementos concretos ao nível da determinação mínima dos órgãos sociais e respectivas competências mas são dotados de flexibilidade, ao pressupor uma margem ampla de conformação atribuída a cada sociedade[147]. Trata-se por isso de *tipos* organizativos. As marcas distintivas que singularizam cada modelo assumem, assim, uma certa gradatividade – sendo possível em concreto uma maior aproximação ou um maior distanciamento entre eles.

III – Quando em 1999, no rescaldo da crise asiática, a OCDE tomou o encargo de aprovar Princípios internacionais sobre governo das sociedades, a valer como indicação recomendatória para todo o globo, receou-se que daí resultaria uma indicação quanto aos modelos de governo. Contrariamente, porém, o texto aprovado não advogou nenhum tipo particular organizativo, limitou-se a concluir não haver apenas um modelo bom de governação (*there is no single model of good corporate governance*)[148].

Este traço dos Princípios da OCDE lançou as fundações para o reconhecimento de uma possível equivalência funcional entre modelos diferentes[149].

A equivalência funcional, entendida neste contexto, não pode assimilar-se ao puro relativismo na apreciação dos diversos modelos de governação. O certo é que nem todos os modelos de governo são equivalentes entre si: há que assumir, sem embargo, que alguns modelos são indesmentivelmente superiores a outros[150]. Feito o esclarecimento, adianta-se que a equivalência funcional pode reconduzir-se a três acepções diversas:
 – possibilidade empírica;

---

[147] Próxima é a ideia de ENGRÁCIA ANTUNES, que a propósito do regime anterior à reforma já afirmava que o importante era o equilíbrio decorrente do modelo real de cada sociedade (*the inner balance of the living models concerning the monitoring of managers by minority and outside shareholders*) (JOSÉ ENGRÁCIA ANTUNES, *An Economic Analysis of Portuguese Corporation Law – System and Current Develpoments*, cit., 38).

[148] A transcrição consta do preâmbulo do texto. Cfr. a propósito ULRICH SEIBERT, *OECD Principles of Corporate Governance – Grundsätze der Unternehmensführung und -kontrolle für die Welt*, AG 8/99 (1999), 337-339 (338).

[149] A OCDE, aliás, acaba de aprovar um documento que desenvolve a metodologia de avaliação do grau de cumprimento dos Princípios, com base na equivalência funcional das soluções de governação (OECD, *Assessment Methodology*, (2006)). Em outras aplicações da mesma ideia fundamental, remete-se ainda para EDWARD B. ROCK, *America's Fascination with German Corporate Governance*, cit., 296.

[150] No mesmo sentido: DENNIS MULLER, *The Economics and Politics of Corporate Governance in the European Union*, in GUIDO FERRARINI/ EDDY WYMEERSCH, *Investor Protection in Europe. Corporate Law Making, The Mifid and Beyond*, Oxford (2006), 20.

– critério de comparação dos modelos de governo;
– objectivo de política legislativa.

Na primeira acepção, admitir em termos teóricos uma equivalência funcional corresponde à afirmação da possibilidade (que não a inevitabilidade) de dois modelos distintos servirem de modo identicamente eficaz problemas de governação. A esta luz, a equivalência funcional implica o reconhecimento de que problemas idênticos de governação societária podem merecer respostas normativas diversas[151]. A tal subjaz, por outras palavras, a ideia de um pluralismo de soluções de governação – em repúdio de um exclusivismo de mecanismos de governação das sociedades.

Na segunda acepção, a equivalência funcional serve como bitola para confrontar modelos diferentes, e medir proximidades na efectividade da resposta que cada um traz a problemas de governação. Previna-se que alguns modelos são mais equivalentes do que outros: por isso, a equivalência funcional entre uma pluralidade de modelos mede-se por graus.

Por último, a equivalência funcional pode apresentar-se como objectivo de política legislativa. É legítima a aspiração legislativa em aperfeiçoar um modelo com idiossincrasias que à partida o desfavorecem, para o tornar funcionalmente equivalente aos mais avançados. Tal leva, aliás, que muitas reflexões na literatura jurídica sobre modelos de governação se situem *de lege ferenda*.

IV – Em Portugal, como notado, depara-se uma dose razoável de simetria no regime de cada modelo de governação[152] – o que resulta de um dos objectivos assumidos da reforma. Este paralelismo explica-se por imperativos de segurança jurídica: deve evitar-se que as discrepâncias de regime entre os modelos de governo possam alicerçar fracturas no regime, tornando-o desequilibrado. Mas a autonomia dos modelos reclama a persistência de algumas notas diferenciadoras entre eles; a simetria na dis-

---

[151] Cfr. sobre a equivalência funcional RONALD GILSON, *Controlling Shareholders and Corporate Governance: Complicating the Comparative Taxonomy*, ECGI Working Paper n.º 49/2005, (2005) 19; Id., *The Globalization of Corporate Governance: Convergence of Form or Function*, in JEFFREY GORDON/ MARK ROE, *Convergence and Persistence in Corporate Governance*, 128-158; RONALD GILSON/ CURTIS MILHAUPT, *Choice as Regulatory Reform: The Case of Japanese Corporate Governance,* cit., 39-42.

[152] Cfr. *supra*, 4.

ciplina agora consagrada não é – nem pode ser – absoluta. É a partir daqui que interessa avaliar o grau de equivalência funcional entre modelos à luz do direito português.

Uma vez que a escolha é livre salvo quanto ao sistema clássico simplificado (vedado em relação a sociedades cotadas e de grande dimensão), o regime é de equivalência funcional apenas entre o regime clássico reforçado, o regime dualista e anglo-saxónico. Remanescem, ainda assim, quanto a estes, algumas diferenças estruturais, nomeadamente quando confrontamos o modelo anglo-saxónico e os demais modelos, que pressupõem uma fiscalização através de um órgão totalmente autónomo. Mesmo entre o modelo dualista e clássico persistem diferenças estruturais, dado que naquele é proibida a existência de administradores não executivos, o que não acontece neste caso. Por fim, o modelo clássico aparta-se dos demais ao pressupor um irremediável afastamento do órgão de fiscalização em relação à influência na gestão societária.

V – A ponderação das características que singularizam cada modelo oferece oportunidade para algumas apreciações comparativas.

Nas sociedades dotadas do modelo anglo-saxónico, a coincidência entre funções de administração e fiscalização pode, em alguns casos, correr o risco de inibir uma acção fiscalizadora mais eficiente, ao favorecer um alinhamento (ainda que inconscientemente) tendencial com as posições dos co-membros do órgão de administração[153]. Tal aliás pode ser em certa medida alimentado pelo regime de solidariedade entre os membros do órgão de administração, entre nós vigente (art. 73.º, n.º 1) – o qual, não impondo todavia uma equiparação do regime de responsabilidade entre os administradores executivos e não executivos (estes responderão, tão só, pelos danos a que culposa e ilicitamente derem causa, o que se restringe fundamentalmente a uma responsabilidade *in vigilando*, como decorre do art. 407.º, n.º 8) pode vir a criar *de facto* indirectamente (e de modo perverso) um constrangimento adicional do lado destes.

Por outro lado, em resposta a esta apreciação, é usual alegar que as diferenças entre a estrutura unitária da administração e fiscalização e as estruturas dualistas se centram no diverso fluxo informativo entre mem-

---

[153] SHANN TURNBULL, *Superior governance without audit committee*, International Institute of Self-Governance, Sidney (2004).

bros do órgão de administração e de fiscalização[154]. No modelo anglo--saxónico, o fluxo de informação estaria facilitado, por tudo se passar no mesmo órgão, ao passo que nos restantes modelos surgiriam maiores dificuldades práticas[155]. Estas objecções, porém, são contrariadas pela simples circunstância de a circulação de informação entre comissão executiva ou os administradores delegados, de um lado, e os administradores não executivos, de outro lado, em alguns casos também se revelar dificultada. Daí, aliás, a nova disposição a impor ao presidente da comissão executiva deveres de garantia quanto à prestação, perante os administradores não executivos, de informação referente à actividade e às deliberações da comissão executiva (art. 407.º, n.º 6). Por outro lado, os membros de órgãos de fiscalização são dotados dos mais amplos poderes na exigência de informação (art. 421.º, n.º 1 – sem equivalente directo no modelo dualista). Ao secretário também são assinalados deveres de prestação aos membros não executivos e aos membros de órgãos de fiscalização (art. 446.º-B, n.º 1 g)), o que também contribui para a equivalência funcional de modelos no tocante à circulação de informação.

Também se dirá que os modelos latino e dualista servem de modo mais directo a vocação relacional do modelo de governo, ao conviverem mais facilmente com membros fiscalizadores designados em representação de grupos de interesses específicos. Tal não é, contudo, interditado entre nós no modelo anglo-saxónico, nomeadamente em relação à permissão de designação de membros da comissão de auditoria designados por accionistas minoritários, ao abrigo do art. 392.º.

A partir daqui, percebe-se que é difícil impor argumentos definitivos nesta apreciação comparativa. E a equivalência funcional também deriva, em alguma medida, do carácter inconclusivo da discussão em torno da supremacia dos modelos.

---

[154] CHRISTOPH H. SEIBT/ CHRISTIAN WILDE, *Informationsfluss zwischen Vorstand und Aufsichtsrat bzw. Innerhalb des Boards,* in PETER HOMMELHOFF/ KLAUS HOPT/ AXEL VON WERDER, *Handbuch Corporate Governance,* cit., 377-403; PETER BÖCKLI, *Konvergenz: Annäherung des monistischen und des dualistischen Führungs– und Aufsichssystems,* cit., 213.

[155] PAUL DAVIES, *Unternehmensführung in Großbritannien und Deutschland: Konvergenz oder fortbestehende Divergenz?,* cit., 285. O argumento, porém, é rejeitado por J. E. PARKINSON, *Corporate Power and Responsibility,* Oxford, (1993), 197.

IV – A equivalência funcional conduz a mitigar o relevo das diferenças entre modelos – mas também pode conduzir a relativizar a própria importância dos modelos em si. A adopção de um modelo, por avançado que seja, não garante, por si, boa governação: basta pensar na imponderabilidade dos factores humanos[156]. Demais, existem outros meios capazes de prevenir e de gerir conflitos de interesses e de contrabalançar a protecção dos accionistas minoritários ou de outros sujeitos com interesse na sociedade[157] – a conformação do direito de exoneração, o regime de nomeação e os incentivos pecuniários e não pecuniários dos titulares dos órgãos sociais, constituem exemplos a indicar a este propósito. Considere-se ainda nomeadamente os mecanismos de aprovação por accionistas ou de informação prestada perante estes – não esquecendo, neste âmbito, que a assembleia geral também constitui um órgão vocacionado para a fiscalização da sociedade (art. 376.º, n.º 1 c).

Tudo conflui no pressuposto de que a governação societária constitui um sistema – postulando uma inter-acção de institutos jurídicos, em combinação com as práticas sociais e políticas reflectidas nas sociedades[158]. O que, a título conclusivo, serve para lembrar que a estrutura de administração e de fiscalização constitui uma solução de governação; *mas não a única.*

---

[156] Muito interessante, neste contexto: DONALD LANGEVOORT, *Taming the Animal Spirit of Stock Markets: A Behavioural Approach to Securities Regulation*, in JOHN ARMOUR/ JOSEPH MCCAHERY (org.), *After Enron. Improving Corporate Law and Modernising Securities Regulation in Europe and in the US,* cit., 65-126.

[157] REINIER KRAAKMAN/ PAUL DAVIES/ HENRY HANSMANN/ GERARD HERTIG/ KLAUS HOPT/ HIDEKI KANDA/ EDWARD ROCK, *The Anatomy of Corporate Law. A Comparative and Functional Approach*, Oxford: OUP (2004), 34-35.

[158] AXEL VON WERDER, *Ökonomische Grundfragen der Corporate Governance*, in PETER HOMMELHOFF/ KLAUS HOPT/ AXEL VON WERDER, *Handbuch Corporate Governance*, cit., 17-18.

COMISSÃO EXECUTIVA, COMISSÃO DE AUDITORIA E OUTRAS COMISSÕES NA ADMINISTRAÇÃO

ALEXANDRE DE SOVERAL MARTINS
(Professor da Faculdade de Direito da Universidade de Coimbra)

1. O tema

Vou tratar de comissões na administração de sociedades anónimas.

Alguns se lembrarão de uma canção do Fausto sobre «As comissões», que eram democráticas por fora e por dentro, revogáveis a todo o momento.

Não é dessas comissões que vamos aqui falar, como é óbvio.

Vamos, sim, falar das comissões executivas, das comissões de auditoria e de outras comissões na administração, como, por exemplo, as comissões de remunerações ou de nomeações[1].

E vamos, sobretudo, realçar aquilo que de novo o DL 76-A/2006 trouxe consigo.

Mas, já agora, vamos ver, na medida do possível, se aquelas comissões são, ou não, democráticas por fora e por dentro, e revogáveis a todo o momento.

Sendo certo que o termo «democracia» nas sociedades anónimas deve ser entendido com as devidas cautelas.

Com efeito, há quem diga que, nas sociedades anónimas, quem vota são sacos de dinheiro.

No entanto, é a própria Comissão Europeia que utiliza aquela terminologia («democracia dos accionistas») na sua Comunicação ao Conselho de 2003 sobre modernização do direito das sociedades[2].

A matéria que nos vai ocupar não é nova.

É matéria que tem sido objecto de muitos textos produzidos sobre «governo das sociedades».

---

[1] Cfr., sobre o tema, COUTINHO DE ABREU, *Governação das sociedades comerciais*, Almedina, Coimbra, 2006, p. 97 e ss..

[2] Comunicação da Comissão ao Conselho e ao Parlamento Europeu intitulada «Modernizar o direito das sociedades e reforçar o governo das sociedades na União Europeia – Uma estratégia para o futuro», COM (2003) 284 final, de 21/5/2003.

Desde a década de 70 do séc. XX, por exemplo, que as *Listing Rules* da NYSE fazem menção aos comités de auditoria, de remunerações e de nomeações[3].

Não vou aqui fazer a identificação de todos esses textos de que resulta a preocupação com o tratamento e enquadramento a dar às comissões referidas.

No sumário que pedi para ser distribuído, encontram mencionados os principais documentos em que a importância de tais comissões é reconhecida[4]. Para aí remeto quem me escuta.

---

[3] Sobre essa evolução, cfr. GUILLERMO GUERRA MARTÍN, *El gobierno de las sociedades cotizadas estadounidenses*, Thomson/Aranzadi, Cizur Menor, 2003, p. 210 e s., e p. 384 e ss., informando que já desde 1934 a SEC recomendava a existência de comités de auditoria nos conselhos de sociedades cotadas. Sobre a obrigatoriedade de tais comités de auditoria, cfr. a redacção entretanto dada pela *Sarbanes-Oxley Act* à *Section* 10A, al. m), da *Securities and Exchange Act*, disponível em www.sec.gov. O *Listed Company Manual* da NYSE, na sua *Section* 303A.06, também exige que as *Listed companies* tenham um comité de auditoria (consulta efectuada em 29/12/2006, em www.nyse.com). Quanto aos que são considerados *Foreign Private Issuers*, cfr. a *Section* 303A.00 do mesmo *Manual*.

[4] Cfr. os Relatórios *Cadbury* (1992), *Greenbury* (1995) e *Hampel* (1998), disponíveis em http://www.ecgi.org; os *Principles of Corporate Governance*, do *American Law Institute* (1994); o Relatório *Winter* II, intitulado «Um quadro regulamentar moderno para o direito das sociedades» (2002); o Relatório *Higgs* (2003), disponível em http://www.dti.gov.uk; o Relatório *Smith* (2003), disponível em http://www.frc.org.uk; o *Combined Code on Corporate Governance* (2003), disponível em http://www.ecgi.org; os Princípios da OCDE sobre o Governo das Sociedades (2004); a Recomendação da Comissão de 14 de Dezembro de 2004, relativa à instituição de um regime adequado de remuneração dos administradores de sociedades cotadas (JOUE, n.º L 385, de 29/12/2004); a Recomendação da Comissão de 15 de Fevereiro de 2005 relativa ao papel dos administradores não executivos ou membros do conselho de supervisão de sociedades cotadas e aos comités do conselho de administração ou de supervisão (JOUE de 25/2/2005, L 52/51); a Directiva n.º 2006/43/CE do Parlamento e do Conselho, de 17 de Maio (JOUE, L 157, de 9/6/2006), impondo aos Estados-Membros que determinem que as entidades de interesse público tenham, *em princípio*, um comité de auditoria (art. 41.º; sobre o que deve entender-se por entidade de interesse público, cfr. o art. 2.º, n.º 13); a *Guidance on good practices in Corporate Governance Disclosure*, das Nações Unidas, de 2006. Entre nós, merecem especial destaque: as Recomendações da CMVM sobre o Governo das Sociedades Cotadas; o Regulamento da CMVM n.º 7/2001, com várias alterações; o Livro Branco sobre *Corporate Governance* em Portugal (2006).

2. As comissões executivas

2.1. *A delegação da gestão corrente em comissões executivas e as modalidades de administração e fiscalização das sociedades anónimas*[5]

Como todos sabem, o CSC foi alterado no que diz respeito ao regime previsto para a estrutura orgânica das sociedades anónimas.

O art. 278.º do CSC admitia, antes das alterações de Março deste ano, que para a estrutura da administração e fiscalização de sociedades fosse adoptada uma de duas modalidades: conselho de administração e conselho fiscal, ou direcção, conselho geral e revisor oficial de contas.

Com o DL n.º 76-A/2006, o mencionado preceito sofreu muitas modificações.

O novo regime permite que a administração e fiscalização da sociedade anónima sejam estruturadas «segundo uma de três modalidades[6]: *a)* Conselho de administração e conselho fiscal; *b)* Conselho de administração, compreendendo uma comissão de auditoria, e revisor oficial de contas; *c)* Conselho de administração executivo, conselho geral e de supervisão e revisor oficial de contas»[7].

Poderemos ter delegação de poderes de gestão corrente numa comissão executiva nos casos em que a sociedade anónima tem simplesmente conselho de administração. Quanto a isso não há dúvidas.

---

[5] Sobre a delegação no seio do conselho de administração, ALEXANDRE SOVERAL MARTINS, *Os administradores delegados nas sociedades anónimas*, Fora do Texto, Coimbra, 1998; *Os poderes de representação dos administradores de sociedades anónimas*, Coimbra Editora/BFD, Coimbra, 1998, p. 342 e ss.; PEDRO MAIA, *Função e funcionamento do conselho de administração*, Coimbra Editora/Boletim da Faculdade de Direito, Coimbra, 2002, p. 247 e ss.; COUTINHO DE ABREU, *Governação das sociedades comerciais*, cit., p. 38 e ss., p. 97 e ss..

[6] Que por sua vez tornam possíveis algumas subdivisões. Não se seguiu, assim, a regra do «tamanho único». Sobre a regra «one-size-fits-all» e os consequentes problemas de eficiência, GERARD HERTIG, «On-going Board Reforms: One-Size-Fits-All and Regulatory Capture», *Law Working Paper*, 25/2005, p. 8 e ss., in www.ecgi.org/wp.

[7] O conselho de administração ou o conselho de administração executivo podem ser substituídos por um administrador único se o capital social não exceder 200.000 Euros (n.º 2 do art. 390.º e n.º 2 do art. 424.º). As sociedades com administrador único não podem ter uma comissão de auditoria compreendida num conselho de administração, que obviamente não existe (cfr. o n.º 5 do art. 278.º).

Também não vemos que alguma coisa impeça a existência de delegação dos poderes de gestão corrente numa comissão executiva se a sociedade tiver conselho de administração com comissão de auditoria. Essa possibilidade é tornada óbvia pela al. c) do n.º 1 do art. 423-G do CSC. Aí se diz que «os membros da comissão de auditoria têm o dever de: c) Participar nas reuniões da comissão executiva onde se apreciem as contas do exercício». Daqui decorre que as sociedades com esta estrutura podem ter comissão de auditoria e comissão executiva.

Pelo contrário, se a sociedade tiver conselho de administração executivo e conselho geral e de supervisão, o conselho de administração executivo não poderá delegar poderes de gestão numa comissão executiva (ou em administradores delegados)[8].

Na redacção anterior do n.º 3 do art. 431.º do CSC, remetia-se, quanto à direcção, para os arts. 406.º a 409.º, incluindo, portanto, o art. 407.º (no qual se trata, precisamente, da delegação da gestão corrente).

Hoje, porém, o mesmo n.º 3 do art. 431.º apenas considera aplicáveis aos poderes dos membros do conselho de administração executivo os arts. 406.º, 408.º e 409.º. Já não se remete para o art. 407.º. O que constitui forte indício de que a delegação em comissão executiva pelo conselho de administração executivo não é possível.

Tanto mais que o n.º 5 do art. 425.º também não permite que os administradores se façam representar no exercício do seu cargo e aquele preceito não faz qualquer ressalva quanto à possibilidade de delegação.

Para além disso, não teria sentido que o conselho de administração executivo, que já tem essa designação, delegasse numa comissão executiva.

2.2. *A composição da comissão executiva: número de membros*

Também foi alterado o regime contido no CSC quanto à composição da comissão executiva.

---

[8] No mesmo sentido, CALVÃO DA SILVA, «"Corporate Governance" – Responsabilidade civil de administradores não executivos, da comissão de auditoria e do conselho geral e de supervisão», RLJ, 136.º, p. 47, texto que consultámos em finais de Dezembro de 2006.

Na anterior redacção do n.º 3 do art. 407.º, a comissão executiva deveria ter número ímpar de membros.

Agora, essa exigência já não consta da lei.

O que se verifica é que, no n.º 7 do art. 407.º, há uma remissão para o n.º 3 do art. 395.º quanto ao voto de qualidade do presidente da comissão executiva.

E na al. a) do n.º 3 do art. 395.º faz-se precisamente menção aos casos em que o órgão tem número par de membros.

Assume-se, assim, com a remissão referida, que a comissão executiva pode também ter número par de membros.

Por outro lado, e como nada se diz em contrário, a comissão executiva pode ter, como número mínimo, apenas dois membros.

2.3. *A existência de comissão executiva e o número de membros do conselho de administração*

Se a comissão executiva deve ter um mínimo de dois membros, então, para que ela exista, o conselho de administração deve ter um mínimo de três membros. Isto, se o conselho de administração não tiver comissão de auditoria.

O regime da delegação numa comissão executiva claramente pressupõe que exista pelo menos mais um administrador para além daqueles que integram a comissão executiva.

Se, porém, a sociedade anónima tiver um conselho de administração com uma comissão de auditoria, as coisas mudam de figura.

Vamos supor que a comissão de auditoria tem três membros, que é o número mínimo legalmente previsto [9].

Para que esse conselho de administração possa ter uma comissão executiva e uma comissão de auditoria, terá de ser composto por quantos membros?

À primeira vista, parece que deveria ter, pelo menos, cinco membros. Três integrariam a comissão de auditoria, e esses não poderão exercer funções executivas; os outros dois seriam designados para a comissão executiva, que, como vimos, tem pelo menos dois membros.

---

[9] Cfr. o n.º 2 do art. 423.º-B do CSC.

No entanto, o conselho de administração deve ter um presidente. E a comissão executiva também deve ter um presidente. Pelo menos, é isso que julgo ser possível retirar dos arts. 395.º e 407.º, n.º 5.

E se, como parece, o presidente do conselho de administração não pode ser também o presidente da comissão executiva, então, afinal, o conselho de administração com comissão de auditoria e com comissão executiva tem de ter, pelo menos, seis membros. Três integram a comissão de auditoria; dois integram a comissão executiva, sendo um deles o presidente da comissão executiva; o sexto é presidente do conselho de administração.

É que não tem muito sentido que o presidente do conselho de administração seja também membro da comissão de auditoria ou da comissão executiva, mas encontrando aí como presidentes de cada uma dessas comissões outros administradores.

Eu disse que parece que o presidente do conselho de administração não pode ser presidente da comissão executiva.

Parece, porque da al. b) do n.º 6 do art. 407.º se retira que o presidente da comissão executiva deve assegurar o cumprimento «dos deveres de colaboração perante o presidente do conselho de administração». Está, assim, pressuposto que um e outro não serão a mesma pessoa.

A redacção dos preceitos legais, é certo, levanta muitas dúvidas.

Não se diz expressamente que o presidente da comissão executiva não pode ser presidente do conselho de administração.

Não se diz expressamente que o presidente do conselho de administração não pode ser membro da comissão executiva.

Não se diz sequer expressamente que o presidente da comissão de auditoria não pode ser presidente do conselho de administração, embora pareça estar subentendido que não pode: veja-se o n.º 2 do art. 423.º-G, que manda aplicar o art. 420.º-A, de onde se retira que o presidente da comissão de auditoria tem o dever de comunicar certos factos ao presidente do conselho de administração.

Mesmo a hipótese atrás apresentada de um conselho de administração com seis membros, três deles integrando a comissão de auditoria, obriga a algumas reflexões.

É que a delegação terá de ser deliberada pelo conselho de administração.

Os membros da comissão de auditoria não podem exercer funções executivas, mas participam, parece, na deliberação de delegação.

Aliás, se o conselho de administração tem um total de seis membros, seriam sempre necessários quatro para formar a maioria na tomada da deliberação.

No entanto, o n.º 8 do art. 408.º do CSC dispõe que, em caso de delegação, o conselho de administração mantém uma competência concorrente para deliberar sobre as matérias objecto da delegação.

E na hipótese que apresentámos isso não pode acontecer: o conselho não pode exercer essa competência concorrente.

Isto porque a deliberação sobre matérias de gestão corrente por parte do conselho teria de ser tomada por maioria dos votos. Mas os membros da comissão de auditoria não poderiam deliberar porque se trataria de exercer funções executivas.

Tudo isto deve ser acautelado na redacção do contrato de sociedade: tudo isto deve ser acautelado na fixação do número de membros da comissão de auditoria e na fixação do número de membros do conselho no seu conjunto.

2.4. *Designação e destituição dos membros da comissão executiva*

Os membros da comissão executiva são designados pelo conselho de administração, que delibera estando presente ou representada a maioria dos seus membros.

As deliberações são tomadas por maioria dos votos dos administradores presentes ou representados e dos que votem por correspondência (neste caso, se o contrato de sociedade o permitir). Aqui, há «democracia» na designação. Nesse sentido, a comissão executiva é democrática por fora.

E por dentro? Em primeiro lugar, há que atender à própria deliberação do conselho de administração, que deve estabelecer o modo de funcionamento da comissão.

Se nada resultar dessa deliberação quanto aos poderes de cada membro da comissão, penso que nesse caso se devem aplicar, por analogia e na medida do possível, as regras que valem para o conselho de administração e previstas no art. 410.º do CSC [10]. Se assim for, a comis-

---

[10] Defendendo a aplicação por analogia das normas relativas ao conselho de administração à comissão executiva, IGLESIAS PRADA, *Administración y delegación de facul-*

são executiva também terá alguma «democracia interna»[11]. Claro está que, por força da remissão para o n.º 3 do art. 395.º, o presidente da comissão executiva pode ter voto de qualidade, e a «democracia» fica mais esbatida.

E serão as comissões executivas revogáveis a todo o momento? Penso que sim. Se o contrato de sociedade contém autorização para delegar, o conselho de administração decide se e quando delega. Mas também decide se e quando deve ser posto um fim a essa delegação.

Isto, sem prejuízo de eventuais direitos de indemnização, embora tais direitos dos membros da comissão sejam discutíveis, pois há quem entenda que o conselho de administração deve poder organizar-se livremente. Tanto mais que a relação estabelecida através da delegação se funda na confiança depositada.

Até os membros do conselho de administração podem ser destituídos, em regra, por deliberação da assembleia geral em qualquer momento. A destituição sem justa causa pode é fundar o direito a uma indemnização.

---

tades en la sociedad anónima, Tecnos, Madrid, 1971, p. 148 e 332 e s.; GARRIGUES/URIA, *Comentario a la Ley de Sociedades Anónimas*, II, 3.ª ed., Madrid, 1976, p. 140. Por seu lado, PEDRO MAIA, *Função e funcionamento do conselho de administração da sociedade anónima*, cit., p. 263, nota 321, parece afastar a aplicação do art. 410.º.

[11] Justifica-se perguntar se a deliberação do conselho que estabelece o modo de funcionamento da comissão executiva pode afastar a colegialidade e a regra da maioria, que já parecem ser imperativas para o conselho de administração: cfr., no sentido dessa imperatividade, PEDRO MAIA, *Função e funcionamento do conselho de administração da sociedade anónima*, cit., p. 213 e ss., mas com excepções quanto ao *quorum* deliberativo e admitindo cláusulas que reforcem as exigências quanto ao *quorum* constitutivo para reuniões em primeira convocação. Considerando que o funcionamento da comissão executiva é colegial, NOGUEIRA SERENS, *Notas sobre a sociedade anónima*, 2.ª ed., Coimbra Editora/BFD, Coimbra, 1997, p. 78; CALVÃO DA SILVA, «"Corporate Governance" – Responsabilidade civil de administradores não executivos, da comissão de auditoria e do conselho geral e de supervisão», cit., p. 38, nota 14. PEDRO MAIA, *Função e funcionamento do conselho de administração*, cit., p. 262, nota 321, afirma seguir uma via intermédia, pois aceita que a comissão executiva actue colegial ou conjuntamente, acrescentando que ao conselho de administração não é permitida a omissão quanto ao modo de funcionamento da comissão executiva. E, com isso, parece estar implícito um vício da deliberação de delegação que não decide quanto a esse modo de funcionamento.

2.5. *O presidente da comissão executiva: dever de designação*

Como é sabido, não é o contrato de sociedade que contém a delegação. O contrato de sociedade apenas autoriza a delegação num ou mais administradores delegados ou numa comissão executiva. Depois, o conselho de administração é que delega a gestão corrente numa comissão executiva e, ao fazê-lo, cria essa comissão. É, aliás, isso que resulta do n.º 4 do art. 407.º.

Com as alterações introduzidas pelo DL 76-A/2006, revela-se necessária a designação de um presidente da comissão executiva. Essa designação, que o n.º 5 do art. 407.º considera um dever, pode ser feita pelo conselho de administração ou pelos próprios membros da comissão.

2.6. *O presidente da comissão executiva (cont): substituição*

Nada se diz na lei acerca da substituição do presidente da comissão executiva. Mas parece adequado aplicar, por analogia, o disposto no n.º 2 do art. 395.º: pelo menos nos casos em que foi o conselho de administração a designar aquele presidente da comissão executiva, pode também o conselho de administração substituí-lo. Em qualquer tempo, diz a lei.

Porém, logo surgem dúvidas relativamente aos casos em que foi a comissão executiva que designou o seu presidente. Pode ela própria substituí-lo? Não vejo razões para afastar essa possibilidade, uma vez que foi a própria comissão que o designou. A confiança que está na base da designação deve permitir essa substituição.

E pode a substituição ser decidida pelo conselho de administração? Penso também que sim. Embora não tenha sido o conselho a designar, nesta hipótese, o presidente da comissão, a verdade é que o conselho até pode fazer cessar a delegação. Quem pode o mais, pode o menos.

2.7. *O presidente da comissão executiva (cont): deveres*

O legislador preocupou-se em enunciar no n.º 6 do art. 407.º alguns deveres do presidente da comissão executiva que assumem particular interesse.

Sobre o presidente da comissão executiva recai, antes de mais, o dever de «assegurar que seja prestada toda a informação aos demais membros do conselho de administração relativamente à actividade e às deliberações da comissão executiva».

E deste modo se procura garantir que os restantes administradores possam acompanhar e controlar a gestão levada a cabo pelos membros da comissão executiva.

O que está em causa é a circulação da informação, tema que é abordado em regra também a propósito do governo das sociedades.

Não é necessariamente o presidente da comissão executiva que tem de prestar a informação.

Mas tem de se assegurar que ela chega aos respectivos destinatários, que são os demais membros do conselho[12].

Neste caso, não parece suficiente que só o presidente do conselho de administração receba a informação. Não se pode dizer que verdadeiramente se trate de uma notificação ou declaração de administrador que tenha a sociedade como destinatário.

A prestação de informação aos demais membros do conselho permite que o conselho tome resoluções sobre os assuntos: não podemos esquecer que, como revela o n.º 8 do art. 407.º, o conselho de administração não perdeu competência para deliberar sobre as matérias objecto da delegação.

Para além disso, os membros do conselho de administração que não são membros da comissão executiva podem querer provocar a intervenção do conselho para tomar medidas perante actos ou omissões da comissão que causem prejuízos, ou perante o propósito de praticar ou omitir tais actos.

A informação que seja dada aos administradores não executivos pelo presidente da comissão executiva assume especial importância se tivermos em conta o que resulta do n.º 2 do art. 72.º do CSC.

A responsabilidade dos administradores para com a sociedade é excluída se provarem que actuaram em termos informados, livres de qualquer interesse pessoal e segundo critérios de racionalidade empresarial. Segundo critérios de racionalidade empresarial, obviamente, atendendo também às informações disponíveis.

---

[12] No mesmo sentido, CALVÃO DA SILVA, «"Corporate Governance" – Responsabilidade civil de administradores não executivos, da comissão de auditoria e do conselho geral e de supervisão», cit., p. 37.

O presidente da comissão executiva tem ainda o dever de «assegurar o cumprimento dos limites da delegação, da estratégia da sociedade e dos deveres de colaboração perante o presidente do conselho de administração».

Tem o dever de assegurar o cumprimento de tudo isso, obviamente, por parte da comissão executiva.

Nessa medida, assume aqui importância o que foi estabelecido pelo conselho de administração quanto ao modo de funcionamento da comissão executiva.

Como assume também importância o que resultar do contrato de sociedade relativamente à vinculação da sociedade por parte de membros da comissão executiva.

Este último aspecto merece alguns desenvolvimentos mais.

Com efeito, é sabido que nas sociedades anónimas não pode haver propriamente delegação dos poderes de representação que cabem ao conselho de administração.

O que o n.º 2 do art. 408.º do CSC prevê é que o contrato de sociedade pode dispor que a sociedade fique também vinculada por negócios celebrados por um ou mais administradores-delegados, dentro dos limites da delegação.

Ora bem, não se faz ali expressa menção aos membros da comissão executiva. Contudo, quer-nos parecer que também a estes pode o contrato de sociedade reconhecer poderes para, enquanto tais, representarem a sociedade, visto que os membros da comissão executiva devem ser considerados administradores delegados[13].

3. Comissões de auditoria

3.1. *Um outro órgão da sociedade*

O CSC permite agora aos accionistas que optem pela estrutura que contém um conselho de administração com comissão de auditoria, e ainda um revisor oficial de contas.

---

[13] Cfr. o nosso *Os poderes de representação dos administradores de sociedades anónimas*, cit., p. 370 e s..

Isto, muito embora se encontrasse tal comissão nos conselhos de administração de várias sociedades mesmo antes das alterações introduzidas pelo DL 76-A/2006.

Perguntar-se-á: mas como é que isso era possível?

Julgamos que tais comissões já podiam ser constituídas ao abrigo do disposto no n.º 1 do art. 407.º do CSC[14]. Aí se lê que o conselho pode «encarregar especialmente algum ou alguns administradores de se ocuparem de certas matérias de administração». E nada impede que esse encargo obrigue os encarregados a actuarem como comissão.

A inclusão de uma comissão de auditoria no órgão de administração era conhecida noutros países[15]. O legislador nacional teve o propósito de

---

[14] No mesmo sentido, chamando a atenção, no entanto, para as limitações que resultam do n.º 2 do art. 407.º, PAULO CÂMARA, «O governo das sociedades em Portugal: uma introdução», CadMVM, 12, 2001, p. 49. Por seu lado, COUTINHO DE ABREU, *Governação de sociedades comerciais*, cit., p. 105, nota 266, afirma: «se a competência atribuída aos comités não colidir com a de qualquer órgão necessário da sociedade, nada se opõe à admissibilidade dos mesmos».

[15] Sobre o *audit comittee*, a importância que lhe foi dada pelo *Cadbury Committee* e bem assim pelas *Listing Rules*, GOWER/DAVIES/PRENTICE, *Gower's Principles of Modern Company Law*, Sweet & Maxwell, London, 1997, p. 194. Cfr. tb. *The Smith Guidance on Audit Comittees* e a *Section* C.3. do *Combined Code on Corporate Governance*. Na Itália, o *Codice Civile* permitiu, com a reforma de 2003, que o estatuto da sociedade anónima viesse prever «che l'amministrazione ed il controllo siano esercitati rispettivamente dal consiglio di amministrazione e da un comitato costituito al suo interno» (art. 2409-*sexiesdecies*), sendo este último um «comitato per il controllo sulla gestione» (art. 2409-*octiesdecies*). Quanto ao *comité de auditoría* das sociedades anónimas «cotizadas» do direito espanhol, cfr. VELASCO SAN PEDRO, «El Comité de Auditoría», AAVV., *Derecho de sociedades anónimas cotizadas*, Thomson/Aranzadi, Cizur Menor, 2005, p. 1087 e ss., e SÁNCHEZ CALERO, *Los administradores en las sociedades de capital*, Thomson/Aranzadi, Cizur Menor, 2005, p. 745 e ss.. Para a Alemanha, relativamente ao *Prüfungsausschuss* que deve ser criado no *Aufsichtsrat* das sociedades cotadas, cfr. o ponto 5.3.2. do *Deutscher Corporate Governance Kodex*. Considerando que «devem ser criados comités de nomeação, de remuneração e de auditoria no âmbito do conselho de administração ou de supervisão, sempre que este desempenhe um papel nos domínios da nomeação, da remuneração e da auditoria por força da legislação nacional», cfr. a Recomendação n.º 5 da Recomendação da Comissão de 15 de Fevereiro de 2005 relativa ao papel dos administradores não executivos ou membros do conselho de supervisão de sociedades cotadas e aos comités do conselho de administração ou de supervisão. Entre nós, a Recomendação n.º 3 da CMVM sobre o Governo das Sociedades Cotadas já dispunha que «a sociedade deve criar um sistema interno de controlo, para a detecção eficaz de riscos ligados à actividade da empresa, em salvaguarda do seu património e em benefício da transparência

aumentar as escolhas disponíveis para tornar mais atractivo o regime jurídico português e para facilitar a actuação de sociedades com acções admitidas à negociação nos mercados de países onde a referida modalidade seja mais conhecida[16] ou onde seja exigida a existência daquela comissão[17].

As sociedades que adoptem a modalidade em causa terão, dentro do conselho de administração, uma comissão de auditoria que é, ela própria, um outro órgão da sociedade[18].

É certo que os membros da comissão de auditoria são considerados membros do conselho de administração. O n.º 1 do art. 423.º-B revela que na comissão de auditoria estará uma parte dos membros do conselho.

Poderia pensar-se que, tendo em conta o exposto, primeiro tinha lugar a designação para o conselho e, só depois, de entre os membros do conselho, a designação para a comissão de auditoria.

Mas não é assim.

Na verdade, o n.º 1 do art. 423.º-C torna claro que os membros da comissão de auditoria são logo designados em conjunto com os demais administradores. O n.º 2 do mesmo art. 423.º-C acrescenta que as listas para o conselho devem logo discriminar quais os membros que deverão integrar a comissão de auditoria.

Do exposto resulta que:

a) a comissão de auditoria não surge através de uma mera repartição interna de funções no seio do conselho de administração;

---

do seu governo societário». Mais concretamente, lê-se na Recomendação n.º 7 que «o órgão de administração deve criar comissões de controlo internas com atribuição de competências na avaliação da estrutura e governo societários». Sobre o papel dos administradores não executivos, cfr. tb. a Recomendação n.º 5-A. Para um estudo comparativo, KLAUS HOPT, «Modern Company and Capital Market Problems Improving European Corporate Governance after Enron», *Law Working Papers*, 5/2002, in www.ecgi.org/wp.

[16] Cfr. o texto «Governo das sociedades anónimas: propostas de alteração ao Código das Sociedades Comerciais. Processo de consulta pública n.º 1/2006», CMVM, Janeiro de 2006, p. 12 (consultado em www.cmvm.pt).

[17] Dando conta, por exemplo, da exigência de um comité de auditoria para as «empresas estrangeiras admitidas à cotação no NYSE», Livro Branco sobre *Corporate Governance* em Portugal, p. 61, nota 76.

[18] É o próprio art. 423.º-B do CSC que, no seu n.º 1, chama à comissão de auditoria «órgão da sociedade».

b) a comissão de auditoria não surge por meio de uma delegação de funções;
c) os membros da comissão não são meros mandatários ou representantes da sociedade ou do conselho de administração.

3.2. *Número mínimo de membros do conselho de administração com comissão de auditoria (mas sem comissão executiva)*

Vamos agora procurar saber qual é o número mínimo de um conselho de administração com comissão de auditoria mas que não terá comissão executiva.

Uma primeira leitura das normas em causa poderia conduzir o intérprete a concluir que aquele número seria de quatro. Três integrariam a comissão de auditoria, sendo necessário um quarto elemento para o exercício de funções executivas, vedadas aos membros daquela comissão[19].

O Dr. Paulo Olavo Cunha, nas suas lições de Direito das Sociedades Comerciais[20], defende que, nos casos em que a sociedade tenha um capital social superior a 200.000 Euros, o conselho de administração tem de ser composto por cinco membros: três da comissão de auditoria e mais dois membros ainda. Defende com argúcia aquele autor que, nessas sociedades anónimas, se não houvesse comissão de auditoria, não poderia haver administrador único. Isto por força dos arts. 390.º, 2, e 423.º-B, n.º 3. E lembra inclusivamente o disposto no n.º 5 do art. 278.º do CSC, que dispõe que «as sociedades com administrador único não podem seguir a modalidade prevista na alínea b) do n.º 1».

Na verdade, é possível uma outra leitura, que é aliás a que talvez seja preferível.

Pode-se pensar que o n.º 5 do art. 278.º só tem sentido se quiser dizer que as sociedades com comissão de auditoria têm, necessariamente, que ter pelo menos mais dois membros no conselho de administração para além dos membros da comissão de auditoria.

Isto, independentemente do seu capital social.

---

[19] Pensamos ser essa a opinião de Coutinho de Abreu, *Governação das sociedades comerciais*, cit., p. 62, nota 151 *bis*.

[20] Cfr. Paulo Olavo Cunha, *Direito das sociedades comerciais*, 2.ª ed., Almedina, Coimbra, 2006, p. 462.

Isto, mesmo que não se preveja a possibilidade de ser nomeada uma comissão executiva.

Com efeito, é tão evidente que uma sociedade com um só administrador não pode ter na administração uma comissão de auditoria que a norma em causa só pode querer dizer outra coisa.

Dizemos que isso é evidente porque a comissão de auditoria tem de ser composta por, pelo menos, três membros.

E parece absurdo que o n.º 5 do art. 278.º viesse proibir algo que também é absurdo. Também não existem normas que proíbam a circulação de cavalos alados a mais de 120 Km/hora, porque não é necessário proibir tal coisa. A norma que contivesse essa proibição seria absurda.

3.3. *Os membros da comissão de auditoria não podem ter funções executivas*

Os membros da comissão de auditoria são, também, administradores, mas não podem exercer funções executivas[21].

Não podem exercer funções executivas, no meu entender, nem como administrador delegado ou membro da comissão executiva, nem como membro do conselho de administração[22].

O recurso à terminologia referida no texto irá fazer correr alguma tinta.

Com efeito, o que deveremos entender por funções «executivas»?

Impõe-se analisar o problema seguindo dois eixos:

Em primeiro lugar, há que perguntar se serão funções executivas apenas as de «execução» de decisões do conselho de administração ou da comissão executiva. Ou são funções executivas também as de deliberação?

---

[21] Cfr. o n.º 3 do art. 423.º-B do CSC. No Anexo I da Recomendação da Comissão de 15 de Fevereiro de 2005 relativa ao papel dos administradores não executivos ou membros do conselho de supervisão de sociedades cotadas e aos comités do conselho de administração ou de supervisão pode ler-se que o «comité de auditoria deve ser exclusivamente composto por administradores não executivos ou membros do conselho de supervisão»

[22] A exclusão do exercício de funções executivas como membro do conselho de administração não será pacífica. Pelo menos, quanto à fase deliberativa.

Em segundo lugar, importa saber se as funções executivas são apenas as que dizem respeito a certas matérias, e quais são elas.

As palavras em causa deixam dúvidas acerca do seu sentido também por comparação com a designação dada ao órgão de administração das sociedades anónimas com conselho de administração «executivo». A palavra «executivo», aqui, parece abranger a gestão e a representação, como se retira da leitura do art. 431.º.

Não é tudo isso que está em causa na proibição de exercer funções executivas que recai sobre os membros da comissão de auditoria. As funções executivas que os membros da comissão de auditoria não podem exercer são outras.

Com efeito, parece-nos que é mais forte a proximidade com o que a lei prevê para as comissões executivas. É nas sociedades anónimas com conselho de administração que podem surgir as comissões executivas.

E a comissão de auditoria surgirá integrada no conselho de administração.

Ora, a propósito da comissão executiva, o n.º 3 do art. 407.º dá a entender que as funções executivas da comissão executiva só podem abranger a «gestão corrente» da sociedade[23].

É frequente ver-se dito que a gestão corrente é a gestão quotidiana, a gestão do dia a dia. Coutinho de Abreu entende-a como a que se traduz na prática dos actos «técnico-operativos quotidianos»[24].

Por aqui se vê que a proibição do exercício de funções executivas não implica afastar os membros da comissão de auditoria da actividade deliberativa e de representação do conselho de administração.

Podem então os membros da comissão de auditoria tomar parte em deliberações do conselho de administração?

Julgo que podem[25].

---

[23] Também a Recomendação da Comissão de 15 de Fevereiro de 2005 acima identificada considerava administrador executivo o que estava encarregado da gestão corrente da sociedade.

[24] COUTINHO DE ABREU, *Governação das sociedades comerciais*, cit., p. 38.

[25] Parece ser outra a leitura que, na Itália, alguns autores fazem do estatuto dos membros do «comitato per il controllo sulla gestione». Estes não podem ser membros do comité executivo nem ser administradores delegados ou especialmente encarregados, e não podem ter, «anche di mero fatto, funzioni attinenti alla gestione dell'impresa sociale o di società che la controllano o ne sono controllate» (art. 2409-*octiesdecies*/2). Daí se

É óbvio que podem participar nas reuniões do conselho de administração: têm até o dever de participar nessas reuniões, como resulta da al. b) do n.º 1 do art. 423.º-G.

Podem até votar sobre matérias de administração da sociedade.

Contudo, se não podem exercer funções executivas, apenas podem deliberar quanto a matérias de administração que não sejam sobre gestão corrente[26].

E não podem deliberar sobre matérias delegadas ou delegáveis. Essas últimas, as delegáveis, são matérias que a lei considera que são da possível competência da comissão executiva e, por isso, serão matérias de carácter «executivo».

Sobre essas matérias delegáveis, há que dizer que custa muito aceitar a enumeração feita pelo legislador.

Por exemplo, diz a lei que é delegável a matéria prevista na alínea j): estabelecimento ou cessação de cooperação duradoura e importante com outras empresas.

Cooperação duradoura e importante com outras empresas é matéria de gestão corrente?

O Doutor Coutinho de Abreu propõe uma nova leitura do disposto no n.º 4 do art. 407.º. Uma leitura que ainda não tinha visto defendida e que não pode deixar de ser considerada estimulante. Aquele Professor

---

tem retirado que estão excluídos da gestão «nella maniera più netta possibile. Di conseguenza, sarebbe necessario escluderli anche dal calcolo dei detti *quorum* consiliari, sai costitutivi, sai deliberativi»: cfr. PAOLO VALENSISE, *La riforma delle società*, I, a c. di MICHELE SANDULLI/VITTORIO SANTORO, G. Giappichelli, Torino, 2003, p. 736, acrescentando, a p. 748, que os membros daquele *comitato* «non potranno assumere direttamente (né partecipare all'adozione del)le determinazioni che gli amministratori non esecutivi possono prendere». Com opinião aparentemente diferente, considerando que os membros do comité de controlo da gestão «votano nelle deliberazioni consiliari», FRANCESCO GALGANO, *Trattato di diritto commerciale e di diritto pubblico dell'economia*, vol. 29, *Il nuovo diritto societario*, Cedam, Padova, 2003, p. 304; por sua vez, FRANCO BONELLI, *Gli amministratori di s.p.a. dopo la riforma delle società*, Giuffré, Milano, 2004, p. 285, depois de afirmar que os membros do comité de controlo da gestão podem participar no conselho, na discussão dos pontos da ordem do dia e na votação, apenas parece afastar o exercício *individual* de funções de gestão por aqueles, mas já não tal exercício no quadro do próprio conselho de administração. Tendo em conta esta discussão, o legislador nacional bem podia ter resolvido a questão com algumas palavras mais.

[26] Mas veja-se o que se escreve na nota anterior, em particular quanto à posição de Bonelli relativamente às soluções do direito italiano.

entende que se devem excluir da delegação «também as matérias indicadas nas als. e) e g) a j)» do art. 406.º [27]. E isto porque se apercebeu de que as als. g), h), i) e j) foram introduzidas no art. 406.º do CSC por influência da 5.ª Directiva. Mas nessa Directiva aquelas eram, precisamente, matérias indelegáveis, o mesmo se passando com as matérias contidas na al. e) daquele art. 406.º.

Por outro lado, também não podem os membros da comissão de auditoria deliberar sobre tudo o que é indelegável.

Para chegarmos a essa conclusão, basta ler o que o n.º 4 do art. 407.º do CSC considera indelegável.

Custa a aceitar, por exemplo, que os membros da comissão de auditoria possam deliberar sobre prestação de cauções e garantias pessoais ou reais pela sociedade.

São matérias previstas na al. f) do art. 406.º do CSC e são matérias indelegáveis.

No entanto, apesar de serem matérias indelegáveis, não parece que sejam matérias sobre as quais os administradores da comissão de auditoria possam deliberar no conselho de administração.

Por outro lado, nem tudo o que é indelegável por força do n.º 4 do art. 407.º é necessariamente matéria de gestão corrente.

Veja-se o caso da escolha do presidente do conselho de administração ou a cooptação de administradores. Custa a aceitar que se trate aí de matéria de gestão corrente.

Também parece excluído, logo à partida, que os membros da comissão de auditoria possam ter funções de representação da sociedade em execução de deliberações do conselho ou da comissão executiva relativas a matéria de «gestão corrente».

O que é que então sobra que possa constituir matéria sobre a qual os membros da comissão de auditoria podem deliberar, como membros do conselho de administração?

Sobra a definição da estratégia da sociedade; sobra a deliberação quanto ao quadro geral para a execução ou cumprimento dessa estratégia, designadamente quanto à identificação dos meios financeiros para tal; sobra a deliberação de delegação, com os respectivos limites;

---

[27] COUTINHO DE ABREU, *Governação das sociedades comerciais*, cit., p. 39.

sobra a escolha do presidente do conselho e a cooptação de administradores; sobra o controlo do cumprimento da lei e do contrato de sociedade[28].

Perguntar-se-ão alguns se não é estranho que os membros da comissão de auditoria deliberem sobre matérias de administração como membros do conselho de administração, indo depois fiscalizar a administração como membros da comissão de auditoria.

Eu diria que é como a frase publicitária do poeta: primeiro estranha-se, depois entranha-se.

É que os membros da comissão de auditoria, como administradores, podem precisamente influenciar a tomada de decisões por parte do conselho de administração. Podem levar o conselho ao bom caminho.

E se o não conseguem, devem lembrar-se do n.º 3 do art. 72.º: «Não são igualmente responsáveis pelos danos resultantes de uma deliberação colegial os gerentes ou administradores que nela não tenham participado ou hajam votado vencidos, podendo neste caso fazer lavrar no prazo de cinco dias a sua declaração de voto, quer no respectivo livro de actas, quer em escrito dirigido ao órgão de fiscalização, se o houver, quer perante notário ou conservador».

Esta norma surge a propósito da responsabilidade para com a sociedade. Mas é também para ela que remete o n.º 5 do art. 78.º, quanto à responsabilidade para com os credores sociais. E também é para ela que remete o n.º 2 do art. 79.º, quanto à responsabilidade para com os sócios e terceiros.

Na verdade, o facto de alguns administradores serem membros da comissão de auditoria não exclui, quanto a eles, o regime de responsabilidade dos administradores.

Mas como não podem ter funções executivas, há também que ver, quanto a essas, que deveres violaram, que informações tiveram.

Julgamos que, do ponto de vista da responsabilidade, uma coisa é o seu estatuto como administradores, outra coisa é o seu estatuto como membros da comissão de auditoria.

Se, como administrador, deliberou ou deixou de deliberar, há que verificar se é ou não responsável.

---

[28] Contrapondo os actos de «alta direcção» aos de execução ou desenvolvimento da mesma, incluindo nestes os de «gestão corrente», COUTINHO DE ABREU, *Governação das sociedades comerciais*, cit., p. 38.

Mas se, como membro da comissão de auditoria, actuou ou não, também é necessário averiguar se é ou não responsável, agora tendo em conta os seus deveres como membro desse órgão[29].

E quanto a esses deveres, as consequências da sua violação no plano da responsabilidade não se estendem sem mais aos membros do conselho de administração que não são membros da comissão de auditoria.

Vejamos o caso de um administrador membro da comissão de auditoria que contribui com o seu voto para a formação de uma deliberação que vem a causar danos à sociedade.

Posteriormente, tal deliberação é apreciada pela comissão de auditoria, de que o mesmo administrador faz parte.

Aqui, a actuação do referido membro pode ser pelo menos uma de duas: ou arrepia caminho e procura corrigir o erro (agora) enquanto membro da comissão de auditoria (pois um erro nunca deve ser encoberto por outro erro, mas sim corrigido); ou não procura corrigir tal erro, e a sua situação agrava-se, mas agora como membro da comissão de auditoria e tendo em conta os respectivos deveres.

A proibição de exercício de funções executivas pelos membros da comissão de auditoria faz surgir ainda uma outra dúvida.

Que dizer dos casos em que os membros do conselho de administração que são membros da comissão de auditoria praticam um acto de representação da sociedade em matérias executivas?

A sociedade fica ou não vinculada por tal acto perante o terceiro?

Atrevo-me a dizer que a sociedade não ficará vinculada.

Estaremos, nesse caso, perante um limite legal aos poderes de representação, abrangido pelo disposto no n.º 1 do art. 409.º do CSC, e nessa medida é oponível a terceiros[30].

---

[29] Sobre essa responsabilidade, com algum desenvolvimento, CALVÃO DA SILVA, «"Corporate Governance" – Responsabilidade civil de administradores não executivos, da comissão de auditoria e do conselho geral e de supervisão», cit., p. 44 e s..

[30] Sobre os limites legais aos poderes de representação dos administradores de sociedades anónimas, cfr. os nossos estudos intitulados *Os poderes de representação dos administradores de sociedades anónimas*, cit., p. 178 e ss., e, com uma perspectiva já um pouco diferente, «Capacidade e representação das sociedades comerciais», *Problemas do direito das sociedades*, Almedina/IDET, Coimbra, 2002, p. 492 e ss..

3.4. Competências da comissão e deveres dos seus membros

A comissão de auditoria terá amplas competências, previstas no art. 423.º-F, mas que, como o próprio nome do órgão indica, se reconduzem sobretudo a funções de fiscalização e controlo. Desde logo, compete-lhe «fiscalizar a administração da sociedade», «fiscalizar a revisão de contas aos documentos de prestação de contas da sociedade», «fiscalizar a independência do revisor oficial de contas (...)», etc.[31].

Na verdade, o art. 423.º-F contém cinco vezes a palavra fiscalizar, e quatro a palavra verificar.

Para além disso, tem interesse mencionar que a comissão de auditoria terá ainda poderes de representação passiva para os casos previstos na al. j): isto é, para «receber as comunicações de irregularidades apresentadas por accionistas, colaboradores da sociedade ou outros».

E terá poderes de representação activa para contratar a prestação de serviços de peritos que auxiliem um ou mais dos seus membros, nos termos da al. p) do art. 423.º-F.

A comissão de auditoria tem ainda competência para convocar a assembleia geral quando o presidente da mesa não o faça quando o devia.

Compete-lhe igualmente propor à assembleia a nomeação do revisor oficial de contas.

Os membros da comissão de auditoria devem participar nas reuniões da própria comissão, bem como nas reuniões do conselho de administração e da assembleia geral.

Curioso é o dever contido na al. c) do n.º 1 do art. 423.º G. Aí se prevê que os membros da comissão de auditoria devem participar nas reuniões da comissão de auditoria onde se apreciem as contas de exercício. Mas o art. 407, n.º 4, não permite que a delegação na comissão executiva abranja as matérias da al. d) do art. 406.º – isto é, deliberar sobre o relatório e as contas anuais.

Sobre esta matéria, não vou adiantar mais nada, pois será objecto da intervenção da Srª Dra. Gabriela Figueiredo Dias[32].

---

[31] Cfr. as als. a), n) e o) do art. 423.º-F. A comissão de auditoria poderá também contratar a prestação de serviços de peritos, nos termos da al. p) do art. 423.º-F.

[32] Cfr. tb., de GABRIELA FIGUEIREDO DIAS, *Fiscalização de sociedades e responsabilidade civil*, Coimbra Editora, Coimbra, 2006, p. 27 e ss.

3.5. O exercício de funções pelos membros do conselho de administração com comissão de auditoria

O desenho que encontramos na lei não é o mais claro quanto ao problema enunciado.

Se os membros da comissão da auditoria são membros do conselho de administração, contamos com eles para se saber se a deliberação do conselho se deve considerar aprovada?

E são também contados para se saber quantos administradores vinculam a sociedade? Trata-se de um problema da maior importância.

Nos casos em que os membros da comissão de auditoria podem tomar parte na deliberação votando, é óbvio que são contados para se saber se houve ou não maioria.

Mas o problema é mais difícil de resolver nos casos em que há que deliberar sobre matérias de gestão corrente, tendo em conta que os membros da comissão de auditoria não podem ter funções executivas.

É claro que, se há delegação da gestão corrente, o conselho de administração não irá, em regra, tomar essas deliberações sobre gestão corrente.

Mas pode não chegar a haver delegação.

Ou, apesar de ter havido delegação, pode o conselho querer deliberar sobre as matérias de gestão corrente, porque, nos termos do art. 407.º, 8, mantém competência concorrente.

O problema exposto será mais ou menos difícil de resolver consoante o número total de membros do conselho de administração e o número de membros da comissão de auditoria.

É por isso necessário muito cuidado na redacção do contrato de sociedade. Se os membros da comissão de auditoria são necessários para se formar a maioria, então parece que o conselho não pode deliberar sobre matérias da «gestão corrente» da sociedade.

Se os membros da comissão de auditoria são necessários para se formar a maioria, há que prever a possibilidade de delegação. Quando assim não seja, o conselho de administração fica paralisado quanto à tomada de deliberações sobre matérias de gestão corrente da sociedade.

Também é necessário cuidado na redacção do contrato de sociedade quanto à representação da sociedade.

Vamos supor que a sociedade fica vinculada pela maioria dos membros do conselho de administração. Se os membros da comissão de auditoria são necessários para formar essa maioria, então não seria possível praticar actos de representação em matérias executivas. É que os membros da comissão de auditoria não poderiam exercer funções executivas, mas a sua colaboração seria necessária para que a sociedade ficasse vinculada.

Daí que o contrato de sociedade deva, relativamente aos actos de carácter executivo, estabelecer que a vinculação da sociedade ocorre pela actuação de um certo número de administradores que permita a representação por quem não pertença à comissão de auditoria. Se o conselho de administração tem cinco membros, pertencendo três deles à comissão de auditoria, o contrato de sociedade pode estabelecer que a sociedade fica representada por dois administradores. Claro está que, em matérias de carácter executivo, os dois administradores que vão actuar em representação da sociedade não poderão ser membros da comissão de auditoria.

Poderá até, por exemplo, o contrato de sociedade estabelecer que «a sociedade fica vinculada pelos actos praticados pela maioria dos membros do conselho de administração. Tratando-se de actos de carácter executivo, é necessária a intervenção de 2 administradores que não sejam membros da comissão de auditoria». Penso que esta será uma cláusula válida.

De facto, a lei não estabelece uma relação necessária entre o número de membros da comissão de auditoria e o número total de administradores.

Eu realmente teria preferido que essa relação existisse. Como teria preferido que se dissesse claramente o que é que os membros da comissão de auditoria poderiam ou não poderiam fazer na sua veste de administradores.

3.6. *A designação e destituição dos membros da comissão de auditoria*

Os membros da comissão de auditoria são designados em conjunto com os demais administradores.

A sua designação é tão «democrática» quanto o seja a designação dos restantes membros do conselho de administração.

Havendo listas, estas deverão discriminar os membros do conselho que se destinam a integrar a comissão de auditoria.

Do que diz a lei retira-se que os membros da comissão de auditoria são designados como administradores, por quem designa os administradores. Isto é, pelos accionistas.

Ora, se lermos os textos de direito anglo-saxónico sobre a matéria, verificamos que neles se alude a uma comissão de auditoria nomeada pelo *Board of Directors*.

É assim, por exemplo, na regra C.3.1. do *Combined Code on Corporate Governance*. Aí se diz: «The board should establish an audit committee (...)».

É assim também na *Section* 3A da *Securities Exchange Act* de 1934, na redacção dada pela Lei *Sarbanes-Oxley* (Sarbox ou Sox). O *Audit Committee* será «established by and amongst the board of directors».

Os membros da comissão de auditoria estão sujeitos, com as necessárias adaptações, ao regime de incompatibilidades aplicável aos membros do conselho fiscal, ao fiscal único e ao revisor oficial de contas[33].

Por outro lado, os n.ºs 4 e 5 do art. 423.º-B estabelecem especiais exigências quanto à composição da comissão de auditoria relativamente a sociedades emitentes de valores mobiliários admitidos à negociação em mercado regulamentado (exigências que são maiores se os valores em causa são acções) e a sociedades que «cumpram os critérios» referidos na al. a) do n.º 2 do art. 413.º.

O n.º 6 do art. 423.º-B manda aplicar à comissão de auditoria o n.º 3 do art. 414.º, que, para o conselho fiscal, estabelece que outros membros desse órgão (que não sejam o necessário revisor oficial de contas ou sociedade de revisores oficiais de contas) «podem ser sociedades de advogados, sociedades de revisores oficiais de contas ou accionistas (...)»[34].

No que diz respeito à destituição dos membros da comissão de auditoria, já não se pode afirmar que sejam revogáveis a todo o momento.

---

[33] Cfr. o n.º 3 do art. 423.º-B e o art. 414.º-A do CSC, estando afastada a aplicação da al. b) do n.º 1 deste último artigo.

[34] Daqui parece retirar PAULO VENTURA, «Algumas notas sobre as recentes alterações ao Código das Sociedades Comerciais», *Boletim da Ordem dos Advogados*, 42.º, Maio--Agosto 2006, p. 64, que os membros da comissão de auditoria têm de ser sociedades de advogados, sociedades de revisores oficiais de contas ou accionistas..

É que a assembleia só os pode destituir se ocorrer justa causa.
Não são membros revogáveis a todo o momento.
Curiosamente, a lei não diz se a destituição dos membros da comissão de auditoria implica a cessação de funções como membros do conselho de administração.
Contudo, parece que assim é.
Os membros da comissão de auditoria serão designados em conjunto com os demais administradores, mas penso que os membros da comissão de auditoria são membros do conselho de administração porque são membros da comissão de auditoria.

3.7. *O funcionamento da comissão de auditoria*

Quanto ao funcionamento interno da comissão de auditoria, a lei pouco diz de forma clara. Também aqui.
Encontramos algumas normas relativamente à actuação do presidente da comissão de auditoria e à periodicidade das suas reuniões.
No art. 423.º-H do CSC, apenas se fazem algumas remissões para normas contidas no regime do conselho de administração.
Não repugna, porém, considerar aqui aplicáveis, caso a caso, por analogia, algumas outras normas que regulam o funcionamento do conselho de administração ou do conselho fiscal.
Designadamente quanto a reuniões e deliberações.
Será assim, por exemplo, quanto aos n.ᵒˢ 1, 3, 4, 6, 7 e 8 do art. 410.º, ou quanto aos n.ᵒˢ 2 (segunda parte), 3 e 4 do art. 423.º do CSC.
Isto porque a comissão de auditoria, sendo um órgão dentro do conselho de administração, é também um órgão de fiscalização com competências muito próximas das que tem o conselho fiscal.
Não parece valer aqui, pois, o argumento de que, se o legislador, no art. 423.º-H, só remeteu para as normas aí referidas, é porque não teria querido que as outras fossem aplicáveis.
Tendo em conta a regra da tomada de deliberações por maioria prevista para o funcionamento do conselho de administração, a comissão de auditoria será democrática por dentro.

4. Outras comissões na administração

Não queríamos terminar sem tratar ainda das comissões de remunerações ou de nomeações no seio do conselho de administração[35].

A falta de tempo impede-nos de verificar agora se são ou não «democráticas» e «revogáveis».

Quanto às comissões de remunerações[36], importa referir que, de acordo com o que se acha estabelecido no n.º 1 do art. 399.º do CSC, é aos accionistas que compete deliberar sobre a matéria das remunerações dos administradores, podendo designar uma comissão de accionistas para o efeito.

Isso não impede, na nossa opinião, que o conselho de administração designe uma comissão de administradores que colabore com os accionistas ou que apresente sugestões ao conselho de administração, para que este as faça chegar aos accionistas.

Essa colaboração poderá passar pela identificação dos objectivos importantes para a definição da remuneração (rendibilidade dos capitais próprios, rendibilidade do capital investido, excedentes brutos de exploração, variação da situação líquida, variação do retorno da acção, etc.), ou pela definição do tempo necessário para atingir tais objectivos.

Poderá igualmente incluir a comparação com outras sociedades ou a comparação com outras sociedades do grupo.

Os membros da comissão de remunerações poderão também apresentar sugestões quanto a sistemas de remuneração ou pensões de reforma.

---

[35] Cfr., entre nós, COUTINHO DE ABREU, *Governação das sociedades comerciais*, cit., p. 102 e ss..

[36] Sobre estas, com natural desenvolvimento, cfr. o *Greenbury Report (Director's remuneration. Report of a Study Group chaired by Sir Richard Greenbury)*, o *Higgs Report* e a Section A do *Code of Best Practice*; as Sections B.2.1. e B.2.2. do *Combined Code on Corporate Governance*; a Section 303A.05 do *Listed Company Manual* da NYSE; o Anexo I, ponto 3., da Recomendação da Comissão de 15 de Fevereiro de 2005 relativa ao papel dos administradores não executivos ou membros do conselho de supervisão de sociedades cotadas e aos comités do conselho de administração ou de supervisão, textos estes em que nos baseamos para a indicação que a seguir se faz no texto das possíveis tarefas das referidas comissões. Dando conta da importância dos comités de remunerações nas *Listing Rules* da NYSE e do NASDAQ, GUERRA MARTÍN, *El Gobierno de las Sociedades Cotizadas Estadounidenses*, cit., p. 401, nota 145, e p. 405 e s..

Poderão ainda sugerir propostas quanto à percentagem máxima dos lucros do exercício susceptível de ser distribuída a título de remuneração variável, tendo presente o disposto no n.º 2 do art. 399.º [37].

Em diversos estudos relativos a tais comissões, surge realçada a importância de nomear, para as mesmas, membros não executivos[38] e independentes[39].

No que diz respeito às comissões de nomeações[40], é óbvio que a sua importância surge limitada pelo que a lei estabelece a propósito da designação de administradores.

Nas sociedades com conselho de administração, os membros desse conselho são em regra designados no contrato de sociedade ou eleitos pela assembleia geral.

No entanto, faltando definitivamente um administrador, haverá que proceder à sua substituição.

Substituição essa que, se não houver suplentes, terá lugar por cooptação, nos termos da al. b) do n.º 3 do art. 393.º.

Para essa cooptação, os contributos de uma comissão de nomeações podem ser muito importantes.

---

[37] Sobre essas funções, cfr. o Anexo I da Recomendação da Comissão de 15 de Fevereiro de 2005 relativa ao papel dos administradores não executivos ou membros do conselho de supervisão de sociedades cotadas e aos comités do conselho de administração ou de supervisão.

[38] Cfr., p. ex., o *Code of Best Practice* do *Greenbury Report*, *Section* A4; o Anexo I da Recomendação da Comissão de 15 de Fevereiro de 2005 relativa ao papel dos administradores não executivos ou membros do conselho de supervisão de sociedades cotadas e aos comités do conselho de administração ou de supervisão.

[39] Cfr. o Anexo I da Recomendação da Comissão de 15 de Fevereiro de 2005 relativa ao papel dos administradores não executivos ou membros do conselho de supervisão de sociedades cotadas e aos comités do conselho de administração ou de supervisão (quanto à maioria, pelo menos, dos membros); a Recomendação n.º 9 da CMVM sobre o Governo das Sociedades Cotadas.

[40] Sobre o comité de nomeações, cfr., p. ex., o *Higgs Report*, bem como a *Section* A.4.1. e a *Section* A.4.2. do *Combined Code on Corporate Governance*; a *Section* 303A.04 do *Listed Company Manual* da NYSE; cfr. tb. o Anexo I da Recomendação da Comissão de 15 de Fevereiro de 2005 relativa ao papel dos administradores não executivos ou membros do conselho de supervisão de sociedades cotadas e aos comités do conselho de administração ou de supervisão. É nestes documentos, mais uma vez, que nos baseamos para identificar o papel das comissões tratadas em texto. Desenvolvidamente, com especial atenção dedicada ao direito norte-americano, GUERRA MARTÍN, *El Gobierno de las Sociedades Cotizadas Estadounidenses*, cit., p. 407 e ss..

Isso também pode ser dito mesmo no que diz respeito à designação pela assembleia. A comissão de nomeações pode colaborar com a assembleia, mais não seja através do próprio conselho de administração.

Muitos são os contributos possíveis da comissão de nomeações[41]. Por exemplo,
- na identificação de conhecimentos, aptidões, experiência necessários;
- no estudo da estrutura, tamanho e composição desejáveis para o conselho,
- no estudo das necessidades de liderança;
- na identificação de possíveis sucessores, v.g., entre altos quadros;
- auxiliando na fundamentação da proposta de ratificação da cooptação, que tem de ser submetida à primeira assembleia geral seguinte.

Também quanto aos membros da comissão de nomeações é sublinhada, muitas vezes, a importância de não serem compostas por administradores executivos[42] e de os seus membros serem independentes[43].

É ainda possível encontrar por vezes referências a outras comissões no conselho de administração.

Lembramos o que antes foi dito acerca do n.º 1 do art. 407.º do CSC.

---

[41] Cfr., p. ex., as *Higgs Suggestions for Good Practice*, a Recomendação da Comissão de 15 de Fevereiro de 2005, já citada, Anexo I, ponto 2., e o Livro Branco sobre *Corporate Governance* em Portugal, p. 113 e ss., 150 e ss.

[42] Cfr. o Anexo I da Recomendação da Comissão de 15 de Fevereiro de 2005 relativa ao papel dos administradores não executivos ou membros do conselho de supervisão de sociedades cotadas e aos comités do conselho de administração ou de supervisão. Já a Comunicação da Comissão ao Conselho e ao Parlamento Europeu sobre modernização do direito das sociedades e reforço do governo das sociedades revela preferência pela inclusão no grupo encarregado da selecção de administradores de uma maioria de administradores executivos «uma vez que estes últimos podem tirar partido do seu profundo conhecimento dos desafios defrontados pela empresa e das aptidões e experiência dos recursos humanos formados no seu seio».

[43] Cfr. o Anexo I da Recomendação da Comissão de 15 de Fevereiro de 2005 relativa ao papel dos administradores não executivos ou membros do conselho de supervisão de sociedades cotadas e aos comités do conselho de administração ou de supervisão (quanto à maioria, pelo menos).

Aí se lê que o conselho de administração pode «encarregar especialmente algum ou alguns administradores de se ocuparem de certas matérias de administração», com as limitações contidas no n.º 2[44].

Como vimos, nada impede, parece, que esse encargo obrigue os encarregados de actuarem como comissão.

Daí que surjam mencionadas comissões de estratégia e comissões financeiras e de investimentos[45].

Uma palavra final para as comissões que se formam de entre os membros do conselho geral e de supervisão[46]. Pode ler-se o seguinte no n.º do art. 444.º: «Quando conveniente, deve o conselho geral e de supervisão nomear, de entre os seus membros, uma ou mais comissões para o exercício de determinadas funções, designadamente (...)».

Dirão alguns que, ao tratarmos de comissões na administração, não terá sentido falar das comissões do conselho geral e de supervisão porque este órgão tem, sobretudo, funções de fiscalização.

Contudo, é possível estabelecer no contrato de sociedade que determinadas categorias de actos de gestão podem ficar subordinadas à obtenção de prévio consentimento do conselho geral e de supervisão.

Ora, nada parece obstar a que, para o estudo das matérias em causa, seja nomeada uma comissão.

Mas poderá o conselho geral e de supervisão nomear essa comissão para que ela conceda ou recuse o consentimento para a prática de determinados actos?

Não nos repugna aceitar essa possibilidade.

---

[44] A criação de comissões no seio do conselho de administração executivo levanta maiores dúvidas, atendendo a que, como se viu, não há no n.º 3 do art. 431.º remissão para o art. 407.º.

[45] Livro Branco sobre *Corporate Governance* em Portugal, p. 152; a p. 96, encontra-se referência a sociedades com Comité de Coordenação Executiva de Retalho, Comité de Coordenação Executiva de Empresas e Corporate, Comité de coordenação Executiva de *Private Banking* e *Asset Management*. Para os EUA, dando conta de uma grande variedade de comités que surgem no seio de conselhos de administração – p. ex., o *special litigation committee*, o *special takeover committee*, o *strategic planning committe*, etc. –, cfr. GUILLERMO GUERRA MARTÍN, *El gobierno de las sociedades cotadas estadounidenses*, cit., p. 377 e ss. e 412 e s..

[46] Sobre elas, cfr. CALVÃO DA SILVA, «"Corporate Governance" – Responsabilidade civil de administradores não executivos, da comissão de auditoria e do conselho geral e de supervisão», cit., p. 49 e ss..

O n.º 1 do art. 444.º torna claro que essas comissões podem ter poderes para decidir[47], e não apenas para executar.

É o que se passa com a comissão nomeada para exercer a função de fixação da remuneração dos administradores.

O regime destas comissões nomeadas no seio do conselho geral e de supervisão é muito escasso.

Como resolver os casos omissos?

Aplicando por analogia as normas previstas para o conselho geral e de supervisão?

Aplicando o regime previsto para outras comissões? E o de qual? Da comissão executiva ou da comissão de auditoria?

Para resolver alguns problemas, parece haver maior possibilidade de encontrar normas aplicáveis no regime da comissão executiva.

Designadamente em matéria de funcionamento.

Isto porque a comissão executiva também é designada do seio de um outro órgão e por decisão desse órgão.

Falemos agora um pouco mais da comissão de remunerações do conselho geral e de supervisão.

Em regra, é ao conselho geral e de supervisão, ou a uma comissão por ele criada, que compete fixar a remuneração dos membros do conselho de administração executivo.

É o que se lê no art. 429.º do CSC, que ressalva a existência de cláusula do contrato de sociedade que confira essa competência à assembleia ou a uma comissão nomeada por aquela.

Ora, o n.º 1 do art. 444.º permite que o conselho geral e de supervisão nomeie uma comissão para a fixação da remuneração dos administradores.

Parece assim claro que essa comissão pode, ela mesma, fixar essas remunerações.

Quanto a essa comissão, lembramos, para as sociedades abrangidas por esse texto, o que consta da Recomendação n.º 9 da CMVM sobre o Governo das Sociedades Cotadas: «os membros da comissão de remune-

---

[47] Aparentemente com opinião diferente, CALVÃO DA SILVA, «"Corporate Governance" – Responsabilidade civil de administradores não executivos, da comissão de auditoria e do conselho geral e de supervisão», cit., p. 51, que diz: «o conselho geral e de supervisão tem o poder-dever de nomear uma ou mais comissões no seu seio para *preparar* ou acelerar as suas *deliberações* ou para fiscalizar a sua execução».

rações ou equivalente devem ser independentes relativamente aos membros do órgão de administração»[48].
Por sua vez, o n.º 2 do art. 444.º estabelece o dever de, em certas sociedades anónimas, ser criada pelo conselho geral e de supervisão uma comissão para as matérias financeiras.
O dever de criar a comissão para as matérias financeiras existe se:
a) a sociedade for emitente de valores mobiliários admitidos à negociação em mercado regulamentado, ou
b) a sociedade cumprir os critérios referidos na al. a) do n.º 2 do art. 413.º.

A comissão para as matérias financeiras deverá ocupar-se das funções referidas nas als. f) a o) do art. 441.º.
Esta comissão deve incluir sempre um membro independente com curso superior adequado ao exercício das suas funções e conhecimentos em auditoria em contabilidade.
E se a sociedade emitiu acções admitidas à negociação em mercado regulamentado, a maioria dos seus membros deve ser independente.
Os membros da comissão para as matérias financeiras têm o direito de assistir às reuniões do conselho de administração executivo e devem mesmo assistir a essas reuniões quando sejam apreciadas as contas de exercício: cfr. os n.os 5 e 6 do art. 432.º do CSC[49].
Terminei. Muito obrigado.

---

[48] Sobre o conceito de independência aqui em causa, cfr. o Anexo ao Regulamento da CMVM n.º 7/2001.

[49] Sobre a responsabilidade dos membros desta comissão, CALVÃO DA SILVA, «"Corporate Governance" – Responsabilidade civil de administradores não executivos, da comissão de auditoria e do conselho geral e de supervisão», cit., p. 50 e s..

A FISCALIZAÇÃO SOCIETÁRIA REDESENHADA: INDEPENDÊNCIA, EXCLUSÃO DE RESPONSABILIDADE E CAUÇÃO OBRIGATÓRIA DOS FISCALIZADORES

GABRIELA FIGUEIREDO DIAS
(Assistente da Faculdade de Direito da Universidade de Coimbra)

PRELIMINAR

O presente estudo tem em vista um olhar descomprometido e enxuto sobre os principais vectores de evolução do regime da fiscalização societária após a reforma do Código das Sociedades Comerciais, levada a cabo pelo D.L. n.º 72-A/2006, de 29 de Março. A nova configuração orgânica e estrutural da fiscalização, ou o desenho formal dos modelos de fiscalização que resultou da reforma, não constituirá, todavia, aqui, objecto de uma atenção aprofundada[1]. Procurar-se-á sobretudo a abordagem crítica de alguns aspectos do novo quadro de soluções encontradas pelo legislador em matéria de fiscalização que merecem ser questionados e em torno dos quais se prevê, a breve prazo, a necessidade de desenvolver respostas pela via da interpretação e da construção dogmática.

Assim, não obstante a larga panóplia de questões que aqui poderíamos seleccionar numa perspectiva coerente com este objectivo, proceder-se-á a um recorte estratégico no universo de problemas que a fiscalização societária agora (ainda) suscita: após um breve relance sobre os mais destacados vectores de evolução do regime da fiscalização, constituirão objecto privilegiado desta análise os seguintes aspectos:

(i) os requisitos de elegibilidade e de exercício de funções dos membros dos órgãos de fiscalização (com destaque para o requisito da independência);

(ii) a aplicabilidade (ou não) da cláusula de exclusão da responsabilidade (*business judgement rule?*) do art. 72.º, n.º 2, aos membros dos órgãos de fiscalização;

(iii) a caução ou seguro de responsabilidade civil (*D&O Insurance*) obrigatórios dos membros dos órgãos de fiscalização e problemas conexos.

---
[1] Pelas razões aludidas na nota seguinte.

I
UM RELANCE SOBRE OS PRINCIPAIS ASPECTOS EVOLUTIVOS DO REGIME DA FISCALIZAÇÃO SOCIETÁRIA[2]

1. A necessidade da fiscalização das sociedades comerciais, historicamente enraizada como factor incontornável de sobrevivência societária, irrompe de uma ideia de confiança recíproca que é indispensável promover entre as sociedades comerciais e os restantes agentes económicos. A confiança destes agentes no bom funcionamento das empresas constitui um bem de inestimável valor, do ponto de vista sociológico como, sobretudo, económico. Uma fiscalização ineficaz contém em si um enorme potencial de causação de danos endógenos à sociedade, basicamente reconduzíveis ao insucesso empresarial da mesma, à rápida e incontrolável transmutação dos riscos em danos e à insusceptibilidade de os respectivos órgãos e *stakeholders* tomarem consciência desses mesmos riscos e danos em tempo útil para tomar medidas capazes de evitar ou amortizar determinadas perdas.

Mas não são de menor relevo os danos exógenos a que pode conduzir uma fiscalização deficitária ou ineficiente das sociedades: entre estes, ganham destaque a retracção do investimento, os desperdícios de recursos, a diminuição das transacções comerciais e a apatia dos mercados.

É, pois, imprescindível dotar o tecido societário de mecanismos que permitam conhecer a situação financeira das empresas e os negócios societários, promovendo a transparência, contribuindo para a eficiência societária e estimulando a intensidade dos negócios e o dinamismo dos mercados.

2. A reforma do CSC concretizada pelo D.L. n.º 76-A/2006, de 29 de Março, destinou-se, entre outros, a cumprir um objectivo autónomo[3] de reforço e revitalização da função fiscalizadora das sociedades.

---

[2] Sobre estes aspectos nos debruçamos já de modo mais aprofundado em *Fiscalização de Sociedades e Responsabilidade Civil*, Coimbra, Almedina, 2006, para onde se remete na generalidade para outros desenvolvimentos sobre as matérias versadas no Ponto I deste estudo. Abstemo-nos, pois, aqui de quaisquer desenvolvimentos sobre estes aspectos e limitar-nos-emos ao seu enunciado breve, assim libertando espaço para a problematização de algumas soluções introduzidas pela reforma que merecem um olhar mais crítico e atento.

[3] O objectivo de reforço da função fiscalizadora foi claramente assumido como um objectivo prioritário e autónomo da reforma no texto da Proposta de Alteração do Código

O posicionamento do legislador relativamente à estrutura e funcionamento da fiscalização societária, mais do que uma reacção epidérmica e emocional aos recentes escândalos financeiros corporizados pela Enron, Worldcom, Parmalat, entre outros, reflecte a tomada de consciência do desgaste e da ineficiência dos sistemas de fiscalização societária vigentes, bem como o reconhecimento da importância capital de dotar as sociedades de mecanismos de fiscalização eficazes e independentes[4]. E nesta medida, esta reforma, além de outros, apresenta o grande mérito de ousar revitalizar e adaptar ao contexto actual as estruturas formais e substanciais de fiscalização das sociedades, claramente desgastadas e desadequadas em relação às exigências de bom governo societário e dos agentes económicos em geral, mas simultaneamente alvo, até ao momento presente, de uma perigosa desatenção, por parte do legislador como da doutrina em geral[5].

3. A erosão e esvaziamento das funções de fiscalização constituem seguramente o resultado de um conjunto de factores económicos e sociais sobre os quais o legislador não pode actuar directamente; mas configuram-se igualmente como a consequência de modelos jurídicos de fiscalização pouco apetrechados para consentir e promover uma fiscalização eficiente, efectiva e independente, tal como o exigem actualmente os princípios de *corporate governance* sedimentados no horizonte societário global e o próprio mercado.

---

das Sociedades Comerciais colocado em consulta pública pela CMVM em 30 de Janeiro de 2006 (*Governo das Sociedades Anónimas: Propostas de Alteração ao Código das Sociedades Comerciais* – Processo de Consulta Pública n.º 1/2006, p. 19, disponível em www.cmvm.pt).

[4] Sobre os mais recentes desenvolvimentos verificados na teoria da *corporate governance*, com destaque para o ímpeto reformista do direito das sociedades despoletado pelo *Sarbannes-Oxley Act* e suas repercussões na Europa e em Portugal, sobretudo espelhadas numa enorme profusão de recomendações, regulamentos e leis destinadas à implementação de medidas de controlo e fiscalização societárias, detalhadamente e por todos, CALVÃO DA SILVA, "Corporate Governance: Responsabilidade civil dos administradores não executivos, da comissão de auditoria e do conselho geral e de supervisão", *RLJ*, n.º 3940, p. 32-33.

[5] Destacando-se a inelegibilidade do tema da fiscalização para tratamento nos manuais da especialidade e o grande distanciamento da doutrina em relação ao tema, PAULO CÂMARA, "Os Modelos de Governo das Sociedades Anónimas", 2007, neste volume, p. 200.

4. Destacavam-se, nas estruturas de fiscalização vigentes no direito societário anterior à reforma, alguns aspectos que causavam relevantes entorses na actividade de fiscalização, a saber:
- a desconsideração, pelos modelos de fiscalização, da dimensão e natureza da sociedade (*one size fits all*), nomeadamente pela admissibilidade de fiscal único nas grandes sociedades anónimas e nas sociedades cotadas;
- a possibilidade de coincidência da pessoa do fiscal único com o auditor externo, nas sociedades abertas obrigadas a relatório de auditoria (externa);
- a passividade tolerada (e eventualmente incentivada pelo próprio regime) aos membros do conselho fiscal, nos casos de colegialidade do órgão de fiscalização;
- a *captura* do conselho fiscal pelos accionistas de referência e pela administração da sociedade;
- a ineficácia dos mecanismos de supervisão do auditor externo, atenta a inexistência de um órgão ou entidade independente com competência para desenvolver com eficácia essa supervisão e as assimetrias resultantes da inexistência de uma abordagem harmonizada da revisão legal de contas na UE;
- o regime pouco claro e complexo de responsabilidade dos membros dos órgãos de fiscalização.

5. A reforma de Março de 2006 procurou modificar alguns destes aspectos menos apurados da fiscalização, superar alguns dos impasses mencionados e inverter algumas tendências claramente indesejáveis na área da fiscalização societária, através da implementação de medidas dirigidas a uma modificação significativa da estrutura e orgânica da fiscalização societária.

Vejamos quais essas medidas.

5.1. *Segregação (tendencial) das funções de fiscalização política, estratégica ou operacional e de fiscalização contabilística/ financeira (revisão de contas) nos novos modelos de governo societário (excepto no modelo clássico).*

Com esta medida o legislador procurou dar acolhimento a uma orientação sugerida pela Directiva n.º 2006/43/CE[6] e radicada na necessidade de uma rigorosa adequação de cada órgão às respectivas funções de fiscalização, traduzindo igualmente um esforço de clarificação das funções do ROC, de alinhamento das mesmas com as expectativas relacionadas com o seu desempenho[7] e de eliminação de efeitos de *self review*.

5.2. *Instituição de um novo figurino de modelos de governo societário com duplo grau de fiscalização e eliminação do sistema de fiscal único nas grandes sociedades anónimas.*

A reforma veio instituir um novo quadro funcional e estrutural da fiscalização societária[8], sucintamente expresso nos seguintes modelos de governação previstos no actual art. 278.º CSC:

---

[6] Embora essa orientação tenha surgido, na versão definitiva da Directiva, muito esbatida face àquela que era a Proposta de Revisão da 8ª Directiva Societária, onde o objectivo de segregação das funções de fiscalização era inequívoco; cf. Documento (COM) 2004/177.

[7] Superando o *expectation gap* que, no entendimento da própria classe profissional, tem prejudicado largamente o exercício e a qualidade da actividade de auditoria; sobre a assimetria das expectativas sociais em relação aos deveres exigíveis aos auditores no exercício das suas funções, cf. JULIETA GARCIA DIEZ, "Responsabilidade dos Auditores Legais em Espanha e Portugal", in *Revisores e Empresas*, Ano 1, n.º 4 – Jan.-Mar. 99, p. 45; BRUNO ALMEIDA/DANIEL TABORDA, "A Fraude em Auditoria: Responsabilidade dos Auditores pela sua Detecção", *Revista dos Revisores Oficiais de Contas*, Ano 6, n.º 21, Abril/Junho 2003, p. 28-35 (com uma interessante análise da evolução histórica das expectativas sociais relativamente à detecção de fraudes pelos auditores); CARLOS SILVA E CUNHA, "Responsabilidade Civil Profissional", *VII Congresso dos ROC – Novas Perspectivas para a Profissão*", policopiado, Nov. 2000, p. 13.

[8] Sobre os novos modelos de governação societária e as modificações introduzidas nas estruturas de fiscalização, da qual já dávamos notícia antecipatória antes da entrada em vigor do D.L. 72.º-A/2006 em "Controlo das Contas e Responsabilidade dos ROC",

- modelo clássico simples (art. 278.º, n.º 1, al. a)): Conselho Fiscal com ROC.
- modelo clássico complexo (art. 278.º, n.º 2): Conselho Fiscal + ROC.
- modelo anglo-saxónico (art. 278, n.º 1, al. b)): Comissão de Auditoria + ROC.
- modelo germânico ou dualista (art. 278.º, n.º 1, al. c)): Conselho Geral e de Supervisão + ROC.

5.3. *Densificação dos deveres dos membros dos órgãos de fiscalização*

A reforma procurou gravar a função dos membros dos órgãos de fiscalização com marcas de uma maior espessura e exigência no que respeita aos deveres a observar no exercício da respectiva função.

Optou-se, assim, pela consagração expressa de deveres de cuidado, diligência e lealdade a cargo dos fiscalizadores (art. 64.º, n.º 2), como já antes sucedia com os administradores[9], numa clara rota de densificação

---

Temas Societários (IDET-Colóquios n.º 2), Coimbra, Almedina, 2006, p. 155 (nota 1) e p. 159 (nota 15), já escrevemos de forma desenvolvida em *Fiscalização de Sociedades e Responsabilidade Civil*, Coimbra, Almedina, 2006, p. 22 ss e *passim*, para onde remetemos para uma descrição mais pormenorizada, completa e crítica da nova configuração da organização interna das sociedades; veja-se ainda ANA BEBIANO/GABRIELA FIGUEIREDO DIAS/LUÍS FILIPE CALDAS/MIGUEL PUPO CORREIA, "Novos Modelos de Administração e Fiscalização de Sociedades e Responsabilidade Civil", inédito, 2007, a publicar em obra colectiva da Comissão Jurídica do Instituto Português de Corporate Governance, p. 37-45 e Anexo (p. 62-73).

[9] Embora a norma que consagra os deveres gerais dos administradores – o novo art. 64.º, n.º 1 – tenha sofrido também algumas alterações substanciais, centrando-se agora em *deveres de cuidado* e *deveres de lealdade* e estabelecendo a diligência do gestor criterioso e ordenado como conteúdo dos deveres de cuidado. Sobre a nova redacção do art. 64.º e os novos deveres dos administradores e dos fiscalizadores, sobre os quais já nos debruçamos também em *Fiscalização de Sociedades e Responsabilidade Civil*, p. 41-53 e para onde se remete para maiores desenvolvimentos, pode ver-se também CALVÃO DA SILVA, "Corporate Governance: Responsabilidade civil dos administradores não executivos, da comissão de auditoria e do conselho geral e de supervisão", *RLJ*, n.º 3940, p. 51 ss; COUTINHO DE ABREU, "Deveres de Cuidado e de Lealdade dos Administradores e Interesse Social", 2007, publicado neste volume, p. 17-31; MENEZES CORDEIRO, "Os Deveres Fundamentais dos Administradores das Sociedades", *ROA*, Ano 66, Set. 2006, p. 443-488; PAULO OLAVO CUNHA, *Direito das Sociedades Comerciais*, Coimbra, Almedina, 2ª Ed.,

da respectiva responsabilidade. Ao mesmo tempo procedeu-se ao alargamento substancial dos deveres especiais e dos poderes cometidos aos órgãos de fiscalização, que agora, de acordo com os dispositivos que definem as respectivas competências e deveres[10], se mostram substancialmente ampliados e alargados a âmbitos não cobertos pelo seu raio de acção nos modelos anteriores à reforma.

5.4. Novas exigências de idoneidade e independência dos membros dos órgãos de fiscalização[11].

A nova redacção da lei das sociedades comerciais estabeleceu, para todos os membros dos órgãos de fiscalização, requisitos de idoneidade e independência significativamente mais exigentes do que aqueles conhecidos no direito societário anterior à reforma.

Assim, resumidamente:
- os membros do conselho fiscal e o fiscal único estão sujeitos às exigências do art. 414.º, n.ºs 1 a 4 (requisitos de aptidão profissional específica, independência e literacia financeira), erigidas em verdadeiros requisitos de elegibilidade[12], e do art. 414.º-A do CSC (incompatibilidades);

2006, p. 455-456 e 692-694, onde se equaciona a projecção dos novos deveres do membros dos órgãos de administração e de fiscalização na construção de um novo conceito de "interesse social"; PEREIRA DE ALMEIDA, *Sociedades Comerciais*, Coimbra Editora, 4ª Ed., 2006, p. 221-228; PAULO CÂMARA, "O Governo das Sociedades e os Deveres Fiduciários dos Administradores", inédito, 2007, a publicar em volume colectivo.

[10] Respectivamente, os arts. 420.º, 420.º-A e 422.º para o fiscal único e os membros do conselho fiscal, 423.º-F e 423.º-G para a comissão de auditoria, 441.º para o conselho geral e de supervisão e 420.º, n.º 1, als. c), d), e) e f) – por remissão do art. 446.º, n.º 3 – para o conselho fiscal.

[11] Sobre os requisitos de independência dos membros (não executivos) dos órgãos de administração e dos membros dos órgãos de fiscalização, CALVÃO DA SILVA, "Corporate Governance", p. 40-41; PAULO OLAVO CUNHA, p. 615-616 e mais detalhadamente, 696-697, onde se estabelece com clareza a distinção entre requisitos de independência e incompatibilidades; JOÃO GOMES DA SILVA/LUÍSA ANTAS/MARGARIDA SÁ COSTA/RUI SILVEIRA, "Administradores Independentes das Sociedades Cotadas Portuguesas", inédito, 2007, a publicar em obra colectiva da Comissão Jurídica do Instituto Português da Corporate Governance.

[12] PAULO OLAVO CUNHA, p. 615.

- os membros da comissão de auditoria estão subordinados a idênticas exigências de independência e literacia financeira (art. 423.º-B, n.ᵒˢ 4 a 6 – requisitos de elegibilidade), bem como à inexistência das incompatibilidades consignadas no 414.º-A, aqui aplicável por remissão do 423.º-B, n.º 3;
- os membros do conselho geral e de supervisão estão subordinados aos mesmos requisitos de elegibilidade e à inexistência das incompatibilidades enunciados para os membros da comissão de auditoria (art. 414.º, n.ᵒˢ 4 a 6 e 414.º-A, excepto al. f) do n.º 1, por remissão do art. 434.º, n.º 4), e estão impedidos de exercício de funções concorrentes da sociedade e do exercício de funções em sociedade concorrente, consignados no art. 434.º, n.º 4.

5.4.1. Requisitos de elegibilidade: *independência*.

De acordo com as novas regras de composição dos órgãos de fiscalização societária, algum ou alguns dos membros desses órgãos serão obrigatoriamente independentes, de acordo com as definições e critérios propostos no art. 414.º, n.º 5.

Assim, nas sociedades anónimas autonomizadas em face das restantes no art. 413.º, n.º 2, al. a) – as *grandes sociedades anónimas*[13] e as

---

[13] Sobre a *grande sociedade anónima* como uma nova subespécie das sociedades anónimas, doravante referida neste texto com o exacto sentido e perímetro proposto por PAULO OLAVO CUNHA, ou seja, abrangendo as sociedades anónimas referidas na 2ª parte da al. a) do n.º 2 do art. 413.º, vd. as respectivas lições, p. 695; trata-se, de facto, de uma categoria com alguma autonomia em face das restantes sociedades anónimas não cotadas, atenta a diversidade de regime que lhes cabe no que respeita a alguns aspectos, entre os quais se destacam: a obrigatoriedade de se organizarem, caso optem pelo modelo de governação clássico, de acordo com a modalidade complexa (art. 278.º, n.º 3 e 413.º, n.º 2); o estabelecimento de um valor mínimo de caução de responsabilidade dos membros dos respectivos órgãos de administração mais elevado do que para as restantes S.A., (art. 396.º, n.º 1), bem como a insusceptibilidade da respectiva dispensa pela assembleia geral ou pelos estatutos (art. 396.º, n.º 3); obrigatoriedade de constituição de uma comissão para as matérias financeiras no seio do conselho geral e de supervisão, nas grandes sociedades anónimas constituídas de acordo com o modelo germânico de governação (art. 445.º, n.º 2); aplicação dos critérios de independência do art. 414.º, n.º 5, aos membros da mesa da assembleia geral das grandes sociedades anónimas (art. 374.º-A, n.º 1); e a exigência de inclusão de membros independentes nos respectivos órgãos de fiscalização (art. 414.º, n.ᵒˢ 4 e 6, 423.º-B, n.ᵒˢ 4 e 5 e 444.º, n.º 5 e 6).

sociedades emitentes de valores mobiliários admitidos à negociação em mercado regulamentado –, devem ser independentes:
- pelo menos um dos membros do conselho fiscal, da comissão de auditoria ou da comissão para as matérias financeiras[14], consoante de trate de grandes sociedades anónimas constituídas de acordo com o modelo clássico complexo, anglo-saxónico ou germânico;
- a maioria dos membros do conselho fiscal, da comissão de auditoria ou da comissão para as matérias financeiras, nas sociedades emitentes de acções admitidas à negociação em mercado regulamentado (arts. 414.º, n.º 6, 423.º-B, n.º 5 e 444.º, n.º 5).

5.4.2. Requisitos de elegibilidade (cont.): *formação superior e literacia financeira*.

O mesmo membro dos órgãos de fiscalização das grandes sociedades anónimas que, de acordo com as normas anteriormente citadas, deverá ser independente, na acepção do art. 414.º, n.º 5, terá simultaneamente, de harmonia com o disposto no art. 414.º, n.º 3, de apresentar formação (curso superior) adequada ao exercício do cargo, bem como conhecimentos de auditoria ou de contabilidade.

Significa isto que as grandes sociedades cotadas terão de fazer incluir nos seus órgãos de fiscalização pelo menos um membro que reúna *todos* os requisitos de formação académica, literacia financeira e independência estabelecidos no n.º 4 do art. 414.º e ainda, que não se ache impedido do exercício da função de fiscalização pela intercedência de alguma das (muitas) incompatibilidades descritas no art. 414.º-A. No caso das sociedades emitentes de valores mobiliários admitidos à negociação em mercado regulamentado, *a maioria* dos membros do órgão terá de ser independente, para além de respeitar as incompatibilidades.

Tratando-se de um accionista, esse membro deverá ainda, no caso do conselho fiscal e da comissão de auditoria, ser uma pessoa singular com capacidade jurídica plena e com qualificações e experiência ade-

---

[14] E não do conselho geral e de supervisão, visto que no caso das grandes sociedades anónimas do modelo germânico de governação [art. 278.º, n.º 1, al. c)] é obrigatória a constituição, no seio deste, da comissão para as matérias financeiras (444.º, n.º 2), sendo em relação a esta que valem as exigências de integração do órgão por um membro independente.

quadas ao exercício das funções (art. 414.º, n.º 3, aplicável à comissão de auditoria por remissão do art. 423.º-B, n.º 6).

5.4.3. *Critério da independência.*

É necessário averiguar e estabelecer com rigor o conteúdo do conceito de independência; em que consiste, para este efeito, a independência dos membros dos órgãos de fiscalização?
O art. 414.º, n.º 5, sem estabelecer um elenco fechado ou exaustivo de causas de perda da independência[15], procura fornecer alguns elementos para o preenchimento do critério. Assim, a qualificação de um membro do órgão de fiscalização como *independente* dependerá, *entre outras*, das seguintes circunstâncias:

(i) não estar associado a nenhum grupo de interesses específico na sociedade

(ii) não se encontrar em nenhuma circunstância susceptível de afectar a sua isenção de análise ou de decisão, nomeadamente
  – ser titular ou actuar em nome e por conta de titulares de participação qualificada igual ou superior a 2% do capital social da sociedade;
  – ter sido reeleito por mais de dois mandatos, seguidos ou interpolados.

Para além destes elementos, no caso das sociedades emitentes de valores mobiliários admitidos à negociação em mercado regulamentado, o critério da independência há-de ser ainda preenchido por recurso aos requisitos negativos do art. 1.º, n.º 2, do Regulamento 7/2001 CMVM (não é considerado independente quem se encontrar em alguma das circunstâncias ali referidas).
Simplesmente, os critérios do Regulamento n.º 7/2001 da CMVM, aplicáveis às sociedades cotadas, nem sempre se articulam de forma clara (ou admitem conciliação) com os critérios de independência do n.º 5 do art. 414.º CSC, aplicáveis a *todas* as sociedades anónimas – e como tal, aplicáveis também às cotadas.

---

[15] Como suficientemente o revelam não só a natureza de cláusula geral do critério estabelecido no corpo do n.º 5 do art. 414.º, como ainda a inclusão do termo "nomeadamente" antes da enumeração de algumas circunstâncias que concretizam aquela cláusula.

Assim, e desde logo, enquanto o Regulamento n.º 7/2001, no art. 1.º, n.º 2, als. b) e c) fixa em 10% a percentagem a partir da qual a titularidade de participação social ou o exercício de direitos por conta de quem detenha na sociedade uma tal participação determina o afastamento da qualidade de independente, o CSC, no art. 414.º, n.º 5, al. a), faz actuar a mesma consequência com uma detenção ou exercício de direitos por conta de quem detenha 2% do capital da sociedade. O que permite questionar, no caso das sociedades anónimas abertas, qual a regra que lhes é aplicável: a do CSC ou a do Regulamento n.º 7/2001?

Por outro lado, o CSC veio a estabelecer como *incompatibilidades* algumas circunstâncias que o Regulamento n.º 7/2001 qualifica, diferentemente, como causas de afastamento da qualidade de independente – a saber, a existência de relações comerciais entre o membro do órgão e a sociedade[16] e as relações de parentesco e afinidade na linha recta e até ao 3.º grau, inclusive, na linha colateral[17].

No que respeita às relações comerciais entre a sociedade e o membro do órgão de fiscalização, são ainda detectáveis dificuldades adicionais de articulação das normas do CSC com o Regulamento n.º 7/2001, já que, no CSC, a mera prestação de serviços parece constituir causa autónoma de incompatibilidade, enquanto no Regulamento n.º 7/2001 a (mesma) prestação de serviços é funcionalizada como exemplo de relação comercial significativa, e só relevará se se tratar de um *prestador de serviços importante*, isto é, e por interpretação, um prestador de serviços com um volume significativo ou reiterado de facturação à sociedade. Já de acordo com o art. 414.º-A, n.º 1, al. e) do CSC, o legislador não estabeleceu nenhum patamar *mínimo* de relevância da prestação de serviços como factor de incompatibilidade, pelo que, se a norma for interpretada à letra, *qualquer* prestação de serviços à sociedade, independentemente do seu significado ou contrapartida, ou de se tratar de um acto isolado e eventual, impedirá a qualificação do seu autor como *independente* para os efeitos aqui relevantes.

---

[16] Causa de incompatibilidade, de acordo com o art. 414.º-A, n.º 1, al. e) do CSC, mas condição de perda de independência, no art. 1.º, n.º 2, al. e) do Regulamento n.º 7//2001 CMVM.

[17] Novamente, definida como incompatibilidade no CSC (art. 414.º-A, n.º 1, al. g)) mas como factor de perda de independência no art. 1.º, n.º 2, al f) do Regulamento n.º 7/2001 CMVM.

5.5. Incompatibilidades.

A extensa lista de incompatibilidades vertida no art. 414.º-A, é, directa ou remissivamente[18], aplicável aos membros do conselho fiscal, fiscal único e ROC e aos membros da comissão de auditoria e do conselho geral e de supervisão, por remissão, respectivamente, dos arts. 423.º-B, n.º 3 e 434.º, n.º 4.

5.6. A independência do ROC.

Diferentemente das exigências estabelecidas para os membros dos órgãos colegiais de fiscalização das grandes sociedades anónimas e das sociedades cotadas, o legislador da reforma absteve-se de impor requisitos de independência ou causas de incompatibilidade para o ROC enquanto fiscalizador da sociedade.

Não obstante, o ROC é[19] objecto de exigências muito estritas de independência e fortemente limitado no exercício da sua função por incompatibilidades várias, de acordo com o respectivo regime profissional, fixado pelo D.L. n.º 487/99, de 16.11, que aprovou o Estatuto da Ordem dos Revisores Oficiais de Contas (concretamente pelos arts. 49.º, 60.º, n.º 5, e 78.º, n.º 1, al. c) do EOROC). Essas incompatibilidades podem ser *gerais* (art. 75.º EOROC), *específicas de exercício* (art. 76.º), *absolutas* (art. 77.º, n.º 1) ou *relativas* (art. 78.º), havendo ainda a destacar os *impedimentos* previstos no art.79.º.

Além destes requisitos – ou, mais exactamente, precedentemente em relação a eles – os revisores oficiais de contas têm de observar condições muito exigentes de acesso à profissão (arts. 123.º a 136.º EOROC), para além da obrigatoriedade de constituição de seguro de responsabilidade civil no valor de € 500 000 por cada facto ilícito (art. 73.º, n.º 1), e de cuja contratação efectiva depende a própria integração nas listas oficias dos revisores oficiais de contas e o exercício da profissão (art. 73.º,

---

[18] Por remissão, respectivamente para os membros da comissão de auditoria e do conselho geral e de supervisão, dos arts. 423.º-B, n.º 3 e 434.º, n.º 4.

[19] E já era, antes dos restantes membros dos órgãos de fiscalização o serem, dada a precedência da legislação que fixa as exigências de independência e as circunstâncias que geram incompatibilidades para o exercício da função de revisor oficial de contas (D.L. n.º 487/99, de 16.11) em relação ao D.L. n.º 72.º-A/2006, de 29.03.

n.º 7), constituindo a violação deste dever fundamento de procedimento disciplinar (art. 73.º, n.º 6).

A Directiva n.º 2006/43/CE, sobre a revisão legal de contas[20], vem, todavia, reforçar ainda mais a necessidade de profissionalizar e credibilizar a profissão, introduzindo regras harmonizadas de acesso à profissão, orientações no sentido de uma formação contínua dos ROC e novos critérios de independência, para além de acrescentar incompatibilidades e mecanismos sugeridos ou impositivos de afastamento de situações de conflitos de interesse. A respectiva transposição traduzir-se-á, pois, necessariamente na modificação de algumas regras e critérios de independência dos ROC actualmente em vigor, previsivelmente mediante uma intervenção legislativa, a este nível, no EOROC, e não no Código das Sociedades Comerciais.

5.7. *Apuramento parcial do regime de responsabilidade dos fiscalizadores*

Por último, as alterações introduzidas pela reforma em matéria de fiscalização lograram um aperfeiçoamento relativo do regime de responsabilidade dos fiscalizadores por danos causados no exercício das suas funções através de quatro medidas fundamentais.

Procedeu-se a alguma clarificação (reflexa) do perímetro subjectivo de responsabilidade dos arts. 81.º e 82.º, pela delimitação e segregação de funções entre o ROC e os membros dos órgãos colegiais de fiscalização, que agora surge de modo muito nítido em praticamente todos os modelos de governação oferecidos em escolha às sociedades anónimas[21]. Definiu-

---

[20] Decorre ainda o respectivo prazo de transposição, que termina em 29.08.2007. Tanto quanto nos foi possível apurar, encontram-se já em curso os trabalhos de transposição da Directiva para a ordem jurídica interna. Destacam-se, quanto às principais novidades que a mesma deve trazer ao panorama legal da auditoria em Portugal, a criação de um órgão autónomo de supervisão da actividade de auditoria, a sujeição da mesma a mecanismos padronizados de controlo de qualidade, a rotatividade periódica obrigatória dos revisores oficiais de contas nas empresas e um elenco mais extenso e restritivo de conflitos de interesses susceptíveis de determinar o afastamento do revisor em relação a determinadas instituições ou revisões.

[21] Essa delimitação continua pouco nítida no modelo clássico simples, onde o ROC, recorde-se, faz parte integrante do órgão colegial de fiscalização; todavia, mesmo aqui se aproveita, no sentido de uma clarificação das funções de cada um dos sujeitos no teatro da fiscalização, do novo elenco de funções especificadas pelo legislador para cada um deles.

-se com maior rigor o âmbito de ilicitude da fiscalização societária através da redefinição dos deveres dos fiscalizadores, por força do art. 64.º, n.º 2 e ainda do conjunto de normas que afinaram o conteúdo dos deveres e funções dos fiscalizadores. Consagrou-se, no art. 72.º, n.º 2, uma cláusula de exclusão da responsabilidade dos administradores susceptível, a nosso ver, de ser aplicada sem reservas e nas mesmas condições aos fiscalizadores. E, por último, estendeu-se a estes a obrigatoriedade de prestação de caução ou constituição de seguro de responsabilidade, nos termos previstos no art. 396.º para os administradores.

6. Embora desalinhadas, duas palavras, a finalizar este relance superficial pelas alterações introduzidas pela reforma no panorama da fiscalização societária, sobre o *fiscal único*.

A possibilidade, amplamente difundida e enraizada na prática societária, de opção por um **fiscal único** em lugar do conselho fiscal nos modelos de fiscalização anteriormente vigentes vinha concentrando as preocupações relacionadas com a ineficiência da fiscalização societária, sobretudo nas grandes sociedades anónimas[22]. O modelo do fiscal único, sobretudo nas grandes sociedades anónimas e nas cotadas, centralizando numa e na mesma pessoa todas as funções de fiscalização, sem que sobre ela se façam actuar quaisquer mecanismos de controlo mínimo, é em si mesmo indesejável, pela dificuldade de cobertura de todos os aspectos da fiscalização que lhe são cometidos[23], pela fragilização da posição do

---

[22] Ao ponto de ter sido já equacionada, em momento anterior à reforma, a extinção do conselho fiscal, enquanto órgão colegial de fiscalização, e a sua substituição pura e simples pelo fiscal único; assim, COUTINHO DE ABREU, *Governação de Sociedades Comerciais*, Coimbra, Almedina, 2006, p. 182, que entendia, face às estruturas de fiscalização anteriormente vigentes, que o legislador evidenciava uma clara preferência pelo fiscal único, o qual constituiria a regra e não a excepção, e uma enorme preponderância do ROC face aos restantes membros do conselho fiscal, nos casos em que este (ainda) existisse. Ao conselho fiscal o Autor assinala ainda uma "pobreza do seu *curriculum* secular", "ameaças de extinção" e "subalternização" (face ao ROC, subentende-se). Perante isto, o Autor equaciona duas possibilidades: a extinção do conselho fiscal ou a sua reorganização e revitalização, admitindo que esta última hipótese mereceria alguma reflexão e deixando perceber alguma simpatia pela mesma, considerando que a importância e a diversidade das funções de fiscalização "parecem ser demais para um ROC" (p. 183).

[23] Demasiado extensos para serem convenientemente exercidos por uma só pessoa e demasiado diversificados para merecerem uma igual diligência e percepção por quem

fiscal em relação à administração, pela maior ameaça da independência do fiscalizador e pelos consequentes riscos de ineficiência da fiscalização a que conduz[24].

A aceitação, por parte do legislador, de um sistema de fiscal único que, além do mais, não tinha em consideração a dimensão da sociedade[25], sendo que esta não é, e não deve ser, indiferente para efeitos de escolha de um modelo de fiscalização, evidencia as baixas expectativas do legislador em relação à eficácia do conselho fiscal enquanto órgão colegial de fiscalização, assumindo como um dado de facto a reduzida contribuição dos membros que não forem ROC's do conselho fiscal no controlo societário e o esvaziamento de facto das funções e da importância do conselho fiscal. Assim, era deixada na discricionariedade da sociedade, independentemente da sua forma jurídica ou dimensão, a decisão de fazer assentar todo o seu sistema de fiscalização e controlo numa única pessoa – o fiscal único – ou de optar pelo modelo colegial de conselho fiscal.

Por outro lado, embora se justifique plenamente, num sistema deste tipo, que o fiscal único tenha obrigatoriamente de ser um ROC, a fim de assegurar a competência técnica do órgão para exercer a fiscalização contabilística e financeira da sociedade, há que destacar a habitual ausência de vocação do ROC para o exercício da fiscalização estratégica e política da sociedade[26], pelo que também por aqui se apercebe a fragilidade da fiscalização de que é objecto a sociedade (sobretudo, as grandes sociedades anónimas e as sociedades abertas) no sistema de fiscal único.

O sistema de fiscal único, em si mesmo indesejável e particularmente perigoso no âmbito das grandes sociedades anónimas e das sociedades

---

se encontra naturalmente vocacionado para um aspecto particular da fiscalização – a revisão legal de contas.

[24] Admitindo a diminuição da eficácia do órgão de fiscalização composto por fiscal único, PAULO CÂMARA, "Os Modelos de Governo das Sociedades Anónimas", neste volume, p. 200 e 205-206.

[25] Seguindo o aforismo *one size fits all*: sobre o tema, GERHARD HERTIG, *On-Going Board Reforms: One-Size-Fits-All and Regulatory Capture*, ECGI, Law Working Paper 25/2005.

[26] Sobre a fiscalização política e a falta de vocação dos ROC para o exercício da mesma, PAULO OLAVO CUNHA, p. 444-445; COUTINHO DE ABREU (*Governação...*, p. 182-184) exprime idênticas preocupações face ao regime de fiscalização anteriormente vigente, acentuando, a propósito do sistema de fiscal único, que o ROC se encontra "especialmente vocacionado para a revisão legal das contas" (p. 183).

cotadas, atingia o seu expoente máximo de imperfeição, enquanto mecanismo de fiscalização societária, precisamente no contexto das sociedades abertas, vinculadas à prestação de informação auditada nos termos do art. 8.º do Código dos Valores Mobiliários (CodVM). Tal informação consiste num relatório ou parecer elaborado por auditor registado como tal na CMVM (que tem de ser um ROC ou uma SROC: art. 9.º, n.º 1, CodVM). Todavia, e surpreendentemente, de acordo com a Directriz Técnica n.º 701 e com a uma Circular da CMVM de 20 de Janeiro de 2006 sobre "Envio e publicação dos documentos de prestação de contas anuais relativos ao exercício de 2005" (Ponto 2.2.),

> *"Nada obsta que a Certificação Legal das Contas e o Relatório de Auditoria elaborado por auditor registado na CMVM sejam apresentados num documento único, se cumulativamente:*
>
> *i) o documento for intitulado "Certificação Legal das Contas e Relatório de Auditoria elaborado por auditor registado na CMVM";*
>
> *ii) o documento satisfizer os requisitos mais exigentes para o relatório de auditoria previsto no CodVM, bem como no Regulamento da CMVM n.º 6/2000, e na Directriz da Revisão/Auditoria (DRA) 701 da Ordem dos Revisores Oficiais de Contas, aplicando-se os prazos mais restritos de envio à CMVM da Certificação Legal das Contas;*
>
> *iii) tiver todas as menções referidas no anexo à referida DRA 701 previstas para o documento unificado, nomeadamente a menção da responsabilidade do auditor".*

Ou seja: o revisor oficial de contas da sociedade (eventualmente, no domínio do anterior regime, o fiscal único da sociedade) e o auditor externo cuja intervenção é exigida nos termos e para os efeitos do art. 8.º do CodVM poderiam coincidir, isto é, ser uma e a mesma pessoa, inclusivamente aceitando-se a elaboração de um único relatório que em simultâneo daria cumprimento às exigências legais de fiscalização interna e externa.

Este problema poderia parecer ultrapassado, já que, após a reforma, deixa de ser aceite um sistema de fiscal único nas sociedades abertas[27] –

---

[27] As quais cairão serão sempre na previsão do art. 413.º, n.º 2, al. a), atento o facto de se tratar de sociedades emitentes de valores mobiliários admitidos à negociação em

precisamente aquelas sujeitas a relatório de auditoria, por força do art. 8.º CodVM[28]. Mas o problema mantém-se praticamente nos mesmos termos: qualquer que seja o modelo de governação escolhido (clássico reforçado, anglo-saxónico ou germânico), a sociedade deverá contar, nos seus órgãos, com um ROC, orgânica e funcionalmente autonomizado relativamente ao órgão colegial de fiscalização. E em relação a este, verifica-se exactamente a mesma possibilidade[29] de cumulação: de acordo com o entendimento vertido na Directriz Técnica de Auditoria n.º 701.º e a Circular da CMVM de 20 de Janeiro de 2006, o relatório de auditoria exigido pelo art. 8.º CodVM poderá ser elaborado pelo ROC da sociedade[30].

Não se compreende este sistema nem a tomada favorável de posição da CMVM sobre o assunto, já que uma tal prática (mais do que tolerada, autorizada pela CMVM) esvazia totalmente de significado e eficácia a norma do art. 8.º do CodVM: a exigência de que a informação financeira das sociedades abertas constitua objecto de relatório ou parecer de auditor registado – e realce-se aqui o cuidado posto pelo regulador nos requisitos e exigências a observar estritamente pelo ROC candidato a auditor registado, evidenciando a importância das funções que passam a poder exercer e a necessidade de garantir, entre essa classe, a maior qualidade e independência possíveis[31] – tem como objectivo garantir que aquela informação financeira será alvo de um escrutínio isento, imparcial e externo por parte de um auditor independente qualificado, acrescentando rigor e certeza à revisão necessariamente feita pelo ROC da sociedade.

---

mercado regulamentado, estando agora excluída, de acordo com a mesma norma, a possibilidade de organizarem a sua estrutura de fiscalização em torno de um fiscal único; cf. os critérios de qualificação da sociedade anónima como "sociedade aberta" vertidos no art. 13.º CódVM.

[28] A informação financeira contida em documentos que devam ser submetidos à CMVM ou publicados no âmbito de pedido de admissão à negociação em mercado regulamentado respeita em princípio a sociedades abertas, já que são estas que se acham sob a supervisão da CMVM e que a dispersão em mercado regulamentado de valores mobiliários por elas emitidos conduz, só por si, à respectiva qualificação como sociedade aberta.

[29] Diríamos até, elevada probabilidade, já que a sociedade se dispensará de recorrer a um auditor "externo" se o "seu" ROC puder cumprir ambas as funções.

[30] Essa possibilidade de cumulação das funções de ROC "interno" e auditor externo para os efeitos do art. 8.º do CodVM é também mencionada por COUTINHO DE ABREU, *Governação das Sociedades Comerciais*, p. 173, nota 430.

[31] Cf. o Regulamento n.º 6/2000 CMVM (Auditores).

Trata-se, por conseguinte, de garantir uma dupla fiscalização das contas – interna, pelo ROC que se posiciona como órgão da sociedade, supostamente envolvido no quotidiano societário e cuja prestação de serviços à sociedade é reiterada e tendencialmente estável, e externa, pelo auditor que elabora o relatório ou parecer referido no n.º 1 do art. 8.º, e que só a título ocasional contacta com a sociedade e ao qual se pede um olhar (ainda) mais objectivo e independente do que aquele exigido ao ROC da sociedade.

Ao consentir que o mesmo revisor oficial de contas, se registado junto da CMVM, proceda a *ambas as revisões*, inclusivamente aceitando--se que seja elaborado um *único relatório*, a teleologia da norma do art. 8.º, n.º 1, CodVM perde todo o sentido e eficácia, esgotando a sua utilidade na garantia que continua a oferecer de que o ROC que, de forma esquizofrénica, actua como revisor oficial de contas funcionalmente integrado na estrutura de governo da sociedade alvo de revisão e como auditor externo, é um ROC habilitado para exercer a auditoria externa pelo registo a que procedeu junto da CMVM.

Encontramo-nos aqui perante um fenómeno de auto-revisão, dificilmente conciliável com os princípios de governo das sociedades – *maxime*, de independência e isenção dos órgãos de fiscalização. É, de resto, pouco nítida a razão pela qual a CMVM, enquanto legislador da reforma, lutou intensivamente por e fez incluir no CSC critérios e exigências de independência tão fortes e restritivos, mesmo para as sociedades anónimas não cotadas, e simultaneamente, não só tolera, como aceita explicitamente esta situação.

Recusa-se, pois, de todo em todo uma interpretação da norma do art. 8.º, n.º 1, CodVM que limite o respectivo sentido a uma exigência formal de habilitação do sujeito que realiza o relatório ou parecer sobre a informação financeira da sociedade cotada.

II
Requisitos de elegibilidade e de exercício dos membros dos órgãos de fiscalização

1. A independência[32].

1.1. A introdução, no regime das sociedades comerciais, de requisitos de independência para alguns membros dos órgãos de administração e fiscalização das grandes sociedades anónimas e das sociedades emitentes de valores mobiliários admitidos à negociação em mercados regulamentados[33], concretizada pelo D.L. n.º 72.º-A/2006, não constituiu uma absoluta e inesperada novidade para os seus destinatários.

Não existindo rigorosamente uma *tradição* no direito português no que respeita a esta exigência, é certo que, desde 1999, a CMVM, em diversos documentos sobre governo das sociedades cotadas, veio gradualmente introduzindo alguma familiaridade com estes conceitos, num processo de aculturação progressiva dos agentes económicos e das sociedades comerciais em relação às exigências, internacionalmente reconhecidas, de uma dimensão de independência nos órgãos societários, que assegurem aos diversos *stakeholders* algumas garantias de autonomia do processo de decisão em relação aos interesses dos accionistas maioritários. Nas primeiras "Recomendações da CMVM sobre o governo das sociedades cotadas" era já aconselhada a inclusão de membros independentes no órgão de administração daquelas sociedades, como mecanismo privilegiado de promoção da eficácia no desenvolvimento dos objectivos societários[34]. O papel dos administradores independentes saiu reforçado

---

[32] Sobre o tema da independência dos administradores na nova lei das sociedades comerciais, de forma exaustiva e com uma apreciação crítica muito apurada, vd. para uma abordagem mais aprofundada do tema, o estudo de João Gomes da Silva/Luísa Antas/ /Margarida Sá Costa/Rui Silveira, "A independência dos Administradores...", inédito, IPCG, cit.

[33] Cf. os já mencionados arts. 414.º, n.ᵒˢ 4 e 6, 423.º-B, n.ᵒˢ 4 e 5 e 444.º, n.ᵒˢ 5 e 6.

[34] Cf. "Recomendações da CMVM sobre o governo das sociedades cotadas" (disponível em www.cmvm.pt/recomendações), Rec. n.º 15 e 16, onde se deixa perceber a específica função então atribuída aos administradores independentes de representação de "outros interesses" para além dos interesses dos accionistas maioritários.

da revisão de 2001 das Recomendações da CMVM sobre o governo das sociedades cotadas, tendo sido ainda publicado nesse ano o Regulamento n.º 7/2001[35] onde se impôs a divulgação do número de independentes no órgão de administração e o esclarecimento acerca do conceito de *membro independente* adoptado pela sociedade.

Em 2003, a CMVM introduziu novas alterações no regime dos administradores independentes, evoluindo para um conceito de *independência* conotado com a não associação dos administradores a grupos específicos de interesses da sociedade[36] e rompendo com o anterior sistema de determinação *pela própria sociedade* do conceito de independência – aqui se afastando radicalmente da orientação proposta na Recomendação da Comissão Europeia sobre o Papel dos Administradores Não Executivos e, em Portugal, das recomendações do Livro Branco sobre Corporate Governance[37]. De acordo com a Comissão Europeia, a fixação dos critérios para a determinação da independência compete ao próprio conselho de administração ou de supervisão, os quais podem qualificar como não independente um administrador que formalmente cumpra todos os critérios adoptados pelo direito do Estado-membro para a atribuição da qualidade de independente ou *vice-versa*, isto é, qualificar como independente um administrador que, não obstante achar-se abrangido por alguma das circunstâncias enunciadas pelo legislador como causa de desqualificação, se mostre ser objectivamente independente. Com as alterações de 2005 ao Regulamento n.º 7/2001 o legislador passou a considerar *automaticamente* afastada a qualidade de independente de qualquer administrador que se encontre em alguma das circunstâncias descritas no art. 1.º, n.º 2 do Regulamento, as quais passaram a funcionar como *presunções absolutas* de não independência, sem possibilidade de elisão dessa presunção e sem que a sociedade, como sucedia até aí, possa afastar essa (des)qualificação. As alterações de 2005 ao Regulamento n.º 7/2001[38] consubstanciaram-se ainda numa imposição

---

[35] Ainda hoje em vigor, embora alterado pelos Regulamentos n.º 11/2003, 10/2005 e 3/2006.

[36] "Recomendações da CMVM sobre o governo das sociedades cotadas" (2003), Rec. n.º 6.

[37] AAvv, *Livro Branco sobre Corporate Governance em Portugal*, IPCG, 2006, p. 144, Rec. 12 sobre a estrutura e independência do órgão de administração, e nota (221).

[38] Promovidas pelo Regulamento n.º 10/2005.

de composição do órgão de administração por um "número suficiente de membros independentes".

1.2. As exigências de independência entretanto vertidas pelo D.L. n.º 72-A/2006 no CSC encontram-se, pois, alicerçadas num processo gradual de adaptação da cultura e das estruturas societárias a esse tipo de exigências, e são aqui apreciadas de um modo globalmente muito positivo. Trata-se, de facto, não só de um processo cauteloso e progressivo de germinação de um novo conceito e de uma nova perspectiva da administração das sociedades, com uma evolução das meras recomendações (*soft law*) para um sistema mais assertivo de imposições regulamentares (*hard law*), inatacável do ponto de vista do processo de construção da lei, que sempre se mostrou aberto à discussão e aos contributos da comunidade jurídica e empresarial.

É, por outro lado, incontestável o alinhamento destas soluções com as tendências globais em matéria de *corporate governance*. A exigência de independência de (alguns dos) administradores das sociedades, *maxime* cotadas, com a sua génese no direito e na prática norte-americanos, constitui hoje património da generalidade dos sistemas ocidentais, em conformidade com as recomendações nesse sentido emitidas pela OCDE[39] e pela Comissão Europeia[40]: a ideia de que os órgãos das sociedades devem integrar membros com um distanciamento em relação à administração executiva da sociedade (nas sociedades com o capital muito fragmentado) e aos accionistas de referência (quando se verifique a existência de accionistas de controlo)[41] que lhes permita uma avaliação objectiva dos actos de gestão e uma defesa efectiva de outros interesses para além dos interesses da maioria accionista constitui já um dado adquirido na dogmática do direito das sociedades norte-americano e europeu.

Essa independência é, pois, entendida como uma forma de protecção dos interesses dos diversos *stakeholders* da sociedade[42], para além

---

[39] *OECD Principles of Corporate Governance*, 1999, Rec. E, 1.

[40] Recomendação da Comissão Europeia n.º 2005/162/CE, sobre o Papel dos Administradores Não Executivos.

[41] Cf. *Livro Branco*, p. 144, nota (221); COUTINHO DE ABREU, *Governação*, p. 79.

[42] Que poderia indiciar uma mutação do conceito de interesse social, tradicionalmente ancorado na sua simetria com os interesses dos accionistas, de acordo com a perspectiva anglo-saxónica [recentemente confirmada pelo Companies Act 2006, § 172

dos accionistas, contra os *conflitos de interesses* e *custos de agência* que inevitavelmente gravam a posição do administrador. Na verdade, e ainda que nenhum estudo ou dados empíricos a confirmem[43], existe uma con-

---

(1), de acordo com o qual os administradores devem prosseguir primordialmente o interesse – sobretudo de longo prazo – dos sócios [§172 (1)], embora devam, ao fazê-lo, ponderar outros interesses: §172 [1, b-f)], para uma abordagem do interesse social de nítida influência germânica, com a consideração simultânea dos diversos interesses que confluem na sociedade (dos sócios, mas também dos trabalhadores, credores, fornecedores, etc.); sobre o dever de a administração levar em consideração os interesses dos credores, desenvolvidamente e da maior actualidade,. ANDREW KEAY, *Company Director's Responsibilities to Creditors*, Oxon/New York, Routledge-Cavendish, 2007, especialmente p. 153-198; veja-se, todavia, o entendimento diverso de PAULO CÂMARA em "O Governo das Sociedades e os Deveres Fiduciários dos Administradores", cit., onde se defende que a mensagem legislativa do art. 64.º, n.º 1, al. b,) em matéria de "interesse social", é a de que os administradores devem *atender* aos interesses de longo prazo dos accionistas e *ponderar* os interesses dos outros sujeitos relevantes para a sustentabilidade da sociedade, mas que, em rigor, só os primeiros correspondem ao *interesse social*, de acordo com a percepção de que a primazia dos interesses dos titulares das participações sociais favorece mais directamente a prosperidade da sociedade, repercutindo-se em benefícios para os restantes *stakeholders e* para a economia em geral – ou seja, defendendo claramente que o art. 64.º consagrou o "interesse social" de acordo com a concepção anglo-saxónica; a mensagem é idêntica em AAvv, *Livro Branco sobre Corporate Governance em Portugal*, IPCG, 2006, p. 141-142; defendendo a inviabilidade de uma concepção unitária do "interesse social", COUTINHO DE ABREU, "Deveres de Cuidado e de Lealdade dos Administradores e Interesse social", 2007, publicado neste volume, p. 19 ss., sobre o conteúdo do "interesse social" na abordagem anglo-saxónica e germânica pode ver-se com mais detalhes GABRIELA FIGUEIREDO DIAS, *Fiscalização de Sociedades e Responsabilidade Civil*, cit., p. 46-49. Sobre as mutações recentes e em curso do conceito de interesse social no direito societário português (embora não assumidas pelo legislador de forma inequívoca), PAULO OLAVO CUNHA, p. 693-694, considera que, perante o novo art. 64.º, os deveres dos administradores se acham funcionalizados ao *interesse da sociedade* (que compreende os interesses dos sócios e dos trabalhadores), mas com ponderação dos interesses de terceiros (clientes e credores), os quais, gravitando na órbita da sociedade, devem ser agora igualmente considerados como elementos do interesse social, embora num plano não necessariamente alinhado com os interesses dos sócios e dos trabalhadores; PEREIRA DE ALMEIDA, p. 89-93. Para uma compreensão histórica e evolutiva do "interesse social", MENEZES CORDEIRO, "Os Deveres Fundamentais dos Administradores das Sociedades", cit., p. 444-469, para quem a omissão, por parte do legislador, de uma menção autónoma ao art. 64.º ou seu significado no preâmbulo do diploma de aprovação do D.L. n.º 72-A/ /2006 "... *releva uma (tardia) contenção académica*" [nota (3)].

[43] Sobre a inexistência de dados que confirmem a maior eficácia e sucesso na gestão de sociedades que integrem um número elevado de independentes nos respectivos órgãos sobre as restantes, EDWARD WAITZER/ALFREDO ENRIONE, "Paradigm Flow in the Boar-

vicção generalizada de que a existência de membros independentes nos órgãos de administração e fiscalização constitui um mecanismo altamente eficiente de evicção de fraudes, eventualmente substitutivo, com maior êxito, da fiscalização externa e, sobretudo, um instrumento de apuramento da eficácia societária. Mas já se imputam, hoje, outros benefícios à integração dos órgãos societários por membros independentes, como a função de auxiliar das instâncias de supervisão na monitorização dos aspectos da vida societária relacionados com os valores mobiliários, como o cumprimento de obrigações de informação e relato financeiro[44], ou a protecção da integridade das acções representativas do capital da sociedade, numa perspectiva que privilegia claramente o interesse dos accionistas na criação de valor para as suas acções em detrimento de outros interesses[45].

Não se recusa, pois, um incondicional aplauso para a implementação de medidas destinadas a fazer germinar, na cultura e nos quadros normativos societários, a ideia de que a inclusão de independentes nos órgãos societários não só se impõe pela necessidade de alinhamento mínimo com as tendências mais cristalizadas em matéria de princípios de

---

droom: Governance vs. Management", *International Journal of Disclosure and Governance*, Dez. 2005; BAGHAT/BLACK, "The Non-Correlation Between Board Independence & Long-Time Firm Performance", *Journal of Corporation Law*, n. 27, 2002, p. 231 ss.

[44] HILLARY SALE, "Independent Directors as Securities Monitors", *The Business Lawyer*, Chicago, American Bar Association, Agosto 2006, Vol. 61, n.º 4, p. 1375-1412

[45] Cf. o magnífico estudo de JEFFREY N. GORDON, "Independent Directors and Stock Market Prices: The New Corporate Governance Paradigm", Columbia Law School, ECGI Working Paper n.º 74/2006, Agosto 2006, onde o Autor, confrontado com a preponderância crescente dos administradores independentes face aos não independentes nos órgãos de administração (que evoluiu, segundo o autor, de uma rácio de 20/80 em 1950 para uma rácio de 75/20 em 2005), para a qual não há nenhuma evidência empírica disponível de explicação, procura justificar esta evolução na intersecção de duas tendências claras evidenciadas pela dinâmica societária norte-americana: a viragem para uma concepção do valor accionista como o principal objectivo prosseguida pela sociedade e o valor informativo (*informativeness*) do preço das acções no mercado. Segundo o Autor, estas tendências determinam a empresa a procurar estratégias de maximização de valor para os accionistas, cujo sucesso será medido em função do preço das acções no mercado, constituindo os administradores independentes uma peça fundamental desta dinâmica, na medida em que se acham menos constrangidos pela perspectiva da administração, apresentam um olhar mais objectivo sobre os sinais exteriores de desempenho da sociedade e sofrem um menor efeito de captura pela perspectiva interna, sendo também mais facilmente mobilizáveis pelos padrões legais de informação e *compliance*.

governação das sociedades[46] como, além disso, traz inequívocas vantagens. Por isso, o esforço de implementação de um tal princípio, revelado pelas sucessivas recomendações e exigências legais que gradualmente vierem sendo introduzidas no direito societário são, na generalidade, de saudar convictamente. O aplauso é aliás ampliado, no que respeita às últimas novidades legislativas nesta matéria, pela especial atenção que pela primeira vez foi dedicada pelo legislador societário aos órgãos de fiscalização, colocando em destaque a especial necessidade de integração dos mesmos por membros independentes.

1.3. Todavia, as opções legislativas resultantes da reforma do CSC em matéria de *independência* dos membros sugerem, em relação a alguns aspectos, uma apreciação crítica e a busca de algumas respostas e soluções não imediatamente resolvidas pelo novo regime da independência e das incompatibilidades.

Assim, e desde logo, afigura-se discutível a criação de uma cláusula geral de independência como a que resulta da conjugação dos n.ºs 4 e 5 do art. 414.º.

Pode, por um lado, equacionar-se a possibilidade de a independência dos membros dos órgãos de fiscalização poder ser alcançada através dos mesmos expedientes utilizados para assegurar (alguma) independência dos administradores, entendida como um posicionamento livre de conflitos de interesses face à sociedade: o modo de nomeação e destituição, a remuneração, a proibição de estabelecimento de negócios com a sociedade e as incompatibilidades, coadjuvadas pelo efeito persuasor das recomendações da Comissão Europeia e da CMVM. Prescindir-se-ia, pois, da cláusula fechada de independência que, como se procurará demonstrar, é de muito difícil interpretação e contém potencialidades nocivas.

Por outro lado, a independência obrigatória de um ou da maioria dos membros dos órgãos de fiscalização, consoante se trate de uma grande

---

[46] Não obstante algumas desvantagens, recentemente intuídas, do excesso de membros independentes no conselho de administração – nomeadamente pela falta de empenho e envolvimento nos destinos da sociedade e pela aversão ao risco que os administradores independentes habitualmente exibem; assim, EDWARD WAITZER/ALFREDO ENRIONE, "Paradigm Flow in the Boardroom: Governance vs. Management", *International Journal of Disclosure and Governance*, Dez. 2005, onde igualmente se sugere a vantagem da substituição parcial do requisito de independência por requisitos de aptidão profissional dos administradores.

sociedade anónima[47] ou de uma sociedade aberta, conjugada com os critérios estritos de independência ali consagrados, com a exigência suplementar de formação superior e conhecimentos financeiros e com a extensa lista de incompatibilidades vertida no art. 414.º-A, pode muito bem vir a funcionar *de modo adverso* em relação aos objectivos prosseguidos pelo legislador com aquela exigência.

Como atrás se viu, a sociedade terá de encontrar para o órgão de fiscalização um membro que, *simultaneamente*,
(i) seja qualificável como independente à luz dos critérios do art. 414.º, n.º 5[48];
(ii) possua formação académica superior;
(iii) apresente um certo grau de literacia financeira; e
(iv) não sofra de nenhuma incompatibilidade para o exercício do cargo de acordo com a extensa lista do art. 414.º-A.

No caso das sociedades cotadas a situação agrava-se, vista a obrigatoriedade de *a maioria* dos membros do órgão de fiscalização ter de ser independente e respeitar as mesmas incompatibilidades. Ora, este elenco manifestamente excessivo de exigências coloca inevitavelmente as sociedades num impasse, vista a incontornável dificuldade (já hoje impressiva) de encontrar para integrar os órgãos de administração e de fiscalização sujeitos que reúnam todos estes requisitos em simultâneo. E a dificuldade poderá ser tão grande, dada a escassez de indivíduos de que as sociedades se podem socorrer para dar cumprimento a tais exigências, que pode originar um efeito perverso de captura da sociedade pelos membros independentes dos órgãos de fiscalização, os quais acabam por se transformar em *profissionais da independência*. Ou seja, um efeito oposto daquele que se pretende evitar (o da dependência dos membros dos órgãos de fiscalização em face da administração e dos accionistas maioritários), mas igualmente perigoso, tanto mais que, perante este exigente leque de restrições, a sociedade ver-se-á frequentemente obrigada a recorrer aos *serviços* de "independentes" que, em outras circunstâncias, jamais integraria nos seus órgãos, por absoluto alheamento dos mesmos (em relação

---

[47] Na acepção proposta por PAULO OLAVO CUNHA, p. 695, autonomizando as sociedades anónimas que durante 2 anos consecutivos ultrapassem dois dos limites referidos nas sub-alíneas i), ii) e iii) da al. a) do n.º 2 do art. 413.º.

[48] Critérios esses que, além de estritos, se afiguram excessivamente vagos, e nessa medida susceptíveis de serem tornados ainda mais restritivos por via interpretativa.

à sociedade), correndo-se todos os riscos inerentes a um excessivo distanciamento dos membros dos órgãos de administração e fiscalização relativamente ao desempenho e resultados da sociedade[49].

1.4. Acresce a grande opacidade evidenciada pelos critérios de aferição da independência: a título de exemplo, a simples "*associação a grupos de interesses*[50] *específicos na sociedade*" (art., 414.º, n.º 5, corpo) é causa de desqualificação; todavia, o legislador não fornece nenhum elemento de interpretação do conceito de *grupos de interesses específicos*, nem esclarece que tipo de *associação* a esses grupos é relevante para efeitos de desqualificação, o que permite, em teoria, interpretações que tenham como efeito a submissão à norma de situações absolutamente desajustadas por defeito em relação às situações que se pretende evitar.

No que respeita à circunstância mencionada na alínea a) como causa de desqualificação automática – titularidade ou actuação em nome ou por conta de quem detenha participação qualificada igual ou superior a 2% do capital social da sociedade –, não se vê como possa esta norma compatibilizar-se com o disposto no art. 1.º, n.º 2, al. b), do Regulamento n.º 7/2001 CMVM, onde o limiar mínimo da participação qualificada é estabelecido em 10%.

É certo que o Regulamento apenas se aplica aos administradores das sociedades abertas, ficando, portanto, fora do respectivo espectro de aplicação os fiscalizadores e os administradores das grandes sociedades anónimas. Daqui poder-se-ia retirar uma insólita conclusão – a de que os fiscalizadores das grandes sociedades anónimas (fechadas) ficariam sujeitos ao CSC, sendo, por conseguinte, considerada *qualificada*, para os efeitos aqui pertinentes, a participação superior a 2%, enquanto nas sociedades abertas a *qualificação* da participação dos administradores e consequente *desqualificação* do titular como independente teria lugar a partir dos 10%.

---

[49] Tão bem descritos e equacionados por EDWARD WAITZER/ALFREDO ENRIONE, "Paradigm Flow in the Boardroom: Governance vs. Management", cit.

[50] JOÃO GOMES DA SILVA/LUÍSA ANTAS/MARGARIDA SÁ COSTA/RUI SILVEIRA, "Os Administradores Independentes...", cit., p. 15-16, relacionam estes grupos de interesses com os *stakeholders*, constituindo "... grupos de interesses que mantêm relações económicas com a empresa, com base em contratos incompletos, e que por essa razão têm um interesse económico na actividade e no desenvolvimento da empresa".

Rejeita-se, todavia, uma interpretação deste teor. Não apenas porque conduziria à aplicação de critérios mais exigentes de independência para as grandes sociedades anónimas não cotadas do que para as cotadas, o que não faz sentido, visto que toda a história e evolução do critério da independência se fez, no direito norte-americano, de onde provém, como no português, no contexto das sociedades com o capital aberto à subscrição pública, constituindo a sua *exportação* para as grandes sociedades anónimas não cotadas uma manifestação de ponta, mas porventura discutível, desta orientação[51]. Mas também por razões técnico-jurídicas. No que respeita aos membros da comissão de auditoria, que além de fiscalizadores são também administradores[52], importa saber qual o regime que lhes é aplicável, quando constituam membro de órgão de sociedade cotada: o CSC ou o Regulamento? Constituindo o regulamento um instrumento normativo hierarquicamente inferior ao decreto-lei – instrumento de aprovação do Código das Sociedades Comerciais –, a norma do Regulamento n.º 7/2001 que colide com o conteúdo do art. 414.º, n.º 5, al. a) do Código das Sociedades Comerciais *tem de ceder* perante esta última, devendo inclusivamente considerar-se tacitamente revogada pelo CSC na sua novel versão quanto à sua aplicabilidade aos membros da comissão de auditoria. Acresce que a norma do art. 423.º-B, n.º 5, contempla especificamente estes, pelo que não faria sentido considerar a sua sujeição, para efeitos da respectiva qualificação ou desqualificação como independentes, ao art. 1.º, n.º 2 do Regulamento n.º 7/2001.

Resulta daqui um regime altamente complexo, fragmentado e de duvidosa efectividade: para efeitos de aferição da independência, ficam sujeitos ao CSC – e assim, desqualificados como independentes pela detenção de uma participação igual ou superior a 2% do capital da sociedade – os membros de *todos* os órgãos colegiais de fiscalização das grandes sociedades anónimas (aí incluída a comissão de auditoria) *e das sociedades cotadas*; a participação igual ou superior a 10% constitui critério de desqualificação apenas aplicável aos administradores (e não aos fiscalizadores) das sociedades cotadas – em relação às quais inexiste,

---

[51] Apetece dizer, perfilhando a corrente do "já agorismo": *já agora*, aplica-se também às não cotadas.

[52] Cf., sobre a dualidade de funções dos membros da comissão de auditoria, CALVÃO DA SILVA, "Corporate Governance", p. 42-44; GABRIELA FIGUEIREDO DIAS, *Fiscalização de Sociedades e Responsabilidade Civil*, p. 84 ss; PAULO OLAVO CUNHA, p. 620.

diga-se, qualquer obrigatoriedade mínima[53] de integração do órgão por membros independentes, mas tão-só uma recomendação da CMVM no sentido da sua integração por um número suficiente de membros independentes[54].

No que se refere à causa de desqualificação da al. b) do n.º 5 do art. 414.º – ter sido reeleito por mais de dois mandatos –, tem sido questionada a contabilização, para efeitos de aplicação da norma, dos mandatos anteriores à sua entrada em vigor, bem como dos mandatos em curso: devem ou não ser imputados, para este efeito, os mandatos anteriormente cumpridos ou iniciados?

Não obstante a fragilidade, que se assume, da argumentação que serve de base à interpretação proposta, a verdade é que – e aqui se avança desde já com a orientação ou critério que se defenderá, na generalidade, para a interpretação das regras de independência, relativamente a todo o espaço que as normas nos deixem para interpretação –, *atento o carácter altamente exigente e restritivo do regime de independência dos fiscalizadores que a reforma do CSC agora oferece e os efeitos perversos que dele podem resultar, julga-se prudente uma interpretação das respectivas normas no sentido menos gravoso que delas possa ser extraído, na exacta medida em que elas ainda comportem uma margem para interpretação sem corromper o seu fundamental significado e a sua mais elementar teleologia.*

E assim, em relação à questão colocada, julga-se prudente uma aplicação da lei apenas para caso futuros, contabilizando, para o efeito em causa, apenas os mandatos cumpridos após a entrada em vigor da norma de que agora se cura; sob pena, se assim não for, de a sua entrada em vigor poder ter como efeito automático a perda de legitimidade do órgão de fiscalização por *desqualificação* de algum ou alguns dos membros como independentes, e obrigar à interrupção de mandatos ou determinar a respectiva cessação, com todas as consequências que o facto importa[55].

---

[53] Prevista no Regulamento, já que estas se acham obviamente sujeitas às exigências de independência do CSC.

[54] Recomendação n.º 6 das Recomendações da CMVM sobre o Governo das Sociedade Cotadas, 2005.

[55] Na linha do que é defendido por PAULO OLAVO CUNHA (p. 700) para os critérios de independência e as novas incompatibilidades dos membros da mesa da assembleia

1.5. Mas não termina aqui o rol das dificuldades que as novas regras sobre independência dos administradores convocam; são ainda pertinentes duas perguntas:
– quem monitoriza e avalia o cumprimento da obrigação de integração dos órgãos de fiscalização das grandes sociedades anónimas e das sociedades cotadas por membros independentes?
– quais as consequências do seu eventual incumprimento?

No que respeita à primeira questão, parece de fácil resolução para as sociedades emitentes de valores mobiliários admitidos à negociação em mercado regulamentado: a CMVM terá, certamente, competência para o efeito, no normal exercício da supervisão que lhe compete. E usá-la-á, cremos, não só para a verificação do efectivo cumprimento da obrigação de composição maioritária do órgãos de fiscalização das sociedades cotadas por membros independentes, como também na apreciação concreta dos requisitos de independência, isto é, preenchendo os conceitos de que depende a sua aplicação; decidindo, numa palavra, se os membros que a sociedade apresenta como independentes o são efectivamente à luz dos critérios algo vagos que a lei fornece.

Já no que respeita às restantes sociedades anónimas sujeitas à obrigação de integração de pelo menos um independente nos respectivos órgãos, não se vê a quem possa competir nessa monitorização. Em última análise, responsabiliza-se a administração pelo cumprimento das regras de integração do órgão de fiscalização por um independente, aí incluída a concretização dos critérios de independência. Mas na verdade, essa monitorização acabará sempre por ser feita *a posteriori*, pelos sócios ou por outros interessados em trazer para a ribalta as repercussões negativas do eventual incumprimento daquela regra estrutural – *maxime*, se for esse o caso, em sede de invalidade de actos praticados pelo órgão.

Esta última observação remete-nos, todavia, para a segunda questão: que consequências jurídicas importa a inobservância da regra de integração do órgão de fiscalização por membros independentes?

Perante o pesado silêncio do legislador sobre a questão, resta, mais uma vez, procurar no sistema uma resposta coerente, mas possível e dotada de efectividade.

---

geral, os quais, segundo o Autor, só devem considerar-se aplicáveis às designações posteriores à entrada em vigor do DL n.º 72-A/2006.

O legislador preocupou-se, no art. 414.º-A, n.ᵒˢ 2 e 3, em estabelecer, de forma inequívoca, para as *incompatibilidades* (e não para o não preenchimento da cláusula de independência, note-se), a *nulidade* da designação de fiscalizadores que sofram de alguma das incompatibilidades mencionadas no n.º 1[56] e a *caducidade* desse designação quando a causa de incompatibilidade ocorra a título superveniente (n.º 2). Considerou igualmente *nula* a designação de accionistas que não possuam a capacidade exigida pelo n.º 3 do artigo anterior.

O art. 401.º estabelece igualmente o *termo de funções* do administrador em relação ao qual venha a verificar-se supervenientemente uma incapacidade ou incompatibilidade que teria impedido a sua designação caso se verificasse no momento em que esta ocorreu. E o art. 396.º, n.º 4, estabelece a *cessação de funções* do administrador ou fiscalizador[57] que não preste caução no prazo legal.

Poderá alguma destas soluções convir, por aplicação analógica, à designação ou eleição de um órgão que não cumpra o requisito de integração de um ou vários membros independentes? Julga-se que não, quando o órgão de fiscalização se constitui, *ab initio,* sem o(s) membro(s) independente(s) exigido(s) pela lei. A *nulidade* prevista no art. 414.º-A, n.º 3, constitui uma consequência que afecta tão-só o membro do órgão que sofra da incompatibilidade; o vício da inexistência de membro independente afecta o órgão na sua colectividade, enquanto órgão, e não um dos seus membros em particular, que de resto não seria sequer individualizável. Aqui, ter-se-á o órgão por irregularmente constituído, podendo qualquer sócio invocar *a posteriori* essa irregularidade, com as diversas consequências que daí podem decorrer: destituição em bloco do órgão de fiscalização, invalidade dos actos praticados pelo órgão no exercício (ilegítimo) de funções e responsabilidade dos respectivos

---

[56] A menção feita no n.º 3 do art. 414.º às "incompatibilidades estabelecidas no n.º 1 do artigo anterior" só pode constituir um lapso, na medidas em que, não só o n.º 1 do artigo anterior não menciona qualquer incompatibilidade, mas sim a obrigatoriedade de o fiscal único ser um ROC, como parece evidente, pela leitura da norma que lhe correspondia no regime antecedente, que esta é a sanção que corresponde às incompatibilidades referidas no n.º 1 *do próprio art. 414.º-A*. Deve, pois, ser feita uma interpretação correctiva em conformidade da 1ª parte do n.º 3 do art. 414.º-A.

[57] Por remissão das normas correspondentemente aplicáveis.

membros, bem como da administração, pelos danos causados como incumprimento das regras de independência – *maxime*, decorrentes da invalidação dos actos por eles praticados.

No caso de o órgão ter sido constituído e designado em conformidade com os critério de integração de independentes, mas ocorrendo uma causa superveniente de perda de independência, produzir-se-á então a caducidade da designação do membro cuja independência ficou comprometida pela ocorrência de circunstâncias posteriores à sua designação, à semelhança do previsto no art. 414.º-A para as incompatibilidades supervenientes, cabendo ao órgão de fiscalização em que se insere declarar o termo das suas funções (art. 401.º, *in fine*, por analogia).

2. Incompatibilidades de exercício

Impõe-se uma curta referência ao regime das incompatibilidades mencionadas no art. 414.º-A.

Para além do significativo espectro de abrangência deste elenco de incompatibilidades, susceptível de criar graves dificuldades às sociedades na tentativa de conformação das suas estruturas de fiscalização com os requisitos e impedimentos que lhes são imperativamente impostos[58], verificam-se alguns problemas de interpretação e conciliação com outros instrumentos, como o Regulamento n.º 7/2001 e o EOROC.

Assim, a incompatibilidade prevista na al. e) do n.º 1 do art. 414.º-A[59] deve ser interpretada de acordo com a teleologia da norma – isto é, considerando apenas relevante como causa de incompatibilidade a prestação de serviços *significativa*, tal como se prevê para as relações comerciais. Proposta esta alinhada com a orientação genérica atrás explicada, de interpretação das regras sobre independência e incompatibilidades dos fiscalizadores de acordo com o sentido menos exigente que a norma possa consentir, sob pena de os custos e dificuldades de *compliance* com

---

[58] Note-se que o ROC é objecto de um conjunto adicional de incompatibilidades previstas no respectivo Estatuto Profissional (D.L. n.º 487/99, de 16.11, art. 75.º-78.º) para além das previstas no n.º 1 do art. 414.º-A CSC, que lhe são igualmente aplicáveis por força da norma remissiva do art. 414.º-A, n.º 6.

[59] Que corresponde sensivelmente a uma causa de perda de independência no Reg. n.º 7/2001, art. 1.º, n.º 2, al. e).

as exigências legais nesta matéria condenarem as sociedades à contratação cega e indiferenciada de quaisquer sujeitos que, não obstante não terem nenhum tipo de ligação à sociedade, tenham por si apenas o facto de reunirem as características e qualidades exigidas para o efeito.

Para além disso, a não ser interpretada de acordo com o sentido proposto, a norma contém uma assimetria absolutamente injustificada e aleatória entre as *prestações de serviços* e as *relações comerciais*, levando, inclusivamente, se literalmente interpretada, a resultados inaceitáveis[60]. A favor desta interpretação vem o art. 1.º, n.º 2, al. e) do Regulamento n.º 7//2001, onde se qualifica a existência de relações comerciais significativas como causa de perda de independência (e não como incompatibilidade), esclarecendo-se de seguida que essa *relação comercial significativa* pode consistir numa *prestação de serviços importante* – portanto, excluindo qualquer prestação de serviços pontual e/ou à qual corresponda uma contrapartida pouco significativa e/ou que não represente, para o prestador do serviço, modo de vida ou fonte exclusiva de rendimentos.

III
Exclusão da responsabilidade dos membros dos órgãos de fiscalização

1. O art. 72.º, n.º 2: consagração mitigada da *business judgment rule*

A norma introduzida no art. 72.º, n.º 2, tem vindo a ser, por facilidade de reconhecimento da seu sentido e proveniência, identificada com a famosa *business judgment rule*[61], uma regra fortemente enraizada e

---

[60] Por exemplo, e compulsando a parte final da alínea g) do n.º 1 do mesmo art. 414.º-A, o marido de uma técnica de informática que tenha dado formação, durante 4h, a um grupo de trabalhadores da sociedade sobre a utilização de uma nova ferramenta informática não poderia, numa interpretação literal das normas, integrar qualquer órgão de fiscalização da sociedade. A solução é totalmente isenta de racionalidade.

[61] Sobre a *business judgment rule* e seu acolhimento no direito português já nos debruçamos com algum pormenor em *Fiscalização de Sociedades e Responsabilidade Civil*, p. 67-81, para onde se remete; sobre o tema, CALVÃO DA SILVA, "Corporate Gover-

cristalizada no direito societário norte americano, segundo a qual o tribunal, na avaliação da conduta do administrador, não pode sobrepor o seu juízo sobre a correcção e vantagem material de uma decisão de gestão ao juízo do administrador, desde que este tenha actuado de boa fé, munido de uma razoável informação e desde que racionalmente essa decisão possa ser tida por conforme com os interesses da sociedade[62].

Com o art. 72.º, n.º 2 do CSC pretendeu o legislador, assumida[63] e justificadamente[64], introduzir no nosso direito societário uma regra idêntica, consubstanciada na presunção de conformidade da conduta dos administradores com as exigências legais, desde que se achem reunidos determinados pressupostos – designadamente, a ausência de conflitos de interesses e uma razoável diligência na recolha de informação: nestas circunstâncias, o tribunal deve abster-se de julgar a conduta dos administradores, quanto às suas decisões e opções de gestão, considerando-se afastada a respectiva responsabilidade por danos eventualmente produzidos no exercício da administração.

No direito norte-americano a *business judgment rule* – ali considerada a pedra de toque de toda a jurisprudência sobre o dever de cuidado (*duty of care*) no contexto societário[65] – surge sob a forma de uma pre-

---

nance", cit., p. 53 ss; MENEZES CORDEIRO, "Os Deveres Fundamentais...", cit., p. 450-452; PEREIRA DE ALMEIDA, p. 240-242; RICARDO COSTA, "Responsabilidade dos Administradores e Business Judgment Rule", 2007, (publicado neste Volume), p. 49-86.

[62] Descrição da *business judgment rule* fornecida pela AMERICAN BAR ASSOCIATION, Section of Business Law, *Corporate Directors Guidebook*, 2ª Ed., 1994, p. 11/12.

[63] As razões de política legislativa da consagração da *business judgment rule* no direito societário português encontram-se claramente explicitadas a págs. 17 ss da Proposta de Alteração do CSC colocada em Consulta Pública pela CMVM e disponível em www.cmvm.pt/ (Consultas Públicas/Documentos da CMVM).

[64] Sobre as vantagens do acolhimento da *business judgment rule* no direito societário português, JOÃO SOARES DA SILVA, "Responsabilidade Civil dos Administradores de Sociedades: os Deveres Gerais e a *Corporate Governance*", *ROA*, Ano 57, Abril 1997 e "O *Action Plan* da Comissão Europeia e o Contexto da *Corporate Governance* no Início do Séc. XXI", *Cadernos CMVM*, n.º 18, Agosto 2004, p. 1 e 8; PAULO CÂMARA, "O Governo das Sociedades em Portugal: uma Introdução", p. 4; PEDRO CAETANO NUNES, *A Responsabilidade Civil dos Administradores Perante os Accionistas,* Coimbra, Almedina, 2001; FILIPE VAZ PINTO/MARCOS KEEL PEREIRA, *A Responsabilidade Civil dos Administradores de Sociedades Comerciais*, FDUL, Working Paper 05/01, p. 15/16.

[65] ELISABETH S. MILLER/THOMAS E. RUTHLEDGE, "The Duty of Finest Loyalty and the Reasonable Decisions: The Business Judgement Rule in Unincorporated Business Organizations?" *Delaware Journal of Corporate Law*, Vol. 30, 2005, p. 343 ss.

sunção de licitude, elidível mediante prova em contrário, a produzir pelo lesado. A presunção – ou *safe harbour rule* – é justificada num contexto de elevada litigância em relação à actividade dos administradores, como o é o contexto norte-americano, onde a regra se assume simultaneamente como uma regra de economia judiciária.

Entre nós, o legislador optou por consagrar a *business judgment rule* sob a forma de uma *cláusula de exclusão da responsabilidade*[66], cujos pressupostos – actuação informada, inexistência de conflitos de interesses e observância de critérios de racionalidade empresarial –, todavia, não se presumem, tendo de ser provados pelo administrador, e que assume exclusiva relevância no processo de tomada de decisões de administração e gestão societária: na sua relação muito estreita com o *dever de cuidado* consagrado no art. 64.º[67], o objecto desse dever, no contexto desta regra, é o processo decisional, e não a decisão em si[68].

---

[66] Extravasa o objecto deste estudo a discussão em torno da verdadeira natureza da cláusula de exclusão da responsabilidade, isto é, saber se está presente, no art. 72.º, n.º 2, uma causa de exclusão da culpa ou da ilicitude. De todo o modo: CALVÃO DA SILVA, "Corporate Governance", cit., p. 53-57, relaciona a *business judgment* rule, tal como vertida no art. 72.º, n.º 2, com o dever de cuidado e diligência (e assim, subentende-se, com a *culpa*), e não com a ilicitude enquanto pressuposto autónomo da responsabilidade civil (p. 57); MENEZES CORDEIRO, "Os Deveres Fundamentais", cit., p. 451-452, refere o § 93 (1) do AktG, enquanto norma de direito continental para a qual foi transposta a *business judgment rule,* como envolvendo "uma específica exclusão da ilicitude: não da culpa"; todavia, em "A grande reforma das sociedades comerciais", *O Direito*, Ano 138.º, 2006, III, p. 450, o Autor pronuncia-se no sentido de uma aproximação do art. 72.º/2 a uma exclusão da culpa. PEREIRA DE ALMEIDA, por sua vez, entende que "o princípio *business judgment rule* (…) não integra uma causa de justificação, de exclusão da ilicitude ou da culpabilidade, mas contém, em si, a regra constitutiva da responsabilidade dos administradores por violação dos deveres fundamentais consagrados no art. 64.º, n.º 1"; RICARDO COSTA, cit., relaciona a *business judgment rule* com a ilicitude, constituindo causa de afastamento da mesma, mas frisando a decadência sequencial da culpa que decorre da decadência da ilicitude (p. 76); sobre o assunto, desenvolvidamente, GABRIELA FIGUEIREDO DIAS, *Fiscalização de Sociedades e Responsabilidade Civil*, p. 74-78, onde assumimos posição pela qualificação da cláusula de exclusão da responsabilidade do art. 72.º, n.º 2, como uma causa de exclusão *da ilicitude*.

[67] Sobre a estreita relação entre o *dever de cuidado* e a *business judgment rule*, CALVÃO DA SILVA, "Corporate Governance", cit., p. 53-57; Ricardo Costa, cit., p. 58 ss.

[68] É ilustrativa uma decisão do Delaware Court em que se julgou inaplicável a *business judgment rule* e, por conseguinte, responsáveis os administradores acusados de violação do dever de cuidado por não terem, no contexto de uma fusão, dado todos os

Além disso, a *business judgment rule*, enquanto mecanismo de exclusão da responsabilidade, também não funciona quando se verifique que a conduta do administrador é absolutamente desrazoável ou irracional, a ponto de não caber no perímetro de desejável discricionariedade de actuação do administrador. Quando, isto é, a sua conduta seja insusceptível de se qualificar como *uma* de entre as várias condutas que um administrador razoavelmente diligente e informado teria podido adoptar.

2. A aplicabilidade da cláusula de exclusão da responsabilidade do art. 72.º, n.º 2 aos membros dos órgãos de fiscalização.

A questão está, agora, em saber se esta cláusula de exclusão de responsabilidade, vertida no art. 72.º, n.º 2 para afastar a responsabilidade *dos administradores*, vale igualmente para, em idênticas condições, afastar a responsabilidade dos *fiscalizadores*[69].

Já em outro lugar nos pronunciámos afirmativamente[70]. Mas, não sendo consensual este entendimento[71], vale a pena verificar a sua razoabilidade.

A aplicabilidade aos membros dos órgãos de fiscalização da cláusula de exclusão da responsabilidade do art. 72.º, n.º 2, é desde logo permitida pelo sistema normativo, na coerente articulação das respectivas normas.

---

passos necessários e razoáveis para a obtenção de informação suficiente sobre a situação financeira da sociedade com a qual decidiram realizar um processo de fusão.

[69] Afirmativamente, no sentido que aqui se defende, da aplicabilidade da *business judgement rule* aos membros dos membros dos órgãos de fiscalização, CALVÃO DA SILVA, "Corporate Governance", p. 55-56, cujo brilhante e intuitivo raciocínio aplaudimos e perfilhamos; sem hesitações, no mesmo sentido, PEREIRA DE ALMEIDA, p. 450.

[70] Cf. GABRIELA FIGUEIREDO DIAS, *Fiscalização de Sociedades e Responsabilidade Civil*, p. 78-81, para onde se remete para maiores desenvolvimentos.

[71] A CMVM, principal autora da reforma do CSC nos aspectos relacionados com os princípios de *corporate governance*, na Proposta de Alteração do Código das Sociedades Comerciais colocado em consulta pública pelo CMVM em 30 de Janeiro de 2006 (*Governo das Sociedades Anónimas: Propostas de Alteração do Código das Sociedades Comerciais* – Processo de Consulta Pública n.º 1/2006, p. 19, disponível em www.cmvm.pt), afirmou claramente a inaplicabilidade desta regra aos membros dos órgãos de fiscalização;

No que respeita à presunção de culpa e à regra sobre distribuição do ónus da prova da culpa estabelecidas no art. 72.º, n.º 1, do CSC para os administradores, é inequívoca, por força do art. 81.º[72], a sua aplicabilidade aos titulares dos órgãos de fiscalização. Não se verificando nenhum impedimento material ou teleológico à aplicação remissiva daquela norma, esta deve ter-se por incluída no "pacote" de normas para as quais remete art. 81.º.

Quanto à aplicabilidade da cláusula de exclusão da responsabilidade aos fiscalizadores, e cabendo a norma do art. 72.º, n.º 2, igualmente na massa de normas remetidas pelo art. 81.º, ela só não será abrangida pela remissão substancial do regime da responsabilidade dos fiscalizadores para o regime da responsabilidade dos administradores se se mostrar, pela sua natureza, insusceptível de aplicação.

A questão que aqui pode ser equacionada é a de saber se a actividade de fiscalização *comporta ou não* uma *margem de discricionariedade e poder de decisão* conforme com a racionalidade da norma em causa. De outro modo: a cláusula de exclusão da responsabilidade do art. 72.º, n.º 2, só actua quando a conduta do administrador seja qualificável como *uma* de entre as várias condutas que um administrador razoavelmente diligente, informado e independente teria podido adoptar, na margem de discricionariedade e decisão que cabe por inerência e definição a um administrador[73]. A questão resume-se, pois, a saber se a actividade de fiscalização, *tal como configurada e redesenhada pela reforma, apresenta ou não, ainda que residualmente, essa vertente decisional, caracterizada por critérios de oportunidade e estratégia, onde a business judgment rule pode ser chamada para afastar a responsabilidade por um acto dessa natureza*; ou se, pelo contrário, constitui uma actividade puramente vinculada, exclusivamente regida por critérios de legalidade e não de oportunidade empresarial[74].

---

[72] Neste sentido, CALVÃO DA SILVA, "Corporate Governance", p. 54.

[73] Sobre a restrição teleológica do âmbito de aplicação do art. 72.º, n.º 2, às situações em que se verifique "uma margem considerável de discricionariedade e autonomia na actuação do administrador" e sua não aplicabilidade "quando as decisões são estritamente vinculadas e a decisão atende aos deveres específicos legais" – entendimento a que, de resto, se adere sem restrições –, RICARDO COSTA, cit., p. 67-68.

[74] Como defende PAULO CÂMARA, "O Governo das Sociedades e os Deveres Fiduciários dos Administradores", cit., último parágrafo do texto.

Já aqui e em outros lugares nos referimos à natureza tendencialmente ampla e muito diversificada da actividade de fiscalização[75], onde efectivamente se pode encontrar uma dimensão vinculada muito forte no que respeita, sobretudo, à fiscalização contabilística, que terá de obedecer a regras, critérios e padrões definidos ao mais alto nível[76]. Mas é um dado que a fiscalização societária não se esgota na fiscalização financeira, e que mesmo esta, para além da aplicação dos critérios e regras obrigatoriamente observáveis, contém sempre uma margem de decisão pessoal (se assim não fosse, bastaria, em teoria, desenvolver programas informáticos que testassem o rigor das contas mediante a aplicação dos critério definidos, tornando a intervenção dos órgãos de fiscalização desnecessários). A própria contabilidade constitui hoje, não obstante a enorme sofisticação que atingiu, uma ciência pouco exacta, pela multiplicidade de avaliações subjectivas com expressão obrigatória ou sugerida no reporte financeiro das empresas, a requerer do seu autor um envolvimento decisional relevante.

CALVÃO DA SILVA[77] fornece-nos, de resto, uma extensa e elucidativa lista de exemplos de actos de fiscalização que, de acordo com o novo mapa funcional da governação societária, competem aos respectivos órgãos e que se consubstanciam em *actos de decisão*: selecção e proposta à assembleia geral do ROC; aprovação de serviços adicionais (consultorias) a prestar pelo ROC; contratação de serviços de peritos; fiscalização do processo de preparação e divulgação da informação financeira e da eficácia do sistema de gestão de riscos, etc.; e sobretudo, a *decisão* sobre as formas e *timings* de reacção (ou não) em relação a eventuais deficiências encontradas – v.g., no exercício da sua função de receptores privilegiados da informação sobre fraudes e irregularidades que lhes seja

---

[75] Confirmada implicitamente por COUTINHO DE ABREU, "Governação", p. 183, e explicitamente por PAULO OLAVO CUNHA, p. 444-445; em defesa desta concepção diversificada da função de fiscalização pode ver-se o art. 2403 (1) do *Codice Civile* italiano, onde aparece muito clara a natureza plural das funções do órgão de fiscalização, e onde a função de fiscalização contabilística – de carácter naturalmente mais legalista e vinculado do que a restante – surge quase esbatida no conjunto de funções cometidas àquele órgão.

[76] Exemplos: o Plano Oficial de Contas (POC); as NIC (Normas Internacionais de Contabilidade) ou IAS (International Accounting Standards); os FRS (Financial Reporting Standards), etc.

[77] "Corporate Governance", p. 55, cuja exposição praticamente se reproduz.

prestada pelos *whistleblowers*, ou na promoção dos actos de inspecção necessários ao exercício das suas funções[78].

A estes impressivos exemplos (e suficientes, por si, para demonstrar que a actividade de fiscalização não se resume a uma actividade *vinculada* e legalista de revisão de contas, antes compreende um espectro muito amplo de discricionariedade) acrescentemos a função de fiscalização da administração, da observância da lei e do contrato de sociedade, o dever de elaborar *parecer* sobre os documentos de reporte financeiro e, sem necessidade de prosseguir nos exemplos, julga-se demonstrada a existência, no exercício das funções de fiscalização, de um espaço de escolha, opção e decisão rigorosamente susceptível de tornar aplicável a regra do art. 72.º, n.º 2, nos exactos termos em que a mesma se aplica aos administradores.

Se o fiscalizador, *v.g.*, no uso das funções que lhe são cometidas pelo art. 420.º-A, n.º 1 (dever de comunicar por carta ao conselho de administração os factos de que tenha conhecimento e que considere revelarem graves dificuldades na prossecução do objecto), *decidir* nada comunicar à administração em relação a um facto que avaliou como não sendo comprometedor da prossecução do exercício da actividade social mas que veio a revelar-se como tal, esta *decisão* tem na base uma avaliação subjectiva da gravidade do facto. Eventuais responsabilidades decorrentes da não comunicação do facto à administração, por *deficiente* avaliação da sua gravidade, poderão ser afastadas se o fiscalizador demonstrar, de acordo como art. 72.º, n.º 2, que a sua avaliação e subsequente decisão, além de absolutamente independentes, tiveram na base uma averiguação diligente das contingências do facto e dos efeitos expectáveis do mesmo, que conduziu à convicção razoável da pequena gravidade do mesmo e consequente desnecessidade da sua comunicação ao órgão de administração. E assim ocorrerá em relação a cada acto de fiscalização que, não obstante vir a revelar-se *danoso*, seja o produto de um *processo de decisão* por parte do fiscalizador, livre de conflitos de interesses, diligentemente informado e conforme com critérios de racionalidade empresarial[79].

---

[78] Como bem assinala Paulo Olavo Cunha, p. 617, para o conselho fiscal, mencionando a propósito os arts. 422.º, n.º 1, al. a) e 420.º, n.º 3.

[79] Muito haveria a dizer sobre o *critério da racionalidade empresarial*, conceito que já tem constituído objecto de intenso debate apões a publicação do D.L. 72-A/2006. Tal

Exemplo mais impressivo será o da decisão de destituição dos administradores executivos pelo conselho geral e de supervisão (art. 441.º): não serão necessárias palavras para dizer do grau de discricionariedade que envolve uma decisão desta natureza, da competência de um órgão de fiscalização – o conselho geral e de supervisão. O acto, o processo de decisão que a ele tem de conduzir e as suas consequências possíveis (favoráveis ou prejudiciais à sociedade, logo se verá) falam por si.

Argumento derradeiro, mas igualmente decisivo: os órgãos colegiais de fiscalização (conselho fiscal, comissão de auditoria, conselho geral e de supervisão) exercem a sua função fiscalizadora fundamentalmente através de *deliberações* (arts. 423.º e 410.º por remissão do 433.º[80]). Ora, por definição e substância, a *deliberação* constitui um acto de *decisão* de um órgão pluripessoal de funcionamento colegial[81]; deliberar é decidir. E decidir é escolher uma conduta, um comportamento, um acto, de entre várias condutas, comportamentos ou actos possíveis. A *deliberação* corresponde ao processo de formação e de manifestação da vontade de

---

labor extravasa em muito, todavia, o âmbito deste estudo; sobre o tema, desenvolvidamente, RICARDO COSTA, *cit.*, p. 83 ss., nomeadamente propondo a aferição do critério através de um denominado "teste da irracionalidade".

[80] O legislador omitiu qualquer referência ao funcionamento da comissão de auditoria, constituindo esta uma dificuldade muito sensível e que obstaculiza um desempenho eficaz das funções de fiscalização por parte deste órgão de fiscalização; não obstante, e sem prejuízo das dificuldades que esta figura obriga a enfrentar, não se pode deixar de afirmar uma forma de funcionamento genericamente análoga à dos restantes órgãos colectivos de administração e fiscalização: mediante deliberações tomadas por maioria. Isso mesmo é confirmado pela aplicabilidade do art. 395.º, n.º 3, por remissão do art. 423.º-H, de onde resulta que a comissão de auditoria decide por deliberação; sobre a composição orgânica e o funcionamento da comissão de auditoria, ALEXANDRE SOVERAL MARTINS, "Comissão Executiva, Comissão de Auditoria e outras comissões na administração", 2007, neste volume, p. 255-268; PAULO CÂMARA, "Os Modelos de Governo das Sociedades Anónimas", *cit.*, p. 215-220.

[81] Sobre o funcionamento colegial do conselho de administração, mas numa base tranquilamente aplicável aos restantes órgãos pluripessoais societários, e a justificação para o regime imperativo dessa colegialidade, *maxime* pela necessidade de protecção da sociedade contra os conflitos de interesses surgidos no seio do órgão e pela defesa de interesses de sócios futuros, PEDRO MAIA, *Função e Funcionamento do Conselho de Administração da Sociedade Anónima*, Studiae Iuridica, 62, Coimbra Editora, 2002, p. 179-215.

um ente colectivo, é o produto unificado de vontades individuais consubstanciadas numa *decisão*[82].

Se a função de fiscalização consistisse numa mera actividade vinculada de aplicação de regras e critérios legais, a *deliberação* jamais teria lugar, já que nada haveria a decidir, nem haveria espaço ou lugar para o encontro (ou confronto) de juízos, vontades e decisões que o funcionamento colegial e deliberação supõem e superam.

De resto, só esta concepção da fiscalização é compatível com a consagração de *deveres de cuidado e de lealdade*, como o fez o legislador no art. 64.º, n.º 2. E nem se invoque um alegado perímetro mais estreito desta norma em relação ao n.º 1 do mesmo artigo[83], onde se verteram idênticos deveres para os administradores: ainda que se aceite essa desigualdade de perímetros, está suficientemente estabelecida a relação entre os deveres de cuidado dos administradores (e dos fiscalizadores, dizemos nós) e a *business judgment rule* para tornar inconcebível a aplicabilidade desta regra aos segundos e prescindir dela para os primeiros, sendo que ambos se encontram adstritos ao cumprimento de deveres de idêntica natureza e com idênticos objectivos, se bem que um conteúdo material diferente.

Com isto, fica demonstrado que a função de fiscalização tem uma forte e significativa componente de discricionariedade, juízo, escolha e decisão, e é numa parte muito substancial exercida tendo na base um processo específico de formação da decisão – a deliberação.

Justifica-se, por conseguinte, plenamente a aplicação da cláusula de exclusão da responsabilidade do art. 72.º, n.º 2, aos fiscalizadores sempre que estes demonstrem que actuaram, nesse processo de decisão, no uso de uma informação diligente e suficiente, livres de conflitos de interesses e de acordo com critérios de racionalidade empresarial, o que, uma vez demonstrado, impedirá qualquer juízo adicional, por parte do julgador, sobre a substância da decisão, pelas mesmas razões pelas quais, nessas circunstâncias, se não aceita a substituição do juízo do administrador em relação a uma decisão empresarial pelo juízo do julgador.

---

[82] Sobre a estrutura e o sentido da deliberação (embora referida à deliberação dos sócios), por todos, PEDRO MAIA, "Deliberações dos Sócios", *Estudos de Direito das Sociedades*, AAvv, Coimbra, Almedina, 8ª Ed., 2007, p. 230 ss, bem como bibliografia ali referida.

[83] Neste sentido, PAULO CÂMARA em "O Governo das Sociedades e os Deveres Fiduciários dos Administradores", último parágrafo do texto.

IV
A caução ou seguro obrigatórios da responsabilidade civil dos fiscalizadores[84]

1. Exigência legal de caucionamento das responsabilidades dos fiscalizadores: fundamentos.

No regime posterior à reforma do CSC *todos* os membros dos órgãos de administração (art. 396.º, n.º 1) e de fiscalização (art. 418.º-A, n.º 1 e 445.º, n.º 3[85]) das sociedades anónimas se encontram obrigados ao caucionamento da sua responsabilidade por qualquer forma admitida na lei, podendo essa caução ser substituída por seguro de responsabilidade civil a suportar pelo próprio e achando-se prevista a possibilidade de dispensa da caução (ou seguro) por deliberação da assembleia geral ou cláusula do contrato de sociedade[86]. A dispensa não é, todavia, admitida nas grandes sociedades anónimas e nas sociedades cotadas.

Trata-se de uma obrigação imposta aos membros dos órgãos de fiscalização como forma de garantir a terceiros – aqui incluída a própria sociedade – o ressarcimento dos danos causados no ou pelo exercício da fiscalização, no calor dos recentes colapsos da Enron, Tyco, Worldcom, entre outros, todos eles causados por fraudes em que os fiscalizadores participaram activa ou omissivamente.

---

[84] Sobre a obrigação de caução da responsabilidade dos administradores e fiscalizadores na nova lei das sociedades comerciais e a "D&O Liability", ANA BEBIANO/ GABRIELA FIGUEIREDO DIAS/LUÍS FILIPE CALDAS/MIGUEL PUPO CORREIA, "Novos Modelos de Administração e Fiscalização de Sociedades e Responsabilidade Civil", cit., p. 53-59.

[85] Aos membros da comissão de auditoria, não obstante a inexistência de previsão expressa ou norma remissiva, aplica-se inequivocamente o art. 396.º, atenta a sua qualidade de administradores. O ROC encontra-se igualmente obrigado ao seguro, de resto mais exigente do que o previsto para os restantes fiscalizadores, já que não só deve cobrir responsabilidades até € 500 000, como o seguro constitui condição de exercício da profissão: art. 73.º, n.º 1 e 7, do D.L. n.º 487/99 (EOROC).

[86] Sobre a prestação obrigatória de caução nos quadros do direito societário posterior à reforma do CSC, CALVÃO DA SILVA, "Corporate Governance", cit., p. 58-59; PAULO OLAVO CUNHA, p. 596-597 e ainda p. 700-701, estas da maior importância sobre as questões relacionadas com a aplicação da lei no tempo no que respeita à prestação obrigatória de caução, com uma viva e pontual percepção dos impasses aqui vividos pelas sociedades.

No caso Enron existem já condenações individuais e pessoais de membros dos órgãos de fiscalização e administração, a tornar premente uma reflexão mais madura sobre a necessidade de adopção de mecanismos susceptíveis de proporcionar protecção aos sujeitos em causa e aos terceiros contra este tipo de situações.

A reacção do legislador português, impondo a título obrigatório o caucionamento desta responsabilidade, encontra justificação na intersecção de duas tendências que se cruzam. Por um lado, a tendência de ampliação do espectro de responsabilidade das sociedades e de autonomização progressiva, perante esta, da responsabilidade dos seus administradores e fiscalizadores, hoje incontornável. Por outro lado, um sinal preocupante, que os dirigentes começam a exibir, de aversão ao risco estratégico e empresarial, imprescindível na condução dos negócios e das empresas, mas recusado em grau crescente pelos administradores e directores, a fim de evitar a sua responsabilização por actos danosos; e até, em última análise, a recusa de aceitação de cargos, pela mesma razão.

A caução obrigatória das responsabilidades vem, assim, afirmar-se como instrumento privilegiado de incentivo aos terceiros para o estabelecimento de relações comerciais com a sociedade, assegurada que fica a ressarcibilidade dos danos que possam sofrer em virtude desse relacionamento, assim se promovendo a confiança dos agentes económicos, a intensidade dos negócios e a vitalidade das empresas e dos mercados. Ao mesmo tempo, a caução obrigatória vem proteger os administradores e fiscalizadores, que assim se dispõem mais tranquilamente a assumir a direcção das sociedades, com a almofada do seguro de responsabilidade civil a amortecer o impacto financeiro, no seu património pessoal, de eventuais pedidos de indemnização contra eles dirigidos por danos causados à sociedade ou a terceiros no exercício da administração ou fiscalização da sociedade. A administração e a fiscalização de sociedades são actividades que pressupõem a assunção de responsabilidades, não sendo aconselhável que o regime de responsabilidade destes sujeitos asfixie a gestão societária. O seguro, pela tranquilidade que oferece ao administrador ou fiscalizador, permite-lhe, assim, dedicar-se à gestão ou controlo da sociedade sem se defender demasiado, praticando uma gestão mais agressiva: o grande dilema da gestão é o de correr ou não certos riscos necessários ao desenvolvimento da empresa; evitá-los, significa oferecer à concorrência uma espaço de actuação que poderia ser ocupado e aproveitado pela própria sociedade, e assim restringir as oportunidades de expansão e penetração da empresa, com o efeito multiplicador de perda de oportunidades de negócio que hoje tão bem se conhece; mas corrê-los, ainda que rodeando-se de todas as cautelas, pode ter como efeito a responsabilização dos seus órgãos pelas consequências negativas que deles possam resultar. Daí que a caução ou seguro permitam ao dirigente assumir com maior à vontade certos riscos indispensáveis a uma gestão bem sucedida.

Mas a própria sociedade beneficia, directa e indirectamente, deste caucionamento, não só porque assim se liberta de uma parte da responsabilidade perante terceiros, sendo esta assumida, por transferência, pela seguradora, como, dependendo do tipo de cobertura contratada, a sociedade pode, em certos casos[87], obter da seguradora o reembolso das indemnizações que, por força da responsabilidade que solidariamente assume com os seus dirigentes perante accionistas e outros terceiros, possa ser chamada a liquidar. Dada a crescente importância e sofisticação do *D&O Insurance*, com notórias consequências em matéria de exigências de *corporate governance* dirigidas pelas seguradoras em relação à sociedade – sobretudo no que toca à implementação de sistemas muito evoluídos de controlo e gestão do risco e ao aumento do rigor na definição das funções dos órgãos internos de fiscalização, com particular destaque para o *audit committee*[88] –, a sociedade pode ainda beneficiar indirectamente deste caucionamento obrigatório, quando efectuado mediante seguro de responsabilidade civil – não só porque este, nas suas variantes mais recentes, pode incluir igualmente a cobertura de riscos tipicamente societários, como porque lhe serve de instrumento de tracção para o aperfeiçoamento dos modelos de governo societário.

---

[87] Quando seja subscrito o seguro com "Cobertura B", ou *Side B D&O Insurance*, que inclui uma garantia de reembolso da sociedade de indemnizações por ela pagas a terceiros em consequência de actos ilícitos e danosos praticados pelos seus administradores e fiscalizadores.

[88] JOHN FRIEDLAND, p. 4 ss, onde se demonstra a estreita correlação entre o *D&O Insurance* e a implementação dos princípios de *corporate governance*.

2. Exigência legal de caucionamento das responsabilidades dos fiscalizadores: resposta e regime.

A resposta do legislador a esta necessidade de assegurar a todos os sujeitos envolvidos nas operações da e com a sociedade uma protecção eficaz contra o risco de danos e subsequentes reclamações contra os administradores e fiscalizadores mostrou-se pontual e assertiva, impondo a *todos* os membros dos órgãos de administração e fiscalização, à semelhança do que já sucedia com o ROC[89] e com o auditor das sociedades abertas, como tal registado junto da CMVM[90], o caucionamento das respectivas responsabilidades.

Todavia, o passo terá sido um pouco maior do que a perna. Na urgência – compreensível – de consagração de um regime de cobertura das responsabilidades dos dirigentes por danos causados no exercício das suas funções, que explica um curto amadurecimento da ideia e do modo de concretização da mesma, a obrigação legal de caucionamento acabou por ser consagrada com algumas imprecisões, dificultando a já de si complexa contratação de garantias eficazes. Por outro lado, teria sido vantajoso tomar previamente o pulso ao mercado, ao qual o legislador se antecipou, levando-o a um súbito confronto com a procura urgente, por parte das sociedades, de produtos de cobertura da responsabilidade que a indústria seguradora não estava (e não está) preparada para oferecer, dada a latitude da cobertura exigida, as restrições legais relativas a alguns produtos e as capacidades das seguradoras.

Nenhuma destas considerações impede que se acolha a opção legislativa de impor o caucionamento da responsabilidade dos administradores e dos fiscalizadores com um incondicional aplauso, reconhecendo-se-lhe todo o mérito, a pontualidade e oportunidade: só nestas condições é possível promover a confiança dos agentes económicos e o dinamismo societário sem correr o risco de atrofia dos negócios e de paralisação da actividade de administração e fiscalização, permanentemente confrontada com o fantasma da responsabilidade. A apreciação que se faz dessa opção de fundo, de resto incluída entre as melhores

---

[89] Art. 73.º, n.º 1 do D.L. n.º 487/99, de 16.11 (EOROC).
[90] Art. 10.º, n.º 3, do CodVM.

práticas de *corporate governance*, é claramente positiva, a ela se aderindo sem condições. Ou apenas com uma condição: a de que o respectivo regime legal positivo reflicta as efectivas necessidades dos agentes económicos, mas tenha simultaneamente em consideração os limites do mercado e os efeitos complicados que uma excessiva exigência de cobertura possa comportar.

A obrigação de caucionamento da responsabilidade dos administradores e dos fiscalizadores assenta sobre os seguintes elementos, decorrentes do art. 396.º:

- cobertura obrigatória[91] da responsabilidade através de *caução*, em qualquer uma das formas admitidas na lei, ou, em alternativa, através de *seguro;*
- caucionamento por um valor mínimo de € 250 000 (para as grandes sociedades anónimas e sociedades cotadas) ou € 50 000 (para as demais sociedades);
- caucionamento das responsabilidades perante *todos* e quaisquer titulares de indemnizações, isto é, sem delimitação dos potenciais beneficiários;
- proibição de imputação dos custos do seguro (e da caução?) à sociedade;
- obrigação de constituição de caução ou seguro nos 30 dias posteriores à designação para o cargo, com prolongamento obrigatório da cobertura até 1 ano após a cessação do mandato, sob pena de cessação imediata de funções.

---

[91] Com possibilidade de dispensa por cláusula estatutária ou deliberação da assembleia geral, excepto para as grandes sociedades anónimas e para as sociedades emitentes de valores mobiliários admitidos à negociação: art. 396.º, n.º 3. Cf. a pertinente observação de Paulo Olavo Cunha, p. 596-597, sobre a não participação dos administradores-accionistas na deliberação de dispensa de caução, devendo ser tomadas tantas deliberações quantos os administradores dispensados, a fim de que cada um deles se abstenha de participar na deliberação que lhe diz respeito.

3. Enunciado das dificuldades práticas e legais de cobertura da responsabilidade dos administradores e fiscalizadores em face do art. 396.º.

3.1. Que tipo de caução ou seguro? Instrumentos disponíveis e possíveis.

O art. 396.º, n.º 1 e 2, impondo o caucionamento obrigatório da responsabilidade dos administradores e fiscalizadores[92], permite que este se faça mediante *caução* ou *seguro*.

A caução mencionada no art. 396.º é, segundo CALVÃO DA SILVA[93], "sinónima de garantia especial, em sintonia com o disposto no art. 623.º, n.º 1, do Código Civil", podendo como tal ser prestada pelo depósito de dinheiro ou valores ou ainda pela prestação de qualquer garantia especial (fiança, penhor, hipoteca, garantia bancária autónoma, seguro-caução).

Seja qual for, todavia, o instrumento de caução a que se recorra, ele não permite a protecção do património do administrador ou fiscalizador: em caso de reclamação de uma indemnização, se tiver sido prestada caução, a satisfação dessa indemnização far-se-á *à custa dos bens dados em caução*, em regra pertencentes ao património do obrigado. Quando a garantia seja prestada por terceiro, este, uma vez satisfeita a pretensão do credor da indemnização, substitui-se a ele nos seus direitos, por sub-rogação, ficando investido nos poderes para reclamar do administrador ou fiscalizador aquilo que haja pago em seu lugar.

Se, ao invés, tiver sido subscrito seguro para cobertura desta responsabilidade, funcionarão aí o jogo, a álea e a repartição de riscos próprios do seguro: o segurado paga o prémio, a seguradora pagará a indemnização *se* vier a haver sinistro, até ao montante segurado (tendencialmente o mínimo legal). Ou seja: neste caso, e ao contrário da prestação de caução, a perda patrimonial do segurado é certa e limitada[94], e corresponde ao valor do prémio.

---

[92] Quanto a estes últimos, por remissão dos art. 418.º-A e 445.º, n.º 3. Aos membros da comissão de auditoria o art. 396.º aplica-se directamente, vista a sua qualidade de administradores.

[93] "Corporate Governance", p. 58.

[94] Desde que a indemnização seja fixada em valor até ao montante segurado; se a indemnização que venha a ser estabelecida exceder o montante seguro, é evidente que o remanescente será liquidado à custa do património do obrigado.

Por outro lado, o seguro de responsabilidade civil profissional cobre habitualmente os custos de defesa (honorários de advogados, custos judiciais, perícias, etc.), o que constitui uma indicação suplementar para preferir o seguro à garantia.

Perante isto, percebe-se a *corrida ao seguro* que as sociedades encetaram após a publicação do D.L. n.º 72-A/2006: pelo menos em teoria, o recurso ao seguro é, face à caução, altamente vantajoso para os administradores e fiscalizadores, na medida em que constitui o único expediente que protege (ao menos até ao valor seguro) o seu património, não o comprometendo pela prestação de garantias e permitindo que a satisfação da indemnização que lhes venha a ser reclamada corra por conta da seguradora, para a qual se transfere, ao menos parcialmente, o risco de exercício da actividade.

No que respeita à oferta, por parte da indústria seguradora, de produtos disponíveis para responder a esta necessidade de cobertura de responsabilidades, o *seguro-caução* poderia constituir, aparentemente, uma resposta adequada[95]. Todavia, por força do seu regime legal, que impõe a *identificação obrigatória do tomador do seguro e do segurado*[96], se estes não coincidirem, o seguro-caução revela-se insusceptível de ser contratado em condições que preencham os requisitos legais, já que o art. 396.º prevê o caucionamento de responsabilidades perante *"os titulares de indemnizações"* – ou seja, perante *todos aqueles que venham a constituir-se como titulares de direitos de indemnização perante os administradores e fiscalizadores da sociedade*, os quais, de acordo com a lei,

---

[95] O seguro-caução constitui, segundo ALMEIDA COSTA (RLJ, 129, p. 20), a convenção por virtude da qual uma das partes (segurador) se obriga, mediante retribuição (prémio) paga pela outra parte (segurado), a assumir um risco ou conjunto de riscos e, caso a situação de risco se concretize, a satisfazer ao segurado ou a um terceiro uma indemnização. Tem, assim, uma função de reforço de garantia para o credor à custa da seguradora, abrangendo o risco de incumprimento temporário ou definitivo de obrigações que, por lei ou convenção, sejam susceptíveis de caução, fiança ou aval, limitando-se a obrigação de indemnizar, por parte da seguradora, à própria quantia segura. A principal diferença entre a fiança e o seguro-caução reside precisamente no facto de a fiança conferir ao fiador o direito a exigir do afiançado tudo aquilo que venha a pagar em seu lugar, enquanto o seguro constitui o segurado na exclusiva obrigação de pagamento do prémio, nada lhe sendo exigível se, verificado um sinistro abrangido na apólice, a seguradora vier a satisfazer o crédito de indemnização de terceiros.

[96] Cf. o art. 8.º, n.º 1, al. a) do D.L. 183/88, de 24.05 (Seguro-Caução).

poderão ser a sociedade (art. 72.º), os credores sociais (art. 78.º) ou os accionistas e outros terceiros (art. 79.º). Ou seja: verifica-se uma impossibilidade de definição ou delimitação prévia do círculo de beneficiários do seguro que impede a utilização do seguro-caução como instrumento de cobertura das responsabilidades dos administradores e fiscalizadores.

Ainda de acordo com o respectivo regime legal (art. 12.º), o seguro--caução não cobre os lucros cessantes, o que igualmente torna a figura desajustada face à exigência legal de cobertura de quaisquer danos.

O legislador, exibindo, na reforma do CSC, uma clara influência anglo-saxónica, teria provavelmente em vista, para a cobertura das responsabilidades mencionadas, um seguro de responsabilidade civil do tipo *Directors and Officers' Insurance (D&O)*[97], largamente difundido e amadurecido em Inglaterra desde os anos 30 para os mesmos efeitos e hoje praticado em toda a Europa e sobretudo nos EUA[98]. Trata-se de um seguro disponibilizado pela indústria seguradora às sociedades para lhes permitir transferir o risco de administração e actividades conexas, cobrindo a responsabilidade dos administradores (*Directors*) formalmente investidos num cargo de administração e de todos os outros sujeitos comprometidos ou envolvidos em processos de decisão relacionados com a gestão e condução dos destinos da sociedade (genericamente designa-

---

[97] Sobre o *D&O Insurance* pode ver-se ALLES/DATAR/FRIEDLAND, "Governance--linked D&O coverage: Leveraging the audit committee to manage governance risk", in *International Journal of Disclosure and Governance*, Jun. 2005, Vol. 2, n.º 2, p 114 ss; DAN A. BAILEY, "D&O Liability in a post-Enron era", *International Journal of Disclosure and Governance*, Jun. 2005, Vol. 2, n.º 2, p. 159-176; JOSEPH P. MONTELEONE/ NICHOLAS J. CONCA, "Directors and Officers Indemnification and Liability Insurance: An Overview of Legal and Practical Issues", *Business Law* n.º 51, 1996, p. 573/574; BLACK/CHEFFINS/ KLAUSNER, "Liability Risk for Outside Directors: a Cross-Boarder Analysis", *European Financial Management*, Vol. 11, n.º 2, 2005, p. 153/171; ROBERTA ROMANO, "What went wrong with Directors' and Officers' Liability Insurance", *Delaware Journal of Corporate Law*, 14, 1, 21, 1989, p. 74/77; entre nós, GABRIELA FIGUEIREDO DIAS, *Fiscalização de Sociedades e Responsabilidade Civil*, cit., p. 106-110; ANA BEBIANO/GABRIELA FIGUEIREDO DIAS/LUÍS FILIPE CALDAS/MIGUEL PUPO CORREIA, cit., p. 54-59.

[98] Onde surge, no elenco de benefícios oferecidos pelas empresas aos seus colaboradores, em 2.º lugar no *ranking* dos benefícios mais decisivos para estes últimos, logo a seguir ao salário; curiosamente, na Europa esse mesmo 2.º lugar é ocupado pelo benefício "automóvel", seguido pelas ajudas de custo e, *ex aequo*, o seguro *D&O* e as pensões de reforma.

dos como *Officers*[99]), entre os quais se encontram seguramente os membros dos órgãos de fiscalização.

O desenvolvimento, sobretudo impulsionado pelo mercado norte-americano, de um produto desta natureza veio responder às necessidades destacadas com o advento da possibilidade de os administradores, e não apenas a sociedade, serem pessoalmente responsabilizados pelos danos causados a terceiros[100]. As seguradoras responderam a este novo desafio através da disponibilização de coberturas específicas de *protecção financeira pessoal* dos administradores[101], que permitiram distinguir o *D&O Insurance* de outros tipos de seguros comerciais que cobrem outras áreas identificadas do risco societário. A cobertura oferecida pelo *D&O Insurance* não corresponde rigorosamente a um seguro da sociedade, mas a um seguro de protecção dos seus administradores[102].

Todavia, também este produto se tem revelado insusceptível de responder às necessidades de cobertura de responsabilidade impostas pelo art. 396.º – e aqui, por força das *exclusões* de responsabilidade que os seguros *D&O* tipicamente prevêem[103]. A verdade é que o legislador não

---

[99] Os *officers* são considerados, no direito norte-americano, como agentes (*agents*) cuja função é a de executar as decisões do conselho de administração. São, pois, todos aqueles sujeitos que, não integrando formalmente a administração, ocupam, todavia, cargos directivos e constituem verdadeiros centros de decisão, que dominam, no contexto societário, fontes de decisão e que influenciam decisivamente alguns aspectos da gestão. Cf. GUILLERMO GUERRA MARTÍN, p. 287 ss.

[100] Uma análise muito detalhada das condições de responsabilização pessoal dos administradores e fiscalizadores das sociedades nos diversos sistemas jurídicos, de raiz anglo-saxónica ou continental, concluindo pela escassez de situações em que o administrador vem a ter de ressarcir à sua custa os lesados, pode ver-se em BLACK/CHEFFINS/KLAUSNER, p. 153/171.

[101] ROBERTA ROMANO, "What went wrong with Directors' and Officers' Liability Insurance", *Delaware Journal of Corporate Law*, 14, 1, 21, 1989, p. 74/77.

[102] Embora no momento actual a *personal financial protection* não constitua já a única força motriz a guiar a indústria, e o *D&O Insurance* seja frequentemente acoplado a outro tipo de coberturas desenhadas para proteger a sociedade, para além dos seus dirigentes, relativamente a responsabilidades diversas – sobretudo o reembolso de indemnizações que esta satisfaça em substituição dos seus administradores.

[103] A título meramente exemplificativo, respigam-se, nas apólices *D&O* a que tivemos acesso, as exclusões das seguintes reclamações:
– que resultem de actos dolosos, fraudulentos ou de ilícitos criminais (injúria, difamação, violação da privacidade, assédio sexual, violação de segredo profissional, etc.);

estabelece nenhum limite ou restrição quanto ao *tipo* das responsabilidades que devem ser cobertas: impõe o caucionamento *da responsabilidade* dos dirigentes, pelo que as exclusões e restrições introduzidas pelas apólices-tipo de *D&O* não permitem que este se constitua como resposta ou solução para as necessidades de cobertura resultantes do art. 396.º.

3.2. *A medida da responsabilidade a caucionar. Propostas.*

Talvez o legislador, dada a inexistência de dados e experiências nesta matéria, não tenha tido a percepção da dimensão da exigência imposta aos administradores e fiscalizadores ao obrigar ao caucionamento de *toda* a responsabilidade destes sujeitos perante *quaisquer* eventuais titulares de direitos de indemnização. Trata-se de um círculo de responsabilidades demasiado vastas, com riscos insusceptíveis de delimitação[104] ou contabilização actuarial, que extravasam as capacidades das seguradoras e que estas, não obstante a sofisticação extrema de produtos relativamente padronizados que disponibilizam, como o *D&O Insurance*, não estão em condições de oferecer.

Ao que se sabe, os administradores e fiscalizadores das sociedades obrigadas ao caucionamento, num esforço de conformidade com as exigências legais, têm esgotado as possibilidades oferecidas pelo mercado, optando muitas vezes por uma solução fragmentada, de subscrição de um seguro do tipo *D&O* combinado com a prestação de caução, sob a forma de garantia bancária, para cobertura das responsabilidades remanescentes – isto é, das responsabilidades que o seguro *D&O* não cobre. Trata-se, todavia, de uma solução extremamente onerosa, na sua contratação, para

---

– relativas a valores mobiliários;
– relativas a práticas laborais ilícitas ou irregulares (despedimento ilícito, rescisão ou não cumprimento de benefícios complementares, etc.);
– relativas a lesões corporais;
– provenientes de actos poluentes.

[104] A exacta determinação do risco constitui, de acordo com CALVÃO DA SILVA, "Seguro de Crédito", *Estudos de Direito Comercial*, Coimbra, Almedina, 1999, p. 108 (95-124), "ponto cardeal da disciplina dos seguros: por um lado, é em relação a ele que se estabelece o montante do prémio e se assegura a sinalagmaticidade da relação contratual; por outro, uma inexacta valoração do risco por parte do segurador repercute- -se, dado o aumento da probabilidade de verificação do sinistro, na gestão da empresa".

o administrador/fiscalizador e pouco eficaz do ponto de vista das garantias oferecidas, na medida em que, em caso de sinistro, a repartição das responsabilidades constituirá sempre alvo de incertezas. O que pode determinar um abaixamento das expectativas dos terceiros em relação à fiabilidade das coberturas e um elevado grau de não cumprimento, por parte dos dirigentes, da obrigação de caucionar.

Vistas as dificuldades que aqui se têm feito sentir, vale a pena reflectir sobre a norma do art. 396.º e concluir pela necessidade de estabelecer outros limites (para além do limite do valor patrimonial mínimo seguro, já consagrado) quanto à responsabilidade a caucionar a título obrigatório. Defende-se, desde já, uma interpretação do art. 396.º, n.º 1 e 2, que tenha em conta, para efeitos de caucionamento obrigatório, apenas a responsabilidade dos administradores e fiscalizadores *decorrente da violação dos deveres estritos de administração ou fiscalização;* ou seja – e não pode ser outro o sentido a atribuir à norma –, deve considerar-se que a obrigação de caucionar abrange apenas e tão-só a responsabilidade do dirigente por actos de administração ou de fiscalização deficientes, e não por quaisquer danos produzidos *por causa* ou *no exercício* das suas funções[105].

Com esta configuração, e de acordo com a interpretação proposta, o conjunto de responsabilidades insusceptíveis de cobertura pelo *D&O*, embora continue a existir de modo significativo[106], diminuirá consideravelmente, obrigando a um menor comprometimento patrimonial do administrador/fiscalizador. O que não impede que, em futura revisão, o texto da norma não deva ser alvo de uma clarificação quanto à exacta natureza e origem das responsabilidades que é obrigatório caucionar.

---

[105] Por exemplo, se o administrador agredir fisicamente um fornecedor por este ter falhado um fornecimento indispensável à laboração da empresa, causando-lhe lesões corporais, este acto, gerando obviamente a sua responsabilidade, *não deve considerar-se como abrangido pela obrigação de caucionar*, porque não se verifica a violação de deveres específicos de administração, mas a violação de um dever geral de respeito pela integridade física violado *por causa* ou *por ocasião* da actividade de administração. Não se afasta a responsabilidade do administrador, mas a obrigação de caucionar resultante do art. 396.º.

[106] Basta pensar no leque de obrigações relacionadas com práticas laborais, obviamente compreendidas na actividade de administração e de fiscalização societária, cujo incumprimento ou cumprimento defeituoso pode originar o direito a uma indemnização contra o administrador ou fiscalizador, e que são sistematicamente objecto de exclusão nas apólices *D&O*.

Por outro lado, e sob pena de estiolamento do mercado deste tipo de seguros, é desejável que se introduza um critério de *limitação* da responsabilidade a caucionar[107], por exemplo limitando a obrigação de caução em função do grau de culpa[108] ou delimitando os beneficiários da indemnização para efeitos de caucionamento, já que este último aspecto tem sido também motivo de recusa, por parte das seguradoras, de contratação nos termos pretendidos pela lei, ou seja, em benefício de *quaisquer* titulares de direitos de indemnização.

3.3. Consequências do incumprimento da obrigação de caucionar e aplicação da lei no tempo.

De acordo com o disposto no art. 396.º, n.º 4, o incumprimento da obrigação de caucionar a responsabilidade tem como consequência a cessação imediata de funções, a fazer pensar que a caução constitui verdadeiro *requisito ou condição* de exercício do cargo[109].

As preocupações que esta solução inculca são lapidarmente resumidas por PAULO OLAVO CUNHA[110], quando afirma: "Trata-se de sanção que, sendo de aplicação automática, a ser observada põe em causa a subsistência de diversos conselhos de administração nas sociedades anónimas

---

[107] Estando em curso um estudo da Comissão onde se equaciona e avalia a possibilidade de harmonização, à escala da União, de limites da responsabilidade dos administradores, ao menos para efeitos da respectiva caução; para um breve apontamento sobre a limitação da responsabilidade do revisor oficial de contas, GABRIELA FIGUEIREDO DIAS, "Controlo das Contas e Responsabilidade do ROC", cit., p. 205 ss.

[108] O estabelecimento de valores máximos, à semelhança da prática alemã e austríaca, não se mostra satisfatória e proporciona situações de injustiça, na medida em que, atendendo às assimetrias patrimoniais e de capital das sociedades e das responsabilidades que estas arriscam, tão díspares nos seus valores, a determinação de um valor exacto como tecto ou limite da responsabilidade poderá ser insignificante para umas e astronómico para outras.

[109] À semelhança do que sucede com o revisor oficial de contas, para o qual o seguro de responsabilidade civil vem previsto como condição de exercício da profissão: cf. o art. 73.º, n.º 7 do D.L. n.º 487/99. De acordo com PAULO OLAVO CUNHA, p. 701, não se trata de uma "*condição de validade substancial* da designação" (it. nosso) do membro do órgão, mas será "... seguramente, uma condição indispensável para o desempenho do cargo".

[110] PAULO OLAVO CUNHA, p. 596.

portuguesas"[111]. Esta asserção, que dá voz a uma preocupação muito sensível no meio societário, parece ainda questionar com subtileza a efectividade ou aplicabilidade da norma. O que bem se compreende. É que, muito embora as sociedades (pelo menos as cotadas) evidenciem uma vontade séria de se manter em linha com as novas exigências legais de governação societária, as dificuldades com que se defrontam na tentativa de obter o caucionamento da responsabilidade dos seus administradores e fiscalizadores são tão significativas (em alguns casos, impeditivas) que não custa acreditar que, quase um ano após a publicação do D.L. n.º 72-A/ /2006, uma parte substancial das sociedades anónimas[112] se ache em situação de incumprimento generalizado desta obrigação[113].

A *cessação de funções* prevista no n.º 4 do art. 396.º como consequência do não caucionamento num período de 30 dias após a designação é, de facto, uma consequência que pode, com ela, implicar outras consequências muito graves, eventualmente desajustadas ao efeito que se pretende obter: se se entender que a cessação de funções corresponde a uma *caducidade* do mandato[114] e consequente *nulidade* das deliberações do órgão, esta circunstância terá sérias repercussões em matéria de vinculação da sociedade e validade dos actos praticados pelo sujeito ou mesmo pelo próprio órgão de administração ou de fiscalização[115]. Consequências,

---

[111] E a subsistência dos actos praticados pelo órgão, com gravíssimas repercussões em sede de vinculação societária.

[112] Sobretudo as não cotadas, que não se acham sujeitas ao escrutínio de qualquer entidade de supervisão nem do mercado.

[113] Em alguns casos as sociedades têm-se deparado com a recusa pura e simples, por parte das seguradoras, de contratação de seguro de responsabilidade civil dos administradores, em qualquer modalidade: é o caso de algumas sociedades visadas em ofertas públicas de aquisição, relativamente às quais as seguradoras, dada a imprevisibilidade do desfecho e das consequências da OPA, se vêem impossibilitadas de efectuar o cálculo do risco em bases actuariais, recusando por isso o seguro.

[114] Caducidade do mandato individual, pois que a não prestação de caução afecta apenas o administrador ou fiscalizador omisso, e não todo o órgão; todavia, a situação mais comum é de que essa omissão de caução, a existir, se verifique em relação a *todos* os membros do órgão, pois que a respectiva negociação é habitualmente feita para todos os membros, falhando, se for o caso, para todos eles.

[115] Não cabe aqui discutir o exacto valor dos actos praticados pelo administrador ou fiscalizador da sociedade, i.e, as questões relacionadas com a *vinculação* da sociedade, e que pela sua complexidade e riqueza dogmática extravasam o objecto e os limites naturais desta exposição; apontam-se, todavia, na doutrina nacional, para dois diferentes posicio-

julga-se, cuja extensão o legislador não terá tido em conta ao estabelecer como efeito do incumprimento da obrigação de caucionamento da responsabilidade a cessação de funções, Que, a constituir uma causa de *caducidade*, como parece resultar da norma, coloca o problema suplementar de saber qual a situação do administrador ou fiscalizador que prestou caução, v.g., 35 dias após a designação, e não 30: se o seu mandato *caducou* ao 31.º dia por omissão de caução, poder-se-á considerar "reconduzido" no cargo pelo cumprimento (tardio) da obrigação? A prestação tardia de caução vem sanar o vício? Poder-se-á *retomar* o mandato sem uma nova deliberação dos sócios? Será ele, a partir daí, um administrador ou fiscalizador *de facto*? Ou a omissão de caução para além dos 30 dias produz a perda definitiva e irreparável de legitimidade do administrador ou fiscalizador para o exercício de funções na sociedade?

Tudo questões que, embora a lei não resolva, são legítimas perante o teor da norma do art. 396.º.

Não era certamente intenção do legislador ir tão longe nas consequências. E sobretudo, há que ponderar que, a ser assim, a simples demora na negociação de um seguro, altamente complexo e a requerer acessoria na respectiva subscrição, pode ter efeitos desastrosos, inclusivamente porque coloca nas mãos dos sócios e de terceiros uma poderosíssima arma de arremesso contra a própria sociedade, permitindo-lhe invocar a ilegalidade de todos os actos praticados pelo órgão naquelas condições, se nisso tiverem um qualquer interesse, mesmo que indigno de protecção.

Deve, pois, entender-se a *cessação de funções* eventualmente com um sentido de *suspensão* ou cessação temporária de funções, que permita ao administrador ou fiscalizador a recuperação da legitimidade orgânica com a prestação (tardia) da caução, correspondendo o exercício efectivo de funções sem caução a uma situação de administração ou fiscalização

---

namentos sobre a matéria, ALEXANDRE SOVERAL MARTINS, "Capacidade e representação das sociedades comerciais", *Problemas de Direito das Sociedades*, Coimbra, Almedina, 2002, p. 471-496 e *Os Poderes de Representação das Sociedades Anónimas*, Coimbra Editora, 1998 (veja-se, a título meramente indicativo sobre a posição do Autor, p. 134-135), segundo o qual, em suma, recai sobre o terceiro um ónus de verificação da legitimidade do sujeito que actua em nome da sociedade, e PAULO OLAVO CUNHA, p. 604-607, que assume a sobreposição dos interesses dos terceiros aos interesses da sociedade, a qual, existindo uma falta de poderes de representação, tem de assumir o acto praticado em seu nome, achando-se portanto vinculada.

de facto[116]. É inequívoca a necessidade de sancionamento do incumprimento da obrigação de caucionar, sob pena de se deixar ao livre critério dos sujeitos e da sociedade a observância de um comando absolutamente justificado. A solução proposta – de qualificação da cessação de funções como uma *suspensão* temporária da legitimidade do sujeito como administrador ou fiscalizador, com reposição automática da legitimidade com a prestação de caução –, conjugada como regime da responsabilidade dos administradores e dos fiscalizadores e com os mecanismos de controlo interno[117] societário, parece, por um lado, susceptível de responder à necessidade de reacção jurídica ao incumprimento, responsabilizando os sujeitos e a sociedade pelo incumprimento da norma; mas respeita igualmente a necessidade de certeza e segurança dos terceiros e da própria sociedade sobre a validade e eficácia dos actos praticados pelos respectivos órgãos.

Note-se que, com esta interpretação, se permite designadamente a *responsabilização* dos administradores e dos fiscalizadores nessa qualidade e enquanto tal pelos actos ilícitos e danosos de gestão e de fiscalização praticados no hiato ente o termo dos 30 dias após a designação e o momento da prestação efectiva de caução – na qualidade, precisamente, de administradores ou fiscalizadores *de facto*[118].

Um último reparo vai igualmente no sentido de tornar a caução obrigatória menos onerosa para os membros dos órgãos de administração e fiscalização e menos incerto o valor dos actos praticados pela grande

---

[116] Sobre o administrador de facto, RICARDO COSTA, "Responsabilidade Civil Societária dos Administradores de Facto", *Temas Societários* (IDET), Colóquios, n.º 2, Coimbra, Almedina, 2006, p. 23-43, onde, de resto, esta solução já era defendida pelo Autor nos quadros do direito anterior à Reforma do CSC (p. 29). Esta solução implica, todavia, que se tenha em consideração a "habilitação limitada" do administrador de facto, destacada por RICARDO COSTA, p. 36; todavia, da conjunta exposição do Autor e do elenco de exemplos de actos de administração que considera excluídos da legitimidade do administrador de facto, pode concluir-se por uma aproximação muito grande de perímetro de poderes do administrador de facto em relação aos poderes do administrador de direito.

[117] E externo, no caso das sociedades cotadas, por via da intervenção obrigatório do auditor externo (art. 8.º CodVM) e da supervisão exercida pela CMVM.

[118] De resto, segundo RICARDO COSTA, cit., p. 37-38, e já que a falta de competência orgânica de um administrador não impede, em inúmeras circunstâncias, a prática de actos de administração, a avaliação de uma situação de administração de facto interessa fundamentalmente "… para acertar a imputação de responsabilidade a quem não ostenta a qualidade de administrador".

generalidade dos órgãos de gestão e fiscalização actualmente em funções mas designados em momento anterior ao da entrada em vigor das novas regras: a nova redacção do art. 396.º, em todo o seu teor, só deverá considerar-se aplicável aos administradores e fiscalizadores designados *após a entrada em vigor da norma*[119], considerando-se em funções todos os membros de órgãos de administração e fiscalização designados em momento anterior sem caucionamento da sua responsabilidade pelos valores e nas condições a que a lei agora obriga. Esta parece ser o mínimo denominador possível para atenuar os efeitos devastadores que a aplicação automática da sanção prevista no art. 396.º, n.º 4, poderá vir a despoletar, se se entender fazer valer em cascata os efeitos *destrutivos* da cessação de funções produzida pelo não caucionamento da responsabilidade.

Em jeito de conclusão, pensa-se urgente uma reformulação do teor e conteúdo da norma do art. 396.º, assente numa séria ponderação dos interesses ali em causa, reflectida em conjunto pelas as instituições representativas dos agentes económicos envolvidos no problema (Ministério das Finanças, Instituto de Seguros de Portugal, Associação Portuguesa de Seguradores, Comissão do Mercado de Valores Mobiliários, etc.).

---

[119] Aderimos aqui incondicionalmente ao entendimento expresso por PAULO OLAVO CUNHA, p. 701, sobre a aplicação desta norma no tempo, para quem "... a nova versão do art. 396.º só se aplica às designações ocorridas no âmbito da sua vigência (isto é, a partir do passado dia 30 de Junho de 2006, *inclusive*)", já que, conforme havia concluído em relação aos novos requisitos de independência, "aplicar o novo regime aos mandatos em curso equivaleria a aplicar a nova lei aos factos passados".

ÍNDICE

NOTA DE APRESENTAÇÃO 5
ABERTURA DO CONGRESSO 7
ABREVIATURAS USADAS 9

MÓDULO I
ACTUAÇÃO DOS ÓRGÃOS SOCIAIS

DEVERES DE CUIDADO E DE LEALDADE DOS ADMINISTRADORES
E INTERESSE SOCIAL
  J. M. Coutinho de Abreu 15

I – Deveres de cuidado e de lealdade 17
  1. Deveres legais gerais 17
  2. Deveres de cuidado 19
  3. Deveres de lealdade 22
  4. Sanções para a violação dos deveres 30
II – Interesse social (interesses sociais) 31
  1. Quadro geral 31
  2. Inviabilidade de uma concepção unitária de interesse social 33
  3. Interesse social e posição ou comportamento dos sócios 35
  4. Interesse social e actuação dos administradores 37
  5. Interesse social e "responsabilidade social das empresas" 46

RESPONSABILIDADE DOS ADMINISTRADORES E *BUSINESS JUDGMENT RULE*
  Ricardo Costa 49

  1. A justificação do novo artigo 72.º, n.º 2, do CSC 51
  2. A *business judgment rule* como orientação favorável(-permissiva) dos tribunais norte-americanos à actuação dos administradores sociais e a sua expressão nos *Principles of Corporate Governance* (American Law Institute) 53

3. Um aceno da jurisprudência: a influência da *business judgment rule* no *Caso Multidifusão* 60
4. O novo artigo 72.º, n.º 2, e a regra da *business judgment*: aproximações e distanciamentos 62
5. Âmbito de aplicação do art. 72.º, n.º 2 (e sua restrição teleológica) . 66
6. O art. 72.º, n.º 2, como exclusão da ilicitude, da culpa ou de ambas 73
7. Pressupostos de exclusão da responsabilidade 79
   7.1. «Decisão consciente»: *pré-requisito implícito* 81
   7.2. «Actuação em termos informados»: *teste da informação adequada* 82
   7.3. «Racionalidade empresarial»: *teste da irracionalidade* 83

OS MEIOS TELEMÁTICOS NO FUNCIONAMENTO DOS ÓRGÃOS SOCIAIS. UMA PRIMEIRA APROXIMAÇÃO AO REGIME DO CSC
Paulo de Tarso Domingues 87

1. A telemática e o direito das sociedades 89
2. A consagração dos meios telemáticos no CSC, com a reforma de 2006 93
3. Análise do regime: a convocatória 96
4. A preparação da assembleia 101
5. A realização da assembleia: os novos modelos de AG 107
6. O voto electrónico 115

MÓDULO II
"DESFORMALIZAÇÃO" E REGISTO

SOCIEDADES, DOCUMENTO AUTÊNTICO OU PARTICULAR?
Albino Matos 121

1. Introdução 123
2. Exame da lei 124
3. Justificação da lei 124
4. Direito comparado 127
5. Teoria documental 128
6. Aplicações no tema 131
7. Conclusão 135

DISSOLUÇÃO E LIQUIDAÇÃO ADMINISTRATIVAS DE SOCIEDADES
F. Cassiano dos Santos 139

I – A dissolução e a sociedade 141
II – Sentido geral da reforma e do sistema instituído 142
III – Apreciação geral: o problema da atribuição de função jurisdicional ao conservador; a tramitação processual 147
IV – Análise de alguns aspectos específicos do regime 151
    1. A possibilidade de regularização da situação; o caso especial da sanação do vício que consiste na violação da cláusula do contrato sobre objecto 151
    2. O sentido do procedimento oficioso – art. 143 do CSC 153
    3. Análise (breve) de algumas causas de dissolução 156
        a) A dissolução por deliberação por maioria qualificada em casos de sociedade lucrativa 156
        b) a dissolução por dissenso insanável 157
        c) o exercício da actividade exterior ao objecto e a alteração estatutária do facto 158
        d) a dissolução por impossibilidade do objecto 158
    4. Alguns aspectos de tramitação 158
V – A liquidação administrativa 159

REGISTO E CESSÃO DE QUOTAS
Pedro Maia 163

Balanço fibal 175

MÓDULO III
ORGÂNICA DAS SOCIEDADES

OS MODELOS DE GOVERNO DAS SOCIEDADES ANÓNIMAS
Paulo Câmara 179

§ 1.º Introdução 181
    1. Apresentação do tema 181
    2. A superação do quadro dicotómico tradicional 183
    3. Tipologia e classificações dos modelos de governo 191
    4. Traços do regime comuns aos vários modelos 194
§ 2.º O Modelo Clássico 196
    5. Principais etapas de evolução histórica do modelo clássico em Portugal 196

6. A revitalização do conselho fiscal 201
§ 3.º O Modelo Anglo-Saxónico 207
7. Experiências próximas em ordenamentos jurídicos estrangeiros: os *audit committees* 207
8. O acolhimento do modelo anglo-saxónico no direito nacional 214
§ 4.º O Modelo Dualista 221
9. O modelo dualista em ordenamentos jurídicos estrangeiros 221
10. O acolhimento do modelo dualista no direito nacional 225
§ 5.º Balanço 229
11. Principais diferenças entre os modelos 229
12. O direito de escolha do modelo de governo 231
13. Plasticidade e equivalência funcional dos modelos 237

COMISSÃO EXECUTIVA, COMISSÃO DE AUDITORIA E OUTRAS
COMISSÕES NA ADMINISTRAÇÃO
Alexandre de Soveral Martins 243

1. O tema 245
2. As comissões executivas 247
   2.1. A delegação da gestão corrente em comissões executivas e as modalidades de administração e fiscalização das sociedades anónimas 247
   2.2. A composição da comissão executiva: número de membros ... 248
   2.3. A existência de comissão executiva e o número de membros do conselho de administração 249
   2.4. Designação e destituição dos membros da comissão executiva ... 251
   2.5. O presidente da comissão executiva: dever de designação 253
   2.6. O presidente da comissão executiva (cont): substituição 253
   2.7. O presidente da comissão executiva (cont): deveres 253
3. Comissões de auditoria 255
   3.1. Um outro órgão da sociedade 255
   3.2. Número mínimo de membros do conselho de administração com comissão de auditoria (mas sem comissão executiva) ... 258
   3.3. Os membros da comissão de auditoria não podem ter funções executivas 259
   3.4. Competências da comissão e deveres dos seus membros 265
   3.5. O exercício de funções pelos membros do conselho de administração com comissão de auditoria 266
   3.6. A designação e destituição dos membros da comissão de auditoria 267
   3.7. O funcionamento da comissão de auditoria 269
4. Outras comissões na administração 270

A FISCALIZAÇÃO SOCIETÁRIA REDESENHADA: INDEPENDÊNCIA, EXCLUSÃO DE RESPONSABILIDADE E CAUÇÃO OBRIGATÓRIA DOS FISCALIZADORES
Gabriela Figueiredo Dias 277

PRELIMINAR 279
I – UM RELANCE SOBRE OS PRINCIPAIS ASPECTOS EVOLUTIVOS DO REGIME DA FISCALIZAÇÃO SOCIETÁRIA 280
    5.1. Segregação (tendencial) das funções de fiscalização política, estratégica ou operacional e de fiscalização contabilística/financeira (revisão de contas) nos novos modelos de governo societário (excepto no modelo clássico) 283
    5.2. Instituição de um novo figurino de modelos de governo societário com duplo grau de fiscalização e eliminação do sistema de fiscal único nas grandes sociedades anónimas 283
    5.3. Densificação dos deveres dos membros dos órgãos de fiscalização 284
    5.4. Novas exigências de idoneidade e independência dos membros dos órgãos de fiscalização 285
        5.4.1. Requisitos de elegibilidade: *independência* 286
        5.4.2. Requisitos de elegibilidade (cont.): *formação superior e literacia financeira* 287
        5.4.3. *Critério da independência* 288
    5.5. Incompatibilidades 290
    5.6. A independência do ROC 290
    5.7. Apuramento parcial do regime de responsabilidade dos fiscalizadores 291
II – REQUISITOS DE ELEGIBILIDADE E DE EXERCÍCIO DOS MEMBROS DOS ÓRGÃOS DE FISCALIZAÇÃO 297
    1. A independência 297
    2. Incompatibilidades de exercício 309
III – EXCLUSÃO DA RESPONSABILIDADE DOS MEMBROS DOS ÓRGÃOS DE FISCALIZAÇÃO 310
    1. O art. 72.º, n.º 2: consagração mitigada da *business judgement rule* 310
    2. A aplicabilidade da cláusula de exclusão da responsabilidade do art. 72.º, n.º 2 aos membros dos órgãos de fiscalização 313
IV – A CAUÇÃO OU SEGURO OBRIGATÓRIOS DA RESPONSABILIDADE CIVIL DOS FISCALIZADORES 319
    1. Exigência legal de caucionamento das responsabilidades dos fiscalizadores: fundamentos 319

2. Exigência legal de caucionamento das responsabilidades dos fiscalizadores: resposta e regime 322
3. Enunciado das dificuldades práticas e legais de cobertura da responsabilidade dos administradores e fiscalizadores em face do art. 396.º 324
   3.1. Que tipo de caução ou seguro? Instrumentos disponíveis e possíveis 324
   3.2. A medida da responsabilidade a caucionar. Propostas 328
   3.3. Consequências do incumprimento da obrigação de caucionar e aplicação da lei no tempo 330